COURS

DE

DROIT FRANÇAIS

SUIVANT LE CODE CIVIL.

Cet Ouvrage se trouve aussi,

A PARIS,

CHEZ VIDECOQ, PLACE SAINTE-GENEVIÈVE, N° 6 ;
CHARLES BÉCHET, QUAI DES AUGUSTINS, N° 57.

PARIS. — DE L'IMPRIMERIE DE RIGNOUX,
Rue des Francs-Bourgeois-St.-Michel, n° 8.

COURS

DE

DROIT FRANÇAIS

SUIVANT LE CODE CIVIL.

Par M. DURANTON,

PROFESSEUR A LA FACULTÉ DE DROIT DE PARIS,
MEMBRE DE LA LÉGION D'HONNEUR.

TOME PREMIER.

DEUXIÈME ÉDITION,
ABSOLUMENT CONFORME A LA PREMIÈRE.

PARIS,

ALEX-GOBELET, LIBRAIRE,
RUE SOUFFLOT, Nº 4, PRÈS L'ÉCOLE DE DROIT.

1828.

PRÉFACE.

Quand j'ai commencé la publication de cet ouvrage, je disais que j'entreprenais une pénible tâche, en comparant mes forces à la grandeur du fardeau que j'allais leur imposer. Cependant je ne me suis point découragé; et, s'il m'est permis de le dire, l'accueil que l'on a fait aux six premiers volumes qui ont déjà paru, en récompensant mes efforts, n'a pu qu'en redoubler l'activité. J'y ai puisé le juste espoir qu'en persévérant dans la carrière avec le même zèle, il me sera donné d'en atteindre le but dans un temps qui ne sera pas aussi éloigné qu'on aurait pu le penser d'abord.

Je ne saurais toutefois me flatter d'avoir exécuté cette première partie de mon travail d'une manière digne de l'importance du

I.   *a*

sujet : seulement je puis dire que je n'ai rien négligé de ce qui dépendait de moi pour mériter les suffrages des hommes instruits dans la magistrature, l'enseignement et le barreau, et que j'ai mis tous mes soins pour offrir à mes nombreux et studieux disciples un ouvrage qui pût contribuer à faciliter leurs études et en assurer le succès.

Aussi j'ai la satisfaction de pouvoir déclarer qu'ils ont compris mes intentions, et qu'ils y ont répondu avec un intérêt dont je ne puis que m'enorgueillir : c'était la récompense la plus flatteuse que je pusse désirer d'immenses travaux entrepris dans le but de leur être utile.

Parvenu au tiers de mon ouvrage, une seconde édition de ce qui a été publié jusqu'à ce jour est devenue nécessaire. Je l'offre conforme à la première, non pas assurément que je sois assez infatué de mes doctrines pour me persuader que je n'ai jamais erré dans la multitude de points de droit que j'ai discutés dans cet ouvrage : au contraire, j'ai dû me tromper d'autant plus fréquemment, qu'il présente, j'ose le dire sans craindre d'être démenti, un grand nombre de questions neuves et délicates, pour la solution desquelles je n'ai eu bien souvent d'autre guide que ma propre manière de voir, et le secours, par forme d'argument et par voie d'analogie, des lois anciennes et des lois romaines, qui sont abrogées ; mais que pouvais - je faire, si ce n'était d'adopter le parti que j'ai cru le plus juste et le meilleur, en exposant toutefois les raisons qui pouvaient militer en faveur du sentiment contraire ? Et c'est à quoi je me suis spécialement attaché.

Si, plus tard, une jurisprudence bien affermie, si la doctrine uniforme des jurisconsultes, me démontraient que je me suis trompé dans quelques points importans, alors je m'empresserais de réformer mes décisions sur ces mêmes points, et de rectifier ainsi les erreurs dans lesquelles je serais tombé.

Je ne crois pouvoir mieux faire, au surplus, pour donner une idée générale de la manière dont j'ai conçu la composition de ce *Cours de Droit français*, que de répéter ce que je disais à cet égard lorsqu'il a paru pour la première fois. . . . . , ...

. . . . , ...

« Pour atteindre le but que je me suis proposé, je n'ai pas cru, une fois entré dans la carrière, devoir me renfermer dans les limites d'un traité purement élémentaire : c'est à mes élèves, il est vrai, que mes travaux sont principalement destinés ; mais sans m'arrêter exclusivement aux besoins de leur situation présente, j'ai cherché à leur offrir un ouvrage qui, après leur avoir servi à devenir jurisconsultes, pût leur servir encore quand ils le seront devenus. . . . .

« Chez un grand peuple, placé à la tête de la civilisation, les progrès toujours croissans des arts et du commerce font éclore chaque jour des intérêts nouveaux : l'insuffisance des lois pour régler les rapports qui en résultent, atteste la possibilité d'enrichir la science du Droit d'un grand nombre d'observations à la fois neuves et utiles ; et le professeur qui, ne pouvant que très-rarement les placer avec fruit dans ses leçons, leur donne, par la voie de l'impression, la durée que ne saurait leur assurer la parole, peut donc espérer de contribuer par là aux progrès de la science, et se rendre ainsi doublement utile.

« A la suite d'une législation nouvelle, la jurisprudence, après avoir flotté dans une longue incertitude, s'établit successivement et avec lenteur par l'application fréquente des règles nouvellement consacrées. Vingt et quelques années du Code civil impriment déjà à la nôtre, sur un grand nombre de points, un caractère de fixité qui lui donne, en quelque sorte, la force de la loi écrite; aussi ai-je rarement méconnu cette imposante autorité lorsqu'elle résultait de plusieurs décisions conformes, surtout lorsque ces décisions émanaient de la Cour plus spécialement chargée de maintenir l'uniformité dans l'application des principes, et à laquelle la nature de ses attributions a fait donner le titre de Cour régulatrice.

« Loin de moi cependant la pensée que

l'interprète de la loi doive toujours prendre une décision judiciaire pour base de la sienne, et qu'il ne puisse penser, en quelque sorte, qu'en vertu d'un arrêt! Il dépouillerait ainsi son caractère; il trahirait sa mission, en abdiquant la noble indépendance sans laquelle le jurisconsulte, et surtout le professeur, plus particulièrement chargé de signaler les atteintes portées aux principes, ne peuvent remplir leur honorable mandat. Mais entre les écueils, également dangereux, d'une déférence aveugle et d'un dédain superbe, il existe une route tracée par la raison, et que j'ai voulu prendre pour arriver à un but plus sûr, à un résultat plus positif et plus avantageux. . . . .

« Cette même indépendance que j'ai apportée dans l'examen des décisions judiciaires se retrouve dans celui des opinions émises par les jurisconsultes qui ont écrit sur le Code. Quand j'ai cru découvrir une fausse doctrine, je l'ai combattue avec d'autant plus de force qu'elle était appuyée d'un nom plus imposant, et je n'ai point à craindre que cette controverse, toute dans l'intérêt de la science, puisse blesser les auteurs dont je combats le sentiment : en pareil cas, signaler quelques erreurs dans les détails, c'est manifester son estime pour l'ensemble.

« L'exposé des *Motifs*, et la discussion au Conseil d'État, pour y rechercher la pensée du législateur et le véritable esprit de la loi nouvelle ; la jurisprudence ancienne, pour en tirer des inductions souvent précieuses dans le nouvel état des choses; enfin le Droit romain, cet immense dépôt de la raison humaine, pour y trouver des moyens de décision par analogie : telles sont les sources fécondes où j'ai constamment puisé. Je me flatte que dans l'application que j'ai faite des lois romaines aux questions qui peuvent se présenter de nos jours, on reconnaîtra un soin scrupuleux à écarter les décisions des jurisconsultes lorsqu'elles sont basées sur un motif spécial, et inapplicable aujourd'hui, pour n'adopter que celles qui sont avouées par la raison de tous les siècles.

« Libre de tout esprit de système, je me

suis attaché avec ardeur à la recherche de l'intelligence de la loi dans son ensemble, et dans ses conséquences plus ou moins éloignées....»

C'est ainsi que je continuerai ; j'accélérerai les publications autant qu'il me sera possible; mais ce désir ne me fera point perdre de vue une obligation bien plus étroite, et à l'accomplissement de laquelle seulement je puis espérer la continuation des suffrages dont j'ai été honoré.

COURS

DE DROIT FRANÇAIS

SUIVANT LE CODE CIVIL.

TITRE PRÉLIMINAIRE.

Du Droit et des Lois en général.

CHAPITRE PREMIER.

Du Droit en général.

1. Que l'homme soit né pour vivre isolé, n'ayant à suivre d'autres lois que sa volonté, ou qu'il soit appelé par la nature à vivre en société avec ses semblables, c'est une question purement spéculative, propre tout au plus à fournir à une imagination brillante et féconde le sujet d'argumentations plus ou moins solides, une thèse fertile en aperçus plus ou moins ingénieux, mais une question dont la solution sera toujours vaine et sans objet, parce que le fait est là pour répondre à toutes les théories, quels que soient le génie qui les conçoive et la plume qui les orne du prestige d'un talent séducteur.

I.   I

Mais ce qui n'est l'objet d'aucun doute, c'est que si les hommes n'écoutaient toujours que ce sentiment intime qui leur commande sans cesse d'être justes, afin même d'être heureux, ils n'auraient besoin que de bien peu de lois pour se diriger. Quelques règles simples suffiraient à l'organisation sociale de chaque peuple. La transmission du patrimoine des pères aux enfans, l'observation fidèle des engagemens, les droits de la propriété ; tout ce qui, enfin, est l'objet de nos nombreuses lois, ne serait, en effet, que la matière de quelques préceptes, qu'il ne serait pas même besoin d'écrire, parce que la raison naturelle qui les aurait dictés, saurait aussi les conserver et les transmettre. Les plus sages d'entre eux, vénérés par leur expérience et leur âge, termineraient par le seul ascendant de leur vertu les difficultés qui pourraient momentanément les diviser.

Dans cet état, et riche des bienfaits que la Providence répand sur lui avec une libéralité trop souvent méconnue, l'homme verrait tranquillement son existence, prolongée par la frugalité et rendue heureuse par le témoignage d'une conscience pure, s'échanger pour une vie qui ne doit plus finir. Mais il n'en est pas ainsi, et jamais peut-être les hommes n'ont connu cet état d'innocence et de bonheur.

Dès le berceau du monde, l'envie et la violence ont exercé leur cruel empire : le plus faible est devenu la victime du plus fort. Toutefois elles lui ont insensiblement appris que n'ayant d'autre appui

que lui-même, d'autre force que sa force indivi-
duelle, il était de son intérêt de recourir à des
alliances qui, formées de la réunion de forces iso-
lées comme la sienne et assujéties aux mêmes maux,
pourraient lui fournir les moyens de résister à l'op-
pression. Il a senti qu'il devait préférer au bonheur
que lui promettait une indépendance absolue et si
chèrement achetée, un état propre à le protéger
contre les attaques de ceux qui voudraient le dépouiller du fruit de ses travaux, et il a mieux aimé
sacrifier une partie des droits qu'il tenait de la nature, pour jouir des autres avec plus de sécurité.
Telle est à peu près l'origine que la plupart des
publicistes assignent à la formation des sociétés humaines, et telle est probablement aussi la cause
des lois qu'elles se sont imposées.

2. Le plus sage fut le législateur : Bacchus sur les
bords du Gange, Saturne dans le Latium, Mercure
Trismégiste en Égypte, et Minos dans la Crète,
créèrent des institutions appropriées aux mœurs,
aux caractères, et même, pour pouvoir les faire
mieux goûter, aux vices des peuples qui les avaient
choisis pour guides, et qui les honorèrent ensuite
comme des dieux.

Sans doute ce système de gouvernement, qui d'a-
bord a dû laisser à l'homme la plus grande somme
de liberté possible, et ne lui imposer le sacrifice
que de ce qui était indispensable pour conserver
plus sûrement le surplus, a dû recevoir bien des

modifications par l'agrandissement des sociétés primitives, par les moyens d'existence fournis par le sol sur lequel elles s'étaient établies, et le genre d'industrie de leurs membres ; il a dû surtout en éprouver de nombreuses par la formation d'autres sociétés voisines, indépendantes les unes des autres, vivant comme des hommes épars dans le pur état de nature, et acquérant plus ou moins de force par le caractère, les mœurs et les besoins des peuples qui les composaient : et en effet, ces circonstances, et une infinité d'autres, ont fait fléchir sous une foule de rapports les principes qui avaient servi de base à la première organisation sociale. La civilisation, surtout, marchant, quoique lentement, avec le temps, et amenant avec elle, comme son inévitable cortége, des besoins nouveaux, a demandé une législation nouvelle.

3. Celle que Lycurgue donna à Lacédémone, et plus tard celle que Solon traça aux Athéniens, atteignirent ce but autant qu'il était possible de l'atteindre. Belles de simplicité et de vigueur, appropriées aux besoins des temps et des lieux, et adoptées même par les Romains dans l'adolescence de leur état social, elles ont en partie franchi les âges, et sont encore l'objet de l'admiration des moralistes et des philosophes, et le sujet des méditations de l'homme d'État.

La justice eut alors un culte quelque part ; sur quelques points de la terre, du moins, la vertu fut

honorée et récompensée, les vices furent flétris et
punis; et comme le dit Cicéron (1), l'on comprit
enfin qu'il était utile d'être juste.

4. Mais quelque bonne que fût pour les temps
et les lieux l'œuvre de ces législateurs, elle devait
bientôt devenir insuffisante pour le peuple qui l'a-
vait solennellement prise pour base de sa propre
législation, et qui, agrandi successivement par le
bonheur de ses armes, ne s'était rien moins proposé que la conquête de l'univers.

5. Aussi ces lois simples et claires furent presque
aussitôt commentées et étendues avec excès par leurs
interprètes. Les magistrats eux-mêmes, chargés d'en
faire l'application, devinrent à leur tour législateurs,
en négligeant seulement d'en prendre le nom; et la
législation de ce peuple s'augmentant successivement des lois nouvelles et d'une foule d'usages fondés sur des besoins que faisaient naître les progrès
toujours croissans de la civilisation, s'accrut enfin à
un tel point, qu'elle devint la plus compliquée de
toutes les sciences, et que son interprétation fut
considérée comme un art dont les secrets n'étaient
révélés qu'à un petit nombre d'adeptes.

---

(1) *Ex legibus, et dignitatem expetendam videmus quùm verus, justus
atque honestus labor honoribus, præmiis atque splendore decoratur, vitia
autem hominum atque fraudes damnis, ignominiis, vinculis, verberibus,
exiliis, morte mulctantur; et docemur non infinitis commentationumque
plenis disputationibus, sed auctoritate metuque legum domitas habere
libidines, coercere omnes cupiditates, nostra tueri, ab alienis mentes,
oculos, manus abstinere.* De Orat., l. 1, cap. 43.

6. Tel était l'état de la législation romaine lorsque l'empereur Justinien entreprit de la régulariser et de la simplifier, en extirpant ce qui lui parut imparfait, surabondant ou tombé en désuétude, et en cherchant à mettre de l'harmonie dans ce qui était discordant.

Ce législateur a-t-il complétement réussi dans cette immense entreprise? c'est un point qui ne saurait être décidé par l'unanimité des suffrages. D'ailleurs le fardeau était peut-être au-dessus des forces humaines.

7. Mais quoique ses Codes soient pour ainsi dire hérissés de détails incompatibles avec l'objet des lois, qui doit être simple, grand et d'un intérêt général; et malgré une foule de dispositions subtiles qu'on leur reproche, cette législation, empreinte d'un grand esprit de sagesse dans son ensemble, et création du génie, est devenue le principe et la source de celles de presque tous les peuples civilisés, particulièrement de la nôtre; et c'est à elle que nous aurons souvent recours, comme à un commentaire ordinairement sûr, pour l'interprétation de celles de nos lois qui seraient obscures ou incomplètes.

En esquissant rapidement ces notions générales sur l'origine des lois, il n'est point entré dans notre pensée d'en expliquer les causes diverses, ni de développer l'esprit qui les a dictées. Cet objet, sur lequel il reste peu de choses à dire après les grands

écrivains (1) qui en ont fait le sujet de leurs méditations, exigerait des développemens qui appartiennent plutôt à un traité de Droit public, et qui
nous arrêteraient trop long-temps au commencement de la longue carrière que nous nous propo-
sons de parcourir. C'est aussi par ces motifs que
nous nous dispenserons de retracer, après tant
d'autres, l'*Histoire de la Législation française* :
quelle que fût la concision qui présidât à un tel
travail, pour être bien fait il exigerait des développemens nombreux dans lesquels il nous serait cependant impossible d'entrer; et privé de tout esprit
d'observation et de critique, ce travail dégénérerait
sûrement en une sèche et froide nomenclature, dé-
pouillée d'intérêt et d'agrément.

Nous commencerons donc par l'application des
lois elles-mêmes, dont l'ensemble forme généralement ce qu'on nomme le *Droit*, pris dans l'une de
ses diverses acceptions.

8. C'est ainsi que les lois françaises forment le
droit français; et la connaissance de ces lois constitue la science du droit qui nous régit (2).

Le Droit peut être, en outre, considéré sous deux

_____

(1) On peut voir à cet égard Montesquieu, *Esprit des Lois*, et
Domat, dans le traité qu'il a placé au commencement de son ouvrage, et qui a pour titre : *Les Lois civiles dans leur ordre naturel.*

(2) Dans une acception plus restreinte, le mot *droit* exprime la
collection des lois d'un certain genre : l'on dit le Droit criminel, le
Droit commercial, pour désigner les lois criminelles, les lois commerciales.

principaux rapports : tantôt il est cause, tantôt il est effet, selon que nous l'envisageons comme une règle à laquelle nous devons conformer nos actions, ou comme ce qui est attribué et garanti par cette règle.

Sous le premier rapport, le *Droit*, c'est la loi elle-même, qui établit telle chose; par exemple, la loi qui établit la puissance paternelle, qui règle l'acquisition et la transmission des biens, etc.

Sous le second rapport, le *Droit* est le résultat des dispositions de la loi elle-même, appliquée soit aux personnes, soit aux choses : comme *l'exercice* de la puissance paternelle, le droit attaché à la propriété, etc.

9. De la science du Droit dérive la Jurisprudence, du moins dans son acception primitive (1).

En général, on entend par science une réunion de vérités fondées sur des principes reconnus ou démontrés par le raisonnement : l'enchaînement de ces vérités, l'ordre méthodique dans lequel elles sont exposées, forment une science.

L'art consiste à faire l'application de ces vérités.

Celles qui constituent la science du droit demandent fréquemment à être appliquées. Il faut, pour le faire avec succès, de la prudence, du discernement et de l'habileté; et c'est cette applica-

---

(1) Suivant la loi première, ff. *de Justitiâ et Jure*, le mot *jus*, droit, vient de *justitia*, justice : *jus autem à justitiâ appellatum est.*

Et grammaticalement et moralement, des mots *jus*, *juris*, dérive *jurisprudentia.*

tion des vérités de la science du droit qui forme ce qu'on appelle la jurisprudence (1), c'est-à-dire, suivant Heinneccius (*Elementa juris*, n° 26), l'habitude pratique de bien interpréter les lois et de les appliquer aux différens cas qui se présentent.

10. Mais il n'est pas aisé de définir la loi avec exactitude et précision. Des publicistes, des jurisconsultes, à qui l'opinion publique assigne le premier rang, paraissent l'avoir tenté sans réussir complétement, du moins si l'on en juge par les critiques plus ou moins fondées dont leurs définitions ont été l'objet (2) : nous ne pouvons raisonnablement espérer d'être plus heureux.

Philosophiquement parlant, tout dans la nature a ses lois : les corps célestes, la terre et les différens

_____

(1) Dans une acception plus moderne, on entend aussi par *jurisprudence* les décisions des Tribunaux rendues plus ou moins uniformément, dans le même sens sur un point de droit, sur un cas qui s'est présenté. Ainsi, l'on dit : la loi est dans un tel sens; mais la jurisprudence est contraire, pour exprimer que les Tribunaux ne jugent pas le cas dont il s'agit dans le sens prétendu de la loi.

(2) Mais voulant définir les lois dans leur acception la plus étendue, Montesquieu ne s'est pas mépris, comme on l'a plus d'une fois prétendu, quand il a dit que les lois sont les rapports nécessaires qui dérivent de la nature des choses. C'est, en effet, d'après une loi que l'homme foible et sans appui est soumis à l'homme puissant et fort, que le pauvre est sous la dépendance du riche, que l'idiot est dirigé par l'être intelligent : cette loi, c'est celle de la force, de la puissance, des richesses, de l'intelligence; et puisque la mécanique a ses lois, on ne peut nier que la force n'ait les siennes. Sans doute les lois humaines ont été généralement portées pour effacer ou pour atténuer du moins la funeste influence des lois aveugles du sort; mais celles-ci n'en sont pas moins des lois dans le sens de la définition philosophique de Montesquieu; ce sont des rapports nécessaires

élémens de l'univers, obéissent à des règles immuables tracées par la main du Créateur. La gravitation, le mouvement et la vie ont aussi leurs lois; mais ces lois forment le domaine de plusieurs sciences qui n'ont que peu ou point de rapport avec celle du droit.

Nous dirons donc simplement, avec d'autres, et sans prétendre donner une définition parfaitement exacte des lois établies par un peuple pour se gouverner, que la loi est une règle établie par une autorité à laquelle on est tenu d'obéir. Nous en développerons les caractères et les effets au chapitre suivant, où nous traiterons de la loi spécialement, comme principal élément de notre droit.

11. On peut envisager le droit sous trois principaux rapports : son but général, son origine, et son objet ou sa matière.

12. Son but général, c'est la justice. Les lois doivent constamment tendre vers ce but. Elles doivent chercher sans cesse à rendre l'homme meilleur, à effacer ses mauvais penchans, à lui en inspirer de raisonnables. Elles doivent être dictées par la raison et l'équité; et si des circonstances particulières forcent le législateur à s'écarter un moment de ce but, si une loi est injuste envers une classe de ci-

---

qui existent entre des choses dont l'une est sous la dépendance de l'autre par la nature ou le hasard. Cette influence sera moindre par l'effet de bonnes lois civiles ; mais elle ne sera jamais entièrement détruite. Elle subsistera tant qu'il y aura des vices, c'est-à-dire tant qu'il y aura des hommes ; et elle sera toujours un rapport nécessaire qui dérive de la nature des choses.

toyens spécialement soumise à son application, c'est
un mal, mais un mal qui doit trouver son excuse
dans le bien général. Si la loi est injuste sans cette
compensation, elle a manqué à sa vocation; c'est
plutôt une anomalie qu'une loi. Il n'en faudra pas
moins, sans doute, la respecter tant qu'elle subsistera, puisqu'elle a en sa faveur la présomption de
justice; mais ce sera généralement un devoir d'en
signaler avec bonne foi et modération les abus,
pour la faire rapporter ou modifier.

13. Les jurisconsultes romains disaient que le
droit, dans son but et sa fin, est d'apprendre aux
hommes la justice pour la leur faire pratiquer; et
ils définissaient le droit, *ars boni et æqui*, parce
que c'est par la connaissance des lois que l'on ap-
prend à discerner ce qui est permis de ce qui est
défendu, ce qui est juste de ce qui ne l'est pas (1).

Pour eux, la justice est la volonté constante et
perpétuelle de rendre à chacun ce qui lui appartient (2).

(1) *Jus est ars boni et æqui. Cujus meritò quis nos sacerdotes appellet.
Justitiam namque colimus, et boni et æqui notitiam profitemur : æquum
ab iniquo separantes, licitum ab illicito discernentes; bonos non solùm
metu pœnarum, verùm etiam præmiorum quoque exhortatione efficere
cupientes : veram (nisi fallor) philosophiam, non simulatam affectantes.*
L. 1, ff. *de Justitiâ et Jure.*

(2) *Justitia est constans et perpetua voluntas jus suum cuique tribuendi.
Princip., Inst., de Just. et Jur.* Selon la doctrine des Stoïciens, toute
vertu consiste dans la constance et dans une résolution ferme et invariable.

En envisageant l'exercice de la justice sous divers aspects, les
moralistes et les jurisconsultes en ont donné plusieurs définitions

14. Ainsi, vivre honnêtement, n'offenser personne, rendre à chacun ce qui lui est dû, c'est vivre selon la justice. Celui qui accomplira ces préceptes ne se bornera pas simplement à conformer ses actions extérieures au prescrit des lois civiles; il songera que si les lois humaines n'ont pu étendre leur empire sur la conscience et la pensée, ni régler la plupart de nos actions sans entraver l'exer-

plus ou moins obscures. Ces définitions, purement scolastiques, n'ont pas aidé beaucoup à la science, et on pourrait sans inconvénient les passer sous silence; nous les rappellerons cependant succinctement, parce que se trouvant dans la plupart des livres de jurisprudence, et étant encore quelquefois l'objet de questions adressées aux étudians dans leurs examens, il ne leur est pas tout-à-fait inutile de connaître les différens systèmes que l'on a faits à ce sujet.

Suivant les uns, la justice se divise en *universelle* et *particulière*. Cette division est empruntée de l'Éthique d'Aristote. D'après ce philosophe, la justice universelle est la pratique de toutes les vertus. Ainsi l'homme sage, modéré, humain, tempérant, est *juste*, si l'on considère ses actions quant à la justice universelle. Le magistrat qui ne favorise pas la mauvaise cause, qui fait rendre à chacun ce qui lui appartient, exerce en cela la justice particulière.

Une autre division de la justice, et que l'on a aussi fait dériver des traités de morale du père de la vieille philosophie, consiste à reconnaître une justice *commutative* et une justice *distributive*. La première s'exercerait d'après un principe d'égalité absolue, parce que l'égalité, c'est la justice pour les philosophes. La seconde s'exercerait d'après un principe d'égalité proportionnelle, parce qu'aussi cette égalité constitue la justice: car le nombre deux renfermant deux unités, il doit valoir à lui seul ce que valent les deux unités réunies, et le double de ce que vaut chacune d'elles isolément. Ainsi, dans le paiement de la solde fait aux soldats d'un régiment, on suit la justice commutative, parce que ce que vaut un soldat est censé être ce que vaut son camarade. Mais dans le prêt fait aux officiers de ce régiment, et comparé à celui qui a été fait aux soldats, on suit la justice distributive. Ici c'est l'égalité géométrique, la seule juste, la seule praticable entre les hommes, et surtout entre les hommes vivant en société. La justice distributive est donc celle d'après laquelle cice de notre liberté, rien n'est caché du moins aux yeux du Créateur, souverain dispensateur des récompenses et des châtimens.

15. Parmi ces jurisconsultes, les uns (1) attribuaient une triple origine à leur droit privé, en le faisant dériver de trois causes diverses : des principes du droit naturel, du droit des gens, et du droit civil. D'autres (2), dont le sentiment à cet

---

sont répartis les récompenses et les honneurs, en raison du mérite et des services rendus, et toujours en comparant le mérite et les services des personnes. C'est encore d'après un principe de justice distributive, que le législateur décerne les peines contre les délinquans : par exemple, le crime de faux commis par l'officier public est puni d'une peine plus grave que celui commis par une personne privée. La *qualité* de la personne aggrave le délit, et fait qu'il y a toujours égalité dans la distribution des peines, mais cette égalité rationnelle, la seule équitable, et qu'il ne faut pas confondre avec des priviléges personnels, toujours plus ou moins injustes, et surtout toujours plus ou moins odieux à ceux qui n'en sont pas l'objet.

Grotius (*De jure belli et pacis*, lib. 1, cap. 1, §. 8) critique ces deux divisions de la justice, et en donne une autre, suivie par Heinneccius (*Elementa juris civilis*, n° 23). Ce publiciste dit que la justice est *explétive* et *attributive*. Il paraît qu'il fait dériver cette division de la loi 17, §. 3, ff. *Commodati vel contrà*, où le jurisconsulte Paul dit que certains devoirs paraissent appartenir plutôt à la volonté et aux bons offices qu'à la nécessité : d'où Grotius conclut que les uns sont des devoirs *parfaits*, et les autres des devoirs *imparfaits*. Celui donc qui s'acquitte d'un devoir parfait, exerce la justice explétive; et celui qui rend un bon office, exerce la justice attributive : le premier accomplit le précepte, *ne fais injure à personne, rends à chacun ce qui lui appartient;* le second *vit honnétement.* Nous l'avouerons, cette dernière division est au moins aussi obscure que les précédentes, parce qu'on ne distingue pas toujours clairement un devoir imparfait d'un devoir parfait, et en outre, parce que les termes ne font pas suffisamment ressortir les différences, s'il en existe.

(1) Ulpien, lib. 1, §. 2, ff. *de Just. et Jure*, dont Justinien a suivi la division aux Instituts.

(2) Caïus, l. 9, ff. *eodem tit.*: *Omnes populi qui legibus et moribus re-*

égard était suivi par les philosophes, ne reconnaissaient que deux espèces de droit : l'un commun à tous les hommes, l'autre particulier à un peuple ; l'un uniquement fondé sur la raison naturelle, l'autre positif et résultant des lois de ce peuple. Mais la divergence des systèmes était moins dans la chose que dans la manière de la traiter.

C'est la division de ces derniers que nous adoptons, en divisant toutefois le droit naturel en droit naturel pur et en droit des gens : celui-ci n'est, en effet, qu'une partie de celui-là. Mais nous ne pouvons traiter que très-succinctement cette matière, qui a cependant enfanté des volumes. Nous nous bornerons à retracer quelques règles générales, les moins sujettes à controverse.

16. Le droit naturel est cette loi, pour ainsi dire promulguée par Dieu, que l'homme peut connaître par les seules lumières de sa raison, en suivant le sentiment intime qui se développe avec son intelligence (1).

---

guntur, partìm suo proprio, partìm communi omnium hominum jure utun‑ tur. Nam quod quisque populus ipse jus constituit, id ipsius proprium civitatis est : vocaturque jus civile, quasi jus proprium ipsius civitatis. Quod verò naturalis ratio inter omnes homines constituit, id apùd omnes peræque custoditur, vocaturque jus gentium, quasi quo jure omnes gentes utuntur.

(1) En définissant ainsi, quoique imparfaitement peut-être, le droit naturel pur, nous ne disons pas avec Ulpien : « *Jus naturale est quod natura omnia animalia docuit. Nam jus istud non humani generis pro‑ prium est : sed omnium animalium, quæ in cœlo, quæ in terrâ, quæ in mari nascuntur. Hinc descendit maris atque fœminæ conjunctio, quam nos matrimonium appellamus. Hinc liberorum procreatio, hinc educatio.*

Les principes de cette loi sont de conduire l'homme au bonheur par la pratique de la vertu; et le système ou l'ordre dans lequel ils sont classés par la réflexion et l'analyse forme ce qu'on appelle le droit naturel (ı).

Ainsi, avant que l'homme se fût donné des lois et qu'il eût par elles perfectionné son intelligence, la seule raison naturelle lui avait déjà enseigné à craindre Dieu en lui dévoilant sa puissance infinie, comme elle lui avait appris à l'aimer en lui montrant ses bienfaits.

Videmus enim cætera quoque animalia istius juris peritia censeri. » Car de ce que les animaux ont des appétits et des besoins comme l'homme, et qu'ils sont doués d'instinct pour les satisfaire, il n'en faut pas conclure qu'ils sont capables des effets du droit. Dans les actes que l'animal a matériellement de communs avec l'homme, il ne suit qu'un penchant aveugle, une impulsion involontaire, et pour ainsi dire machinale. L'homme, au contraire, y est conduit par la volonté et l'intelligence; c'est la raison qui le dirige, quand les passions ne le dominent pas. Lui seul discerne le bien du mal, lui seul peut comprendre la justice et en observer les préceptes; lui seul peut établir une société et des lois pour la régir : lui seul est donc capable des effets du droit, quelque étendu que soit le sens de ce mot. *Propriè juris capax non est, nisi natura præceptis utens generalibus.* Grotius, *De jure belli et pacis*, l. ı, cap. ı, §. ıı.

(ı) Cependant ce ne serait peut-être pas tout-à-fait sans raison que l'on prétendrait que ce que l'on est convenu d'appeler droit naturel ne forme point par lui-même l'objet d'un droit spécial, et qu'il n'est pas davantage la matière d'une science principale; qu'il est seulement l'élément primitif de plusieurs sciences diverses, telles que la théologie, la morale, la philosophie et le droit civil lui-même dont on le distingue communément. L'on pourrait en effet soutenir qu'à l'exception des lois arbitraires qu'un peuple s'est créées, comme les lois somptuaires et quelques autres encore, celles qui constituent le droit civil de ce peuple ne sont rien autre chose que l'application des lois naturelles elles-mêmes à ses besoins, à ses mœurs et aux circonstances

Le sentiment seul le portait à vénérer les auteurs de ses jours, et l'excitait vivement à chérir et protéger ceux qui lui devaient l'existence. Les lois humaines n'ont rien ajouté à la force de ce sentiment; il n'appartenait qu'à la religion de l'épurer.

Il lui inspirait aussi le besoin de veiller à sa conservation, de repousser toute agression injuste, en se renfermant dans les limites de ce qui était strictement nécessaire à la défense de lui-même, sans devenir oppresseur à son tour (1); et ce qui était juste et raisonnable avant que les hommes se fussent créé des institutions pour se gouverner, l'est encore aujourd'hui (*voir* les articles 322, 326 et 329 du Code pénal), parce que les lois morales de la nature sont immuables, comme celles qui établissent l'harmonie que nous voyons régner dans les œuvres du Créateur.

18. Des principes du droit naturel s'est formé le droit des gens, que l'on considère communément comme étant de deux sortes : le droit des gens primitif, et le droit des gens secondaire ou positif.

19. Les élémens du premier sont ces règles d'équité ordinairement reconnues et observées chez les peuples policés, commes lois naturelles : telle

---

dans lesquelles il se trouve. Mais le développement qu'exigerait la démonstration de la justesse de cette pensée nous conduirait trop loin; nous aurions d'ailleurs à combattre une doctrine qui a pour elle la prescription, et probablement nous le tenterions en vain.

(1) C'est ce que les jurisconsultes romains rendaient en ces termes : *Moderamen inculpatæ tutelæ*. L. 1, Cod. *Undè vi.*

est l'obligation d'être fidèle à ses engagemens. C'est de cette espèce de droit qu'on entend parler quand on dit que la vente, le louage, la société, le prêt, etc., sont des contrats du droit des gens, parce que les obligations qui en dérivent sont généralement respectées chez toutes les nations civilisées, et que ceux au profit desquels elles ont été contractées obtiennent des tribunaux étrangers la même justice que les nationaux.

20. Le droit des gens positif, appelé par plusieurs publicistes Droit public, est fondé sur les traités de paix, d'alliance et de commerce, par lesquels les nations ont contracté divers engagemens les unes envers les autres. Il est aussi fondé sur des usages réciproquement observés entre les peuples. C'est d'après ces usages que la personne des ambassadeurs est inviolable, que les sujets d'une nation sont admis en temps de paix dans les ports de l'autre; qu'ils y sont reçus à y faire le commerce sous des restrictions plus ou moins étendues, suivant les lieux et les circonstances.

21. En se réunissant en corps de nation, les hommes se sont créé des chefs, dont la mission était de faire respecter les droits de tous. A cet effet, ces chefs ont été investis du pouvoir d'établir des règles positives pour l'administration des intérêts généraux de l'association, et pour tout ce qui concernait l'étendue et l'exercice des droits particuliers de chacun de ses membres. Ces règles sont

I. 2

les lois; et la collection de celles qui sont propres à chaque peuple forme ce qu'on appelle le *Droit civil*, c'est-à-dire, dans le sens que les jurisconsultes romains attachaient à ces mots, le droit de la cité, *jus civitatis*, le droit propre à chaque peuple. Tel est le droit positif : il a généralement pour base le droit naturel lui-même, auquel il donne une sanction nouvelle, mais en le modifiant selon le caractère et les mœurs des différens peuples.

22. Le droit positif d'un peuple se divise en droit public et en droit privé.

23. Le droit public comprend dans son domaine les lois qui règlent l'organisation immédiate du corps politique : telle est, chez nous, la Charte constitutionnelle dans les droits qu'elle reconnaît aux Français, considérés collectivement ou individuellement; telles sont aussi les lois sur les élections, sur l'organisation des autorités constituées et leur démarcation, etc. On appelle ordinairement ces lois, lois politiques. On lit toutefois en tête de la Charte : *Droit public des Français*.

Font aussi partie du droit public, les lois qui ont pour objet la répression des atteintes portées à la morale, au bon ordre et à la sûreté de l'État ou des citoyens; celles qui règlent les conditions du mariage, qui établissent la puissance maritale, la puissance paternelle, qui déterminent la qualité des personnes, etc.

24. Le droit privé se compose des lois portées pour

régler les intérêts pécuniaires des citoyens entre eux; il s'occupe du *tien* et du *mien*; L. 1, §. 2, ff. *de Just. et Jure.* Telles sont les lois qui régissent les contrats, les testamens, les successions, les diverses manières d'acquérir la propriété, etc.

25. Le but immédiat (1) du droit public est l'intérêt général, l'avantage de la masse des citoyens; aussi ses dispositions ne sauraient être éludées par des conventions particulières, parce que nul ne peut vouloir avec effet ce qui est contraire au bien général.

Au lieu que le but immédiat du droit privé est l'intérêt des individus; et ceux-ci peuvent renoncer, par des conventions particulières, au bénéfice de la loi.

26. Le droit d'un peuple ne se compose pas uniquement de dispositions écrites et promulguées : il comprend aussi les coutumes, les usages qui se sont insensiblement introduits d'après l'assenti-

---

(1) Vinnius observe sur le §. 4, Inst., *de Just. et Jure*, que la dénomination de *droit public* ne se prend pas toujours dans la même acception, c'est-à-dire en considérant la matière et le but de la loi comme nous le faisons ici; que quelquefois, en envisageant la cause créatrice de la loi, l'autorité d'où elle émane, on dit (du moins en droit romain) que la loi est de droit public, quoiqu'elle soit portée immédiatement en faveur des individus et non du corps politique. C'est dans ce sens, ajoute-t-il, que l'on dit que la prescription est de droit public, parce qu'elle a été établie par l'autorité publique.

Mais cette acception est abusive, puisqu'il n'y aurait plus moyen de distinguer les lois qui sont de droit public de celles qui sont seulement de droit privé; distinction cependant infiniment importante, ne fût-ce que pour la juste application de l'article 6 de notre Code.

ment tacite des citoyens. Qu'importe, en effet, dit la loi 32, §. 1, ff. *de Legibus*, qu'ils aient manifesté leur volonté par l'émission de leurs suffrages ou par leurs actions? De là est dérivée une autre division du droit, en droit écrit ou promulgué, et en droit non écrit ou coutumier. C'est ainsi qu'au titre des *Servitudes* et à celui du *Louage*, le Code renvoie aux usages locaux pour les décisions de tel ou tel point.

27. Enfin, notre droit comprend aussi les ordonnances royales rendues pour l'exécution des lois, et pour d'autres objets encore, mais qui ne sont pas ordinairement d'un intérêt général : les règlemens, les arrêtés portés par les autorités constituées, dans le cercle de leurs attributions.

28. Le troisième rapport sous lequel l'on considère le droit, c'est son objet ou sa matière, c'est-à-dire, les personnes et les biens (1).

Nous en parlerons avec plus d'étendue au chapitre suivant, en traitant des lois personnelles et des lois réelles.

CHAPITRE II.

De la Loi.

Nous aurons à voir sur la loi :

1° Ses caractères généraux et ses diverses espèces;

---

(1) Justinien fait, des *actions* créées par les lois pour obtenir en justice ce qui nous est dû, un troisième objet du droit; mais nous ne pouvons les envisager sous ce rapport, parce qu'en les considérant

2° La formation de la loi en France;

3° Sa sanction, sa promulgation et son exécution;

4° Sur quel temps elle exerce son empire;

5° Ses effets quant aux personnes et aux biens;

6° Son application;

Et 7°, son abrogation et la renonciation qui peut y être faite par les parties.

SECTION PREMIÈRE.

Des Caractères généraux de la Loi, et de ses diverses espèces.

SOMMAIRE.

29. *Définition de la loi.*
30. *Ses caractères généraux.*
31. *Son but est de modifier ou d'étendre les facultés naturelles de l'homme.*
32. *Division des lois en impératives, prohibitives et facultatives.*
33. *La loi a aussi quelquefois pour objet de punir.*
34. *Les lois se divisent aussi en personnelles et en réelles; mais l'explication de cette division est renvoyée plus loin.*

29. Suivant ce que nous avons dit, la loi peut être définie une règle établie par une autorité à laquelle on est tenu d'obéir.

Cette autorité varie en raison de la diversité des formes de gouvernement. Nous sortirions des limites de notre sujet, si nous entrions dans le dé-

---

comme des droits, ce sont des choses incorporelles qui rentrent dans le second objet. Et si on les considère comme des moyens tracés par les lois pour agir en justice, c'est simplement la matière de notre Code de Procédure ou Code Judiciaire.

veloppement de l'organisation de ces diverses formes : ceci appartient essentiellement au droit public. Nous nous bornerons, à cet égard, à retracer les règles qui concernent la formation de la loi en France.

30. La loi doit être juste dans son principe et générale dans son objet.

Pour être juste, elle doit être égale pour tous les membres du corps social. Son application doit être indépendante des titres des personnes : tous les Français sont égaux devant la loi (1).

Elle doit être générale dans son objet, soit qu'elle protége, soit qu'elle punisse ; autrement elle dégénérerait en privilége, et nous n'en reconnaissons plus dans notre constitution politique.

C'est une règle uniforme et permanente. Si elle considère les actions en elles-mêmes, par abstraction elle envisage les citoyens en masse.

En cela elle diffère du contrat, qui ne tient lieu de loi qu'à ceux qui l'ont formé (art. 1134), et qui intervient entre deux personnes indépendantes ; tandis que la loi intervient entre une autorité supérieure et ceux qui sont tenus de lui obéir.

31. Son but étant de modifier ou d'étendre les facultés naturelles de l'homme en lui imposant des devoirs ou en lui attribuant des droits, il importe à l'ordre social que nul ne puisse se soustraire à son empire. Toutefois rien ne s'oppose à ce qu'un

---

(1) Art. 1er de la Charte constitutionnelle.

citoyen renonce à un droit introduit spécialement en sa faveur : de là résulte une première distinction des lois, en *impératives*, *prohibitives* et *facultatives*.

32 Si la loi commande une action, elle est impérative : telles sont les lois relatives au paiement des impôts, au service militaire, etc., etc.

Si la loi défend une action, elle est prohibitive : telles sont les lois qui défendent à l'homme de se marier avant dix-huit ans accomplis, à la femme mariée de s'obliger sans être autorisée, aux époux d'aliéner les biens dotaux, etc., etc.

Si, enfin, la loi, sans ordonner ni défendre, se borne à introduire un droit, une faculté, de manière que chacun soit libre d'user ou de ne pas user du bénéfice qu'elle accorde, elle est facultative : telles sont les lois qui autorisent le mariage sous les conditions qu'elles prescrivent; celles qui autorisent aussi, dans certains cas, la séparation de corps; celles qui régissent les contrats, etc., etc.

33. A ces trois espèces de lois on pourrait peut-être en ajouter une quatrième, les lois qui sont destinées à la répression des faits qui troublent l'ordre social; et, sous ce rapport, on dirait avec la loi 7, ff. *de Legibus : Legis hæc virtus est imperare, vetare, permittere, punire.* Mais, au lieu de ranger les lois pénales dans une classe particulière, il nous paraît plus exact de les considérer comme la sanction nécessaire des lois impératives et prohibitives; car la loi ne peut jamais punir que le fait qu'elle

avait défendu, ou l'inexécution de celui qu'elle avait ordonné. Quelquefois la peine se borne à la nullité du contrat dans lequel on a violé le prescrit de la loi. Mais ce n'est point le moment d'expliquer les différentes règles qui peuvent servir à distinguer les lois impératives des lois facultatives ; nous dirons seulement, quant à présent, que c'est à l'esprit de la loi qu'il faut recourir pour connaître dans quelle classe elle doit être rangée.

34. On divise aussi les lois en *personnelles*, parce qu'elles régissent seulement l'état et la qualité des personnes ; et en *réelles*, parce qu'elles s'appliquent seulement aux biens. Nous reviendrons bientôt sur cette importante distinction.

SECTION II.

De la Formation de la Loi en France.

SOMMAIRE.

35. *Comment s'exerce en France la puissance législative.*
36. *Le Roi propose la loi.*
37. *Examen et discussion du projet de loi.*
38. *Les Chambres peuvent supplier le Roi de proposer une loi.*
39. *Si la demande faite à cet égard est rejetée par l'autre Chambre, elle ne peut être représentée dans la même session. Cela ne s'applique point aux propositions directes du gouvernement.*
40. *La proposition, quoique faite par le Roi et adoptée par les deux Chambres, n'a point encore le caractère de loi.*

35. En France, la puissance législative s'exerce collectivement par le Roi, la chambre des pairs et celle

des députés des départemens (art. 15 de la Charte).

36. Le Roi seul propose la loi (art. 16, *ibid.*). C'est aussi le Roi qui la sanctionne et la promulgue (art. 22).

La proposition de loi est portée, au gré du Roi, à la chambre des pairs ou à celle des députés, excepté la loi de l'impôt, qui doit être adressée d'abord à la chambre des députés (art. 17).

37. Le projet de loi est renvoyé dans les bureaux : une commission est nommée pour en faire l'examen. Un rapporteur choisi par elle et pris dans son sein fait son rapport au jour indiqué par la chambre, et en séance publique. Au jour aussi fixé par la chambre s'ouvre la discussion. (*Règlement des chambres.*)

La loi doit être discutée et votée librement (art. 18).

Si la proposition est adoptée, son adoption est transmise au gouvernement, qui, s'il le juge convenable, l'adresse à l'autre chambre, laquelle procède comme la première.

38. Au Roi seul, disons-nous, appartient l'initiative de la loi, d'après l'article 16 précité. Cette initiative accordée aux chambres aurait présenté, à côté de quelques avantages, de graves inconvéniens à l'aurore d'un gouvernement représentatif ; mais, pour qu'il ne soit point privé des lumières que chaque membre du corps-législatif peut lui donner sur les besoins des peuples, l'article 19 de

la Charte attribue aux chambres la faculté de supplier le Roi de proposer une loi sur quelque objet que ce soit, et d'indiquer ce qui leur paraît convenable que la loi contienne.

Cette demande peut être faite par chacune des deux chambres, mais après avoir été discutée en comité secret. Elle ne doit être renvoyée à l'autre chambre, par celle qui l'a proposée, qu'après un délai de dix jours (art. 20).

39. Si la proposition est adoptée par l'autre chambre, elle est mise sous les yeux du Roi (1); si elle est rejetée, elle ne peut être représentée dans la même session (art. 21) (2).

40. La proposition de loi, quoique faite par le Roi et adoptée par l'une et l'autre chambre, n'a point encore le caractère de loi : pour l'obtenir elle a besoin de la sanction du Roi; et pour être obligatoire envers les citoyens, il faut qu'elle soit promulguée. (Art. 22 *ibid.*, et 1er du Code Civil.)

---

(1) La loi, dans ce cas, n'en est pas moins proposée au nom du Roi, et discutée ensuite dans la forme ordinaire.

(2) C'est par erreur qu'un auteur a écrit qu'un projet de loi présenté par le gouvernement et rejeté par la Chambre, ne peut être représenté dans la même session : cela n'est dit nulle part dans la Charte, et n'est vrai qu'à l'égard des demandes faites par les Chambres. On sent très-bien, pour celles-ci, le motif de la disposition de l'art. 21; mais il n'a pas la même force par rapport à un projet du gouvernement, projet qui ne reparaîtra probablement qu'avec les changemens désirés par les Chambres. Si l'assertion que nous relevons ici était fondée, ce serait un véritable malheur : les peuples pourraient être privés pendant tout l'intervalle d'une session à l'autre, d'une loi quelquefois très-urgente; et si c'était celle de finance, le gouvernement

SECTION III.

De la Sanction, de la Promulgation et de l'Exécution
de la Loi.

SOMMAIRE.

41. *Le mot* sanction *a aujourd'hui deux significations. Il se*
prend quelquefois pour la peine portée contre celui qui
viole la loi.
42. *La sanction des lois naturelles réside dans la religion.*
43. *Dans une acception moderne, la sanction s'entend de l'ap-*
probation donnée par le souverain à l'acte législatif pour
le faire mettre à exécution.
44. *La sanction n'est pas la promulgation.*
45. *La loi, quoique revêtue de la sanction du Roi, n'est exé-*
cutoire que par la promulgation : conséquences.
46. *Mode de promulgation des lois et des ordonnances.*

41. Le mot *sanction*, appliqué aux lois, a deux
significations.

L'une, très-ancienne, et qui subsiste encore,
exprime cette partie de la loi où est établie la peine
contre l'infracteur. Ainsi, la sanction de la loi qui
défend à l'homme de contracter mariage avant d'a-
voir accompli sa dix-huitième année, se trouve dans
la disposition de l'article 184 du Code, qui permet
d'attaquer le mariage et d'en faire prononcer la
nullité.

42. La sanction de la loi naturelle réside dans la

---

serait plongé dans les plus grands embarras. La crainte des dangers
qui pourraient en résulter enchaînerait en quelque sorte l'indépendance des Chambres.

religion, qui nous enseigne que l'âme est immortelle, qu'il existe une autre vie et un Dieu rémunérateur de la vertu et vengeur du crime.

43. L'autre espèce de sanction, toute moderne, exprime uniquement l'approbation royale donnée à la loi pour la rendre exécutoire.

Cette approbation se manifeste par la signature du Roi au bas de la loi, et par l'apposition du sceau royal.

44. Mais la sanction de la loi n'en est pas la promulgation, comme quelques personnes l'avaient pensé avant les ordonnances des 29 mai, 11 juin et 27 novembre 1816 (1).

La sanction la précède nécessairement : l'une est l'approbation royale donnée à la loi, comme on vient de le dire; l'autre est le mode d'après lequel la loi sera connue des citoyens et deviendra obligatoire pour eux : car l'on ne peut conformer ses actions à une règle que l'on ne connaît pas.

45. Jusque-là, l'acte législatif, quoique revêtu de toute la force dont il est susceptible par l'effet de la sanction, n'est cependant pas encore loi pour les peuples. D'après l'article 1er du Code, la loi est seulement *exécutoire* du moment où la promulgation en peut être connue : d'où nous tirons la consé-

---

(1) D'autres avaient déduit la promulgation seulement de l'insertion des lois au Bulletin, et de son arrivée au chef-lieu du département de la résidence royale : c'est cette interprétation qu'avaient suivie les ordonnances des 29 mai et 11 juin précitées, ainsi que le dit textuellement le préambule de celle du 27 novembre.

quence, que ce n'est que la promulgation qui pourrait en empêcher la révocation *de propre mouvement.*

Nous en tirons aussi cette autre conséquence,
que, puisque la loi n'est point exécutoire tant
qu'elle n'est pas réputée connue, les particuliers
qui auraient connaissance de la sanction qui lui a
été donnée ne pourraient cependant profiter de
ses dispositions avant sa promulgation, et que les
actes faits avant cette époque devraient être revêtus
des formalités exigées par la loi encore en vigueur.
Ainsi, une loi nouvelle apporte des changemens aux
formes prescrites pour la validité des hypothèques
conventionnelles : deux individus qui ont connaissance de la loi, dont la discussion a été rendue publique par la voie des journaux, et qui ont, de plus,
par leurs relations avec les agens du gouvernement,
connaissance qu'elle a reçu la sanction royale, font
une convention d'hypothèque avant la promulgation de la loi : la nullité de cette convention pourra
être demandée par les tiers intéressés. En vain dirait-on que la promulgation n'a pour objet que
de faire connaître la loi aux citoyens, et que du
moment qu'ils ont cette connaissance par une autre
voie le but de la loi est atteint ; car ce n'est pas
seulement pour rendre la loi *obligatoire* pour eux
que la promulgation en est faite, c'est aussi pour
la rendre *exécutoire* (1), c'est-à-dire pour qu'elle

_____

(1) L'article 1er du Code se sert de cette expression, dont le sens est
bien plus étendu que celui de la première.

produise son effet à leur égard. Il ne serait pas conforme aux principes qu'on pût profiter de son bénéfice dans un moment où l'on ne serait point encore soumis à ses dispositions. Nous disons qu'on ne serait point encore soumis à ses dispositions, puisque, s'il s'agissait d'une loi pénale, on ne pourrait assurément infliger la peine à un citoyen pour avoir commis le fait réprimé par cette loi, en prouvant qu'il avait connaissance de la sanction : ce serait violer l'article 4 du Code Pénal, combiné avec les articles 1er du Code Civil et 22 de la Charte.

46. Quant au mode de promulgation, voici ce que porte l'ordonnance du 27 novembre 1816, rappelée ci-dessus :

« Art. 1er. A l'avenir, la promulgation des lois et « de nos ordonnances résultera de leur insertion « au Bulletin officiel.

« Art. 2. Elle sera réputée connue, conformé- « ment à l'article 1er du Code Civil, un jour après « que le Bulletin des Lois aura été reçu de l'Impri- « merie royale par notre Chancelier ministre de la « justice, lequel constatera sur un registre l'époque « de la réception.

« Art. 3. Les lois et les ordonnances seront exé- « cutoires dans chacun des autres départemens du « royaume, après l'expiration du même délai aug- « menté d'autant de jours qu'il y aura de fois dix (1)

() D'où il faut nécessairement conclure que s'il n'y a que neuf, myriamètres, le délai n'est pas augmenté ; que s'il y en a dix-neuf, il

« myriamètres (environ vingt lieues anciennes)
« entre la ville où la promulgation en aura été faite
« et le chef-lieu de chaque département, suivant le
« tableau annexé à l'arrêté du 25 thermidor an 11
« (ou 13 juillet 1803).

« 4° Néanmoins, dans les cas et les lieux où nous
« jugerons convenable de hâter l'exécution, les
« lois et ordonnances seront censées publiées et se-
« ront exécutoires du jour qu'elles seront parve-
« nues au préfet, qui en constatera la réception
« sur un registre. »

Mais le mode prescrit par cet article pour hâter
la publication a été jugé avec raison comme insuf-
fisant, puisque les citoyens ne pouvaient connaître
la loi aussitôt qu'elle était parvenue aux préfets, et
par conséquent qu'il était injuste de les punir pour
ne l'avoir pas observée. Aussi, suivant une autre
ordonnance, en date du 18 janvier 1817, cette irré-
gularité a été rectifiée en ces termes : « Le préfet
« rendra de suite un arrêté, par lequel il ordon-
« nera que la loi, ou l'ordonnance, sera imprimée
« et affichée partout où besoin sera.

« Et lesdites lois ou ordonnances seront exécu-
« tées du jour de la publication faite dans la forme
« prescrite par les dispositions ci-dessus. »

---

n'est augmenté que d'un jour, attendu que le cas prévu ne s'est pas
réalisé pour qu'il le soit de deux jours.

SECTION IV.

Sur quel temps la Loi exerce son empire.

SOMMAIRE.

57. *Et telles sont les donations de biens à venir : elles sont également irrévocables.*

58. *Pour la réduction des dispositions testamentaires, c'est la loi du décès.*

59. *Appliqué* aux droits attribués par une loi ou un statut local, *le principe veut que les droits attachés à un acte comme conséquence, soient régis par la loi du jour de l'acte.*

60. *Si le bénéfice de la loi n'était qu'une simple expectative, comme le douaire accordé par certaines coutumes aux enfans, son effet serait régi par la loi du jour de l'ouverture de la succession : exemple.*

61. *L'effet des actes entre-vifs se règle d'après la loi du jour du contrat, lors même qu'il serait suspendu par une condition accomplie seulement sous la loi nouvelle.*

62. *Pour l'effet des testamens, il faut, quant à la capacité du testateur, considérer la loi du jour où le testament a été fait et celle du décès. L'incapacité intermédiaire n'est pas comptée.*

63. *C'est seulement la loi du décès qui règle la capacité du légataire.*

64. *Le mode d'exécution d'un contrat se règle par la loi du jour de l'exécution. Application de ce principe aux rentes constituées avant le Code, et dont le service n'a pas été fait pendant deux ans sous le Code.*

65. *Et aux intérêts judiciaires d'une dette commerciale contractée avant la loi du 3 septembre 1807.*

66. *La* preuve des obligations *est régie par la loi du jour où elles ont été contractées.*

67. *Le principe, appliqué* à la forme des actes, *demande, sans nul doute, que, pour les actes entre-vifs, l'on ne considère que la loi du jour du contrat.*

68. *Mais en est-il de même pour les testamens ? ne doit-on pas aussi considérer la loi du décès ?*

69. *Quant à la* prescription, *c'est la loi du jour où elle a commencé qui la régit, encore qu'il se fût écoulé sous la loi nouvelle un temps suffisant pour l'acquisition de la prescription, d'après les principes de cette loi.*

70. *Confirmation de la règle, par de nombreux arrêts rendus,*

I.   3

47. Puisque la loi est une règle à laquelle on doit obéir, il est de toute raison qu'elle ne régisse que l'avenir, sans jamais rétroagir sur le passé.

L'article 2 du Code consacre ce principe conservateur de la fortune, de l'honneur et de la vie des citoyens : « La loi ne dispose que pour l'ave-« nir : elle n'a point d'effet rétroactif. »

48. Les lois *interprétatives* (1), c'est-à-dire celles qui expliquent une loi dont le sens est douteux, ne font même pas exception à cette règle; car elles

_____

(1) L'interprétation a lieu aujourd'hui par voie d'ordonnance, ou de règlement d'administration publique. (Voir l'avis du Conseil d'État, en date du 27 novembre 1823, approuvé par le roi le 17 décembre suivant.)

Cela est en quelque sorte fondé sur la nécessité; car si les trois branches du corps législatif ne s'accordaient pas sur la manière d'interpréter la loi (ce qui serait très-possible à l'égard d'une loi sur le sens de laquelle les Cours royales diffèrent complètement d'avec la Cour de cassation), elle resterait avec un sens incertain, équivoque, et serait par conséquent une mauvaise loi. L'administration de la justice en serait nécessairement entravée; ce serait, en outre, faire participer les Chambres au pouvoir judiciaire, puisque leur décision influerait s'identifient avec la loi interprétée et sont censées avoir la même date qu'elle. Elles respectent, d'ailleurs, les jugemens rendus dans un sens opposé à l'époque de leur promulgation : on en voit un exemple dans celle du 4 septembre 1807, interprétative de l'une des dispositions de l'article 2148 du Code civil.

49. Le principe s'applique donc à toutes nos lois ; aucun n'est plus simple en apparence, et cependant il est bien difficile d'en mesurer avec exactitude toute l'étendue.

Nous aurons à le considérer,

Sous le rapport de la capacité des personnes ;

Sous celui de la quotité des biens dont un individu a pu disposer.

sur la cause à l'occasion de laquelle interviendrait l'interprétation, ce que les principes n'admettent pas.

Ainsi, la loi du 16 septembre 1807, relative à l'interprétation des lois en matière judiciaire, n'est point abrogée par la Charte ; elle porte :

« Art. 1er. Il y a lieu à interprétation de la loi, si la Cour de cas-
« sation annule deux arrêts ou jugemens en dernier ressort, rendus
« dans la même affaire entre les mêmes parties, et qui ont été attaqués
« par les mêmes moyens.

« Art. 2. Cette interprétation est donnée dans la forme des réglemens
« d'administration publique.

« Art. 3. Elle peut être demandée par la Cour de cassation avant
« de prononcer le second arrêt.

« Art. 4. Si elle n'est pas demandée, la Cour de cassation ne peut
« rendre le second arrêt que les sections réunies, et sous la présidence
« du grand-juge.

« Art. 5. Dans le cas de l'article précédent, si le troisième arrêt est
« attaqué, l'interprétation est de droit, et il sera procédé comme il
« est dit à l'art. 2. »

Sous le rapport des droits attribués par une loi ou un statut-local;

Quant à l'effet des actes;

A leur mode d'exécution;

A leurs preuves;

A la forme des actes;

A la prescription;

A la manière de procéder;

Et à l'application des peines.

50. 1° *Sous le rapport de la capacité des personnes*, il est de principe que chaque individu est saisi par la disposition de la loi, au moment où elle est promulguée : en cela elle n'a aucun effet rétroactif, parce que l'état civil des personnes étant subordonné à l'intérêt général, il est au pouvoir du législateur de le changer ou de le modifier selon les besoins de la société. Ainsi, la personne a pu, de capable qu'elle était, relativement à tel ou tel acte, devenir incapable, d'incapable devenir capable, ou rester dans le même état. Il a été une époque où l'homme pouvait se marier à quatorze ans, et ensuite à quinze : celui que le Code a trouvé ayant quinze ans, n'a pu, depuis sa promulgation, se marier avant l'âge de dix-huit ans révolus. Mais le Code n'a porté aucune atteinte au mariage déjà contracté par l'individu âgé de moins de dix-huit ans : c'était un acte accompli, parfait.

51. Mais si l'acte était subordonné à la condition du décès de son auteur, il ne pourrait pro-

duire des effets que lui refuserait la loi existante à l'époque où il est passé. Par exemple, un mineur de seize ans, qui ne peut disposer que de la moitié de ce dont un majeur peut disposer, institue un légataire universel, et il meurt en majorité : le légataire ne pourra toujours réclamer que la quotité disponible d'après l'art. 904, attendu que l'on doit, dans les testamens, considérer la capacité du testateur aussi bien à l'époque de la confection du testament, qu'à celle du décès du disposant; L. 8, §. 1; L. 19, ff. *Qui test. fac. poss.* C'est là une question de *capacité personnelle*, plus que de *disponibilité réelle.* Ces principes ont été consacrés par arrêt de cassation du 30 août 1820. Sirey, 20, 1, 442.

52. Au contraire, la loi qui interdit l'aliénation des biens dotaux n'a pas pour objet de régler la capacité de la personne; elle a principalement pour objet les biens : en conséquence, la femme mariée sous le régime dotal, mais sous l'empire d'une coutume qui lui permettait d'hypothéquer et d'aliéner sa dot, n'a pas perdu cette faculté par l'effet de la publication de l'art. 1554 du Code (1).

53. Dans certaines coutumes, notamment celle de Bourgogne, la femme mariée ne pouvait anciennement faire son testament sans l'autorisation de son mari; celle qui, depuis les lois nouvelles, aurait testé sans cette autorisation, l'aurait fait va-

_____

(1) *Voy.* l'arrêt de cassation du 3 septembre 1811. Sirey, 1811. 1, 346. Il en existe plusieurs autres dans le même sens.

lablement, parce qu'elle aurait acquis par elles une
capacité qu'elle n'avait pas d'abord.

54. Pareillement, la femme qui ne pouvait s'o-
bliger, même avec l'autorisation de son mari, à
l'époque et dans le pays où son contrat de mariage
a été passé, a pu, depuis le Code, s'obliger valablement, en se conformant aux dispositions de la loi
nouvelle; sans préjudice de la nullité des engagemens contractés sous l'empire de la loi ancienne.
C'est ce qu'a jugé, par de nombreux arrêts, la
Cour de cassation, notamment par celui du 12
juin 1815, et par celui du 27 août 1810, lequel a
décidé que la femme mariée avant le Code, dans un
pays régi par le sénatus-consulte Velléien, qui lui
défendait de cautionner son mari ou tout autre, a
pu, depuis le Code, donner un cautionnement
valable avec l'autorisation du mari.

55. De même, l'article 384 du Code, qui règle
la durée de l'usufruit légal des père et mère sur
les biens de leurs enfans, a dû être appliqué même
au cas de jouissance consommée sous l'empire
d'une loi dont les dispositions, relativement à la
durée de l'usufruit, différaient de celles du Code;
non pas en ce sens que ce qui était échu et acquis,
quant aux biens, avant le Code, ait été rétracté
par l'effet de sa publication; mais en ce sens que,
pour l'avenir, la loi personnelle a étendu secon-
dairement son effet sur les biens. C'est la décision
expresse de deux arrêts de la Cour de cassation,

l'un du 13 mars 1813; l'autre du 11 mai 1819. Sirey, 1816, 1, 425; et 1819, 1, 446.

56. 2° Sous le rapport *de la quotité de biens dont un individu a pu disposer,* l'on doit distinguer entre les actes dont l'effet est irrévocable, et ceux dont l'effet, au contraire, est subordonné à la volonté persévérante de l'auteur de la disposition.

Les premiers sont régis, quant à la quotité dont il a pu disposer, par la loi du jour du contrat (1): tout étant parfait, irrévocable dès ce jour, la loi nouvelle n'y saurait porter atteinte sans avoir un effet rétroactif (2). Les donations entre-vifs seront régies par ce principe; et celles qui seraient faites depuis la loi nouvelle seront fictivement réunies aux anciennes, pour être, s'il y a lieu, réduites à la quotité disponible fixée par la loi du décès.

57. Les donations de biens à venir sont également irrévocables de leur nature (art. 1082): la quotité disponible sera aussi, à leur égard, réglée par la loi du jour du contrat; mais le patrimoine ne s'en estime pas moins au jour du décès.

58. Les seconds, c'est-à-dire les testamens, n'ont d'effet qu'au jour du décès : jusques-là ils sont révocables à volonté. C'est donc la loi du jour du décès qu'il faut considérer pour estimer la quotité disponible.

—————

(1) Mais eu égard à la valeur des biens, au nombre et à la qualité des héritiers à réserve au jour du décès.

(2) Voir notamment l'arrêt de cassation du 29 janvier 1814.

59. 3° Quant *aux droits attribués par une loi ou un statut local*, il faut aussi distinguer entre ceux qui résultaient de la loi, mais au moyen d'un acte auquel ils étaient attachés comme conséquence, et ceux qui n'étaient qu'un bénéfice pur de la loi. Ainsi, une femme mariée avant la loi du 17 nivôse an II, peut réclamer sur la succession de son mari décédé sous l'empire de cette loi, ou même du Code civil, le douaire que le statut local lui donnait à l'époque où elle s'est mariée : car, encore bien que le Code ne reconnaisse pas ce douaire, on ne pourrait contester celui de la femme dont il est question, sans donner à la loi de nivôse et au Code un effet rétroactif, sans les faire agir sur un droit irrévocablement acquis au jour du mariage, parce que ce droit doit être considéré comme une convention matrimoniale tacite, dont le principal caractère est l'immutabilité.

60. Mais le douaire que certaines coutumes, telles que celles de Paris et de Normandie, accordaient aux enfans, a été aboli par la loi du 17 nivôse, et il n'a pu être réclamé sur les successions *ouvertes depuis* la publication de cette loi, même par les enfans nés de mariages contractés *antérieurement*, parce qu'il ne constituait point un droit plein, parfait, mais une simple éventualité (1).

---

(1) La Cour suprême l'a ainsi décidé par trois arrêts de cassation, des 29 messidor, 4 thermidor et 2 fructidor an XII, rapportés dans les *Questions de Droit* de M. Merlin, v° *Tiers coutumier.*

61. 4° *L'effet des actes* se règle par la loi du jour du contrat, toutefois avec une distinction. Le principe s'applique aux actes entre-vifs, lors même que l'effet en serait suspendu par une condition dont l'accomplissement n'aurait lieu que sous l'empire de la loi nouvelle, car l'effet de la condition accomplie rétroagit au jour du contrat. (Art. 1179.)

62. Mais cette règle ne s'applique pas aux testamens : pour eux, il faut considérer la loi du jour où ils ont été faits et en même temps celle du décès, quant à la capacité du testateur; mais l'incapacité intermédiaire n'est pas comptée (1).

63. Relativement à la capacité du légataire, c'est seulement la loi du décès que l'on considère. (art. 906). Il en est de même, ainsi que nous l'avons dit, en ce qui touche la quotité disponible donnée par acte révocable.

64. 5° *Le mode d'exécution* d'un contrat ancien peut, sans effet rétroactif, être régi par la loi nouvelle; du moins, telle est la jurisprudence relativement aux rentes constituées avant le Code, et dont le débiteur n'a pas fait le service pendant deux ans depuis le Code (2). Le défaut de paiement des ar-

(1) Ainsi que l'a jugé la Cour de cassation, par application de la loi 1, §. 8, ff. *de Bonor. posses. secund. tabul.* L'arrêt est du 20 mai 1812. Sirey, 1812, 1, 357.

(2) Il existe à ce sujet un arrêt de la Cour d'Orléans, du 13 mars 1810 (*Journal de Jurisprud. du Code civil*, t. 15, p. 14). La même Cour l'a également jugé le 23 juillet 1817; et sur le pourvoi formé contre ce dernier arrêt, il en est intervenu un de rejet, du 10 novembre 1818. (Sirey, 19, 1, 273.) Ces arrêts ne sont pas les seuls rendus dans le

rérages n'est, dit-on, qu'un fait passé sous l'empire de la loi nouvelle, et dont les effets peuvent être régis par elle sans qu'il y ait rétroactivité.

65. Cela est moins douteux relativement aux intérêts judiciaires d'une obligation commerciale contractée avant le Code de commerce ; car, bien qu'alors l'intérêt légal ne fût que de cinq pour cent, comme en matière civile, nul doute que ces intérêts ne dussent courir sur le pied de six, tels qu'ils sont fixés par la loi du 3 septembre 1807.

66. 6° Pour la *preuve des obligations*, c'est la loi du jour du contrat qu'il faut appliquer. Ainsi, quoique le Code autorise la preuve par témoins pour établir une dette qui n'excède pas 150 francs, on ne pourrait faire admettre cette preuve à raison d'une obligation antérieure au Code et qui excéderait la somme de 100 francs (1).

Le même principe s'appliquerait en sens inverse, c'est-à-dire que si telle preuve admise aujourd'hui cessait de l'être par l'effet d'une loi nouvelle, ou ne l'était qu'avec certaines restrictions, ce serait toujours la loi du contrat que l'on devrait appliquer, parce que c'est elle que les parties ont eue en vue en contractant.

67. 7° Quant *à la forme des actes*, nul doute

---

même sens : en sorte que l'on peut désormais regarder la jurisprudence comme fixée sur ce point délicat et important tout à la fois.

(1) *Voy.* les arrêts de rejet du 22 mars 1810 et du 9 avril 1811. Sirey, 1810, 1, 362 ; et 1811, 1, 184.

que, pour les actes entre-vifs, l'on ne doive s'attacher qu'à la loi du jour où ils ont été passés, parce que leur effet est acquis irrévocablement à cette époque.

68. Pour les testamens, dont l'effet n'a lieu qu'au décès, la question a été fort controversée. Mais Furgole, MM. Grenier et Merlin décident néanmoins que l'on ne doit aussi s'attacher qu'à la loi du jour où l'acte a été fait. Cette doctrine a été implicitement confirmée par l'article 80 de l'ordonnance de 1735, et par un arrêt de rejet du 1er brumaire an XIII.

69. 8° Relativement *à la prescription*, c'est uniquement la loi du jour où elle commence qui doit la régler. L'article 2281 appliquant le principe que la loi n'a pas d'effet rétroactif, porte « que les « prescriptions commencées à l'époque de la pro- « mulgation du présent titre seront réglées confor- « mément aux lois anciennes. » En conséquence, quand bien même une loi nouvelle établirait une prescription d'une plus courte durée, et qu'il s'écoulerait sous son empire le temps déterminé par elle sans que le droit eût été exercé, la prescription ne serait pas acquise pour cela; les parties sont censées avoir traité en considération des chances d'extinction de la créance ou du droit.

70. Ces principes, contestés par plusieurs jurisconsultes, ont été consacrés par la jurisprudence : 1° en matière de fermages, lesquels, avant le Code,

ne se prescrivaient que par trente ans, et ne sont point devenus prescriptibles par cinq ans écoulés sans poursuites depuis le Code (1), quoique les fermages se prescrivent aujourd'hui par ce laps de temps (art. 2277); 2º en matière d'arrérages (2); et 3º relativement aux billets à ordre souscrits sous l'ordonnance de 1673, qui ne soumettait à la prescription de cinq ans que les lettres de change. Le défaut de poursuites pendant ce temps écoulé depuis la publication du Code de commerce n'a pas rendu le porteur de ces effets passible de la prescription quinquennale (3).

71. La règle est toutefois susceptible de deux *modifications* : l'une est établie par l'art. 691 , qui n'admet plus la prescription des servitudes discontinues apparentes ou non apparentes, ni celle des servitudes continues non apparentes, encore qu'elle eût commencé avant le Code. L'autre résulte de l'article 2281 , qui réduit à trente années, à partir de la publication du Code, les prescriptions alors commencées, et pour lesquelles il aurait fallu, d'après les lois anciennes, plus de trente ans.

72. 9º *La forme de procéder*. Tous les procès,

_____

(1) Arrêts de cassation des 21 décembre 1812 et 28 décembre 1813, Sirey, 13 , 1, 182; et 14, 1, 32.

(2) *Voy.* l'arrêt de la Cour de Paris, du 23 juin 1818. Sirey, 19, 2, 293.

(3) Arrêts de la Cour de Paris , du 6 mai 1815. Sirey, 16 , 2, 67 ; et de la Cour de Riom, du 13 juin 1818. Sirey, 1819 , 2 , 293. Il est vrai que la Cour de Rouen a jugé le contraire , le 13 décembre 1813; et la Cour de Paris, le 2 mai 1816. Sirey , 14, 2, 104; et 17, 2, 63.

tous les actes d'exécution faits depuis la mise en activité du Code de procédure civile, doivent être faits ou instruits suivant les règles tracées par ce Code, sans distinguer si les actes faits, ou les contrats auxquels ils se rattachent, sont antérieurs ou postérieurs à sa publication. (Art. 1041 du Code de procédure.)

73. 10° Enfin, relativement *à l'application des peines*, l'article 4 du Code pénal porte que « nulle « contravention, nul délit, nul crime, ne peuvent « être punis de peines qui n'étaient pas prononcées « par la loi au moment où ils ont été commis. »

74. Si, depuis le crime, mais avant le jugement, une loi nouvelle établissait pour le fait dont il s'agit une peine plus forte que celle portée par la loi ancienne, ce serait cette dernière qui serait infligée; mais si, au contraire, la nouvelle peine était moins forte, ce serait celle-ci que l'on devrait appliquer. Il y aurait, en effet, de la rigueur à infliger une peine que le législateur a lui-même reconnue trop sévère. Le droit est conforme à cette décision.

75. Telles sont les règles à l'aide desquelles on peut résoudre la plupart des difficultés qui se présentent journellement touchant l'application du principe fondamental de toute bonne législation, que les lois ne disposent que pour l'avenir, qu'elles n'ont pas d'effet rétroactif.

SECTION V.

De l'Effet de la Loi quant aux personnes et aux biens.

SOMMAIRE.

76. *Division des lois en personnelles et en réelles.*
77. *Des lois de police et de sûreté. Ce que l'on entend par ces lois. Elles obligent tous ceux qui habitent le territoire français ou qui s'y trouvent passagèrement.*
78. *Les crimes commis par des Français en pays étranger envers la France ou envers un Français sont punis par les lois françaises, d'après les distinctions établies au Code d'instruction criminelle.*
79. *Les lois qui régissent l'État et la capacité des personnes suivent partout l'individu. On appelle cet ordre de lois statuts personnels, ou lois personnelles.*
80. *Celles qui régissent principalement les biens se nomment lois réelles ou statuts réels ; ces lois s'appliquent aux immeubles situés en France, même possédés par des étrangers.*
81. *Anciennement la distinction entre le statut personnel et le statut réel donnait lieu à de nombreuses difficultés.*
82. *Cette distinction doit encore être observée. Ainsi l'expropriation et l'hypothèque des immeubles sont des statuts réels.*
83. *Il en est de même de l'inaliénabilité des biens dotaux.*
84. *Suivant M. d'Aguesseau, la loi qui établit une réserve au profit des enfans est un statut réel.*
85. *La défense de donner les biens à venir autrement que par contrat de mariage est aussi un statut réel.*
86. *L'article 747 est-il un statut réel ?*
87. *La loi qui défend à l'enfant naturel reconnu de recueillir au-delà d'une certaine portion des biens de ses père et mère est-elle aussi un statut réel ?*
88. *L'incapacité du mort civilement est fondée sur un statut personnel.*
89. *La loi réelle doit être observée même par les étrangers à l'égard des immeubles situés en France.*

90. *Les meubles sont censés n'avoir pas de situation. La dispo-*
sition qui en serait faite serait régie par la loi du domicile
du disposant. Mais la saisie de meubles possédés par un
étranger en France, serait faite suivant les formes pres-
crites par la loi française.

91. *La forme des actes se détermine généralement par la loi du*
pays où ils sont reçus.

92. *Pour leur exécution, l'on suit la loi du pays où elle a lieu.*

93. *La capacité des contractans se règle par la loi personnelle*
de chacun d'eux, si le contrat est synallagmatique. S'il
est unilatéral, on considère seulement la loi personnelle
de celui qui est obligé.

76. Nous avons dit que les objets principaux du droit ou des lois sont les personnes et les biens : de là on a fait une division des lois en *lois person-nelles* et en *lois réelles.*

77. Il en existe une troisième classe, celles qui ont pour objet de protéger la sûreté de l'État en général et des citoyens en particulier. On les appelle, dans un sens très-étendu, *lois de police et de sûreté.* (Art. 3 du Code civil.)

Elles obligent tous ceux qui habitent le territoire français. (*Ibid.*)

Ceux qui ne sont que passagèrement en France sont également soumis à l'empire de ces lois. Il est juste, en effet, que l'étranger qui reçoit chez nous l'hospitalité n'abuse pas impunément du bienfait en troublant l'ordre social.

Sous la dénomination générique de lois de police et de sûreté, on comprend non seulement celles qui punissent les crimes, les délits, les contraventions, tels qu'ils sont définis par le Code pénal et par d'autres lois ; mais on comprend aussi les ordonnances et les arrêtés rendues ou pris dans les momens d'urgence (1).

78. Quant aux crimes commis par des Français en pays étranger contre la sûreté de la France, leurs auteurs peuvent être poursuivis, jugés et punis en France, d'après la disposition des lois françaises. (Art. 5 du Code d'inst. crimin.)

Et tout Français qui se rend coupable, hors du territoire du royaume, d'un crime contre un Français, peut, à son retour en France, y être poursuivi et jugé, s'il n'a pas été poursuivi et jugé en pays étranger, et si le Français offensé rend plainte contre lui. (Art. 7, *ibid.*)

79. Les lois qui règlent l'état et la capacité des personnes sont celles qui établissent les droits des Français et des étrangers, qui distinguent les majeurs des mineurs, qui consacrent la puissance paternelle et maritale, qui fixent l'âge requis pour le mariage, etc., etc. Leur objet direct, immédiat, ce sont les personnes; si elles exercent quelquefois leur effet sur les biens, ce n'est qu'indirectement et par conséquence.

Le Français est soumis à ces lois, même en pays étranger (art. 3 du Code civil) : elles le suivent partout. Nulle part il ne peut se soustraire à son empire, tant qu'il est Français.

Ainsi, il ne pourra se marier avant l'âge de dix-

---

(1) *Voy.* l'art. 14 de la Charte.

huit ans, dans un pays où l'homme peut cependant se marier avant cet âge (1).

Il aurait besoin du consentement de ses ascendans jusqu'à l'âge de vingt-cinq ans pour pouvoir contracter mariage, lors même que les lois du pays étranger ne l'exigeraient point jusqu'à cet âge.

Cet ordre de lois s'appelle, dans le langage des jurisconsultes, *statut personnel.*

80. Celles qui établissent la distinction des biens, qui règlent le mode de les saisir et faire vendre judiciairement, de les hypothéquer, etc., sont des lois réelles, des lois qui régissent directement les biens, sans s'occuper de l'état et de la capacité de leurs possesseurs. Elles forment un *statut réel.*

Ainsi, les immeubles, même ceux possédés par des étrangers, sont régis par la loi française. (Art. 3.)

81. Lorsque la France était régie par une multitude de coutumes et d'usages locaux, il arrivait fréquemment que les tribunaux avaient à décider si telle disposition était un *statut réel* ou un *statut personnel*, parce que, si elle était réelle, son effet se bornait au territoire de la coutume, et ne régissait point les biens qui n'y étaient pas situés. On trouvait l'exemple d'un pareil statut en Normandie.

Aujourd'hui que la loi est uniforme en France, l'application des principes qui régissent le stat

_____

(1) Mais il pourrait valablement épouser une femme qui aurait moins de quinze ans révolus (âge requis par le Code), si cette femme avait l'âge fixé par les lois de son pays.

I.   4

réel et le statut personnel sera sans doute beaucoup plus rare. Néanmoins elle pourra encore avoir lieu dans plusieurs cas.

— En voici quelques exemples :

82. 1° L'étranger serait exproprié de ses immeubles situés en France, conformément à la loi française.

2° Il ne pourrait les hypothéquer conventionnellement, même en pays étranger, qu'en observant les dispositions des articles 2127, 2128 et 2129 du Code civil.

83. 3° Une femme étrangère mariée sous le régime dotal proprement dit, ne pourrait aliéner ses immeubles dotaux situés en France, si ce n'est dans les cas où la loi française le permet par une disposition exceptionnelle, et en se conformant d'ailleurs aux règles tracées par elle à cet égard (1).

84. 4° La loi qui établit une réserve au profit de certaines personnes a eu en vue la conservation des biens dans les familles (2), comme celle qui défend d'aliéner les biens dotaux. Elle est plutôt un

---

(1) La Cour de cassation a en effet jugé plusieurs fois, ainsi que nous l'avons dit au n° 52, que la loi qui interdit l'aliénation des biens dotaux a plutôt pour objet les biens que la personne; que c'est plutôt un statut réel qu'un statut personnel. C'est en conséquence de ce principe qu'elle a décidé que le droit d'aliéner les immeubles dotaux, attribué aux époux par le statut local sous lequel a été contracté le mariage, ne leur a point été enlevé par le Code, qui proscrit l'aliénation de ces biens.

(2) Tel est le sentiment de M. d'Aguesseau : suite du cinquante-quatrième plaidoyer.

statut réel qu'un statut personnel. S'il en est ainsi, l'étranger ne pourrait priver ses enfans français (1) de la quotité d'immeubles situés en France que la loi assure aux enfans sur la succession de leur père.

85. 5° La défense de donner les biens à venir, autrement que par contrat de mariage, peut être aussi considérée comme un statut réel. La Cour de cassation l'a ainsi jugé par arrêt de rejet, le 3 mai 1815. Sirey, 1815, 1, 312.

86. 6° Le droit de succession établi par l'article 747, au profit de l'ascendant donateur, est-il aussi une loi réelle? On peut en douter. Mais depuis la loi du 14 juillet 1819, la question a perdu une grande partie de son importance, puisque l'ascendant étranger pourrait, en vertu de cette loi, invoquer le bénéfice de l'article 747.

87. 7° La loi qui défend à l'enfant naturel reconnu de recueillir au-delà d'une certaine quotité des biens de ses père et mère, pourrait être considérée comme formant un statut réel. On a eu évidemment en vue de conserver les biens dans la famille. L'on rentre dès lors dans le motif sur lequel est fondée la décision de M. d'Aguesseau pour le cas où le but de la loi, en établissant la prohition, est plutôt de conserver les biens dans les familles,

---

(1) Peut-être que depuis la loi du 14 juillet 1819, qui accorde aux étrangers le droit de succéder en France comme les nationaux, la décision devrait être la même, soit que les enfans fussent étrangers ou français.

que d'établir une incapacité dans telle ou telle personne. Cette incapacité a été si éloignée de la pensée du législateur, que l'enfant naturel recueille tous les biens, de préférence à l'État et au conjoint, lorsqu'il n'existe pas de parens au degré successible.

88. 8° Au contraire, l'incapacité du mort civilement est fondée sur un statut personnel, puisque personne ne peut lui donner, même ceux qui n'ont aucuns parens. (Art. 25.) (1)

89. La loi réelle doit donc être observée, même par les étrangers, relativement aux immeubles situés en France. Tel est le sens de la disposition de l'article 3 : « Les immeubles situés en France, « même ceux possédés par des étrangers, sont ré- « gis par la loi française. »

90. Pour les meubles il n'en est pas ainsi : ces meubles sont censés n'avoir point de situation particulière; ils sont ambulatoires comme la personne, et, par conséquent, ils doivent être régis, quant à la disposition qui en serait faite, ou quant à leur dévolution légale, par la loi du domicile. Aussi l'article 3 borne-t-il sa disposition aux immeubles.

Mais, pour la saisie des meubles possédés par un étranger en France, elle aurait lieu d'après les formes prescrites par la loi française, les formes étrangères ne pouvant être observées chez nous.

---

(1) Nous verrons, en parlant de la mort civile, s'il est vrai que le mort civilement français ne peut jouir d'aucuns droits en pays étrangers.

91. La distinction entre les lois réelles et les lois personnelles est encore importante sous quelques autres rapports.

D'abord, s'il s'agit de la forme d'un acte, l'on doit généralement observer la loi du pays où il est passé, suivant cette règle si connue, *locus regit actum*, règle consacrée par plusieurs articles du Code civil. (Art. 47, 170, 999.)

92. Lorsqu'il s'agit de l'exécution des actes ou jugemens, l'on suit la loi du pays où cette exécution a lieu. (Art. 546, Code de procéd.; 2123 et 2128, Code civ.)

93. Enfin, comme nous l'avons dit, la capacité des contractans se règle par la loi personnelle de chacune des parties, en sorte que si la convention est synallagmatique, l'observation de l'une et l'autre loi est de rigueur. Mais si l'obligation n'est qu'unilatérale, il suffit que la loi qui régit la partie obligée ait été observée (1).

---

(1) Supposons qu'en Allemagne l'obligation contractée au profit d'un interdit pour démence soit nulle comme celle contractée par lui; supposons aussi qu'un Allemand interdit ait stipulé d'un Français capable : nous ne croyons pas que ce dernier pût, en invoquant la loi allemande, se dispenser d'exécuter son obligation : la loi qu'il devrait observer, c'est celle de l'article 1125, qui porte que les personnes capables de s'engager ne peuvent se prévaloir de l'incapacité de ceux avec lesquels ils ont contracté. Ce principe, juste entre les nationaux, l'est également entre le Français et l'étranger; le premier ne doit point invoquer la loi étrangère.

Mais si c'était l'Allemand qui se fût obligé, nul doute, lors même qu'il résiderait en France, qu'il ne pût, d'après sa loi personnelle, demander la nullité de son engagement; car la loi personnelle suit

SECTION VI.

De l'Application de la loi.

SOMMAIRE.

94. Il ne suffit pas à la société que la loi soit obligatoire pour tous ses membres, il faut encore que les magistrats chargés d'en appliquer les dis-

---

toujours l'individu, l'Allemand comme le Français. On verra même plus loin que ce principe s'applique à l'étranger admis pour le gouvernement, en vertu de l'article 13, à résider en France.

positions aux divers cas qui se présentent, ne puissent jamais se soustraire à l'accomplissement du mandat qui leur est confié. C'est ce qui pourrait cependant arriver fréquemment, si, dans les circonstances embarrassantes, il leur était permis de refuser une décision, sous prétexte du silence, de l'obscurité ou de l'insuffisance de la loi.

Institués par le souverain pour rendre la justice aux citoyens, et revêtus d'un pouvoir indépendant, puisqu'il est irrévocable (1), les juges transgresseraient donc leur mandat, s'ils se refusaient à juger les causes qui leur sont soumises dans les limites de leurs attributions. (Art. 4.)

Ils se rendraient ainsi coupables de déni de justice. (*Ibid.*) (2)

95. Si véritablement la loi est muette ou insuffisante, le juge a deux partis à prendre pour fixer sa détermination.

D'abord, il peut le faire par des inductions tirées de lois rendues sur des objets différents, mais qui cependant présentent quelque analogie avec celui soumis à sa décision, à moins toutefois que le législateur n'ait expressément limité sa disposition au cas pour lequel elle est intervenue (3) : c'est ce

---

(1) Art. 58 de la Charte.

(2) *Voy.*, quant à la manière de constater le déni de justice, les articles 506 et 507 du Code de procédure civile; et, relativement à la peine, l'article 185 du Code pénal.

(3) *Voy.* la loi 12, ff. *de Legibus.*

qu'on appelle juger par voie de doctrine, dont nous allons parler tout à l'heure avec plus d'étendue.

En second lieu, il peut se déterminer par le secours de la raison et de l'équité naturelle.

96. Mais il ne peut juger d'après cette dernière voie qu'autant qu'il n'y a pas de loi sur la question qui lui est soumise. Car, si les grands principes de la raison naturelle parlent le même langage à tous les hommes que le crime n'a point pervertis, ou dont l'intelligence n'est point altérée, il n'en est pas moins vrai que les règles d'un ordre secondaire ne s'entendent pas de la même manière par tous indistinctement. Tel, en effet, voit une chose juste dans une prétention où tel autre ne voit qu'une demande peu raisonnable. C'est donc la raison générale qu'a dû consulter le législateur, et non la raison particulière de tel homme, de quelque probité et de quelques lumières que cet homme soit doué. La conséquence de ces principes, c'est que le magistrat doit juger suivant la loi, fût-elle injuste dans son application à la cause qui lui est soumise. Par exemple, le moyen de prescription, invoqué pour se libérer de l'obligation d'acquitter une dette qui n'a réellement pas été soldée, est généralement un moyen qui blesse les principes de l'équité naturelle; mais les lois l'ont consacré, parce que, pour quelques fois que l'on en abusera, il procurera dans mille autres d'heureux effets : il est le fondement de la tranquillité des familles et de la société. Il

ne doit sans doute pas être suppléé par le juge ; mais s'il est opposé par la partie, il doit être accueilli, encore que le magistrat eût la conviction que la dette n'a point été acquittée. Il vaut mieux que la mauvaise foi triomphe dans un cas, que si une loi utile à la masse pouvait être impunément éludée ; bientôt on la verrait tomber en désuétude par les atteintes qui lui seraient journellement portées.

97. Il n'y a pas de difficulté sur ce point : il peut y en avoir seulement dans le cas où le juge aurait à choisir entre la première et la deuxième voie qu'il a à suivre dans le silence de la loi, et lorsque ses lumières, sa raison naturelle, répugneraient à ce qu'il appliquât à l'espèce, et par argument, une autre loi qui lui paraîtrait rigoureuse dans ses effets.

On peut dire à cet égard, que les dispositions rigoureuses doivent être restreintes aux cas pour lesquels elles ont été portées, et que celles qui sont favorables doivent facilement être étendues à des cas analogues : *Odia sunt restringenda, favores ampliandi.* Les lois 17, 18 et 19, ff. *de Legibus,* consacrent ce principe, et notre législation ne l'a point répudié. C'est pour cela qu'en matière criminelle tout est positif, et qu'il est interdit aux tribunaux d'appliquer des peines par analogie. (Art. 4 du Code pénal.)

98. D'après nos institutions politiques, le pouvoir législatif étant essentiellement distinct du

pouvoir judiciaire, les juges ne doivent point juger
par voie de disposition générale et réglémentaire
(art. 5). Ils s'attribueraient ainsi une portion de
la puissance législative. En effet, juger par voie de
disposition générale et réglémentaire, c'est dire
qu'à l'avenir tel cas sera jugé de telle manière ; c'est
en quelque sorte faire une loi comme en faisaient
les Préteurs à Rome (1).

Indépendamment de la confusion que ce mode
introduirait dans la division des pouvoirs, il donnerait naissance à un autre inconvénient qui n'a
point échappé à la pénétration du législateur : il
nous rejetterait infailliblement, et en peu de temps,
dans cette diversité de coutumes, de statuts locaux
et d'usages qui régissaient autrefois le territoire
français ; il nous priverait ainsi de l'inappréciable
bienfait d'une loi générale et uniforme. Cela se fera
sentir par une exemple : La Cour de Paris rendrait
un arrêt de règlement en tel sens, sur tel point
obscur de la loi : la Cour de Bordeaux en rendrait
un sur le même point, mais dans un sens tout opposé ; et cette supposition n'a rien d'extraordinaire,

---

(1) Les Parlemens, jadis, jugeaient quelquefois par voie de disposition générale et réglémentaire , en rendant sous le bon plaisir du Roi ,
et jusqu'à ce qu'il en fût autrement ordonné par sa majesté , des arrêts
qui faisaient pour l'avenir loi dans tout le ressort, tant qu'ils n'étaient
pas cassés par le Roi en son conseil.

Ces arrêts étaient rendus en audience solennelle.

Ils avaient l'avantage d'éviter aux parties les frais inutiles de
l'appel ; mais ils seraient aujourd'hui incompatibles avec la division
des pouvoirs, telle que la Charte constitutionnelle l'a établie.

si l'on considère combien la jurisprudence des Cours est peu uniforme, même sur des cas qui paraissent formellement décidés par le Code. De là résulterait une espèce de droit local, semblable, sous beaucoup de rapports, au droit coutumier de la plupart des anciennes provinces du royaume. Enfin, en jugeant par voie de disposition générale et réglémentaire les cas douteux, en se bornant même à *régler* ceux de cette nature, afin d'éviter la censure de la Cour suprême, les autres Cours et tribunaux s'arrogeraient le droit d'interprétation, lequel ne peut appartenir qu'au législateur seulement (1).

99. L'on ne doit donc pas confondre avec cette manière de rendre la justice, celle qui consiste simplement à juger par voie de doctrine, par voie d'argument. Cette dernière est non seulement autorisée, mais, de plus, elle est recommandée par l'article 4 du Code, qui prescrit aux tribunaux de juger, même dans le cas d'obscurité ou d'insuffisance de la loi.

Elle est également recommandée par le droit romain, et d'une manière bien plus expresse encore : *Non possunt omnes articuli singillatìm aut legibus aut senatus consultis comprehendi : sed cùm in aliquá causá sententia eorum manifesta est, is, qui juridictioni præest, ad similia procedere, atque ità jus dicere debet. L.* 12*, ff. de Legibus.*

_____

(1) Mais *voyez* la note au n° 48.

100. La meilleure manière d'interpréter les lois, c'est de se conformer à l'usage suivant lequel elles ont toujours été entendues et appliquées (1).

Le Code, aux titres des *Servitudes* et du *Louage*, renvoie même plusieurs fois aux usages locaux, sur des points qui ne sont pas réglés par lui, mais qui sont prévus.

101. Ces usages étant consacrés par une loi formelle, sont par cela même élevés à la hauteur et à la dignité de la loi : leur violation manifeste devrait être réprimée par la Cour suprême, si elle lui était dénoncée. Le système contraire tendrait à créer dans la législation une lacune que le législateur n'y a point laissée, puisqu'il a formellement décidé, dans tels cas, que les usages locaux feraient loi entre les parties. Ainsi, la violation de l'usage ou du règlement est une violation de la loi qui lui prête sa force : même dans ce cas, c'est dans la loi qu'est le principe de la cassation.

102. Quant aux usages qui n'ont point été expressément confirmés par une loi formelle, la violation de ces usages ne saurait constituer une ouverture à cassation. La Cour régulatrice, en effet, a maintenu des arrêts qui violaient un usage reçu,

---

(1) *Si de interpretatione legis quæratur, imprimis inspiciendum est quo jure civitas retrò in ejus modi casibus usa fuisset ; optima enim est legum interpres consuetudo.*

Nam imperator noster Severus rescripsit, in ambiguitatibus, quæ ex legibus proficiscuntur, consuetudinem, aut rerum perpetuò similiter judicatarum auctoritatem, vim legis obtinere. LL. 38 et 39, ff. *de Legibus.*

constant, ou un règlement, parce qu'ils étaient conformes à la loi (1).

Mais quelquefois aussi elle en a maintenu de contraires à la loi, parce qu'ils étaient fondés sur un usage universel en France, ou dans une province.

SECTION VII.

De l'Abrogation de la Loi, et de la Renonciation que les parties peuvent faire au bénéfice de ses dispositions.

SOMMAIRE.

103. *En principe, la puissance qui a créé la loi peut la détruire.*

104. *Il y a deux sortes d'abrogation : l'abrogation expresse et l'abrogation tacite. De l'abrogation expresse.*

105. *L'abrogation tacite est elle-même de deux sortes ; la première résulte de l'incompatibilité de la loi nouvelle avec la loi ancienne.*

106. *Il n'y a d'abrogé que celles des dispositions de la loi ancienne qui sont incompatibles avec la nouvelle.*

107. *La seconde résulte de la désuétude dans laquelle la loi est tombée.*

108. *Il faut pour cela que la loi soit tombée en désuétude dans tout l'état pour lequel elle a été faite.*

109. *Les parties ne peuvent déroger aux lois impératives ou prohibitives, ni à ce qui intéresse l'ordre public et les bonnes mœurs.*

110. *Mais elles peuvent renoncer aux lois qui n'ont été portées que dans leur intérêt.*

103. La puissance qui a créé la loi peut la dé-

_____

(1) « Attendu, dit l'arrêt du 14 août 1817, que la violation d'un « simple usage, *qui n'est pas consacré par une loi*, ne peut donner ou- « verture à cassation. » Sirey, 19, 1, 29.

La même Cour a, de plus, jugé par arrêt de cassation, le 21 avril 1813, que les usages ruraux non maintenus, soit par la loi de 1791,

truire; sans ce droit, elle ne serait qu'une puissance imparfaite, ou plutôt elle ne serait réellement pas une puissance. L'idée de dépendance et
de soumission est incompatible avec celle du souverain, créateur de la loi.

Sans doute, tant qu'une loi n'est pas régulièrement abrogée, le souverain lui-même doit l'observer; il doit respecter son ouvrage. Rendue dans
l'intérêt de tout le corps social, dont il est le chef,
la loi appartient à tous, et n'appartient à personne
en particulier. Mais, comme souverain, comme
chargé de veiller sans cesse aux besoins variables
des peuples, il peut, par une nouvelle manifestation de sa volonté, et en se conformant aux règles
établies, abroger une loi pour lui en substituer une
autre, ou la modifier, selon que le demandent les
circonstances. La présomption de justice et d'utilité générale s'attachera à la nouvelle disposition
comme elle était attachée à l'ancienne, et le principe qui donnait de la force à la première vivifiera
aussi la seconde (1).

___

sur la police rurale, soit par le Code civil, sont abolis et abrogés : notamment celui qui autorisait un propriétaire de tourbière à étendre,
au besoin, sa tourbe sur le fonds voisin, moyennant une indemnité.
Sirey, 1815, 1, 44.

Enfin, on lit dans celui du 23 janvier 1816 : « Attendu qu'aux termes
« de la loi du mois de décembre 1790, la Cour ne peut casser que pour
« contravention expresse aux lois, et que, quelque respectable que
« soit *un arrêt de règlement*, il n'a cependant pas le caractère de loi,
« puisque la puissance législative ne résidait pas dans les Parle-
« mens, etc., rejette. » Sirey, 1816, 1, 105.

(1) Cette doctrine est applicable sous toutes les formes de gouvernement. A cet égard, il est indifférent que la souveraineté réside dans

104. Une loi peut être abrogée de deux manières : expressément ou tacitement.

Il y a abrogation expresse, lorsque la loi nouvelle porte textuellement que l'ancienne est rapportée, abolie, abrogée, ou qu'elle se sert d'expressions équivalentes. C'est ainsi que, par l'article 7 de la loi du 30 ventôse an XII, sur la réunion des lois civiles en un seul Code, sous le titre de *Code civil des Français*, il est dit que, « à compter du jour où « ces lois sont exécutoires, les lois romaines, les « ordonnances, les coutumes générales ou locales, « les statuts, les règlemens, cessent d'avoir force « de loi dans les matières qui sont l'objet des lois « composant le présent Code (1). »

105. L'abrogation tacite est de deux sortes :

La première, lorsque la loi nouvelle, sans porter ouvertement atteinte aux anciennes, contient néanmoins des dispositions incompatibles avec celles de ces dernières (2).

---

le peuple, dans un sénat ou dans la personne d'un monarque; la place qu'elle occupe ne change rien à sa nature; elle peut être plus ou moins entravée dans son exercice, environnée de plus ou moins de formes, mais voilà tout.

Au reste, ce principe, professé par tous les publicistes, par les partisans du gouvernement monarchique comme par ceux qui ont exalté le gouvernement populaire, admettrait une raisonnable exception dans tel ou tel cas donné; par exemple, lorsque la loi créée par le monarque ne serait qu'un pacte de rénovation des formes primitives de l'organisation politique de l'État.

(1) D'après l'article 6 de la même loi, chacune de celles qui composent le Code civil a eu son exécution du jour où elle a dû l'avoir en vertu de sa promulgation particulière.

(2) Voir l'arrêt de cassation du 20 octobre 1809, Sirey, 1810, 1, 305.

106. Mais, dans ce cas, il n'y a d'abrogé dans l'ancienne loi que les dispositions qui ne peuvent s'accorder avec celles de la nouvelle, ou qui sont remplacées par d'autres renfermées dans celle-ci. S'il y a possibilité de les concilier, le législateur n'est pas censé avoir voulu empêcher l'amalgame des deux législations (1); car l'abrogation des lois ne se présume pas : *Posteriores leges ad priores pertinent, nisi contrariæ sint : idque multis argumentis probatur.* L. 28, ff. *de Legibus.* Il est même d'usage d'insérer dans la nouvelle loi la disposition expresse que les précédentes continueront d'être en vigueur dans tout ce qui n'est pas contraire à la présente; et lors même que cette disposition n'existerait pas, elle serait sous-entendue.

107. La seconde espèce d'abrogation tacite résulte de la désuétude dans laquelle la loi est tombée.

« Toutes les lois sont sujettes à tomber en dé-
« suétude, dit M. d'Aguesseau (2); et il est bien cer-
« tain que, quand cela est arrivé, on ne peut plus
« tirer un moyen de cassation d'une loi qui a été
« abrogée tacitement par un usage contraire. Il ne
« faut pas oublier cette règle du droit romain: *Invete-*
« *rata consuetudo pro lege non immeritò custoditur.* »

Il ne faut pas non plus oublier celle-ci, plus directement applicable, et qui est puisée dans la

---

(1) Ainsi jugé par arrêt de cassation le 20 mars 1812. Sirey, 12, 1, 382.

(2) Tome IX, page 446; lettre du 29 octobre 1736.

même loi (1) : *Rectissimè etiam illud receptum est, ut leges non solùm suffragio legislatoris, sed etiam tacito consensu omnium per desuetudinem abrogentur.*

108. La Cour de cassation a consacré plusieurs fois ce principe (2), mais en décidant toutefois que, pour qu'une loi générale puisse être considérée comme abrogée et tombée en désuétude par le non-usage, il est nécessaire d'établir le non-usage dans la généralité de l'État pour lequel la loi a été faite. En sorte qu'un Tribunal ne peut, sans exposer son jugement à la censure, appliquer, au lieu de la loi, un usage local et particulier à son ressort.

109. Nous avons dit que, relativement au but qu'elles se proposent, les lois sont impératives, prohibitives, ou facultatives : par conséquent, les citoyens ne peuvent, par des conventions particulières, déroger à celles des deux premières classes ; ces lois intéressant l'ordre public, il y a toujours obligation pour eux d'en observer les préceptes.

Tout ce qui blesserait les bonnes mœurs est, par la même raison, sévèrement proscrit. (Art. 6, LL. 45, ff. *de Reg. jur.*, et 38, ff. *de Pactis.*)

110. Quant à ce qui n'est point l'objet d'une loi impérative ou prohibitive, qui n'est pas contraire à l'ordre public et aux bonnes mœurs, qui n'intéresse, en un mot, que les contractans, ceux-ci peuvent

---

(1) L. 32, §. 1, ff. *de Legibus.*
(2) *Voy.* le Répertoire de Jurisprudence, de M. Merlin, au mot *Appel*, sect. 1, §. 5.

I. 5

en faire la matière d'une convention particulière, et déroger à la loi qui règle cet objet : *Est regula juris antiqui omnes licentiam habere, his quæ pro se introducta sunt, renuntiare.* L. 29, Cod. *de Pactis.*

Mais ce ne sera que par le développement successif de la matière, que cette règle, susceptible de beaucoup de restrictions, pourra être sainement entendue (1).

---

(1) On peut, toutefois, consulter notre *Traité des Contrats,* etc., tome Ier, *de l'Objet et de la matière des conventions, et de la cause des obligations;* tome IV, *de l'Action en nullité ou en rescision,* où nous avons exposé une théorie sur les nullités, qui n'est pas en tout point d'accord avec celles professées par d'autres jurisconsultes.

LIVRE PREMIER.

Des Personnes.

TITRE PREMIER.

De la Jouissance et de la Privation des Droits civils.

Observations préliminaires.

SOMMAIRE.

111. Les lois sont faites pour les personnes : elles sont une règle de leurs actions. Les personnes peuvent seules avoir des droits et les exercer (1). Il était donc naturel de parler d'abord des personnes ; et

---

(1) *Omne jus personarum causâ constitutum est.* L. 2, ff. *de Statu hominum.*

c'est l'ordre qu'ont suivi les rédacteurs du Code : ils ont en cela imité ceux des *Institutes* de Justinien.

112. Par le mot *personne* (1), on entend un homme considéré suivant l'état qu'il occupe, soit dans la société où il a reçu le jour, soit chez un peuple étranger. Nous l'avouons, nous étendons beaucoup la définition que donne, de ce mot, Heinneccius (*Elementa juris*, n° 77), d'après Théophile et Ulpien; définition qui pouvait être exacte selon les principes du droit romain, auxquels ces jurisconsultes l'appliquaient, mais qui, restreinte à *l'état civil* de l'individu, serait, selon nous, incomplète, depuis que les étrangers sont aussi considérés comme des personnes, pouvant, à ce titre, contracter mariage avec les nationaux, et jouir de plusieurs autres droits qui ne peuvent appartenir qu'à une *personne*.

113. Il y avait d'ailleurs plus que de la métaphysique dans la signification que l'on attachait à ce mot, surtout dans la séparation que l'on faisait, et que l'on a même reproduite depuis quelques années, entre la personne et l'individu. Nous concevons très-bien que tel homme puisse jouir et jouisse en effet de droits qui seront refusés à tel autre; mais quand le nombre des restrictions s'aug-

(1) Peu confians dans la science des étymologies nous ne perdrons point de temps à la recherche de celle du mot *personne*; l'acception dans laquelle ce mot a pu être pris d'abord diffère si grandement de celle dans laquelle nous le prenons aujourd'hui, qu'il serait d'un faible intérêt de savoir au juste sa signification primitive.

menterait encore, le moins favorisé aura toujours la jouissance de certains droits, l'exercice de certaines facultés : en sorte que, même dans le système de la distinction, il sera, quant aux droits qui lui sont conservés, celui de contracter mariage, de vendre, de louer, une personne qui s'identifiera avec l'individu; il y aura seulement différence du plus au moins, mais une différence accidentelle et ne tenant nullement à l'essence des choses. Cette distinction ne pouvait être exacte que dans les principes du droit romain, à cause de l'esclavage, inconnu chez les peuples modernes, éclairés des lumières du christianisme (1).

114. On a reproché aux jurisconsultes romains de n'avoir pas défini ce que nous nommons *état* des personnes; mais ils ont donné la chose, s'ils ont négligé de la définir par les termes. Ils ont suffisamment développé, dans le titre *de statu hominum*, au Digeste, et ailleurs, la condition du citoyen romain, celle des étrangers et celle des esclaves. Nous dirons comme eux : il y a l'état des nationaux, en vertu duquel ils jouissent des droits attribués par les lois de la cité; il y a l'état des étrangers, d'après lequel ils jouissent seulement de certains droits.

115. L'état des Français se modifie lui-même en raison des âges, des sexes et autres circonstances, ainsi que nous le développerons dans le cours de la

_____

(1) L'on sent que nous n'entendons point parler de l'esclavage des noirs aux colonies.

matière. Sous ce rapport, il est vrai de dire que l'état d'une personne exprime sa condition, la qualité à raison de laquelle elle a des droits à exercer, des devoirs à remplir. Mais si, considéré sous ce point de vue, l'état a un sens restreint aux droits et aux devoirs résultant du contrat civil, généralement aussi il exprime la qualité des individus qui appartiennent à une autre cité. Voilà pourquoi, sous le titre Ier du Code, qui traite *des Personnes*, nous voyons figurer à côté du Français l'étranger proprement dit, toutefois avec des droits moins étendus. Ainsi, même par rapport à nous, il est vrai de dire que l'étranger a un état quelconque, et qu'il est une personne.

116. Aux qualités que les hommes tiennent de la nature, les lois particulières de chaque peuple ajoutent des différences et des distinctions plus ou moins arbitraires, mais ordinairement fondées sur les besoins, les penchans et les mœurs de ceux qui le composent, et quelquefois aussi sur la seule volonté du législateur. C'est ce que Montesquieu a si bien développé dans son traité de *l'Esprit des lois*, que, vouloir tenter de le faire après lui, serait une témérité. Nous nous bornerons donc à parler ici des personnes, relativement à la jouissance et à la privation des droits civils. Nous le ferons, en considérant principalement la matière sous le rapport de ces droits; et, s'il se présente quelquefois des observations qui tiennent plus spécialement au sys-

tème des lois politiques, nous ne les ferons qu'avec circonspection, en songeant qu'elles ne sont pas du ressort de l'enseignement qui nous est confié, et que, sujettes, comme la plupart des questions de cette nature, à la controverse, nous pourrions facilement commettre des méprises dont le résultat serait de jeter de fausses notions dans l'esprit de nos auditeurs et de ceux qui nous liront.

117. Nous diviserons ce titre en trois chapitres :

Le premier traitera de la distinction des personnes en Français et étrangers, et de la jouissance des droits civils;

Le second, de la privation des droits civils par suite de la perte de la qualité de Français; des manières de recouvrer cette qualité, et des effets qui en résultent;

Le troisième, de la privation des droits civils par suite de condamnations judiciaires, et de la mort civile.

CHAPITRE PREMIER.

De la Distinction des personnes en Français et Étrangers, et de la Jouissance des droits civils.

SOMMAIRE.

118. *Division des personnes en Français et étrangers.*

118. Puisque les lois qui constituent le droit civil d'un peuple imposent des devoirs et attribuent des droits aux personnes qui le composent, il est

nécessaire, par cela même, de connaître quelles sont ces personnes; car, en principe, elles seules jouissent des droits conférés par les lois de ce peuple : de la découle la première division des personnes en Français et en étrangers.

L'on verra bientôt quels sont les droits attribués aux uns et aux autres.

SECTION PREMIÈRE.

Des Français.

SOMMAIRE.

130. *L'enfant né en pays étranger, d'un étranger, ne pourrait invoquer la règle* infans conceptus, etc. *, pour pouvoir devenir Français en vertu de l'art.* 9.
131. *Une femme étrangère qui épouse un Français devient Française.*
132. *On devient aussi Français par le bienfait de la loi, en vertu de lettres de naturalisation.*
133. *Et par la réunion d'un territoire à la France.*

119. On est Français par trois causes :

1° Par droit de naissance ;

2.° Par le bienfait de la loi ;

3° Par la réunion d'un territoire à la France.

C'est ce qui sera développé dans les trois paragraphes suivans.

§. 1er.

Des Français par droit de naissance.

120. Sont Français par droit de naissance ceux qui sont nés en France, ou chez l'étranger, d'un Français qui n'a point perdu cette qualité.

L'on considère comme Français l'étranger naturalisé. Ses enfans nés depuis sa naturalisation sont Français.

Les autres ne le sont pas.

121. Quant aux enfans de l'étranger simplement admis par le Roi à résider en France, nous ne croyons pas qu'ils soient Français par droit de naissance. Leur père est encore étranger ; il est encore soumis, en ce qui concerne sa capacité personnelle, aux lois de son pays, ainsi que l'a jugé la Cour de Paris le 13 juin 1814. (Sirey, 1815, part. II.

pag. 67.) Nous accordons que ces enfans pourront devenir Français, en vertu de l'article 9, s'ils sont nés en France; qu'ils jouiront, ainsi que leur père, des droits attribués à celui-ci par l'article 13, tant qu'ils continueront d'y résider; mais voilà tout.

122. Nous disons que l'enfant d'un Français est Français; mais si cet enfant est naturel, est-il Français dans tous les cas?

D'abord, s'il a été reconnu par sa mère, Française, sans l'avoir été par son père, il est incontestablement Français : en sorte que, s'il naît en pays étranger, d'une Française qui n'a point perdu cette qualité, il est Français en vertu de la première disposition de l'article 10. Si la mère avait perdu sa qualité à l'époque où il a été conçu, il pourrait toujours devenir Français en vertu de la seconde disposition du même article.

123. S'il naît d'une étrangère, mais en France, et toujours d'un père inconnu, il pourra devenir Français en invoquant le bénéfice de l'article 9; car, dans l'esprit de cet article, il est indifférent que l'enfant naisse d'un étranger ou d'une étrangère : les seules conditions exigées sont qu'il naisse en France, et qu'il réclame la qualité de Français dans l'année de sa majorité.

Voilà pour le cas où l'enfant n'a été reconnu que par sa mère.

Mais que doit-on décider à l'égard de l'enfant naturel reconnu par le père?

124. Deux hypothèses peuvent se présenter :
1° l'enfant est né d'une Française, en France ou
en pays étranger, peu importe (car, si l'on décide
qu'il est Français par le droit du sang, il importe
peu, en effet, qu'il soit né en pays étranger ou en
France), d'un étranger qui l'a reconnu;

2° Il est né d'une étrangère, en France ou en
pays étranger, et il a été également reconnu, mais
par un Français.

Appliquera-t-on, nonobstant la reconnaissance
du père, la règle du droit romain, *partus ventrem
sequitur*, portée à l'égard des enfans nés hors mariage?

On a prétendu que non; sauf à l'enfant le droit
de contester la paternité, conformément à l'article 339.

Mais quels moyens a-t-il pour triompher dans une
telle contestation? quelle preuve pourrait-il administrer pour détruire l'assertion de celui qui l'a reconnu? Une négation se prouve difficilement, surtout en pareil cas; le hasard seul pourrait fournir
cette preuve, en donnant le moyen d'établir une
impossibilité physique de cohabitation entre la mère
et celui qui s'est déclaré le père à l'époque de la
conception; car, dans ce système, la déclaration
contraire de la mère ne serait peut-être même pas
suffisante pour combattre la reconnaissance. On s'est
fondé sur ce que la loi, dans les articles 9 et 10, se
sert de l'expression d'*un étranger*, d'*un Français*,
paraissant ainsi indiquer que c'est la qualité du père

qui attribue à l'enfant la qualité de Français; mais on peut raisonnablement croire qu'elle a eu en vue le cas le plus fréquent, celui où l'enfant est né d'un légitime mariage. D'ailleurs, de ce qu'elle ne parle pas de la mère de l'enfant, d'une *Française*, il n'en faudrait assurément pas conclure que l'enfant né d'une Française en pays étranger, et non reconnu par le père, n'est pas Français : il suit incontestablement la condition de sa mère. Le mot *Français*, employé dans ces articles, est donc une expression générique et nationale, qui s'applique à la mère comme au père, et qui, par conséquent, ne décide pas la question; et comme, d'après les anciens principes, l'enfant né hors mariage suit toujours la condition de sa mère, on pourrait porter la même décision sous le Code. Enfin, peut-il dépendre d'un étranger, en reconnaissant l'enfant naturel d'une Française, même conçu et né en France, de ravir à cet enfant la qualité de Français? C'est cependant ce qui arriverait sans obstacle sérieux, si, pour détruire l'effet de cette reconnaissance, on réduisait l'enfant à désavouer la paternité et à prouver qu'elle n'est que supposée dans celui qui se l'est attribuée.

125. Dans le second cas, celui où l'enfant est né d'une étrangère et qu'il a été reconnu par un père français, le texte de la loi paraît moins favoriser l'application de la maxime *partus ventrem sequitur.* Mais si l'enfant prétend être étranger, comme étant né d'une mère étrangère et comme étant autorisé

à le prétendre par les lois du pays de celle-ci, que
pourraient nos propres lois entendues dans un sens
opposé? Cet enfant ne peut appartenir à deux pays
à la fois; les principes qui régissent l'état des personnes ne le permettraient pas. On pourrait donc appliquer, même à ce cas, la règle du droit romain,
observée dans l'ancienne jurisprudence française :
*Patrem sequi non potest, qui nullum habere intel-
ligitur : Cùm is duntaxat pater sit jure civili quem
justæ nuptiæ demonstrant.* LL. 19 et 24, ff. *de Statu
hominum.*

Et que l'on remarque bien que le droit romain
ne le décide pas seulement à l'égard des enfans qui
n'ont point de père connu, et qu'on appelait *spurii*
(*sine patre*); mais qu'il le décide aussi par rapport
aux enfans nés d'une concubine, que le citoyen romain pouvait tenir dans sa maison, et qui, par conséquent, n'étaient pas sans père connu (1).

Nous conviendrons toutefois que la question, sur
ce second cas, présente plus de difficulté que sur le
premier, surtout quand l'enfant né de l'étrangère
a reçu le jour en France et qu'il a été reconnu par
le Français peu de temps après sa naissance. Quoique ce soit une question de principe, nous pensons
cependant que sa solution pourrait dépendre des
circonstances.

126. Au surplus, si l'enfant opte pour la qualité
de Français, d'autres Français, intéressés à la lui

(1) *Voy.* Vinnius sur le titre *de Ingenuis.* Instit.

contester, n'auront pas le droit de le faire, en invoquant les lois du pays de sa mère, d'après lesquelles il suivrait la condition de celle-ci; mais nous
pensons aussi que, si l'enfant repoussait la qualité
de Français pour s'en tenir à celle de sa mère, les
parens de cette dernière ne pourraient, pour l'exclure de l'exercice des droits que les lois lui attribueraient sur ses biens, se prévaloir de la reconnaissance faite par le Français.

Il y a, sans doute, peu d'harmonie entre ces deux
décisions; mais nous sommes portés à les émettre,
par la considération que la législation des différens
peuples peut n'être pas la même sur ce point.

§ II.

Des Français par le bienfait de la loi.

127. En disant que l'enfant né en France, ou en
pays étranger, d'un Français qui n'a point perdu
cette qualité, est Français, nous avons dit par cela
même que, si le Français avait cessé de l'être, l'enfant serait étranger : tel est le principe.

Mais, sans la faute de son père, cet enfant eût été
Français; il est puni, avant de naître, d'un tort qui
n'est pas le sien. L'ordre ordinaire suivi dans la
transmission de l'existence civile et politique se
trouve interverti sans sa participation et à son préjudice. Si cet enfant reporte sa pensée seulement
jusqu'à son aïeul, il se dit qu'il est Français, et que
son père a violé à son égard un dépôt.

Tant de titres favorables ne pouvaient être vus avec indifférence par la loi; ils ne l'ont, en effet, point été : car l'enfant peut toujours *recouvrer* la qualité de Français, soit qu'il soit né en France, soit qu'il soit né en pays étranger, bien que l'article 10, qui régit ce cas, s'explique seulement sur la dernière hypothèse : il n'est point rédigé dans un sens restrictif, et il n'y avait pas de raison pour qu'il le fût.

Nous avons même entendu soutenir que l'enfant, *né en France*, d'un Français qui a perdu cette qualité, est Français de plein droit; qu'il n'a pas besoin, par conséquent, de remplir les formalités prescrites par l'article 10 à l'enfant né *en pays étranger* d'un Français qui a cessé d'être tel; mais cette opinion a plutôt pour motif la bienveillance dont cet enfant est digne, que le véritable esprit de la loi. Le Français qui a cessé de l'être n'a pu donner, ni en France, ni en pays étranger, le jour à un Français : l'enfant né de ses œuvres peut seulement invoquer la disposition favorable de l'article précité, et devenir Français. En vain se fondait-on sur ce que ce même article ne parle, pour imposer la nécessité d'observer les formalités prescrites par l'article 9, que de l'enfant né en *pays étranger*; en vain a-t-on voulu en conclure, d'après la règle des inclusions, ordinairement si fautive, que l'enfant né en France est Français de plein droit par le seul fait de sa naissance; il serait contre tous les principes de la matière, quelque digne de faveur que soit cet enfant, de le mettre sur la même ligne que celui d'un Français qui n'a point perdu cette qualité.

128. Si, à l'époque où le père a cessé d'être Français, l'enfant était déjà conçu, il serait Français de plein droit et n'aurait point à craindre l'effet de la disposition de l'article 20 : *Nam infans conceptus, quotiès de ejus commodo agitur, pro nato habetur.* L'époque présumée de la conception s'estimerait par son rapprochement avec celle de la naissance. En supposant, pour consacrer la légitimité d'un enfant, que la gestation peut durer trois cents jours, l'article 312 nous fournit une règle d'appréciation qui serait également applicable pour établir la qualité de l'enfant.

129. Peut aussi devenir Français par le bienfait de la loi l'enfant né en France d'un étranger, pourvu que, dans l'année qui suivra sa majorité, il déclare, s'il réside en France, que son intention est d'y fixer son domicile, et que, dans le cas où il résiderait en pays étranger, il fasse sa soumission de fixer son domicile en France, et qu'il l'y fixe dans l'année de sa soumission. (Art. 9.)

Nous pensons que cet article entend parler de la majorité déterminée par la loi française, c'est-à-dire de l'âge de vingt et un ans accomplis. Il est vrai que les lois qui fixent la majorité sont des lois *personnelles*, qui suivent, par conséquent, l'individu partout où il porte ses pas ; mais il est invraisemblable que le législateur ait songé à une majorité étrangère, variable suivant les temps et les lieux, pour conférer la qualité de Français. La constitution de l'an VIII fixait l'âge de vingt et un ans, qui était alors comme aujourd'hui la majorité française, pour pouvoir faire la déclaration de volonté de devenir Français.

13o. Si l'enfant d'un étranger était né en pays étranger, mais qu'il prétendît avoir été conçu en France, pourrait-il invoquer la règle *Infans conceptus pro nato habetur?* En d'autres termes, des étrangers qui auront été transitoirement en France, à une époque quelconque du temps qui s'est écoulé depuis le trois centième jusqu'au cent quatre-vingtième jour avant la naissance de l'enfant, auront-ils donné le jour à un individu capable de devenir Français conformément à l'article 9?

Nous ne croyons pas que telle ait été l'intention du législateur. Le fait de la naissance est certain ; celui de la conception est couvert d'un voile impénétrable. En admettant la légitimité d'un enfant conçu à l'époque où son père a perdu la qualité de Français, et en le considérant, par conséquent, comme Français lui-même, nous n'avons fait qu'appliquer les principes les plus incontestables du droit; mais dans le cas présent rien ne démontre que l'enfant ait été conçu en France; et comme l'impossibilité physique de la conception en pays étranger n'est guère de nature à être établie d'une manière certaine, il est vraisemblable que le législateur

I.   6

n'a pas eu égard à la conception, mais bien à la naissance ; aussi l'article 9ᵉ dit-il « L'enfant *né* en France, » etc.

131. Une troisième manière d'acquérir la qualité de Français résulte du mariage d'une femme étrangère avec un Français. Cette femme devient Française par le bienfait de la loi, par le seul fait de son mariage : elle suit la condition de son mari. (Art. 12.)

132. Enfin, l'étranger qui obtient du roi des lettres de naturalisation devient aussi Français par le bienfait de la loi.

La demande en naturalisation et les pièces à l'appui sont transmises par le maire du domicile du pétitionnaire au préfet, qui les adresse, avec son avis, au ministre de la justice, sur le rapport duquel le Roi statue (1).

Quand on a rempli ces formalités, non seulement on est Français, mais de plus, on est citoyen français ; par conséquent on peut exercer le droit de suffrage dans les Colléges électoraux et remplir des emplois en France.

Mais pour pouvoir siéger dans la Chambre des pairs ou des députés, il faut que les lettres de naturalisation soient vérifiées par les deux Chambres (2).

---

(1) Décret du 17 mars 1809. Bulletin, n° 4195.
(2) Ordonnance du Roi du 4 juin 1814. Bulletin, n° 134.

§. III.

De l'Acquisition de la qualité de Français par la réunion d'un territoire à la France.

133. Cette réunion peut avoir lieu par le fait de la conquête consommée (1), ou par l'effet de la cession d'un territoire.

Dans l'un et l'autre cas, la naturalisation s'opère par le seul fait de la réunion. Les naturels du pays deviennent Français à l'instant où elle a lieu, et ils jouissent de tous les droits civils et politiques attachés à cette qualité.

Mais ordinairement des lois sont portées pour régler l'état des habitans du pays réuni. Ce point n'est donc susceptible d'aucune observation précise.

Les manières dont s'acquiert la qualité de Français étant expliquées, nous allons parler des droits attachés à cette qualité.

SECTION II.

Des Droits résultans de la qualité de Français.

SOMMAIRE.

134. *Tout Français jouit des droits civils.*
135. *La jouissance des droits civils est indépendante de la qualité de citoyen : elle ne suppose même pas l'exercice de ces droits.*

---

(1) La simple invasion ne l'opère pas : ce qui est acquis aujourd'hui pouvant être perdu demain, l'état des peuples ne saurait dépendre des événemens de la guerre, si variables de leur nature.

134. Les lois d'un peuple sont généralement faites pour lui ; le bienfait des lois françaises est donc principalement attribué aux Français. C'est pour consacrer ce principe que l'article 8 déclare que la qualité de Français emporte avec elle la jouissance des droits civils : « Tout Français, dit-« il, jouira des droits civils. »

135. Mais la jouissance et même l'exercice des droits civils sont indépendans de la qualité de citoyen (art. 7), laquelle, avant la Charte, ne s'acquérait que conformément à la constitution de l'an VIII ou aux sénatus-consultes des 26 vendémiaire an XI et 19 février 1808, dont nous parlerons tout à l'heure. Depuis la Charte, cette qualité s'acquiert, ainsi qu'on vient de le dire, par des lettres de naturalisation conférées par le Roi.

L'on peut donc distinguer trois classes de Français.

Les uns jouissent simplement des droits civils sans les exercer : tels sont les interdits, les mineurs, les femmes mariées dans certains cas.

D'autres exercent les droits civils, et par conséquent en jouissent sans être cependant citoyens : tels sont les individus en état de domesticité, les faillis non réhabilités, les femmes en général (1).

Enfin, la troisième classe se compose des citoyens proprement dits, qui ont, à ce titre, le droit de suffrage dans les assemblées délibérantes, sous les conditions exprimées par les lois politiques ; qui peuvent exercer les emplois publics et remplir les fonctions de jurés : ils ont, par conséquent, et la jouissance et l'exercice des droits civils.

136. D'après la constitution de l'an vIII, il suffisait au Français, pour être citoyen, d'avoir, à l'âge de vingt-un ans, fait sa déclaration sur le registre de sa commune, et d'avoir résidé en France pendant un an depuis cette déclaration. En sorte qu'au moyen de ces formalités l'on était citoyen à l'âge de vingt-deux ans accomplis.

137. La Charte ne parle d'aucune de ces conditions. Nous ne pensons pas toutefois qu'elle ait implicitement aboli la disposition de la constitution précitée, d'après laquelle les domestiques et les faillis non réhabilités ne pouvaient être rangés dans la classe des citoyens, ni exercer les fonctions publiques et les droits politiques.

138. Quant à l'étranger, il ne pouvait, d'après cette constitution, devenir citoyen français qu'en déclarant, à l'âge de vingt-un ans accomplis, sur

---

(1) Constitution de l'an vIII.

le registre d'une commune, qu'il entendait se fixer en France, et en y résidant pendant dix années consécutives depuis cette déclaration.

139. Cette disposition était peu propre à attirer les étrangers parmi nous, aussi y fut-il apporté quelques modifications. Une première fut introduite par le sénatus-consulte du 26 vendémiaire an XI (1), dont nous avons parlé plus haut. Ce sénatus-consulte autorisait le gouvernement à conférer la qualité et les droits de citoyens français aux étrangers qui avaient rendu des services à l'État, ou qui avaient apporté dans son sein des talens, des inventions ou une industrie utile, ou qui y avaient formé de grands établissemens. Ces individus étaient seulement assujétis à un an de domicile.

Il importe maintenant de voir quels sont les droits attribués aux étrangers non devenus Français.

SECTION III.

Des Droits attribués aux étrangers non devenus Français.

SOMMAIRE.

140. *L'étranger, admis par le Roi à résider en France, y jouit des droits civils.*

141. *Mais il n'est pas Français pour cela, et encore moins citoyen français; il reste soumis aux lois de son pays en ce qui concerne sa capacité personnelle.*

142. *Pour devenir citoyen français, l'étranger a dû être autorisé à résider en France.*

---

(1) Bulletin, n° 2044. Il en existe un autre sur le même sujet, en date du 19 février 1808, pareillement cité. Bulletin, n° 3064.

143. Dans ce cas il devient citoyen au bout de dix ans.

144. Tant que l'étranger admis par le Gouvernement à résider en France n'est pas devenu citoyen, l'autorisation peut lui être retirée.

145. Dès qu'il cesse, même volontairement, de résider en France, il cesse de jouir de nos droits civils.

146. L'étranger qui n'a point été admis à résider en France, y jouit des droits qui sont attribués aux Français dans le pays de cet étranger par les traités faits avec la nation à laquelle il appartient.

147. La loi du 14 juillet 1819, en abrogeant les articles 726 et 912 du Code, permet aux étrangers de succéder, recueillir et disposer en France comme les nationaux.

148. Ce qu'on entendait par droit d'aubaine, abrogé par cette loi.

149. L'Assemblée constituante l'avait aboli; mais le Code l'avait rétabli avec plus de rigueur qu'il ne s'exerçait anciennement.

150. L'étranger, même non résidant en France, peut être cité devant les Tribunaux français pour l'exécution des obligations par lui contractées envers un Français.

151. Le Français peut être cité par l'étranger devant les Tribunaux français.

152. L'étranger qui a contracté en France avec un autre étranger, pour cause de commerce, peut citer son débiteur devant les Tribunaux français.

153. L'étranger qui a commis en France un délit envers un autre étranger, peut aussi être traduit devant les Tribunaux de France.

154. En matière purement civile et mobilière, l'étranger, cité devant nos Tribunaux par un autre étranger, peut décliner leur juridiction.

155. Les jugemens rendus en pays étranger ne sont susceptibles d'exécution en France qu'après avoir été rendus exécutoires par un Tribunal français : application de ce principe de droit public.

156. Exception que souffre le principe.

157. L'étranger non naturalisé n'exerce aucuns droits politiques.

158. Il ne peut invoquer le bénéfice de cession.

140. L'on ne tarda pas à s'apercevoir que la constitution de l'an VIII, même avec les modifications que le sénatus-consulte du 26 vendémiaire an XI y avait apportées, n'encourageait pas encore assez les étrangers à venir se fixer parmi nous, puisqu'ils étaient privés de la jouissance des droits civils pendant le temps du stage auquel ils étaient soumis. Il fut remédié à cet inconvénient par l'article 13 du Code civil, ainsi conçu : « L'étranger qui « aura été admis, par l'autorisation du Roi, à éta- « blir son domicile en France, y jouira de tous les « droits civils tant qu'il continuera d'y résider. »

141. Les droits conférés par cet article ne sont que les droits civils, la jouissance de ces droits, et non la qualité de Français; ils renferment encore moins celle de citoyen français.

En un mot, l'individu reste toujours étranger; commé tel, il est encore soumis aux lois de son pays en tout ce qui concerne sa capacité personnelle. C'est d'après ces lois seulement qu'il pourra valablement contracter en France, s'y marier, etc. Par son admission à résider en France, il reçoit un bienfait, celui de jouir de nos droits civils; mais ce bienfait ne saurait être tourné contre lui, en lui faisant perdre l'appui des lois personnelles de son pays. Ces principes, que nous croyons certains, ont été reconnus par arrêt de la Cour de Paris, le 13 juin 1814 (1).

Cet étranger n'est astreint à aucun stage, tandis que dans les cas réglés par les sénatus-consultes il en était exigé un d'une année.

Il n'est, non plus, soumis à aucune condition, si ce n'est celle d'obtenir l'autorisation du Roi; car, même pour devenir citoyen français, l'étranger n'est aujourd'hui soumis à aucune autre condition que l'obtention des lettres de naturalisation.

142. C'est une question de droit public assez délicate que celle de savoir si l'étranger peut devenir citoyen français, en remplissant seulement les conditions prescrites par l'article 3 de la constitution de l'an VIII, sans avoir obtenu du Roi l'autorisation de fixer son domicile en France.

---

(1) Sirey, 1815, p. 2, p. 67. *Voy.* aussi celui de cassation du 1er février 1813 (Sirey, 13, 1, 113); mais il a simplement jugé en général qu'un étranger reste soumis envers le Français aux lois qui régissent sa capacité personnelle.

Assurément cette constitution n'a point été, jusqu'à ce moment, considérée comme entièrement abrogée par la Charte : témoin l'article 75 de cet acte, qui reçoit tous les jours son application; mais le principe qui donnait à l'étranger la faculté de devenir citoyen français sans l'approbation du gouvernement, était un principe nouveau, inconnu dans l'esprit des monarchies, même tempérées, telles que celle sous laquelle nous vivons, inconnu même dans les républiques anciennes et modernes, à peu d'exceptions près. Nous serions portés à penser, d'après cela, que c'est une disposition implicitement abrogée par la Charte, comme incompatible avec l'esprit des institutions qu'elle présuppose ou qu'elle consacre. Nous appuyons cette opinion d'un avis du conseil d'État, approuvé le 20 prairial an XI, suivant lequel l'autorisation du gouvernement est devenue nécessaire non seulement à l'étranger mentionné à l'article 13 du Code civil, mais encore à l'étranger dont parle l'article 3 de la constitution de l'an VIII, en sorte que, sans cette autorisation cet étranger n'aurait point de domicile en France, mais bien une simple résidence de fait.

143. Nous pensons, au reste, qu'avec l'autorisation du roi de résider en France, et l'accomplissement des conditions prescrites par la constitution, c'est-à-dire le stage de dix ans, l'étranger devient Français, et même citoyen français.

144. Mais cette autorisation est précaire de sa

nature : le gouvernement peut la retirer quand bon lui semble, tant que l'étranger n'est pas devenu citoyen français par l'expiration des dix années; il le doit même, si celui qui a été l'objet du bienfait s'en rend indigne, s'il viole la condition sous-entendue dans cet acte de tolérance. Alors, l'individu cesse de jouir des droits civils en France. C'est une notable différence entre lui et le Français, et même entre lui et l'étranger devenu Français.

145. En cessant volontairement de résider en France, il cesse aussi de jouir de nos droits civils; tandis que le Français, ou celui qui l'est devenu, ne perd cette qualité, et par suite les droits qui y sont attachés, que de l'une des manières qui seront ultérieurement expliquées.

146. Quant à l'étranger qui n'a point obtenu du Roi l'autorisation de résider en France, il jouit, d'après l'article 11, des mêmes droits civils que ceux qui sont ou seront accordés aux Français par les traités faits avec la nation à laquelle appartient cet étranger.

Mais les lois politiques et particulières de cette nation, en attribuant des droits aux Français, ne nous obligeraient point à la réciprocité.

Le traité est l'ouvrage de deux peuples : c'est un contrat synallagmatique qui lie, par conséquent, l'un et l'autre, et qui est sous la garantie du droit des gens.

Une loi politique n'est, au contraire, l'ouvrage

que du seul peuple qui l'a rendüe : elle n'est donc obligatoire que pour lui. Les sujets de cette nation ne peuvent pas plus invoquer chez nous leurs propres lois, que nous ne pourrions nous prévaloir chez eux de celles que nous avons rendues (1).

147. Les principaux effets résultans de la différence entre les Français et les étrangers, ont été anéantis par la loi du 14 juillet 1819. Cette loi a aboli le droit d'aubaine et celui de détraction, en abrogeant l'article 726 du Code. Elle a fait plus encore, elle a pareillement abrogé l'article 912 (2). En un mot, elle permet aux étrangers proprement dits de succéder, disposer et recevoir en France, de la même manière que les Français.

---

(1) Nous ferons observer que les articles 2123 et 2128, après avoir déclaré, en principe, que l'hypothèque ne peut résulter des jugemens ni des actes rendus ou passés en pays étranger, ajoutent : « Sans préjudice des dispositions contraires qui peuvent être dans les *lois politiques* ou dans les traités. » L'article 546 du Code de procédure, relatif à l'exécution des jugemens rendus en pays étranger, contient la même modification, puisqu'il renvoie aux deux articles précités. On pourrait donc penser, d'après cela, que les lois politiques, comme les traités, peuvent autoriser la constitution d'hypothèque, en vertu de jugemens ou d'actes rendus ou passés en pays étranger; ce qui serait contraire aux principes.

Mais la réponse est facile : les lois politiques dont il est parlé dans ces articles ne sont pas celles qui émaneraient d'un gouvernement étranger, mais celles, au contraire, qui émaneraient du gouvernement français. Or, il est possible en effet qu'il reconnaisse l'utilité de confirmer la constitution d'hypothèque résultant de jugemens ou d'actes rendus ou passés en pays étranger.

(2) Le droit d'aubaine n'était, en effet, relatif qu'aux successions. L'interdiction du droit de disposer et de recevoir était fondée sur d'autres principes.

Ce n'est point encore le moment d'expliquer les dispositions de cette loi : nous en parlerons en traitant des *successions* et des *donations*. Mais nous devons rappeler ici en peu de mots ce que l'on entendait par droit d'aubaine.

148. L'*aubain*, c'est l'individu né ailleurs (1), c'est-à-dire l'étranger, à la différence du régnicole, du national.

Par le droit d'aubaine, la succession de l'étranger mort en France appartenait à l'État, ou, dans certains pays, au seigneur haut-justicier, quant aux biens situés en France, à l'exclusion de ses parens, autres que ses enfans nés en France ou naturalisés (2).

149. Montesquieu a dénoncé à tous les peuples ce prétendu droit comme un droit insensé, et l'Assemblée constituante, accomplissant le vœu de l'illustre auteur de *l'Esprit des lois*, l'avait solennellement aboli, dans l'espoir que les peuples, mieux éclairés sur leurs véritables intérêts, et guidés par un sentiment plus juste, nous imiteraient en l'abolissant à leur tour. Mais cette attente a été trompée ; et les rédacteurs du Code, consultant plutôt les principes de la justice commutative, de la réciprocité exacte, qu'une générosité sans aucun fruit pour nous, crurent devoir rétablir le droit d'aubaine. Sa rigueur fut même augmentée par le Code

---

(1) *Alibi natus.*
(2) *Voy.* de Lacombe, au mot *Aubain*, sect. 4.

en deux points : 1° Anciennement, l'enfant de l'étranger, né en France ou naturalisé, lui succédait sans qu'il eût besoin de remplir les conditions prescrites par l'article 9 du Code, conditions qui ne peuvent être accomplies que par un individu ayant au moins vingt-un ans révolus ; en sorte qu'un enfant mort en minorité sous l'empire de l'article 726, n'eût point recueilli la succession de son père étranger, tandis qu'il l'eût recueillie dans l'ancienne jurisprudence ; bien plus, d'après l'opinion de plusieurs auteurs, et que nous avons nous-même embrassée, si la succession s'était ouverte avant que l'enfant eût accompli les formalités de l'article 9, il n'aurait pu, même après leur accomplissement, réclamer l'hérédité : on lui aurait opposé le principe consacré par l'article 20, quand bien même il n'y est pas dénommé. 2° Anciennement, aussi, l'enfant étranger pouvait venir, conjointement avec son frère, né en France ou naturalisé, à la succession du père commun : le Code civil ne lui accorderait certainement pas ce droit. Il n'a eu en vue que le principe d'une rigoureuse réciprocité, pensant que c'était le meilleur moyen d'exciter les étrangers, par le sentiment de leur propre intérêt, à abolir le droit d'aubaine. Ce nouvel espoir, au surplus, n'a pas été mieux justifié que celui de l'Assemblée constituante.

150. C'est dans le même but qu'a été conçue la disposition de l'article 11, dont nous avons parlé :

« L'étranger jouira en France des mêmes droits
« civils que ceux qui sont ou seront accordés par
« les traités faits avec la nation à laquelle cet étran-
« ger appartiendra. »

Ainsi, pour les droits ouverts avant la promulgation de la loi du 14 juillet 1819, ils sont réglés
par les traités.

151. C'est encore en vue d'une réciprocité parfaite qu'ont été portées les dispositions des articles 14 et 15 : « L'étranger, même non résidant en
« France, pourra être cité devant les tribunaux
« français pour l'exécution des obligations par lui
« contractées en France avec un Français ; il pourra
« être traduit devant les tribunaux de France pour
« les obligations par lui contractées en pays étran-
« ger envers des Français (1). »

« Un Français pourra être traduit devant un tri-
« bunal de France, pour les obligations par lui con-
« tractées en pays étranger, même avec un étranger. »

Le commerce, source de prospérité pour les nations en général, est même devenu pour certains

---

(1) La Cour de Paris a jugé, le 28 février 1814, que cette disposition, qui permet au Français de citer l'étranger devant nos tribunaux
pour l'exécution des obligations contractées par celui-ci en pays
étranger, n'est point applicable au cas où le Français a son domicile
établi en pays étranger lors de l'assignation. Sirey, 1814, 2, 362.
Mais l'article 14 ne fait pas cette distinction, et il ne devait pas la
faire. Si l'étranger assigne en France, c'est probablement parce qu'il
suppose y trouver plus de moyens d'être payé : or c'est dans cet esprit
qu'ont été rédigées les dispositions des articles 14 et 15. La réciprocité qu'ils ont voulu établir nous paraît blessée par cette décision.

peuples une condition d'existence et une cause unique de grandeur ; il a donc dû être encouragé et protégé par des lois qui assurent à ses transactions un appui contre la mauvaise foi.

Tels sont les véritables motifs qui ont fait reconnaître et consacrer en cette matière une réciprocité que l'article 11 n'a pas voulu d'abord établir en principe, mais comme pouvant seulement être l'ouvrage des traités.

152. Mais l'étranger qui a contracté en France avec un autre étranger peut-il demander aux tribunaux français l'exécution de son contrat?

Nous le croyons, s'il s'agit d'un acte de commerce passé en France, et c'est l'opinion généralement adoptée (1).

153. De même, l'étranger lésé dans sa personne ou dans ses biens par un délit commis en France, ne réclamerait pas vainement justice de nos tribunaux. Ce serait, d'ailleurs, plutôt à nous-mêmes qu'elle serait rendue, puisque l'ordre public, en général, aurait été blessé comme si l'action eût été commise envers un Français.

154. Mais lorsqu'il s'agit d'obligations purement civiles contractées entre des étrangers, même en

---

(1) La citation donnée à un étranger qui n'a pas de domicile ni de résidence connus en France doit être donnée au domicile du procureur du roi près le tribunal où la demande est portée. (Art. 69, n° 9, Cod. de procéd. *Voy.* aussi l'arrêt rendu par la Cour de cassation le 5 août 1807. Sirey, 1807, 1, 124.)

France (1), nous ne croyons pas que nos tribunaux doivent en connaître, surtout si le défendeur décline leur juridiction. Si nous avons décidé le contraire dans les deux cas précédens, nous l'avons fait par des motifs dont l'application ne se fait pas sentir ici. Cette opinion, au surplus, se trouve confirmée par plusieurs arrêts, notamment par un de la Cour de cassation, section des requêtes, du 22 janvier 1806. (Sirey, 1806, 1, 263.)

Nous pensons qu'il en serait autrement si le demandeur jouissait des droits civils en France conformément à l'article 13.

155. A l'égard des jugemens rendus en pays étranger, l'article 546 du Code de procédure porte qu'ils ne seront susceptibles d'exécution en France que de la manière et dans les cas prévus par les articles 2123 et 2128 du Code civil, c'est-à-dire lorsqu'ils auront été rendus exécutoires par un tribunal français, sans préjudice des dispositions contraires qui peuvent être dans les lois politiques ou dans les traités.

---

(1) M. Delvincourt est de cet avis, mais c'est pour le cas où l'obligation n'a point été contractée en France, et que le débiteur surtout n'y a pas son domicile avec ou sans autorisation.

Ce jurisconsulte pense aussi que s'il s'agit de matière immobilière, comme l'article 3 porte que les immeubles situés en France, même ceux possédés par des étrangers, sont régis par la loi française, l'étranger pourra être cité devant nos tribunaux par un autre étranger. On peut invoquer à l'appui de cette opinion la disposition de l'article 59 du Code de procédure, qui attribue indistinctement, en matière réelle, juridiction au tribunal de la situation.

I. 7

L'exécution d'un jugement est, en effet, un acte de souveraineté : c'est un ordre donné par le Souverain d'un État aux officiers préposés par lui de faire exécuter les décisions de la justice. Cet ordre ne peut avoir de force que dans les limites de la puissance qui le donne; partout ailleurs il est dépouillé de sa vertu essentielle.

Mais, si l'on n'a jamais élevé de doute sur la sagesse de ce principe, qui est de droit public plutôt que de droit civil, l'on est loin d'être d'accord sur le sens de l'article 2123, qui défend de mettre à exécution les jugemens rendus en pays étrangers, avant qu'ils n'aient été rendus exécutoires par un *tribunal français.*

S'agit-il, en effet, d'une simple ordonnance d'*exequatur*, délivrée par le président du tribunal (comme en matière de décision arbitrale), ou s'il s'agit, au contraire, d'une exécution ordonnée par le tribunal entier, par conséquent après examen, discussion, nouveaux débats?

Trois cas peuvent se présenter : la jurisprudence offre des exemples de chacun d'eux.

Celui où le jugement a été rendu contre un Français au profit d'un autre Français, ou d'un étranger, peu importe;

Celui où il a été rendu contre un étranger au profit d'un Français;

Et enfin, celui où il a été rendu entre deux étrangers.

Dans le premier cas, on est généralement d'accord que le Français peut débattre de nouveau ses droits devant le tribunal auquel l'exécution est demandée. L'article 121 de l'ordonnance de 1629, vulgairement appelée le Code *Michaud*, en contenait la disposition formelle; et ce point n'a jamais fait de doute sérieux en France (1).

Mais dans le second cas, l'on prétend que la loi étant en faveur du Français, et l'étranger ayant été jugé d'après les lois de son pays, il n'a pas le droit de demander aux tribunaux français d'examiner, d'apprécier et de juger de nouveau le fond de l'affaire. L'on peut ajouter que, s'il faut nécessairement un nouveau jugement, par conséquent une nouvelle assignation, de nouveaux débats, l'article 2123, qui suppose que les jugemens étrangers produiront effet en France après avoir été rendus exécutoires, n'aura aucun sens en ce point, puisque ce sera seulement celui du tribunal français qui produira réellement effet; l'autre ne serait tout au plus qu'un acte dans lequel ce tribunal pourrait, jusqu'à un certain point, puiser les élémens de sa décison, comme il les puiserait, sans nul doute, dans un contrat passé en pays étranger.

Cependant la Cour de Paris a jugé (2) que les jugemens obtenus aux États-Unis par Holker, naturalisé Français, contre Parker, Américain, ne pouvaient être mis à exécution en France sur une

---

(1) *Voy.* un arrêt de la Cour de Toulouse rendu en ce sens, le 27 décembre 1819. Sirey, 20, 2, 312.

(2) Le 27 août 1816. Sirey, 16, 2, 369.

simple ordonnance d'*exequatur*; qu'il y avait lieu, au contraire, à débattre de nouveau le fond, sur la demande qui en avait été faite par Parker.

Pourvoi contre cet arrêt. Il fut d'abord accueilli par la section des requêtes, attendu la gravité de la difficulté; mais l'affaire, renvoyée à la section civile, y fut jugée (1) dans le sens de l'arrêt de la Cour de Paris. Nous rapporterons quelques-uns des considérans de celui de la Cour de cassation, puisque la question est encore vivement controversée.

« Sur la contravention aux articles 2123 et 2128 « du Code civil, et 546 du Code de procédure, « attendu que ces articles n'autorisent pas les tri- « bunaux à déclarer les jugemens rendus en pays « étranger exécutoires en France, sans examen; « qu'une semblable autorisation serait aussi con- « traire à l'institution des tribunaux, que l'aurait « été celle d'en accorder ou d'en refuser l'exécution « arbitrairement et à volonté; que cette autorisa- « tion, qui, d'ailleurs, porterait atteinte au droit « de souveraineté du gouvernement français, a été « si peu dans l'intention du législateur, que, lors- « qu'il a dû permettre l'exécution sur simple *parea-* « *tis* des jugemens rendus par des arbitres revêtus « du caractère de juges, il a eu le soin de ne con- « fier la faculté de délivrer l'ordonnance d'*exequa-* « *tur* qu'au président, et non pas au tribunal, parce « qu'un tribunal ne peut prononcer qu'après déli-

_____

(1) Le 19 avril 1819. Sirey, 19, 1, 287.

« bération, et ne doit accorder, même par défaut,
« les demandes formées devant lui, que si elles se
« trouvent justes et bien vérifiées.

« Attendu, enfin, que le Code civil et le Code
« de procédure ne font aucune distinction entre
« les divers jugemens rendus en pays étrangers, et
« permettent aux juges de les déclarer tous exécu-
« toires; qu'ainsi les jugemens, lorsqu'ils sont ren-
« dus contre des Français, [étant incontestable-
« ment sujets à examen sous l'empire du Code ci-
« vil, comme ils l'ont toujours été, *on ne pourrait*
« *pas décider que tous les autres doivent être ren-*
« *dus exécutoires autrement qu'en connaissance de*
« *cause, sans ajouter à la loi et sans y introduire*
« *une distinction arbitraire aussi peu fondée en rai-*
« *son qu'en principe,* etc.

Le troisième cas se trouve par conséquent
décidé.

156. Au surplus, le principe souffre exception
lorsqu'il existe dans les lois politiques, ou dans les
traités, des dispositions qui autorisent, sur simple
ordonnance d'*exequatur,* l'exécution des jugemens
rendus en pays étrangers. (Art. 546 du Code de
procéd., rapproché des articles 2123 et 2128 du
Code civil.)

157. Quoique la loi du 14 juillet 1819 ait aboli
le droit d'aubaine et détruit la principale différence
entre l'étranger et le Français, quant à la jouissance des droits civils en France, il en existe néan-

moins plusieurs autres très-notables que nous ne devons pas passer sous silence.

Ainsi, l'étranger non naturalisé ne peut être admis à aucune fonction publique (1).

Il ne peut siéger dans les colléges électoraux, lors même qu'il aurait été admis par le gouvernement à établir son domicile en France ; car il n'en est pas moins étranger.

158. Il ne peut invoquer le bénéfice de cession (art. 905 du Code de procéd.); c'est une institution civile.

159. La question de savoir s'il peut prescrire contre le Français a été controversée, et l'est encore. Pour la négative, l'on a dit que la prescription est une institution du droit civil, dont par conséquent l'étranger ne peut jouir, à moins qu'il n'y ait dans les lois politiques ou dans les traités des dispositions contraires.

Il est vrai que l'usucapion des Romains était une institution particulière de leur droit civil (2); mais plusieurs bons interprètes de cette législation ont pensé que, depuis que l'usucapion avait été transformée par Justinien en prescription *de long temps*, la prescription était plutôt du droit de gens que du droit civil (3). D'ailleurs, au temps même de Cicé-

---

(1) *Voy.* de Lacombe, au mot *Aubain*, sect. 2.

(2) La loi des douze tables portait : *Adversùs hostem æterna aucto ritas esto.*

(3) *Voy.* les Professeurs de Louvain : *Recitationes ad Pandectas*, tit. *de Usurpat. et usucap.*, n°. 7.

ron, elle était appelée *la patrone du genre humain.*

Nous ne doutons pas, au surplus, que l'étranger ne puisse invoquer celle à l'effet de se libérer. Elle doit être considérée comme les autres moyens d'après lesquels s'éteignent les obligations, par conséquent, comme étant du droit des gens, puisque les contrats sont du domaine de ce droit. Cela doit être surtout regardé comme certain dans les transactions commerciales.

160. En toutes matières autres que celles de commerce, l'étranger, demandeur principal ou intervenant, est tenu, si le Français l'exige, de donner caution pour le paiement des frais et dommages-intérêts (1) résultant du procès. (Art. 16, Cod. civ.; et 167, Cod. de procéd.)

Mais l'étranger, défendeur principal ou intervenant, ne doit pas la caution : la défense est de droit naturel. Si l'on a craint que l'étranger ne vexât un Français en le traduisant en justice sans motif, et ne vînt ensuite à disparaître sans payer les dépens et les dommages-intérêts dus au Français, cette raison ne s'applique plus lorsque c'est le Français qui est l'agresseur.

161. La caution est due par l'étranger lorsqu'il se porte partie civile contre un Français en matière

_____

(1) Non pour le principal de la demande : car si elle est mal fondée, il n'aura rien à recevoir; si elle est bien fondée, c'est le Français défendeur qui en devra payer le montant.

criminelle. L'article 16 dit, en effet, *en toutes ma-tières autres que celles de commerce* (1).

162. Indépendamment du cas où la matière est commerciale, le principe reçoit exception, 1° lors-que l'étranger possède en France des immeubles suffisans pour assurer le paiement des frais et des dommages-intérêts auxquels le tribunal estimerait que pourrait s'élever la condamnation (2); 2° lors-qu'il consigne somme suffisante et arbitrée par le tribunal; 3° lorsqu'il y a dans les traités des dispo-sitions qui le dispensent de fournir la caution (3); 4° enfin, lorsque l'étranger a été admis par le gou-vernement à jouir des droits civils en France. (Art. 11, 13, 16, Cod. civ.; et 167, Cod. de procéd.)

163. Dans les cas où la caution est due, elle doit être demandée avant toute autre exception (art. 166, Cod. de procéd.) Nous en exceptons cependant le déclinatoire pour cause d'incompétence à raison de

(1) *Voy.* l'arrêt de cassation du 3 février 1814. Sirey, 14, 1, 116.

(2) Le défendeur peut demander acte au Tribunal de la déclaration que l'étranger fait de ses immeubles. Peut-il aussi demander que ce-lui-ci les soumette à l'hypothèque jusqu'à concurrence de la somme fixée par le Tribunal? et si l'étranger n'y donne pas son consentement, le Français a-t-il le droit, en vertu de l'*acte judiciaire*, de prendre inscription conformément à l'article 2123, jusqu'à concurrence de la somme qu'il aura fait déterminer par le Tribunal? La disposition de l'article 16 est de droit exceptionnel, par conséquent elle n'est pas susceptible d'extension. La qualité de propriétaire dans la personne de l'étranger a pu raisonnablement sembler au législateur une garantie suffisante.

(3) La Cour de cassation a, en effet, jugé, le 9 avril 1807, qu'aux termes des capitulations, *et par réciprocité*, les Suisses ne sont pas as-sujétis à fournir la caution *judicatum solvi.*

la personne, lequel doit être proposé avant tout.

164. L'étranger porteur d'un titre *paré* ne doit pas de caution pour le faire exécuter : il ne demande rien aux tribunaux ; c'est le Souverain qui ordonne directement aux officiers par lui préposés de prêter leur ministère pour l'exécution du titre, lorsqu'ils en seront légalement requis. Les difficultés qui pourraient s'élever sur cette exécution seraient la matière d'une ordonnance de référé, mais non l'objet d'une demande et d'une condamnation judiciaires, du moins ordinairement (1).

165. Mais, en matière judiciaire, l'étranger demandeur doit en principe la caution, encore qu'il eût une résidence fixe, s'il n'a point obtenu l'autorisation du Roi ; car il n'a réellement pas de domicile.

166. L'étranger défendeur peut-il l'exiger de l'étranger demandeur, dans le cas où celui-ci la devrait à un Français ?

Il nous semble que l'obligation de fournir cette caution est une institution de notre droit civil, et dès lors que le Français seulement peut en invoquer la disposition. La loi du 10 septembre 1807, dont nous allons parler tout à l'heure, établit, en effet, pour les objets qu'elle règle, une distinction

---

(1) L'arrêt du 9 avril 1807, précité, a décidé dans ce sens : il a même jugé que la poursuite d'expropriation, faite en vertu de titre exécutoire, ne forme pas une demande judiciaire de la nature de celles prévues par l'article 166 Cod. de procéd., et par conséquent que l'étranger ne doit pas la caution.

formelle entre l'étranger et le Français; et cette distinction est fondée sur les vrais principes. Au reste, dans les matières purement civiles, le défendeur pouvant décliner le tribunal français, ainsi que nous l'avons dit au n° 154, où nous rapportons un arrêt de la Cour de cassation rendu en ce sens, il est clair que la question perd dans ce cas presque tout son intérêt.

167. Suivant la loi du 10 septembre 1807, tout jugement de condamnation au profit d'un *Français* contre un étranger *non domicilié en France*, emporte la contrainte par corps (1).

Et même avant la condamnation, mais après l'échéance ou l'exigibilité de la dette, le président du tribunal de première instance, dans l'arrondissement duquel se trouve l'étranger non domicilié, peut, sur la requête du créancier français, et s'il y a des motifs suffisans, ordonner son arrestation provisoire, laquelle doit avoir lieu suivant les formes prescrites par le Code de procédure.

Néanmoins cette dernière disposition cesse d'être applicable, si l'étranger justifie qu'il possède en France un établissement de commerce, ou des im-

---

(1) L'emprisonnement doit-il, conformément à la loi du 15 germinal an VI, cesser après cinq ans? Jugé affirmativement par la Cour de Paris, le 4 juillet 1816; mais jugé en sens contraire par la même Cour les 1er décembre 1813 et 24 octobre 1816.

Nous pensons que la loi de germinal ne peut être invoquée par l'étranger : c'est un bénéfice apporté en faveur des Français aux principes du droit commun, en matière d'exécution des obligations par voie de contrainte.

meubles, le tout suffisant pour assurer le paiement de la dette, ou s'il fournit une caution bonne et solvable, domiciliée en France.

168. Enfin les jugemens rendus au profit d'étrangers qui auraient obtenu des adjudications dans les matières pour lesquelles il y a, d'après le décret du 22 juillet 1806, recours au conseil d'état, ne peuvent être exécutés pendant le délai accordé pour le recours, qu'autant que l'étranger aura préalablement fourni en France une caution bonne et solvable. Décret du 7 février 1809, Bulletin, n° 4122.

Telles sont les principales différences qui existent entre les étrangers non naturalisés ou ne jouissant pas de nos droits civils, et les Français ou ceux qui le sont devenus, ou qui ont simplement acquis la jouissance de ces droits.

Mais quant aux effets des contrats du droit des gens, comme la vente, le louage, etc., nulle différence entre les étrangers et les nationaux.

CHAPITRE II.

De la Privation des droits civils.

SOMMAIRE.

169. *On perd la jouissance des droits civils par deux causes.*

169. La jouissance des droits civils étant attachée à la qualité de Français, il est clair que lorsque cette qualité a disparu, la jouissance des droits civils s'est évanouie avec elle.

Toutefois, on perd aussi cette jouissance par une autre cause, par l'effet de condamnations judiciaires.

Nous parlerons d'abord de la première cause : ce sera l'objet de la section suivante.

SECTION PREMIÈRE.

De la Privation des droits civils par suite de la perte de la qualité de Français.

SOMMAIRE.

170. *La qualité de Français se perd de cinq manières.*

171. *En principe on ne peut appartenir à deux nations à la fois.*

172. *Le droit naturel et le Code civil permettent à un individu d'abdiquer son pays.*

173. *Le décret du 26 août 1811, qui a dérogé à ce principe, est encore en vigueur.*

174. *L'autorisation du Roi est exigée pour se faire naturaliser en pays étranger.*

175. *De l'effet de la naturalisation autorisée d'après le décret.*

176. *La qualité de Français n'en est pas moins perdue.*

177. *L'effet de l'autorisation est personnel à l'individu.*

178. *La naturalisation non autorisée fait perdre les droits civils et donne ouverture à la succession.*

179. *Depuis l'abolition de la confiscation, la succession ne peut appartenir qu'aux héritiers.*

180. *Le Français, ainsi naturalisé sans autorisation, ne pourrait venir succéder en France, en vertu de la loi du 14 juillet 1819.*

181. *Il en serait autrement de ses enfans conçus depuis sa naturalisation.*

182. *Autres dispositions pénales du décret.*

183. *Suivant un avis du conseil d'état, il n'est point applicable aux femmes.*

184. *L'acceptation, non autorisée par le Roi, de fonctions en pays étranger, fait perdre au Français sa qualité, et le soumet à l'application du décret du 6 avril 1809.*

170. Puisque la perte des droits civils résulte de la perte de la qualité de Français, il convient de voir comment on cesse d'être Français.

« La qualité de Français, dit l'art. 17, se perdra, « 1° par la naturalisation acquise en pays étranger; « 2° par l'acceptation, non autorisée par le Roi, de « fonctions publiques conférées par un gouverne- « ment étranger; 3° par tout établissement fait en « pays étranger sans esprit de retour.

« Les établissemens de commerce ne seront ja- « mais censés faits sans esprit de retour. »

Suivant l'art. 18, une femme française perd la qualité de Française par son mariage avec un étranger.

Enfin l'article 21 porte que « le Français qui, « sans l'autorisation du Roi, prend du service mili- « taire chez l'étranger, ou s'affilie à une corporation « militaire étrangère, perd aussi la qualité de Fran- « çais.

« Il ne peut rentrer en France qu'avec l'autori-
« sation du Roi, et recouvrer la qualité de Français
« qu'après avoir rempli les conditions imposées à
« l'étranger pour devenir citoyen, et sans préjudice
« des peines établies contre le Français qui porterait
« les armes contre la France. »

Nous allons reprendre chacune de ces cinq manières de perdre la qualité de Français : chacune
d'elles est susceptible d'observations spéciales.

§. Ier.

De la Naturalisation acquise en pays étranger.

171. Le même homme ne peut appartenir à deux
nations, parce qu'il ne pourrait remplir ses devoirs
envers toutes deux (1); la mésintelligence qui sur-
viendrait entre les deux peuples le mettrait dans la
nécessité d'opter et de devenir peut-être ainsi l'ennemi de ceux qui naguère étaient ses concitoyens.

172. Mais si l'homme ne peut appartenir à deux
nations; si ce principe est constant aux yeux des
publicistes (2); s'il est enfin consacré par le Code
civil lui-même, du moins il n'a point détruit cet
autre principe, fondé sur le droit naturel, qu'il est
permis à un individu de quitter le sol où le hasard
l'a fait naître, et de se retirer d'une société qui ne
lui offre pas assez d'avantages. L'abdication qu'il fait

---

(1) *Voy.* les *Antiquités romaines* d'Heinneccius, lib. 1, tit. 16, §. 10.
(2) *Voy.* Puffendorf, *Droit de la nature et des gens*, liv. 8, ch. 11;
Grotius, *de Jure belli et pacis,* lib. cap. 5, §. 24.

de son pays ne saurait lui être imputée à crime; le Code français ne la considère point non plus comme un délit, pourvu qu'elle ne dégénère point en violation de l'engagement qu'il a naturellement contracté en recevant le jour, de ne point nuire à ceux au milieu desquels il l'a reçu. Il perdra sans doute la jouissance des droits que lui attribuaient les lois du pays qu'il abandonne ; mais il se soumet à ces conséquences : il les connaît.

173. Cependant le décret du 26 août 1811 (1) a apporté de grandes dérogations à ces principes du droit naturel, et plusieurs notables changemens aux dispositions du Code, relativement à la naturalisation des Français, et à l'acceptation de fonctions chez l'étranger.

Ce décret est-il encore en vigueur? n'est-il point, comme une foule de dispositions d'une époque antérieure, il est vrai, mais analogues dans leur but, implicitement abrogé par la Charte, comme incompatible avec son esprit (2)? C'est là une question de pur droit politique, qui sort, par conséquent, de notre sujet. Cependant nous devons dire qu'aux termes de la Charte, les lois antérieures continuent d'être exécutées tant qu'il n'y sera pas légalement dérogé : or, d'après la constitution de l'an VIII, art. 21, 37 et 44, les décrets qui n'ont point été attaqués pour cause d'inconstitutionnalité dans les dix

---

(1) Bulletin, n° 7186.
(2) M. Delvincourt ne le regarde pas comme abrogé, non plus que

jours de leur publication, ont acquis force de loi; et telle est la jurisprudence constante de la Cour de cassation (1).

On peut donc croire, d'après cela, que les décrets dont il s'agit sont encore en vigueur (2), et nous devons dès lors en rappeler les principales dispositions, puisqu'elles modifient (surtout celles du décret de 1811) les règles du Code civil, relativement à la perte de la qualité de Français par l'effet de la naturalisation ou de l'acceptation de services conférés par un gouvernement étranger.

Nous parlerons d'abord de ce qui a rapport à la naturalisation, et nous ferons connaître la disposition du décret de 1809, relatif à l'acceptation de service militaire, quand nous traiterons de ce cas.

174. Suivant le Code, l'autorisation du Roi n'est pas nécessaire au Français pour se faire naturaliser en pays étranger : l'art. 17 ne l'exige pas ; mais le décret du 26 août 1811 porte, par son article 1er,

---

celui du 6 avril 1809, infiniment plus rigoureux, puisqu'il prononce, dans les cas qu'il énonce, la mort civile, comme peine principale et sans jugement : ce jurisconsulte les rappelle l'un et l'autre dans son ouvrage. M. Toullier n'en parle pas, ou, s'il le fait, nous ne nous ne sommes pas aperçu.

(1) *Voy.* l'arrêt de cassation du 3 février 1820. Sirey, 20, 1, 185; et celui du 27 mai 1819. Sirey, 19, 1, 347.

(2) La commission nommée pour procéder à la révision des décrets et autres dispositions antérieures à la Charte (les lois ne sont pas comprises dans l'objet de ses travaux), et pour indiquer au gouvernement ce qui mérite d'être abrogé, modifié ou maintenu, ne manquera probablement pas de porter un regard très-attentif sur ces deux décrets, surtout sur le dernier.

qu'aucun Français ne doit se faire naturaliser sans cette autorisation.

Comme, de fait, elle peut n'avoir été ni obtenue, ni demandée, et que les effets sont très-différens dans les deux cas, il importe de les distinguer.

Ier C<small>AS</small>, *celui où la naturalisation a été autorisée.*

175. « L'autorisation à l'effet de se faire naturali-
« ser en pays étranger est accordée par une ordon-
« nance du Roi, visée par le ministre de la justice,
« insérée au Bulletin des lois, et enregistrée à la
« Cour royale du domicile de celui qu'elle con-
« cerne. » (Art. 2.)

« L'effet de la naturalisation ainsi autorisée est
« de conserver au Français le droit de posséder et
« de transmettre des propriétés, ainsi que celui de
« succéder, quand même les sujets du pays où il est
« naturalisé ne jouiraient pas de ces droits en
« France. » (Art. 3.) (1)

176. Mais la qualité de Français n'est pas moins perdue, suivant le principe qu'on ne peut appartenir à deux nations à la fois.

177. « L'effet de l'autorisation est personnel à l'in-
« dividu naturalisé, et ne s'étend pas à ses enfans
« conçus en pays étranger, postérieurement à la

---

(1) Ils en jouissent aujourd'hui, en vertu de la loi du 14 juillet 1819.

« naturalisation : ils sont considérés comme étran-
« gers sous les deux exceptions suivantes :

« 1° Ils peuvent réclamer la qualité de Français,
« en remplissant les formalités prescrites par les
« art. 9 et 10 du Code civil;

« 2° Ils recueillent les successions et exercent les
« droits qui s'ouvrent à leur profit pendant leur
« minorité et pendant les dix ans qui suivent leur
« majorité accomplie. » (Art. 4.)

IIe Cas , *celui de la naturalisation non autorisée.*

« 178. L'effet de la naturalisation non autorisée
« est de faire perdre les droits civils en France : cette
« perte est constatée pardevant la Cour du dernier
« domicile de l'individu, à la diligence du Procu-
« reur général ou sur la réquisition des parties inté-
« ressées. » (Art. 7.)

Cela est juste : l'individu est maintenant étranger;
par conséquent il ne doit plus avoir des droits que
nos lois ont établis pour les Français. Si l'effet des
dispositions du décret était borné à cela, elles ne
seraient l'objet d'aucune critique fondée; mais la
suivante n'est pas aussi conforme aux principes du
droit naturel, que le Code civil avait reconnus et
consacrés; car, « en conséquence de ce jugement,
« *la succession* du Français ainsi naturalisé *est ou-*
« *verte* au profit de l'État. (Art. 6.)

« Et les droits de la femme sont réglés comme
« en cas *de viduité.* » (Art. 9.)

Ainsi, c'est tout à la fois la confiscation et la *mort civile*.

179. La Charte ayant, par son article 66, formellement aboli la confiscation, il est clair que l'article 6 du décret ne peut s'exécuter maintenant selon sa teneur. Mais ce décret subsiste encore, puisqu'il n'a point été attaqué pour cause d'inconstitutionnalité, et que la Charte elle-même maintient les dispositions qui ont force de loi tant qu'elles ne seront pas légalement abrogées. D'après cela, la succession de cet individu, ainsi constitué en état *de mort civile*, est ouverte au profit de ses héritiers, d'autant plus que la femme exerce ses droits comme en cas *de viduité*; sauf, comme nous le dirons plus tard, la restitution des biens, si, en conformité de l'article 12 du décret, l'individu obtient des lettres de relief des peines et déchéances qu'il a encourues.

180. « Il perd le droit de succéder; toutes les « successions qu'il aurait pu recueillir passent à « l'héritier regnicole qui est appelé après lui. » (Art. 6.)

Cette disposition est conforme aux principes sur le droit d'aubaine; mais puisque, dans l'esprit du décret, elle est de plus une véritable peine, une sorte de mort civile, on est forcé de décider qu'elle est applicable aussi au cas où des traités ont été conclus avec la nation chez laquelle le Français a obtenu la naturalisation, et que, même depuis la loi du 14 juillet 1819, ce Français ne pourrait venir succéder en France.

181. Il n'en serait pas ainsi à l'égard de ses enfans conçus depuis sa naturalisation acquise : ils pourraient succéder en France en vertu de cette loi, comme ils l'auraient pu avant sa promulgation, s'il y avait eu des traités faits avec la nation à laquelle ils appartiennent. Ils sont simplement étrangers, et peuvent même, comme nés d'un Français qui a perdu cette qualité, invoquer le bénéfice des dispositions de l'article 10 du Code civil.

182. « Il est déchu de tous titres institués par les « lois et ordonnances du royaume, soit qu'il les ait « eus primitivement ou par transmission. » (Art. 8.)

« Ces titres et les biens qui y sont attachés sont « dévolus à la personne restée française, qui y est « appelée selon les lois. » (Art. 9.)

« S'il avait reçu des ordres français, il est biffé « des registres et états, et défense lui est faite d'en « porter les décorations. » (Art. 10.)

« S'il est trouvé sur le territoire français, il est, « pour la première fois, arrêté et reconduit au-« delà des frontières. En cas de récidive, il est « traduit devant les tribunaux français et con-« damné à être détenu pendant un an au moins et « dix ans au plus. » (Art. 11.)

« Néanmoins, le Français qui a encouru les « peines et déchéances dont il vient d'être parlé « peut en être relevé par des lettres de relief, ac-

« cordées par le Roi dans la même forme que celles
« de grâces. » (Art. 12.)

Quant aux individus qui se trouvaient naturalisés en pays étrangers, sans autorisation, au moment du présent décret, ils ont pu obtenir l'autorisation dans le délai d'un an s'ils étaient sur le
continent européen , de trois ans s'ils étaient hors
de ce continent, et de cinq ans s'ils étaient au-delà
du Cap de Bonne-Espérance ou aux Indes orientales : ce délai passé (1), ils sont devenus passibles
des dispositions précédentes relatives aux individus
naturalisés *sans autorisation* , et n'ont pu être relevés du retard que par des lettres de relief de
déchéance , accordées par le Roi et délivrées par
le ministre de la justice. (Art. 15.)

C'est encore une disposition bien rigoureuse ,
puisqu'elle porte avec elle une sorte d'effet rétroactif, et qu'elle a dû nécessairement placer le Français , qui ne pouvait la prévoir lorsqu'il s'est fait
naturaliser en pays étranger , dans la plus fâcheuse
position vis-à-vis de sa nouvelle patrie. Et observez
qu'il ne commettait alors aucun délit d'après les
lois existantes ; qu'il ne faisait qu'user du droit
naturel que les publicistes ont reconnu dans tout
homme , de chercher un ciel plus heureux pour
lui, pourvu que ce soit sans manquer à la foi, sans
désertion.

On voit, d'après tout ce qui vient d'être dit, que

---

(1) Il a été prorogé jusqu'au 1er janvier 1814, par un autre décret
du 13 août 1813. Bulletin, n° 9313.

le Français qui se fait naturaliser sans l'autorisation
du Roi perd non seulement la qualité de Français,
mais encore qu'il est frappé *de mort civile*, puisque
sa succession est ouverte et qu'il ne peut désormais
ni recueillir, ni transmettre. Les amis des vrais
principes doivent donc faire des vœux pour que la
commission de révision signale, dans son travail,
ce décret, comme une grave anomalie qui appelle
l'attention du législateur, afin de lui faire subir de
raisonnables modifications.

183. Suivant l'avis du Conseil d'Etat, du 14 janvier 1812 (1), inséré au Bulletin des Lois, il n'est
point applicable aux femmes.

§. II.

*De l'Acceptation, non autorisée par le Roi, de
fonctions publiques conférées par un gouvernement étranger.*

184. Ce cas ne rentre pas nécessairement dans
le précédent ; l'acceptation de fonctions en pays
étranger ne suppose pas rigoureusement la naturalisation dans ce pays ; autrement, il eût été inutile
d'en faire une seconde manière de perdre la qualité
de Français.

Le décret du 6 avril 1809 régit le cas où le Français accepte des fonctions d'un gouvernement étranger sans l'autorisation du Roi, et il prononce, comme

(1) On trouve ce décret dans Sirey, 1813, 2, 294.

peine principale, la mort civile contre le Français.
Nous en parlerons au paragraphe cinquième.

§. III.

*De l'Établissement fait en pays étranger sans esprit
de retour.*

185. La question de savoir si le Français a abandonné la France pour toujours est une question de fait, qui doit être décidée d'après les circonstances.

Cette question ne doit pas s'élever quand il est prouvé que l'établissement a eu lieu pour cause de commerce. (Art. 17, Code civil.)

Le Français n'est point présumé abdiquer sa patrie : ceux qui voudront l'exclure de la jouissance ou de l'exercice de certains droits devront prouver qu'il a quitté la France sans esprit de retour.

Les faits et les circonstances les plus probans seraient l'aliénation de tous les biens, l'émigration avec l'épouse et les enfans, l'interruption de toute relation avec la France, etc., etc.

186. La question présente moins d'intérêt depuis la loi du 14 juillet 1819, car le Français ne peut être rangé désormais que dans la classe des étrangers; or, il peut, en vertu de cette loi, succéder en France comme étranger.

En effet, il ne doit point être confondu avec le Français qui s'est fait naturaliser sans autorisation. Le droit naturel et des gens, nullement modifié à

son égard par le décret du 26 août 1811, est encore la loi qui le gouverne, en supposant qu'il
ne s'est point fait naturaliser en pays étranger.

§. IV.

Du Mariage de la femme française avec un étranger.

187. En épousant un étranger, la femme française témoigne la volonté de suivre la condition
de son mari et de devenir étrangère comme lui.
(Art. 19, Code civil.)

Si le mariage venait à être annulé, la femme
n'aurait jamais perdu la qualité de Française : *Nam
quod nullum est, nullum effectum producit.* Il
pourrait seulement y avoir lieu à la question de
savoir si elle n'a pas cessé d'être Française, comme
ayant formé en pays étranger *un établissement
sans esprit de retour.* La solution de cette question
dépendrait des circonstances.

188. Mais faut-il au moins que la femme soit
majeure lorsqu'elle se marie, pour perdre la qualité de Française?

Et si elle est mineure, le consentement des personnes sous la puissance desquelles elle se trouve
relativement au mariage suffit-il pour l'autoriser à
abdiquer cette qualité?

Pourrait-elle au moins, dans le cas où des successions importantes se seraient ouvertes avant la
loi de 1819, et auraient été recueillies par d'autres

à son défaut, se faire restituer contre l'effet de son mariage qui la lèse ainsi?

Telles sont les questions qu'on peut se faire sur ce cas; nous les résolvons contre la femme, *quia habilis ad nuptias*, *habilis ad matrimonii consequentias.*

Mais, comme étrangère, elle peut invoquer la loi de juillet 1819, pour les successions ouvertes depuis sa promulgation ; car, ainsi que nous l'avons dit, le décret du 26 avril 1811 ne s'applique qu'à la *naturalisation* et à *l'acceptation de fonctions militaires* chez l'étranger, non autorisées par le Roi. Il ne s'applique d'ailleurs point aux femmes.

189. De ce que la femme française qui épouse un étranger suit la condition de son mari, en faut-il conclure que la femme du Français qui perd cette qualité la perd également?

La femme, dit l'article 214, est obligée d'habiter avec son mari et de le suivre partout où il juge à propos de résider. Dès lors, peut-on lui infliger la peine de perdre la qualité de Française pour avoir obéi à la loi et à ses devoirs comme épouse? Nous ne le pensons pas. Il n'y a aucune parité entre elle et la femme qui épouse un étranger : celle-ci est maîtresse de son sort ; sa nouvelle condition est l'effet de sa volonté, de son choix ; tandis que l'état de la femme déjà mariée dépendrait de la volonté d'autrui. Ce serait une injustice.

Au surplus, si le mari a perdu la qualité de Français pour avoir quitté la France sans esprit de retour, et que sa femme l'ait accompagné en vue aussi de quitter la France à jamais, tous deux auront perdu la qualité de Français, et leurs enfans conçus depuis seront étrangers, et placés dans la classe des enfans dont parle l'article 10.

Mais le seul fait que la femme aura suivi son mari sera loin de suffire, selon nous, pour faire induire contre elle la conséquence qu'elle a entendu abdiquer sa qualité. Indépendamment de ce que la présomption n'est pas que le Français veuille cesser de l'être, la femme avait des motifs puissans pour suivre son époux, l'accomplissement de ses devoirs, son obéissance à la loi, et son affection pour celui à qui elle a uni son sort.

§. V.

Du Français qui a pris du service militaire chez l'étranger, ou s'est affilié à une corporation militaire étrangère, sans l'autorisation du Roi.

190. L'article 21 est ainsi conçu : « Le Français « qui, sans l'autorisation du Roi, prendrait du « service militaire chez l'étranger, ou s'affilierait à « une corporation militaire étrangère, perdra sa « qualité de Français.

« Il ne pourra rentrer en France qu'avec l'auto-« risation du Roi, et recouvrer la qualité de Fran-« çais qu'en remplissant les conditions imposées « à l'étranger pour devenir citoyen ; le tout sans

« préjudice des peines prononcées par la loi cri-
« minelle contre les Français qui ont porté ou por-
« teront les armes contre leur patrie. »

C'est encore le décret de 1811 qui régit ce cas ;
voici, à cet égard, ses principales dispositions :

191. « Nul Français ne peut entrer au service d'une
« puissance étrangère sans l'autorisation spéciale
« du Roi, sous peine d'être traité comme Français
« naturalisé *sans autorisation.* » (Art. 25.)

« L'autorisation est accordée par ordonnance
« délivrée dans les formes prescrites pour la natu-
« ralisation. » (Art. 19.)

« L'autorisation est toujours accordée sous la
« condition de revenir en France en cas de rappel,
« soit que ce rappel soit l'effet d'une disposition
« générale ou d'un ordre direct. » (Art. 17.)

Et suivant l'art. 18 de ce décret, « Le Fran-
« çais, même autorisé, ne peut prêter serment à la
« puissance chez laquelle il a pris du service que
« sous la réserve de ne porter jamais les armes
« contre la France, et de quitter le service, même
« sans être rappelé, si cette puissance venait à être
« en guerre avec la France, et ce, sous les peines
« portées par le décret du 6 avril 1809, » qui prononce la peine de *mort civile,* comme peine principale contre les Français « qui occuperaient des
« emplois ou exerceraient des fonctions politiques,
« administratives ou judiciaires à l'étranger, à l'é-
« poque des hostilités survenues entre la France et

« la puissance où ils occuperaient ces emplois,
« et qui n'auraient pas justifié de leur retour en
« France dans le délai de trois mois, à compter
« desdites premières hostilités. Il en serait de même
« quand il n'y aurait pas eu d'hostilités, s'ils n'ont
« pas obéi au décret de rappel. » (Art. 28 dudit
décret.)

« Il ne peut se montrer en France qu'avec la
« permission spéciale du Roi ; et même avec cette
« permission, il ne peut se montrer dans les lieux
« soumis à l'obéissance du Roi avec la cocarde ou
« l'uniforme étranger. » (Art. 22 de celui du 26 août
1811.)

« Il ne peut jamais être accrédité auprès du Roi
« comme ambassadeur, ministre ou envoyé ; ni reçu
« comme chargé de mission d'apparat qui le met-
« trait dans le cas de paraître avec le costume étran-
« ger. » (Art. 24.)

« Il ne peut servir comme ministre plénipoten-
« tiaire dans aucun traité où les intérêts de la
« France pourraient être débattus. » (Art. 20.)

« Enfin, soit qu'il ait ou non obtenu l'autori-
« sation du Roi pour se faire naturaliser, ou pour
« prendre du service militaire chez l'étranger, s'il
« porte les armes contre la France, au mépris des
« dispositions ci-dessus, il devient passible des
« peines portées à l'article 75 du Code pénal, » si
ce n'est quant à la confiscation qui est abolie.

192. Telles sont les causes d'après lesquelles on

perd la qualité de Français, et tels sont les effets de cette privation.

Mais la patrie est une mère; elle est indulgente, elle oublie les erreurs de ses enfans; elle leur permet de rentrer dans son sein. Toutefois, pour être généreux, le pardon ne doit pas être aveugle; il ne doit pas tourner au détriment de la société qui l'accorde : aussi n'est-il concédé qu'en connaissance de cause. C'est ce que nous allons développer dans la section suivante, où nous traiterons des effets de la qualité de Français ainsi recouvrée.

SECTION II.

Des Manières de recouvrer la qualité de Français, et des Effets résultant de cette qualité recouvrée.

SOMMAIRE.

193. *Comment le Français qui a perdu sa qualité peut la recouvrer.*
194. *Le Français qui a perdu sa qualité pour avoir pris du service militaire chez l'étranger, ne peut redevenir Français qu'avec l'autorisation du Roi et en remplissant les conditions prescrites par la Constitution de l'an* VIII, *ou par le sénatus-consulte de vendémiaire an* XI.
195. *Pendant la durée du stage il ne pourra succéder en France en vertu de la loi de juillet* 1819, *ni y exercer les autres droits civils.*
196. *La qualité de Français se recouvre sans effet rétroactif.*
197. *Le Français qui a obtenu des lettres de relief de déchéances, en conformité de l'article* 12 *du décret du* 26 *août* 1811, *recouvre ses biens.*
198. *Il recouvre aussi ceux qui ont été recueillis par d'autres à son défaut.*

199. *L'enfant né en France d'un étranger peut-il, après avoir rempli les conditions prescrites par l'article 9, réclamer les droits ouverts antérieurement à cette époque ?*

200. *Résumé des diverses classes de personnes qui n'ont pas la qualité de Français, et qui jouissent plus ou moins de nos droits civils.*

193. Suivant l'art. 18 du Code, « le Français qui « aura perdu sa qualité de Français pourra toujours « la recouvrer en rentrant en France avec l'autori- « sation du Roi, en déclarant qu'il veut s'y fixer, « et qu'il renonce à toute distinction contraire à la « loi française. »

Cet article ne s'applique qu'aux Français qui ont perdu leur qualité par l'une des trois causes suivantes :

1° Au Français naturalisé, même sans autorisation.

Pour celui qui l'avait obtenue, il n'avait pas, il est vrai, perdu la jouissance de certains droits civils (1), mais il n'avait pas moins cessé d'être Français.

2° Au Français qui a accepté, sans l'autorisation du Roi, des fonctions publiques chez l'étranger.

3° Au Français qui a formé en pays étranger un établissement sans esprit de retour.

Quant à la femme française qui avait épousé un étranger, et qui avait ainsi perdu sa qualité, l'art. 19 dit que si elle devient veuve, elle recouvrera la qualité de Française, pourvu qu'elle réside en France, ou qu'elle y rentre avec l'autorisation du Roi.

_____

(1) Art. 3 du décret du 26 août 1811.

D'après la rédaction de l'article, il semble que l'autorisation du Roi n'est exigée que pour le cas où la femme ne réside pas en France au moment où elle devient veuve.

194. Pour le Français qui a pris du service militaire chez l'étranger, ou qui s'est affilié à une corporation militaire étrangère, sans l'autorisation du Roi, il lui faut, d'après l'art. 21, pour redevenir Français, non seulement l'autorisation royale, mais encore remplir les conditions prescrites à l'étranger pour devenir citoyen français : d'où quelques jurisconsultes ont conclu qu'il doit nécessairement résider en France pendant dix années consécutives depuis sa déclaration, inscrite sur le registre d'une commune, ainsi que le prescrivait la constitution de l'an VIII à l'étranger pour devenir citoyen; mais le sénatus-consulte du 26 vendémiaire an XI est antérieur à la promulgation de l'art. 21 du Code (1), et il trace aussi un mode d'après lequel l'étranger peut devenir *citoyen* français sans être obligé de remplir les conditions prescrites par la constitution de l'an VIII. Si donc le Français est admis par le gouvernement à rentrer en France, en conformité du sénatus-consulte, comme étant dans un des cas qui y sont prévus, il pourra n'être astreint qu'à un stage d'une année.

105. Mais pendant la durée du stage quelconque

---

(1) Qui a eu lieu le 27 ventose suivant.

auquel il sera soumis, il ne pourrait, s'il s'ouvrait
une succession à laquelle il serait appelé par son
degré de parenté, la recueillir en vertu de la loi
du 14 juillet 1819. Il n'est pas simplement étranger;
il est dans une catégorie particulière et d'après le
Code civil, et d'après le décret du 26 août 1811 :
tellement que le gouvernement ne peut pas, du
moins d'après le Code, lui accorder pendant la
durée du stage la jouissance des droits civils qu'il
accorde à l'étranger proprement dit, en vertu de
l'art. 13.

§. II.

Des Effets de la qualité de Français recouvrée.

196. L'article 20 renferme le principe à cet égard :
« Les individus, dit-il, qui recouvreront la qualité de
« Français dans les cas prévus par les art. 10, 18 et 19,
« ne pourront s'en prévaloir qu'après avoir rempli
« les conditions qui leur sont imposées par ces
« articles , et seulement pour l'exercice des droits
« ouverts à leur profit depuis cette époque. »
Toute rétroactivité est donc sévèrement proscrite.
On ne devait pas, en effet, comme dans l'ancienne
jurisprudence, laisser incertain le sort des propriétés recueillies, au défaut des Français qui avaient
perdu cette qualité, par ceux qui venaient après
eux dans l'ordre de successibilité : enlever ces biens
à ceux-ci, qui ont dû raisonnablement croire qu'ils
leur appartenaient irrévocablement, et qui ont réglé

leurs dépenses en conséquence, c'eût été jeter le trouble et la confusion dans les familles.

Mais cette disposition de l'art. 20 est susceptible de plusieurs observations.

197. D'abord, l'on peut se demander si le Français naturalisé en pays étranger sans l'autorisation du Roi, et qui a recouvré la qualité de Français par le bénéfice de lettres de relief, conformément à l'art. 12 du décret du 26 août 1811, recouvre aussi ses biens.

Pour la négative, on dira peut-être qu'il a encouru la mort civile; que sa succession a été ouverte, et que l'individu qui recouvre la vie civile ne la recouvre que pour l'avenir, sans préjudice des effets que la mort civile a produits pour le passé (art. 30, Cod. civ.) : or, d'après le décret, la perte des biens s'est opérée : ces biens, depuis l'abolition de la confiscation, ont été dévolus aux héritiers; c'est pour ceux-ci un droit acquis, qu'un événement postérieur ne doit point leur enlever, suivant l'esprit dans lequel ont été conçus les art. 20 et 30 du Code.

Mais tel n'est pas notre sentiment. En établissant la peine de mort civile, sinon dans les termes, du moins dans les effets, le décret contient la réserve expresse que cette peine, ainsi que les autres déchéances qu'il prononce, pourront s'effacer par l'effet de lettres de relief. Le caractère de ces lettres est de faire disparaître l'incapacité, de faire supposer

I.   9

que le fait d'où elle dérivait n'a jamais eu lieu : en un mot, l'individu est censé n'avoir jamais encouru la peine, tandis que les lettres de grâce supposent nécessairement le fait ; elles font simplement remise de la peine, mais c'est toujours sous la réserve des droits acquis à des tiers.

198. Nous le décidons ainsi, même à l'égard des successions recueillies par d'autres au défaut de ce Français. L'effet du relief est absolu : il le relève, comme dit l'art. 12 du décret, de toutes les déchéances par lui encourues. Il en résultera, sans doute, un inconvénient que l'esprit général du Code a constamment voulu éviter, l'incertitude dans le sort des propriétés ; mais cet inconvénient ne doit pas, surtout dans un cas aussi rigoureux, faire taire les principes. Les personnes qui ont recueilli les biens ont dû savoir qu'elles ne les recueillaient que sous la condition résolutoire dont l'effet est réglé par cet art. 12. Elles ne doivent donc pas se plaindre. Le gouvernement, d'ailleurs, à qui les lettres de relief seront demandées, pourra prendre en considération les circonstances pour accorder ou refuser le bienfait.

199. En indiquant les Français qui ont recouvré leur qualité, mais pour l'avenir seulement, l'art. 20 ne parle pas de l'enfant, né en France, d'un étranger, et qui a réclamé la qualité de Français en vertu de l'article 9 : cet enfant est-il appelé à jouir de la qualité de Français sous une condition suspensive,

de manière que cette condition une fois accomplie ait un effet rétroactif au jour de sa naissance? (Art. 1179.)

Nous ne le pensons pas; il y aurait contrariété de vues dans la loi, si cet enfant était admis à réclamer la qualité de Français avec effet rétroactif : car il serait en cela traité bien plus favorablement que l'enfant du Français qui a perdu cette qualité lequel cependant a été jugé plus digne d'intérêt, puisqu'il peut *toujours* devenir Français, tandis que l'enfant de l'étranger ne peut le devenir que dans l'année de sa majorité.

Et quant au silence que garde sur cet enfant l'article 20, il n'en faut rien conclure en sa faveur, car il n'est pas parlé non plus du Français qui avait perdu sa qualité pour avoir pris du service militaire chez l'étranger, et qui l'a recouvrée : cependant il est incontestable qu'il la recouvre sans effet rétroactif. On a voulu, par cet article, déroger à l'ancienne jurisprudence, suivant laquelle les individus qui avaient cessé d'être Français recouvraient les droits civils avec effet rétroactif. Il était donc nécessaire de s'expliquer formellement à leur égard. Mais cela n'était pas également nécessaire par rapport à l'enfant mentionné à l'article 9, puisque si, dans l'ancien droit, il succédait à son père étranger à quelque époque que celui-ci mourût, cela ne pouvait plus avoir lieu dès que l'on déclarait qu'il ne pouvait devenir Français qu'à sa majorité; jusque-là restant étranger, et l'étranger n'ayant pas les droits civils en France, il n'était donc pas nécessaire de le comprendre dans l'article 20.

Au surplus, depuis la loi du 14 juillet 1819, la question a perdu presque toute son importance, attendu que cet enfant peut, en sa qualité d'é-tranger, succéder et recevoir en France comme le Français.

200. Après avoir développé les manières dont se perd la qualité de Français et les effets attachés à cette perte, il ne sera pas inutile de rappeler suc-cinctement quelles sont les diverses classes d'indi-vidus qui n'ont pas la qualité de Français, et qui jouissent plus ou moins de nos droits civils.

En supposant toujours que les décrets des 6 avril 1809 et 26 août 1811 sont encore en vigueur, on peut actuellement distinguer sept classes de ces personnes :

1° Les Français naturalisés avec autorisation. Ils conservent les droits civils pendant toute leur vie, notamment ceux de succéder et transmettre leur succession, quand même les sujets du pays où ils sont naturalisés ne jouiraient pas de ces droits en France (1). (Art. 3 du décret du 26 août 1811.)

2° Les enfans de ces Français, conçus depuis que leur père a acquis la naturalisation en pays étranger. Ces enfans conservent les mêmes droits que leur père, mais seulement ceux qui s'ouvriront

---

(1) Ils en jouissent maintenant d'après la loi de 1819 précitée.

jusqu'à ce qu'ils aient complété leur trente et
unième année. (Art. 4, *ibid.*)

3° Les Français naturalisés sans autorisation. Ils
sont rangés sur la même ligne que les morts civilement par les articles 7 et suivans dudit décret,
et surtout d'après celui du 6 avril 1809, pour les
cas qui y sont exprimés.

4° Les Français qui ont perdu cette qualité par
l'effet de l'acceptation, non autorisée, de services
militaires ou de fonctions chez l'étranger, ou par
suite d'un établissement fait en pays étranger sans
esprit de retour; et la femme française par son mariage avec un étranger.

L'état de ceux qui sont dans le premier cas de
cette catégorie est régi par les deux décrets, ainsi
que par les articles 21 et 25 du Code civil.

L'état de ceux qui sont dans le second et le troisième cas est régi par ce Code.

5° Les individus mentionnés aux articles 9 et 10
du Code civil. Ils sont réellement étrangers tant
qu'ils n'ont pas réclamé le bénéfice de ces articles.

6° Les étrangers qui ont simplement été admis
par le Roi à résider en France, et qui, conformément à l'article 13 du Code, jouissent des droits
civils tant qu'ils continuent d'y résider. Mais ils ne
sont pas Français pour cela : ils sont encore soumis
aux lois de leur pays relatives à leur capacité personnelle.

Enfin, 7° les étrangers proprement dits. Leurs
droits sont régis par les dispositions des différens

Codes, par celles de la loi du 10 septembre 1807 et quelques autres analogues, et par celle du 14 juillet 1819.

CHAPITRE III.

De la Privation des Droits civils par suite de Condamnations judiciaires.

Observations préliminaires.

SOMMAIRE.

201. *Obligation pour chaque membre du corps social de respecter les lois de l'association, sous peine de perdre les avantages qu'elles procurent.*
202. *Dans quelques cas cette perte est une peine directe prononcée par forme de condamnation. D'autres fois, elle n'est que la conséquence d'une autre peine.*
203. *Quelquefois elle s'étend à tous les effets civils, et d'autres fois à quelques-uns seulement.*

201. Si la loi civile attribue des droits aux citoyens, elle leur impose aussi des devoirs. L'état de société est un contrat dans lequel chacun met en commun une partie de sa propriété, de son industrie et même de sa liberté, pour s'assurer la jouissance paisible du surplus. Chacun des membres qui composent l'association doit donc observer les lois qui en forment le lien et en assurent la durée. S'il les viole, s'il ne respecte pas les droits de ses co-associés, s'il porte atteinte à leur sûreté, à leur propriété, il rompt le contrat, et se met pour ainsi dire de lui-même hors de l'association : car

la violation des devoirs doit entraîner la privation
des droits.

202. Cette privation, dans quelques cas, résulte
d'une condamnation judiciaire ; elle est prononcée
comme peine principale. Mais le plus souvent elle
est la suite, la conséquence légale d'une condamnation à une autre peine.

Quand elle est prononcée comme peine principale, elle est ordinairement temporaire, et ses effets ne sont relatifs qu'à la jouissance de certains
droits civils seulement, parce que la réparation est
mesurée sur l'offense.

203. Il y a cependant des cas où cette privation,
prononcée comme peine principale, est non seulement perpétuelle, mais encore absolue dans ses
effets ; ce sont ceux prévus et régis par le décret
du 9 avril 1809, dont nous allons retracer les principales dispositions, et par celui du 26 août 1811,
art. 6, qui a été précédemment expliqué.

Quand cette privation est la conséquence légale
et nécessaire d'une condamnation à une autre peine,
elle s'étend quelquefois à tous les droits civils ;
d'autres fois elle ne s'applique qu'à certains d'entre
eux ; mais elle est perpétuelle quant à ses effets, à
moins que le condamné n'ait été réhabilité, ainsi
qu'il est dit au Code d'instruction criminelle.

Nous allons parler d'abord de la privation des
droits civils prononcée comme peine principale,
et ensuite nous traiterons de la mort civile.

SECTION PREMIÈRE.

De la Privation totale ou partielle des Droits civils,
prononcée directement par forme de peine.

SOMMAIRE.

204. *Dispositions des articles 22 , 26 , 28 et 29 du décret du*
6 avril 1809, qui prononcent, comme peine principale ,
la privation totale des droits civils et politiques pour les cas
qui y sont énoncés.

205. *Dispositions de l'article 42 du Code pénal , relatives à la*
privation temporaire de certains droits civils et de l'exer-
cice des droits politiques.

206. *Cette privation doit être prononcée par la loi.*

204. Les dispositions du décret du 6 avril 1809(1),
articles 22, 26, 28 et 29, prononcent comme peine
principale la privation totale des droits civils pour
les cas qui y sont énoncés; et l'effet de cette peine
s'étend à la privation de tous les droits civils quelconques, puisqu'il en résulte *la mort civile* contre
les Français qui occuperaient des emplois ou exerceraient des fonctions politiques, administratives
ou judiciaires, dans l'étranger, à l'époque des hostilités survenues entre la France et la puissance chez
laquelle ils occuperaient ces emplois, et qui n'auraient pas justifié de leur retour en France dans le
délai de trois mois à compter des premières hostilités. (Art. 22.)

---

(1) Bulletin , n° 4296. La peine portée par ce décret n'est toutefois,
pas prononcée par une condamnation judiciaire ; mais nous n'avons
pas voulu trop multiplier les divisions.

Il en serait de même quand il n'y aurait pas eu d'hostilités, s'ils n'obéissent pas au décret de rappel. (Art. 28.)

L'article 26 prononce la même peine contre le Français qui étant au service militaire d'une puissance étrangère, n'a pas obéi au décret de rappel, si toutefois la guerre n'a pas éclaté. Si la guerre a éclaté, la peine est celle de mort.

Enfin, la mort civile est également prononcée contre le Français qui n'a pas pris de service militaire chez l'étranger, ou qui n'y exerce aucune fonction, s'il n'a pas obéi au décret de rappel, pourvu qu'il y ait été nominativement compris. (Art. 29.)

Mais il a cinq ans pour purger la contumace. (Art. 30.) Le même délai est accordé à celui qui exerce dans l'étranger des fonctions politiques et qui n'a pas obéi au décret de rappel, toutefois s'il n'y a pas eu d'hostilités. (*Ibid.*)

205. Voilà pour le cas où la privation totale des droits civils est prononcée comme peine. Il en est d'autres où les droits civils ou politiques ne sont enlevés à l'individu, comme peine directe, qu'en partie seulement.

Ainsi, d'après l'article 42 du Code pénal, « les « tribunaux jugeant correctionnellement peuvent, « dans certains cas, interdire en tout ou partie « l'exercice des droits civiques, civils et de famille « suivans :

« 1° De vote et d'élection ;

« 2° D'éligibilité ;

« 3° D'être appelé ou nommé aux fonctions de « juré ou autres fonctions publiques, ou aux em- « plois de l'administration, ou d'exercer les fonc- « tions ou emplois ;

« 4° De port d'armes ;

« 5° De vote et de suffrage dans les délibérations « de famille ;

« 6° D'être tuteur, curateur, si ce n'est de ses « enfans, et sur l'avis seulement de la famille ;

« 7° D'être expert ou employé comme témoin « dans les actes ;

« 8° De témoignage en justice, autrement que « pour y faire de simples déclarations. »

206. Mais les tribunaux ne peuvent prononcer l'interdiction mentionnée dans l'article précédent, que lorsqu'elle aura été autorisée ou ordonnée par une disposition particulière de la loi. (Art. 43, *ibid.*)

SECTION II.

De la Privation de certains Droits civils et politiques, comme conséquence d'une peine.

SOMMAIRE.

de l'exercice des droits mentionnés aux articles 28 et 34 du Code pénal.

211. *Pendant la durée de sa peine, le condamné aux travaux forcés à temps ou à la réclusion est privé, non de la jouissance, mais de l'exercice des droits civils.*

207. Nous avons dit que la privation des droits civils résultant de la condamnation à une peine, est quelquefois de certains droits civils seulement, et que d'autres fois cette privation est de tous les droits civils indistinctement. Dans ce dernier cas, elle constitue l'individu en état de mort civile.

Nous parlerons d'abord du premier cas, pour n'avoir plus à nous occuper que de la privation des droits civils par l'effet de la mort civile elle-même.

208. Suivant l'article 28 du Code pénal,

« Celui qui a été condamné à la peine des tra-
« vaux forcés à temps, de la réclusion, du bannis-
« sement ou du carcan, ne peut jamais être juré,
« expert, employé comme témoin dans les actes,
« ni déposer en justice, autrement que pour y
« donner de simples renseignemens.

« Il est incapable de tutelle et de curatelle, si ce
« n'est de celle de ses enfans, et sur l'avis seulement
« de la famille. (*Ibid.*)

« Il est déchu du droit de port d'armes et du droit
« de servir dans les armées du royaume.

« La peine de la dégradation civique emporte la
« privation des mêmes droits, et, de plus, l'exclu-
« sion et la destitution de toutes fonctions ou em-
« plois publics. » (Art 34, même Code.)

209. « Tous ces effets cessent lorsque le con-
« damné a été réhabilité. » (Art 633 du Code d'instruction criminelle.)

« Mais la réhabilitation ne peut avoir lieu qu'a-
« près que le condamné a subi sa peine. » (Art. 634
ibid.)

« Et jamais en faveur du condamné pour réci-
« dive. » (*Ibid.*)

210. On voit que le condamné, dans les cas ci-
dessus, n'est pas absolument privé de la jouissance
des droits civils, mais seulement de ceux mentionnés dans les articles précités ; car il peut recueillir
des successions, des legs et des donations, droits
qu'il n'aurait pas s'il était privé de la jouissance des
droits civils d'une manière absolue.

211. Pendant la durée de sa peine, le condamné
aux travaux forcés à temps ou à la réclusion est,
de plus, en état d'interdiction légale : il lui est
nommé un curateur pour gérer et administrer ses
biens, dans les formes prescrites pour la nomination
des tuteurs aux interdits. (Art. 29, Code pénal.)

Durant ce temps il jouit néanmoins des droits
civils ; seulement il ne les exerce pas.

SECTION III.

De la Mort civile.

SOMMAIRE.

233. *Les actes faits par un condamné contradictoirement, depuis sa condamnation, mais avant d'avoir encouru la mort civile, sont valables en principe.*

234. *Par la représentation du condamné dans les cinq ans, le jugement tombe de plein droit ; et s'il est condamné à la même peine, la mort civile ne datera que de l'exécution du second jugement.*

235. *S'il meurt dans le délai de grâce, il meurt* integri statûs.

236. Deuxième Période : *Si le condamné reparaît après les cinq ans, et qu'il soit absous ou condamné à une peine qui n'emporte pas mort civile, il rentre dans ses droits, mais seulement pour l'avenir.*

237. *Sa succession a été ouverte au profit de ses héritiers, et leur reste définitivement. Controverse sur ce point important.*

238. *Si le condamné meurt après s'être représenté, et avant d'être jugé de nouveau, il meurt avec la jouissance des droits civils.*

239. *L'individu qui rentre dans la vie civile y rentre avec tous droits de famille.*

240. *Les lettres de grâce accordées au mort civilement le font rentrer dans la vie civile ; mais sans préjudice des droits déjà acquis aux tiers. Controverse sur les deux points.*

241. *Le testament fait avant la contumace est valable, quoique la mort civile ait été encourue, si le testateur meurt en état de capacité.*

242. Après vingt ans *depuis la date du jugement par contumace, le condamné a prescrit la peine ; mais il ne peut plus rentrer dans la vie civile.*

243. *Effets généraux de la mort civile.*

244. *La mort civile accompagne partout celui qui en est frappé. La condition du mort civilement est bien inférieure à celle de l'étranger proprement dit.*

245. *Mais nos lois ne peuvent empêcher le mort civilement de jouir des droits civils du pays étranger qui lui a donné asile.*

246. *Les sujets du pays étranger où il a trouvé asile peuvent ils se prévaloir de son incapacité pour demander la nullité de ses actes ?*

247. *Par la mort civile le condamné perd la propriété de tous ses biens. Sa succession est ouverte* ab intestat. *Le testament est sans effet.*

248. *Lors même qu'il aurait été fait avant la condamnation.*

249. *Les donations de biens à venir faites par le condamné avant d'avoir encouru la mort civile, sont valables.*

250. *Le mariage du mort civilement est dissous quant à tous ses effets civils.*

251. *Quand la condamnation est contradictoire, le mariage est dissous au moment de l'exécution, soit réelle, soit par effigie. Conséquences.*

252. *Le mariage ne serait pas réhabilité par le seul effet des lettres de grâce.*

253. *Si la condamnation a été prononcée par contumace, le mariage n'est pas dissous à l'expiration des cinq ans : il ne le sera, d'après l'article 227, qui modifie en ce point les articles 25 et 27, que lorsque la condamnation à la peine sera devenue définitive, c'est-à-dire au bout de vingt ans.*

254. *Conséquences quant aux enfans qui naîtraient après les cinq ans, mais avant les vingt ans.*

255. *La mort civile ne détruit pas les obligations naturelles qui existent entre le père et les enfans.*

256. *Le mort civilement ne peut contracter un mariage qui produise des effets civils par rapport à lui.*

257. *Si le conjoint était de bonne foi, le mariage produirait tous ses effets civils par rapport à lui et par rapport aux enfans.*

258. *Ils succéderont à l'époux de bonne foi et à ses parens, mais non au mort civilement.*

259. *Ils succéderont aussi aux parens de celui-ci, et vice versâ.*

260. *Si l'autre époux n'était pas de bonne foi, le mariage ne produit aucun effet civil.*

261. *Le mort civilement ne peut recueillir aucune succession, ni transmettre, à ce titre, les biens qu'il a acquis depuis la mort civile encourue. Ces biens appartiennent à l'État. Objections.*

262. *Il ne peut disposer ni recevoir à titre gratuit : il peut seulement recevoir des alimens.*

263. *Il peut recevoir des dons manuels, par conséquent de choses mobilières, et recevoir ou faire remise d'une dette.*

264. *Il ne peut concourir aux opérations relatives à la tutelle, ni être témoin, ni juré.*

265. *Il ne peut procéder en justice que par le ministère d'un curateur.*

266. *Autres effets de la mort civile non rappelés dans l'article 25 du Code.*

212. Pour traiter cette matière avec ordre, nous verrons,

1° Ce que c'est que la mort civile;

2° De quelles peines elle résulte;

3° De quand elle est encourue;

4° Des condamnations prononcées par contumace à des peines emportant mort civile, et de leurs effets;

5° Des effets de la mort civile.

§. Ier.

Qu'est-ce que la mort civile?

213. C'est l'état d'un individu qui a subi une condamnation dont l'effet est de le réputer retranché du nombre des membres qui composent la société, et par suite de lui interdire toute participation aux droits civils et politiques.

Si l'individu vit encore comme homme, et s'il peut à ce titre invoquer encore en sa faveur le droit naturel, du moins la personne civile est morte, puisqu'elle ne fait plus partie de l'association.

La mort civile n'est encourue comme peine principale que par les décrets des 6 avril 1809 et 26 août 1811 ; suivant l'esprit des autres lois pénales, elle n'est jamais que la conséquence d'une peine. Ainsi, on ne prononce point, et à l'exception des décrets, l'on n'a jamais prononcé *la peine de la mort civile*, qui n'est, comme nous l'avons dit, que l'état où se trouve un condamné après l'exécution, soit réelle, soit par effigie, de sa condamnation à telle peine.

§. II.

Des Peines emportant mort civile.

Aujourd'hui il y en a trois :

214. Premièrement la condamnation à la mort naturelle. (Art. 23 du Code civil.)

Mais pourquoi parler, dans ce cas, de la mort civile et des effets qu'elle produit ? Celui qui subit la peine de mort se trouve dans l'impuissance d'invoquer aucuns des droits mentionnés à l'article 25, et qui sont ravis au mort civilement : une seule disposition de cet article, celle qui déclare le testament sans effet, pourrait recevoir son application dans ce cas.

Mais d'abord, le condamné à la mort naturelle peut s'évader et prescrire la peine, et la mort civile n'en subsiste pas moins après l'exécution du jugement par effigie (art. 26 et 32 analysés et combinés) ; en second lieu, l'article 24 prévoit que d'autres condamnations que celle à la peine de

I.   10

mort pourront, dans la suite, entraîner la mort civile.

215. Ce n'est donc pas uniquement, comme on l'a dit, pour empêcher que le condamné pût mourir avec un testament valable, et fait depuis le jugement, que l'article 23 porte que la *condamnation* à la mort naturelle entraîne la mort civile; car, quoique la mort civile soit une suite de la condamnation, il est vrai de dire néanmoins qu'elle n'a réellement lieu que par le fait de l'exécution ; l'article 26 le dit textuellement pour les condamnations contradictoires ; et cela est tellement certain que, si le condamné mourait avant l'exécution, il mourrait *integri statûs*, nonobstant la condamnation.

Ce motif a pu être vrai dans la législation romaine et dans notre ancienne jurisprudence; mais certes, aujourd'hui il n'est pas le seul, ni même un de ceux qui ont le plus influé sur la disposition de l'art. 23. La principale raison a été d'interdire tous les droits civils quelconques au condamné contradictoirement à la peine de mort, qui parviendrait à s'évader depuis sa condamnation, et au condamné par contumace qui ne se représenterait pas dans les cinq ans de l'exécution du jugement par effigie: nous convenons, au surplus, que le droit de faire un testament valable est au nombre de ceux qui lui sont enlevés.

216. L'article 24 prévoit que, dans la suite, la

mort civile pourra être attachée à d'autres peines que celle de mort naturelle; mais il déclare que ces peines devront être afflictives et perpétuelles, pour que la mort civile puisse en être la conséquence : en effet, la mort civile est une image de la mort naturelle; et, pour parler à la raison, toute fiction doit s'accorder dans ses élémens avec la vérité.... or, la mort naturelle est afflictive, et ses effets sont perpétuels.

217. Cette prévoyance des rédacteurs du Code n'a pas tardé à se réaliser; car, sans parler de la mort civile portée par le décret du 6 avril 1809, le Code pénal (art. 18) a établi deux autres genres de peine qui l'entraînent aussi :

Ce sont les travaux forcés à perpétuité et la déportation.

Cependant le Gouvernement peut accorder au déporté, mais dans le lieu de la déportation seulement, l'exercice de tous ou de quelques-uns des droits civils. (*Ibid.*)

218. Chez les Romains, le soldat condamné pour délit militaire pouvait disposer par testament de ce qu'il avait acquis dans la profession des armes; L. 11, ff. *de Test. milit.*; et s'il mourait sans avoir testé, tout ce qu'il possédait, sans distinction, appartenait au fisc. Cette législation avait partagé les jurisconsultes français : Coquille avait embrassé l'opinion qui admettait la mort civile dans ce cas; mais il avoue que le sentiment contraire était de son temps plus

général. Il disait que, quand un homme embrasse la profession des armes, il se soumet à la rigueur des lois particulières à cette profession. Basnage, sur l'art. 143 de la coutume de Normandie, était du même sentiment.

Le doute a été levé par l'art. 6 de l'Ordonnance du 17 janvier 1730, qui porte que tout déserteur condamné à mort pour crime de désertion encourt la mort civile. En effet, l'autorité qui le condamne à la peine de mort est la même que celle qui agit dans les autres tribunaux, et le Souverain peut étendre ou resserrer les formalités; mais de quelque manière que ce soit, dès qu'un sujet est condamné à mort, il est considéré dès-lors comme n'existant plus : proscrit de l'État où il est condamné, il ne peut en invoquer les lois dans aucun cas; et, puisque la vie civile n'est autre chose que le droit d'exister suivant ces lois, il faut en conclure qu'il est mort civilement. C'est aussi le sentiment de M. Merlin.

§. III.

De quand la mort civile est-elle encourue ?

219. La mort civile, dans les cas de condamnation à mort, aux travaux forcés à perpétuité ou à la déportation, n'étant pas une peine par elle-même, mais la suite d'une peine, il est clair qu'elle n'a pas besoin d'être prononcée, et qu'elle a lieu par le seul effet de la loi, qui la fait dériver de la peine comme conséquence immédiate et forcée.

Le jugement de condamnation ne l'opère pas de plein droit; il faut qu'il soit exécuté, puisque la peine elle-même, quoique prononcée par le jugement, ne résulte néanmoins que de son exécution. D'ailleurs, pour produire ses effets, un jugement a besoin d'être notifié à ceux qu'il intéresse : or, la signification se fait, dans ce cas, à la société entière, qui est réellement partie intéressée, et elle se fait par l'exécution...; mais il faut, à cet égard, distinguer entre les condamnations contradictoires et les condamnations par contumace.

Ier Cas : *Des Condamnations contradictoires.*

220. Les condamnations (1) contradictoires sont celles qui sont prononcées l'accusé étant présent; et, lors même qu'il se renfermerait dans le silence le plus absolu, la condamnation prononcée en sa présence n'en serait pas moins réputée contradictoire.

Les condamnations contradictoires sont exécutées réellement, ou par effigie.

Par effigie, si le condamné s'est évadé depuis la prononciation de sa condamnation (2).

---

(1) La mort civile ne peut résulter d'une condamnation régulière, qu'autant que cette condamnation a été prononcée par un tribunal français. Personne n'a érigé en doute que le juge, ne tenant son autorité que du Souverain, ne peut étendre ses droits au-delà des limites du pouvoir de celui au nom duquel il rend la justice ; d'où l'on tire la conséquence, qu'un jugement qui condamne à mort ou à une autre peine emportant parmi nous celle de mort civile, rendu en pays étranger contre un Français, pour un crime commis dans le pays où il a été condamné, ne lui ôte point le droit de citoyen en France.

(2) Pour ce qui concerne le mode d'exécution par effigie, voir l'article 472 du Code d'instruction criminelle.

L'exécution réelle est constatée par un procès-verbal, qui doit être, sous peine de cent francs d'amende, dressé par le greffier et transmis par lui, dans les vingt-quatre heures, au pied de la minute de l'arrêt; la transcription est signée par lui, et il fait mention du tout, sous la même peine, en marge du procès-verbal. Cette mention est également signée, et la transcription fait preuve comme le procès-verbal lui-même. (Art. 378 Cod. d'inst. crim.)

221. Mais de quelle époque précise la mort civile est-elle encourue? Est-ce du commencement du jour, ou de la fin du jour, ou du moment même de l'exécution réelle ou par effigie?

La question est importante, puisqu'il peut s'ouvrir, le jour même de l'exécution, une succession à laquelle serait appelé le condamné, ou que tel de ses parens appelé à lui succéder peut venir à décéder le même jour.

Deux individus respectivement appelés à la succession l'un de l'autre, par exemple, deux cousins-germains, et ayant respectivement des héritiers divers, peuvent aussi être exécutés en même temps, par suite de la même condamnation.

Trois opinions se sont élevées sur cette question, qui nous paraît cependant décidée par la raison, par les principes de la matière et par une loi spéciale.

Selon la première, la mort civile date du *commencement du jour* de l'exécution. En faveur de cette opinion on argumente de la prescription, qui se compte par *jours et non par heures*; ce qui n'a aucun rapport à la question. On argumente aussi de ce que l'article 26 porte que la mort civile est encourue *à compter du jour de l'exécution.* Mais c'est encore un bien faible argument, puisqu'en règle générale, dans le style des lois, les mots *à compter de tel jour*, ou ceux-ci, *du jour*, etc., ne comprennent pas le *dies à quo*. C'est un principe consacré en matière de procédure, par l'art. 1033 du Code qui la régit, et il est fondé en raison.

Suivant la seconde, qui est encore moins soutenable, puisqu'elle tendrait à faire supposer vivant, et par conséquent successible, un homme mort depuis douze ou quinze heures; selon la seconde, disons-nous, la mort civile n'est encourue que *de la fin du jour de l'exécution..*

Enfin, la troisième, que nous n'hésitons pas à embrasser, fait partir la mort civile *du moment précis de l'exécution*, puisqu'elle n'est que la conséquence d'une peine qui n'est elle-même subie que par l'exécution. D'ailleurs, c'est par l'exécution que le jugement est signifié à la société, partie intéressée, puisqu'un de ses membres est retranché de son sein.

Nous ajouterons que cette opinion se trouve, en quelque sorte, confirmée par une loi spéciale, celle du 20 prairial an 4, ainsi conçue : « Lorsque des « ascendans, des descendans et autres personnes qui « se succèdent *de droit*, auront été condamnés au der- « nier supplice, et que, mis à mort dans une même « exécution, il devient impossible de constater leur

« prédécès, le plus jeune est présumé avoir sur-
« vécu. »

Suivant la première et la seconde opinion, les
condamnés seraient cependant censés morts civilement simultanément, et par conséquent, aucun
d'eux ne succéderait à l'autre. Les règles concernant
la transmission des biens par voie d'hérédité seraient
vaines dans ce cas. Et si, pour qu'il n'en soit jamais
ainsi, le législateur s'est vu dans la nécessité de s'a-
bandonner à la fragilité des présomptions de survie
tracées aux art. 720, 721 et 722, comment ne pas
croire qu'il a voulu que le principe invariable de
la transmission soit respecté lorsqu'on peut facilement l'appliquer au moyen de preuves certaines,
irrécusables, qui attestent le moment du décès, et
par cela même la mort civile ? Car, encore une fois,
elle ne peut résulter que de l'exécution de la peine
dont elle est la conséquence.

Nous pensons donc que cette loi de prairial, quoique antérieure au Code, en est néanmoins un bon
commentaire sur le point dont il s'agit, puisqu'elle
est d'ailleurs en parfaite harmonie avec les principes
du Code lui-même sur un cas analogue, celui régi
par les art. 720, 721 et 722 précités.

222. L'exécution du jugement de condamnation
aux travaux forcés à perpétuité commence par
l'exposition publique, laquelle doit précéder la détention du condamné. (Art. 22 du Cod. pén.)

223. Ce Code ne s'explique pas sur la manière

dont commence l'exécution de la condamnation à la déportation : il n'y a pas, dans ce cas, d'exposition publique. On ne doit cependant pas penser que l'exécution n'est réputée commencée que par l'arrivée du condamné au lieu où il doit rester, ou qu'elle ne commence que du moment où s'opère sa translation. Comme il n'y a pas, à cet égard, d'époque fixée, que le mode d'exécution est purement du ressort de l'autorité administrative, qui depuis longtemps n'en a même pas fait usage (1), il serait contre les principes de laisser ainsi l'état de l'individu dépendre des circonstances. La mort civile devrait, dans ce cas, dater du jour de l'affiche prescrite par l'art. 36 du Code pénal : c'est là, en effet, un commencement d'exécution du jugement, puisque c'est une notification qui en est faite à la société.

IIe Cas : *Quand la mort civile est-elle encourue à l'égard des condamnations prononcées par contumace ?*

224. Les condamnations par contumace sont celles qui sont prononcées hors la présence de l'accusé.

Elles le sont sans jurés, mais par la Cour d'assises, comme les condamnations contradictoires.

La cause de l'accusé ne peut être défendue. (Art. 470 du Cod. d'instr. crim.)

---

(1) Les condamnés sont détenus dans une maison de force jusqu'à ce que le Gouvernement ait fait choix d'un lieu pour les y transférer.

225. Voilà pourquoi elles n'emportent la mort civile qu'après les cinq années qui suivent l'exécution
du jugement par effigie, pendant lesquelles le condamné peut se représenter. (Art. 27.)

C'est un notable changement apporté par le Code
à l'ancienne jurisprudence, suivant laquelle la mort
civile datait du jour de l'exécution du jugement, si
le condamné ne comparaissait pas ou ne mourait pas
dans les cinq ans, ou si, après avoir comparu, il
était condamné à une peine emportant également
la mort civile. Cette jurisprudence était sans doute
conforme aux principes, qui veulent que, tant qu'un
jugement par défaut n'est pas réformé, il produise
ses effets. Mais il en résultait de graves inconvéniens:
d'abord, incertitude dans les droits échus à des tiers
dans l'intervalle, et qui avaient été recueillis par eux
au défaut du contumace. Ces droits restaient *in sus-
penso.* En second lieu, ce système n'était pas sans
danger pour le condamné lui-même, puisque ceux
qui avaient recueilli ces droits, ainsi que ceux qui
étaient appelés à sa succession, étaient intéressés à
ce qu'il ne pût se justifier. On a donc bien fait de
faire fléchir des règles de procédure devant d'aussi
grandes considérations.

§. IV.

*Des Condamnations prononcées par contumace à
une peine emportant mort civile, et de leurs
Effets.*

226. Nous avons dit que la condamnation par

contumace est celle qui est prononcée hors la présence de l'accusé; mais, pour en apprécier avec exactitude les effets, il faut distinguer trois périodes :

La première est celle de cinq ans depuis l'exécution du jugement par effigie, ou jusqu'à la représentation ou la mort du condamné pendant ce délai.

La seconde est celle qui s'écoule depuis ces cinq ans jusqu'à l'époque à laquelle la contumace ne peut plus être purgée, même pour l'avenir, par conséquent, celle qui s'écoule depuis la *date* du jugement (art. 635, Cod. d'instr. crim.), jusqu'à la vingtième année inclusivement, après laquelle la peine est prescrite (art. 641, *ibid.*), sans que, pour cela, le condamné rentre dans la vie civile. (Art. 32, Code civil.)

La troisième est le temps indéfini qui s'écoule depuis cette seconde période, jusqu'à la mort naturelle du condamné.

Nous allons examiner quel est l'état du condamné pendant chacune de ces périodes, et nous expliquerons ensuite les effets de la mort civile.

Ire Période, *ou état des Contumaces pendant les cinq ans, et avant leur représentation ou arrestations, ou leur décès.*

227. Suivant l'art. 28, « Les condamnés par con-
« tumace seront, pendant les cinq ans, ou jusqu'à
« ce qu'ils se représentent, ou qu'ils soient arrêtés
« pendant ce délai, privés de *l'exercice* des droits
« civils.

« Leurs biens seront administrés et leurs droits
« exercés comme ceux des absens. »

Et l'art. 465 du Code d'instruction criminelle s'exprime ainsi :

« Lorsqu'après un arrêt de mise en accusation,
« l'accusé n'aura pas été saisi, ou ne se présentera
« pas dans les dix jours de la notification qui en aura
« été faite à son domicile ;

« Ou, lorsqu'après s'être présenté ou avoir été
« saisi, il se sera évadé ;

« Le président de la Cour d'assises...., ou, en son
« absence, le président du tribunal de première
« instance, et, au défaut de l'un et de l'autre, le
« plus ancien juge de ce tribunal, rendra une or-
« donnance portant qu'il sera tenu de se représenter
« dans un nouveau délai de dix jours, sinon qu'il
« sera déclaré rebelle à la loi ; *qu'il sera suspendu*
« *de l'exercice des droits de citoyen ;* que ses biens
« seront séquestrés pendant l'instruction de la con-
« tumace ; que toute action en justice lui sera in-
« terdite pendant le même temps ; qu'il sera procédé
« contre lui, et que toute personne est tenue d'in-
« diquer le lieu où il se trouve. »

Enfin, l'article 471 du même Code porte :

« Si le contumax est condamné, ses biens seront,
« à partir de l'arrêt, considérés et régis comme
« biens d'absent, et le compte du séquestre sera
« rendu à qui il appartiendra, après que la con-
« damnation sera devenue irrévocable par l'expira-
« tion du délai pour purger la contumace. »

228. Quelque sévères que soient ces dispositions, il faut bien remarquer qu'elles ne privent
pas l'accusé de la *jouissance* des droits civils; qu'elles
lui retirent seulement *l'exercice* de ces droits, ainsi
que des droits politiques.

C'est une véritable interdiction, mais voilà tout :
en sorte que, s'il s'ouvre une succession à laquelle
il soit appelé, et que son existence ne soit pas méconnue (1) par ceux qui y viendraient avec lui ou
après lui, elle sera recueillie par le préposé à l'administration de ses biens, c'est-à-dire par le directeur des domaines de son domicile. (Art. 466 et
472 du Code d'instruction criminelle.) (2)

229. Le séquestre apposé en vertu de l'art. 465,
est maintenu, d'après l'article 471 précité, jusqu'à
ce que le condamné se représente ou soit arrêté,
ou qu'il meure dans les cinq ans qui suivront l'exécution du jugement par effigie; et nous ajouterons,
ou jusqu'à ce que *la mort civile soit encourue par
l'expiration de ces cinq ans.* (Art. 25, 27, 29 et 31
du Code civil, analysés et combinés.)

Il est bien vrai que l'article 471 semble, en le
combinant avec les articles 635 et 641 du même
Code, prolonger la durée du séquestre jusqu'à

---

(1) Nous ajoutons cette condition par rapport à l'art. 136 du Code
civil.

(2) Car, quoique l'article 28 du Code civil dise que les biens du
contumace seront administrés *comme ceux des absens*, cela ne veut pas
dire qu'ils le seront par ses héritiers présomptifs, comme il arrive ordinairement en cas d'absence.

vingt ans depuis la condamnation, puisqu'il porte que le compte du séquestre sera rendu à qui il appartiendra, après que la condamnation sera devenue irrévocable par l'expiration du délai donné pour purger la contumace, délai qui est de vingt ans d'après ces articles : aussi, quelques personnes en ont-elles inféré que le séquestre devait être maintenu jusqu'à l'expiration des vingt ans.

Mais nous croyons qu'elles n'ont pas bien saisi le sens de cet article 471. Il faut, en effet, remarquer qu'il parle des condamnations par contumace en général, et il en est de deux sortes : les unes, à des peines qui n'emportent pas mort civile; les autres, à des peines auxquelles cette conséquence est attachée.

En admettant que, pour les premières, le séquestre doive être conservé jusqu'à l'expiration des vingt années depuis la date de l'arrêt, si le condamné n'a pas reparu en justice, ou n'est pas mort avant cette époque, cet article recevrait son application : seulement, on pourrait y voir, par le refus fait aux héritiers ou au conjoint, de la possession des biens au bout des cinq ans depuis la disparition sans nouvelles, une modification à l'article 120 du Code civil, mais, au surplus, une modification motivée sur le cas particulier.

Au lieu que, lorsqu'il s'agit d'une condamnation à une peine emportant mort civile, prolonger la durée du séquestre jusqu'à vingt ans, c'est, ce nous semble, blesser les dispositions des articles 25,

27, 30 du Code civil, et 476 du Code d'instruction criminelle, puisque, d'après le premier, la mort civile a donné ouverture à la succession; d'après le second, la mort civile est encourue à l'expiration des cinq ans; et, d'après les deux derniers, lors même que le condamné se représenterait après les cinq ans, et qu'il serait absous, le premier jugement n'en conserverait pas moins, pour le passé, tous les effets que la mort civile a produits dans l'intervalle. Or, au nombre de ces effets, se trouve positivement l'ouverture de la succession. Ainsi, le séquestre prolongé au-delà des cinq ans, couvrirait, sans motif, des biens dévolus aux héritiers.

On prétend, il est vrai, que la succession n'est point ouverte à l'expiration des cinq ans, et l'on nous place ainsi dans une pétition de principes. On le prétend, en se fondant sur l'article 471 précité, et en invoquant en faveur du condamné des considérations d'humanité, qui ne permettent pas de le priver de son patrimoine, lorsqu'il a établi son innocence, quoiqu'il ne l'ait fait qu'après les cinq ans depuis l'exécution du jugement par effigie. Un autre jurisconsulte fait toutefois à cet égard une distinction entre le cas où le condamné a été acquitté par le nouveau jugement, et celui où il a été absous. Mais nous démontrerons bientôt que la succession est ouverte, et qu'elle doit l'être dans l'un comme dans l'autre cas (1).

_____

(1) M. Toullier décide aussi que la succession est ouverte au bout

A l'appui de notre sentiment sur la question, nous citerons l'avis du Conseil-d'État, du 19 août 1809, approuvé le 20 septembre suivant. Cet avis nous semble décisif. Entre autres points qui y sont discutés, il porte ce qui suit :

« Quant aux accusations et condamnations par « contumace emportant mort civile, postérieures « à la publication du Code civil, comme l'arti- « cle 28 porte que les biens seront administrés « de même que ceux de absens, et que, suivant « l'art. 120, les héritiers présomptifs des absens ont « la faculté d'obtenir l'envoi en possession provi- « soire, à la charge de donner caution, il en résulte « que l'administration des domaines est tenu de « faire toutes les démarches et actes nécessaires « pour mettre sous le séquestre les biens et droits « des contumax, et qu'elle doit les gérer et adminis- « trer au profit de l'État, *jusqu'a l'envoi en posses-* « *sion en faveur des héritiers* (1). »

230. Quant aux actes que le condamné a faits durant cette première période de cinq ans, il importe, suivant l'opinion de plusieurs jurisconsultes, pour juger de leur validité, de distinguer entre le cas où le condamné se représente en justice ou meurt dans les cinq ans, et le cas contraire.

---

des cinq ans, mais il dit que le *lien civil* du mariage n'est pas rompu par la mort civile en général ; que le mariage subsiste toujours comme mariage ; que s'il en naît des enfans, ces enfans seront légitimes, et succéderont, comme tels, même aux parens du mort civilement. (Tome I, pages 260 et 266.) Nous aurons à réfuter cette doctrine.

(1) Cet avis se trouve dans Sirey, tom. X, partie 2, pag. 9.

Dans le dernier, l'on convient que les actes sont nuls, comme faits par un individu à qui l'administration de ses biens était interdite.

Mais dans la première hypothèse, ces jurisconsultes décident que, la comparution du condamné ou sa mort faisant tomber de plein droit le jugement de condamnation avec tous ses effets, l'incapacité est censée n'avoir jamais existé; en sorte que les actes, quoique faits pendant les cinq ans, sont valables, s'ils ne sont pas jugés frauduleux.

Pour le décider ainsi, on se fonde sur ce que le jugement étant anéanti de plein droit avec tous ses effets, personne, par conséquent, ne peut l'invoquer pour prétendre que le contumax a été condamné et a été interdit quant à l'exercice de ses droits civils : *Nam quod nullum est, nullum producit effectum.*

Cette raison aurait sans doute quelque force (1), si l'état de contumace résultait uniquement du jugement de condamnation; mais il résulte, d'après l'article 465 du Code d'instruction criminelle, de l'ordonnance de se représenter ou de prise de corps à laquelle le condamné a désobéi. Ainsi l'interdiction de l'exercice des droits civils est légale, elle est

_____

(1) Encore ne serait-elle point décisive, car il ne faut pas confondre avec la jouissance des droits civils le simple exercice de ces droits. La jouissance dépend de *l'état* de la personne; celui qui meurt *integri statûs*, ou qui s'est représenté dans le délai de cinq ans, n'a pas perdu cette jouissance, pas plus qu'un interdit pour démence ne l'a perdue. Mais, comme celui-ci, le contumax, interdit légalement, était privé de l'exercice de ses droits et de la capacité de faire des actes.

1.

une situation de l'individu, un fait, en un mot. Et
comme un jugement de main-levée d'interdiction
pour cause de démence ne fait pas disparaître,
pour le passé, l'incapacité résultant de l'interdiction elle-même; par une raison égale, la représentation du condamné, ou sa mort avant l'expiration des cinq ans, ne doit pas faire disparaître non
plus l'incapacité dont il s'est trouvé frappé par l'effet de sa désobéissance à la loi, désobéissance qui
doit toujours attirer sur lui la condamnation aux
frais pendant la contumace. (Art. 478, *ibid.*)

Peu importe que l'article 28 du Code civil dise
que le *condamne* par contumace est privé de l'exercice des droits civils, il n'en faut pas conclure que
c'est la condamnation qui produit l'état d'interdiction, et que, lorsqu'elle est tombée de plein droit,
l'incapacité est censée n'avoir jamais existé; car
cet article dit simplement ce qu'il devait dire: il
ne porte pas que l'individu n'est pas contumax
avant sa condamnation; il serait en opposition manifeste avec le Code criminel de l'an 4, et l'art. 465
précédemment cité; donc, si l'interdiction résulte
du seul état de contumace, même avant la condamnation, l'article 28 a dû dire que le condamné par
contumace est privé de l'exercice des droits civils.

La première disposition de l'article 476 porte,
il est vrai, que, si l'accusé se constitue prisonnier,
ou s'il est arrêté avant que la peine soit prescrite,
le jugement rendu par contumace et les procédures
faites contre lui depuis l'ordonnance de prise de

corps ou de se représenter, seront anéantis de pléin droit, et qu'il sera procédé à son égard dans la forme ordinaire; mais cette disposition n'est point, non plus, contraire à notre opinion, puisqu'elle n'annule que le jugement et les procédures faites *depuis* l'ordonnance de prise de corps ou de se représenter, et qu'elle laisse, comme de raison, subsister l'ordonnance elle-même.

Enfin les lois romaines statuent dans ce sens sur un cas qui a beaucoup d'analogie avec celui qui nous occupe : nous voulons parler des actes que le Romain faisait pendant qu'il était prisonnier chez l'ennemi, par exemple, son testament. Cet acte était nul, lors même que le Romain revenait dans sa patrie, et qu'il recouvrait ainsi tous ses droits par le bénéfice du *postliminium;* tandis que celui qu'il avait fait avant sa captivité était valable. La raison de cette différence était fondée sur ce que, durant la captivité, il y avait incapacité absolue : le *postliminium* restituait bien au Romain de retour tous les droits ouverts pendant cette incapacité, tout ce qui était considéré comme une jouissance des droits civils, mais il ne lui restituait pas ce qui tenait à l'exercice de ces mêmes droits, ce qui était considéré comme un fait. Il en doit être de même de la représentation ou de la mort du contumax dans les cinq ans : elle doit détruire les effets du jugement rendu contre lui; mais elle ne peut empêcher qu'il n'ait désobéi à la loi, et que, durant cette désobéissance, il n'ait été frappé de l'incapacité,

non pas de jouir des droits civils, mais de les exercer. C'est ainsi que nous répondons à l'article 31,
suivant lequel le condamné qui meurt dans les cinq
ans, meurt *integri statûs*, car on a seulement voulu
dire par là qu'il n'a jamais encouru la mort civile ;
mais *l'état* et la *capacité* de faire des actes ne sont
pas la même chose, assurément ; et cette disposition de l'ancienne jurisprudence était importante
alors, que le jugement conservait tous ses effets
tant qu'il n'était pas réformé par une voie légale :
d'où il était utile de décider que la mort du condamné le faisait également tomber ; autrement,
celui-ci serait mort en état de mort civile. Nous
avouons, au surplus, que l'art. 27 la rendait superflue.

231. Quant au testament fait avant l'état de contumace, si le condamné reparaît en justice dans les
cinq ans, et s'il meurt ensuite en état de capacité,
ce testament est valable, ainsi que nous l'avons
dit, *quia media tempora non nocent.*

Il en est de même si le testateur, sans avoir purgé
la contumace, meurt dans les cinq ans ; car mourant *integri statûs*, aux termes de l'article 31 il se
trouve avoir eu la capacité aux deux époques.

232. Le condamné ne pourrait toutefois demander la nullité des actes qu'il a faits avec des tiers
durant la contumace ; il ne peut argumenter de sa
propre faute, et se faire ainsi une arme de sa désobéissance aux décrets de la justice.

233. Il faut, en outre, observer que les actes

faits par un condamné contradictoirement ne sont pas nuls, encore qu'ils soient postérieurs au jugement de condamnation, s'ils sont antérieurs à l'exécution réelle ou par effigie. Dans ce cas, le condamné n'est point interdit, et toute personne peut contracter, si elle n'en est empêchée par la loi; or l'article 29 décide en principe que l'accusé qui est sous la main de la justice a le libre exercice de ses droits. Les actes sont donc valables, sauf, s'il y a lieu, l'application de l'article 1167 pour le cas où ils auraient été faits en fraude des droits des créanciers. Si c'est un testament, il sera valable aussi, pourvu que le condamné meure avant d'avoir encouru la mort civile.

Le Droit romain et notre ancienne jurisprudence étaient contraires à ces décisions. La loi 15, au Digeste *de Donationibus*, autorisait la rescision (car elles étaient valables en principe) des donations faites postérieurement au crime par un individu placé sous une accusation capitale (1). Mais nous n'avons aucune disposition législative qui reproduise cette loi, laquelle n'avait été d'ailleurs portée que pour assurer les effets de la confiscation.

234. Suivant l'art. 29, le jugement de condamnation tombe, quant à tous ses effets, par la repré-

_____

(1) Voir Godefroy en ses notes sur cette loi, et Legrand sur la coutume de Troyes, art. 125, glose 2, n° 15. De Lacombe, au mot *Testament*, sect. 2, n° 7, dit aussi, d'après la loi 6, §. 6, ff. *de Injusto et rupt. test.*, que le condamné à mort ne peut tester; qu'il en est autrement du soldat condamné pour délit militaire; mais sur ce dernier point *voy.* n° 218, *suprà.*

sentation volontaire ou forcée du condamné en
justice.

Personne ne peut l'invoquer, même pour les condamnations civiles. Le condamné n'a pas été entendu.

Il est jugé de nouveau; et s'il est condamné à
la même peine, ou à une peine emportant également mort civile, elle ne date que du jour de l'exécution du nouveau jugement (1).

La succession du condamné est ouverte au profit
de ses héritiers les plus proches à cette époque, et
non au profit de ceux qui l'étaient au jour du premier arrêt.

235. Enfin, s'il meurt pendant le délai de
grâce de cinq ans, il meurt *integri statûs.*
(Art. 31.) (2).

Mais sa mort ne détruit pas l'action civile contre
ses héritiers, laquelle est ouverte à ceux qui ont

---

(1) C'est encore une dérogation aux principes de l'ancienne jurisprudence : elle est fondée sur les motifs qui ont dicté celle que nous
avons précédemment signalée.

(2) Cette disposition avait autrefois son utilité précise, puisque la
mort civile datait du jour de l'exécution du jugement par effigie, s'il
n'était pas réformé par une voie légale, ou si le condamné ne mourait
pas dans le délai de grâce des cinq années. Mais aujourd'hui que, d'a-
près l'article 27, la mort civile n'a lieu qu'à l'expiration des cinq ans,
il est clair que, si le condamné meurt pendant ce délai, il meurt *integri
statûs;* par conséquent il n'y avait pas nécessité de le décider par une
disposition spéciale, à moins que l'on ne prétende, contrairement à
l'opinion que nous avons précédemment émise, et contrairement au
sens dans lequel ces mots ont toujours été entendus dans l'ancienne jurisprudence, qu'ils signifient aussi bien l'état de l'individu quant à
l'exercice que quant à la jouissance des droits civils.

été lésés par son délit, et ne peut être exercée que devant les tribunaux civils seulement. (*Ibid.*)

IIe Période, *celle qui s'écoule depuis les cinq ans jusqu'à l'époque à laquelle le condamné ne peut plus purger la contumace, à l'effet de recouvrer la vie civile pour l'avenir, c'est-à-dire après vingt ans depuis le jugement.*

236. Si le condamné ne se représente pas volontairement ou forcément après les cinq ans, depuis l'exécution du jugement par effigie jusqu'à l'expiration des vingt ans donnés pour purger la contumace, à l'effet de recouvrer la vie civile, et s'il meurt dans ce délai, il meurt en état de mort civile, encourue aussitôt après les cinq ans. Ainsi, point de difficulté pour ce cas.

S'il reparaît en justice après les cinq ans et avant les vingt ans, et qu'il soit absous par le nouveau jugement, ou condamné à une peine n'emportant pas mort civile, il rentre dans la vie civile, mais pour l'avenir seulement. (Art. 3o., Code civil, et 476, Code d'instruct. crim.)

La mort civile a donc produit pour le passé tous ses effets. De là, les droits ouverts pendant le temps qu'a duré la mort civile, et que d'autres ont recueillis au défaut du contumax, leur sont irrévocablement acquis; et sans parler des autres effets de la mort civile (1), que nous expliquerons bien-

_____

(1) Nous verrons si le mariage est dissous au bout des cinq ans.

tôt, la succession est ouverte au profit des héritiers, d'après la combinaison des articles 25, 27 et 30, et elle leur reste définitivement.

237. Cette dernière opinion a ses partisans; mais, comme nous l'avons dit, elle a trouvé des contradicteurs. On a (1) fait à cet égard une distinction qui ne nous paraît pas être entrée dans la pensée du législateur, et qui ne nous semble pas non plus fondée sur les principes de la matière.

On a dit, en rapprochant l'article 476 du Code d'instruction criminelle de l'article 30 du Code civil, que ce dernier ne conserve les effets de la mort civile, quand le condamné n'a été repris ou ne s'est représenté qu'après les cinq ans, que dans le cas *d'absolution* ou de condamnation par le même jugement; mais qu'il ne s'est point occupé du cas où il a été prononcé une *ordonnance d'acquittement* (2); que le législateur a laissé les choses, sous ce rapport, dans les termes du droit commun, et que, de droit commun, l'accusé acquitté rentre

---

(1) M. **Carnot**, dans son Commentaire sur le Code d'instruction criminelle, art. 476.

(2) Il est prononcé un arrêt d'*absolution* quand le jury a déclaré que l'accusé est coupable du fait compris dans la position de la question, mais quand ce fait n'est pas punissable d'après la loi, parce qu'elle n'a pas prévu le cas. C'est alors la Cour qui prononce l'arrêt par l'organe de son président.

Il est rendu une *ordonnance d'acquittement* quand le jury déclare que l'accusé n'est pas coupable du fait compris dans la position de la question. Dans ce cas, le président, en vertu du pouvoir qui lui est conféré par la loi, ordonne sa mise en liberté, s'il n'est détenu pour autre cause.

dans toute la plénitude de ses droits, attendu qu'il est innocent, et qu'il serait injuste et cruel de frapper de mort civile un innocent, qui a pu céder à de justes appréhensions en ne se représentant pas dans les cinq ans.

Nous croyons que, dans l'article 30 du Code civil, le mot *absous* est générique; qu'il signifie aussi bien le renvoi de l'accusation parce que le délit n'a point été prouvé, que parce qu'aucune loi pénale ne le punit. En droit, celui qui est absous est innocent comme celui qui est acquitté, et quelquefois en fait il l'est davantage. Pourquoi donc perdrait-il ses biens, tandis que l'accusé acquitté recouvrerait les siens? Il n'y a aucune raison plausible de cette différence entre deux positions qui doivent être semblables aux yeux de la loi. Nous ajouterons que, dans le système de la distinction que nous combattons, une condamnation quelconque s'opposerait à ce que le contumax rentrât dans ses biens, puisqu'il se trouverait placé sous la disposition littérale de l'article 30. Cependant une condamnation à une peine légère ne devrait pas produire de tels effets, si la loi n'avait entendu punir la désobéissance du contumax, prolongée pendant cinq ans et plus.

D'autres jurisconsultes ne font pas, il est vrai, cette distinction; mais, guidés par des motifs d'humanité bien louables, sans doute, ils décident que les biens doivent être rendus au condamné rentré dans la vie civile, tout en convenant que la mort

civile a été encourue après les cinq ans depuis l'exécution du jugement par effigie. Ils fondent aussi
leur opinion sur l'article 471 du Code d'instruction criminelle, qui dit en effet d'une manière générale, que le compte du séquestre sera rendu à
qui de droit, après que la condamnation sera devenue irrévocable par l'expiration du délai donné
pour purger la contumace : d'où ils concluent que,
puisque le séquestre est maintenu pendant vingt
ans, c'est que les biens ne sont pas acquis aux
héritiers à l'expiration des cinq ans.

Mais, comme nous l'avons dit, nous croyons
que cette opinion n'est fondée que sur une fausse
interprétation de l'article 471, qui devait s'exprimer
ainsi, puisqu'il parle des condamnations par contumace en général, tandis que l'art. 476 règle spécialement l'effet de celles qui emportent la mort civile.

Quant aux considérations d'équité et d'humanité, elles n'ont pu échapper au législateur ; mais
il ne s'est point laissé dominer par elles : l'intérêt
général demandait qu'il y eût un moyen de forcer
les prévenus de crimes à obéir aux ordres de la
justice, et cet intérêt a dicté la loi. En un mot,
d'après l'article 27 du Code, la mort civile est encourue à l'expiration des cinq ans ; suivant l'art. 25,
la succession est ouverte par la mort civile : la
conséquence nécessaire est donc que les biens
sont irrévocablement acquis aux héritiers, puisque, en rentrant dans la vie civile, aux termes de
l'article 30, confirmé par l'article 476 précité, le

condamné n'y rentre que pour l'avenir, sans préjudice des effets que la mort civile a produits pour le passé, au nombre desquels se trouve la dévolution des biens.

Aurait-on voulu, d'ailleurs, apporter par cet article 471 un changement si notable au Code civil d'une manière si détournée, si indirecte, et à propos seulement de la maintenue du séquestre? Cela est improbable.

Enfin, l'argument tiré de l'article 471 n'est qu'une pétition de principes, puisque nous nions que le séquestre soit maintenu pendant vingt ans, ainsi qu'on le prétend; et nous avons précédemment démontré, en nous appuyant de l'avis du Conseil d'État, qu'en effet il doit cesser sur la demande des héritiers, à l'expiration des cinq ans.

Notre opinion, sans doute, est peu digne de faveur, et nous désirons qu'une nouvelle disposition législative nous force à l'abandonner; mais tant que cette disposition n'existera pas, nous la croirons fondée sur le texte et l'esprit de la loi.

238. Si le condamné meurt après le délai de cinq ans, et après s'être représenté ou avoir été arrêté, il meurt avec la jouissance des droits civils: il meurt *integri statûs* pour le moment.

Nous ne le déciderions pas ainsi, si nous ne consultions que l'article 30 du Code; car il ne rend évidemment la vie civile au condamné, qu'autant qu'il est *absous* par un nouveau jugement, ou *con-*

damné à une peine n'emportant pas mort civile. Mais nous le décidons d'après l'article 476 du Code d'instruction criminelle, qui porte que, « si l'ac-« cusé se constitue prisonnier ou s'il est arrêté « avant que la peine soit éteinte par la prescription, « le jugement réndu par contumace et les procé-« dures faites contre lui depuis l'ordonnance de « prise de corps ou de se représenter, seront anéan-« tis de plein droit, et il sera procédé à son égard « dans la forme ordinaire. »

Ainsi, pour rendre la vie civile à l'accusé, à partir de sa comparution en justice après les cinq ans, mais avant la prescription de la peine, cet article n'exige pas qu'il soit absous par un nouveau jugement ou condamné à une peine n'emportant pas mort civile; le fait seul de sa comparution en justice le réintègre dans ses droits pour l'avenir. Mourant en cet état sans avoir été condamné de nouveau à une peine emportant mort civile, il meurt *integri statûs;* sauf les effets que la mort civile a produits depuis l'expiration des cinq ans qui ont suivi l'exécution du jugement par contumace, jusqu'au jour de la comparution du condamné, ainsi que le dit la seconde partie de l'article.

239. Le condamné qui rentre dans la vie civile recouvre tous les droits de famille comme les autres droits; il est replacé dans la famille tel qu'il y était auparavant. La mort civile a sans doute produit ses effets; les liens de parenté civile ont été

rompus tant qu'elle subsistait; mais ces effets ont cessé pour l'avenir : tellement que l'individu pourra un jour, chose bizarre, mais résultat des principes de cette matière extraordinaire, devenir l'héritier de celui qui a recueilli ses biens lorsque la mort civile a été encourue. La singularité de ce résultat possible ne s'explique qu'à l'aide des fictions qui régissent ce sujet; c'en est une, notamment, que l'ouverture de la succession après les cinq ans, puisque l'homme est encore vivant, et que *nulla est viventis hereditas* : c'est plutôt un envoi en possession des biens irrévocable.

240. Lors même que le condamné qui a encouru la mort civile obtiendrait sa grâce, les effets de cette mort ne seraient pas détruits par elle, du moins pour le passé; la grâce ne nuit jamais aux droits acquis à des tiers. Cependant on a écrit le contraire.

Nous ne nions pas qu'elle ne puisse empêcher que la mort civile soit encourue, puisqu'elle empêche l'exécution, dont cette mort n'est que la conséquence. Nous ne nions pas non plus que le mort civilement ne puisse, par ce bienfait du Souverain, recouvrer la vie civile pour l'avenir (1) :

---

(1) L'auteur de l'article *Mort civile*, au Répertoire de M. Merlin, est d'un avis opposé. Il dit que le prince, en lui accordant une commutation de peine, ne lui rend que les droits de la nature; que cette restitution contre son premier état ne peut influer sur des actes qui intéressent des tiers; qu'ainsi il ne peut être témoin soit dans les actes, soit en justice : il ne peut contracter un mariage qui produise des ef-

mais pour les effets que la mort civile a produits, et qui ont conféré des droits à des tiers, nous aurions peine à croire qu'il fût dans les attributs de la puissance royale de pouvoir les leur enlever avec justice (1). Aussi, les lettres de grâces sont-elles toujours accordées sous la réserve des droits acquis aux tiers.

241. Si le condamné qui a laissé passer les cinq ans, mais qui a été absous ou condamné par un nouveau jugement à une peine n'emportant pas mort civile, ou qui est mort pendant l'instruction, avait fait son testament avant la contumace, ce

---

fets civils ; il ne peut rien transmettre à ses enfans, ni recueillir par succession ou donation, etc.

Nous pensons différemment, du moins en général. Les tiers n'avaient pas de droits acquis relativement, par exemple, aux successions qui n'étaient point encore ouvertes au moment de la grâce ou de la commutation de peine. Peu importe que, par l'effet de la mort civile, tel se trouvât à un degré successible plus rapproché qu'il ne le sera maintenant : la naissance d'un enfant pouvait produire le même résultat. En un mot, il ne faut pas confondre la possibilité d'acquérir des droits, une simple éventualité, avec des droits acquis. (*Voy.* au n° 255.) Au surplus, les termes dans lesquels seraient conçues les lettres de grâce devraient servir beaucoup à la décision de la question, et nous la déciderions dans le sens que nous avons exprimé, si elles portaient remise de la condamnation.

(1) Ceci ne s'applique pas au cas où l'individu n'a encouru la mort civile qu'en vertu du décret du 26 août 1811, et qu'il a obtenu, conformément à l'art. 12 de ce décret, des lettres de relief de déchéances. Ces lettres font supposer que le fait duquel étaient résultées ces déchéances n'a jamais eu lieu, tandis que les lettres de grâce supposent, au contraire le fait et la juste condamnation qui s'en est suivie. *Voy.*, à l'appui de cette doctrine, l'arrêt de la Cour de cassation, au Répertoire de M. Merlin, mot *Révision des procès*, §. 3, art. 4, et ce que nous avons dit en parlant des lettres de relief, nos 197, 198.

testament serait valable, parce que le testateur aurait été capable aux deux époques : à celle de la
confection du testament, et à celle de la mort. L'incapacité intermédiaire est réputée non-avenue (1);
mais il ne peut avoir pour objet que les biens acquis
depuis la mort civile encourue.

IIIᵉ ÉPOQUE, c'est-à-dire *après les vingt ans depuis*
la Condamnation par contumace.

242. Enfin, si le condamné laisse passer vingt
ans, à compter de la date de l'arrêt, il a prescrit là
peine. (Art. 635, Code d'instruction criminelle.)
Il ne peut plus être pris ni jugé. Il ne peut même
demander à l'être à l'effet de pouvoir du moins recouvrer la vie civile pour l'avenir (art. 641, *ibid.*) :
tout est consommé à son égard. Il a bien prescrit
la peine puisqu'il ne l'a pas subie; mais il n'a pas
prescrit contre la mort civile, puisqu'elle l'a constamment accompagné. (Art. 32, Code civil.)

S'il n'y avait pas eu de jugement de condamnation, l'action publique et l'action civile se seraient
trouvées prescrites après dix ans révolus depuis le
crime commis, si dans l'intervalle il n'y avait eu
aucun acte de procédure ou d'instruction. Dans
le cas contraire, le délai de dix ans aurait couru

---

(1) L. 1, §. 8, ff. *de Bonor. posses. secund. tab.* C'est ce que nous
avons déjà dit sur le cas où le condamné qui avait fait son testament
avant d'être contumax s'est représenté ou est mort dans le délai de
grâce des cinq années.

du jour du dernier acte, même à l'égard des personnes qui n'auraient pas été impliquées dans cet acte. (Art. 637, Code d'instruction criminelle.)

§. V.

Des Effets de la Mort civile.

243. La mort civile ayant pour effet de retrancher l'individu qui en est frappé du nombre des membres qui composent la société, de lui enlever sa qualité de personne civile, pour ne lui laisser que celle d'homme, il semblerait que les seuls droits résultant des lois particulières au peuple qui l'a rejeté de son sein devraient lui être refusés, et non ceux qui découlent du droit des gens : cependant il n'en est pas ainsi, du moins d'une manière absolue.

Et en effet, si tous les avantages dérivant du droit observé chez toutes les nations policées les unes à l'égard des autres, comme celui de pouvoir valablement former les contrats de vente, d'échange, de louage, ne lui sont pas déniés (1), parce qu'il est homme, et que les autres hommes lui laissant la vie naturelle ne peuvent lui ravir les moyens de la soutenir sans le pousser au désespoir et à de nouveaux crimes, du moins il ne lui est resté de

---

(1) *Deportatus speciali quidem jure civitatis non fruitur, jure tamen gentium utitur. Emit enim et vendit, locat, conducit, permutat, fœnus exercet, et cætera similia ; et posteà quæsita pignori dare potest.* L. 15, ff. de *Interd. et Releg.*

ces avantages que ce qui est nécessaire, indispensable à la conservation de son existence physique. Ainsi, sans être absolument rejeté de la grande société humaine, il est néanmoins dans une position infiniment inférieure à celle de l'étranger proprement dit ; voilà pourquoi, entre autres exemples de cette infériorité de condition, il ne peut contracter un mariage qui produise aucun effet civil, du moins par rapport à lui, tandis que le mariage formé entre Français et étranger, soit en France, soit ailleurs, est valable comme celui contracté par les nationaux entre eux, parce que le mariage a sa source dans les règles du droit des gens, et non dans les institutions d'un peuple en particulier, institutions auxquelles il est seulement redevable de quelques formes spéciales, qui varient suivant les temps et les lieux.

244. La mort civile est donc un *état*, une qualité personnelle de l'individu, qui l'accompagne partout où il porte ses pas, et qui est régie par conséquent en tout pays par la loi française, dans les rapports de l'individu avec les Français ; tellement qu'il ne pourrait invoquer les avantages attribués par les traités aux habitans des lieux où il s'est retiré : il ne pourrait non plus succéder en France en vertu de la loi du 14 juillet 1819, quand un étranger proprement dit, avec la nation duquel il n'y aurait aucun traité à cet égard, le pourrait cependant.

245. Mais nos lois ne peuvent s'opposer à ce

I.   12

qu'il jouisse en pays étranger des droits civils de ce pays : par exemple, s'il s'y était marié, nous n'aurions pas le droit de critiquer son mariage, si lui, ses enfans ou tout autre, n'en invoquaient les effets en France.

246. C'est une question plus délicate, celle de savoir si les sujets de la nation qui lui a donné asile pourraient se prévaloir du jugement rendu en France pour demander la nullité des actes par lui faits dans ce pays. D'une part, on peut dire que l'état et la capacité des personnes s'estiment partout d'après les lois de la nation à laquelle elles appartiennent; c'est un principe que nous avons déjà eu occasion de rappeler. Mais d'autre part, le jugement rendu en France, et duquel est résulté la mort civile, est, à l'égard des étrangers, *res inter alios acta, quæ aliis nec prodest nec nocet.* La question n'aurait, au surplus, aucun intérêt, s'il s'agissait d'actes régis par le pur droit des gens. Elle devrait être aussi décidée en faveur de l'individu, s'il avait été spécialement admis par le Souverain étranger à jouir des droits civils dans ses états, ce qui s'est vu fréquemment à l'égard de proscrits pour délits politiques.

247. L'article 25 attribue textuellement à la mort civile huit principaux effets; mais ce ne sont pas les seuls, comme on le verra bientôt. L'observation en fut d'ailleurs faite au Conseil-d'État lors de la discussion sur cet article.

Par la mort civile, le condamné perd,

1° La propriété de tous les biens qu'il possédait. Sa succession est ouverte au profit de ses héritiers, auxquels ses biens sont dévolus de la même manière que s'il était mort naturellement et sans testament.

Ainsi, il peut bien avoir des héritiers *ab intestat*, mais il ne peut en avoir de testamentaires. La raison de différence résulte de ce que c'est la loi qui défère la succession *ab intestat*, tandis que l'héritier testamentaire est du choix de l'homme.

Il n'y a pas non plus contrariété de principes entre cette disposition et celle de l'article 33, suivant lequel le mort civilement meurt en état de déshérence, et ses biens appartiennent à l'État. La mort civile est une image de la mort naturelle : la succession s'ouvre par la mort naturelle, donc elle doit s'ouvrir aussi par la mort civile, lorsque cette mort est encourue. Alors l'individu n'existe plus aux yeux de la loi : il peut sans doute acquérir de nouveaux biens, mais ces biens ne constitueront pas une nouvelle *succession* : ce seront des biens vacans et sans maîtres, qui, à ce titre, appartiendront à l'État. Nous reviendrons sur ce point.

248. La disposition de l'article 25 serait applicable, lors même que le condamné aurait fait son testament avant la condamnation, avant même d'avoir commis le crime, attendu que, pour tester valablement, il ne suffit pas d'avoir la capacité au moment de la confection du testament, il faut encore

l'avoir au moment de la mort (1), parce qu'il faut,
pour la validité de cet acte, persévérance de volonté
jusqu'au dernier soupir dans celui qui le fait : or,
d'après la fiction de droit, *momentum mortis momento vitæ adnumeratur*, imaginée précisément
pour empêcher les condamnés de mourir avec un
testament valable, celui-ci ne pouvait plus avoir de
volonté à l'instant de sa mort naturelle : il était
déjà frappé de mort civile du moment où a commencé l'exécution de sa condamnation, par conséquent il ne pouvait plus persévérer dans sa volonté jusqu'à son dernier soupir (2).

249. Mais la donation de biens à venir faite par le
mort civilement, antérieurement à la mort civile
encourue, produit ses effets, nonobstant les rapports qu'elle a avec les donations testamentaires :
car elle en diffère en un point essentiel, elle est irrévocable (art. 1083); elle saisit par conséquent
du jour où elle est faite, sinon quant à la jouissance
des biens, du moins quant au droit de les obtenir
sous les conditions exprimées par la loi.

---

(1) *Voy.* l'arrêt de la Cour de cassation, du 20 mai 1812, qui a
appliqué ce principe du droit romain consacré par les L. 8, §. 1, et
L. 19, ff. *qui testam. facere poss.*

(2) On objectera que le testament d'un furieux, qui meurt en état
de fureur, est cependant valable, s'il a été fait avant la fureur; mais
nous répondrons que ce n'est pas la loi qui empêche le furieux d'a-
voir une volonté au moment de sa mort : elle suppose, au contraire,
que cette volonté existe encore, et qu'elle n'a pas cessé d'exister.
Rien, en effet, n'atteste le contraire.

250. 2°· Le mariage que le mort civilement avait précédemment contracté est dissous quant à tous ses effets civils.

Son époux et ses héritiers peuvent exercer respectivement les droits et les actions auxquels sa mort naturelle donnerait ouverture. (Même article 25.)

La communauté est donc dissoute (art. 1441), et il y a lieu de la partager entre le conjoint et les héritiers du mort civilement.

Cependant, quant à la dissolution du mariage, même pour le lien purement civil, pour les effets civils, on doit combiner les articles 25 et 27, d'une part, avec les articles 227 du Code civil, 635, 641 du Code d'instruction criminelle, d'autre part, et faire une distinction entre les condamnations contradictoires et celles qui sont prononcées par contumace, afin de connaître l'époque à laquelle le mariage sera dissous.

251. Pour les premières, le mariage est dissous quant à tous ses effets civils, par le fait seul de la mort civile encourue. Elle est encourue, aux termes de l'article 26, du jour de l'exécution, soit réelle, soit par effigie; en sorte que, si l'individu qui s'est évadé, ou qui a été condamné aux travaux forcés à perpétuité ou à la déportation, continuait de vivre maritalement avec sa femme, les enfans qui naîtraient de ce commerce après les trois cents jours qui ont suivi le moment où la mort civile a été en-

courue seraient seulement enfans naturels (1).
A ce titre, ils auraient des droits sur les biens de
leur mère; mais ils n'en auraient point sur ceux que
leur père pourrait avoir à sa mort naturelle. Ces
biens appartiennent à l'État par droit de déshérence. (Art. 33.) A plus forte raison, le mort civilement n'aurait aucun droit sur les biens de ses
enfans.

252. Si, par la clémence du Souverain, le con-

---

(1) M. Delvincourt professe aussi, tome I, page 216, la même doctrine, tout en faisant des vœux pour que la législation soit améliorée
sur ce point : « Les enfans nés d'un mariage contracté avant la mort
« civile seront considérés comme enfans nés hors mariage : ils au-
« ront sur les biens de l'époux innocent les droits d'enfans naturels. »
Ce jurisconsulte ne leur en accorde aucuns sur les biens que le mort
civilement pourrait acquérir par la suite; et c'est avec raison, puisqu'ils appartiennent à l'État par droit de déshérence.

Mais M. Toullier est d'un avis contraire : il dit, tome I, page 266,
que par la mort civile le mariage est bien dissous quant à tous ses
effets civils; « mais qu'il ne l'est pas quant *au lien civil*, par consé-
« quent qu'il subsiste encore comme mariage; que les enfans qui naî-
« tront de ce mariage après les trois cents jours depuis l'expiration des
« cinq ans seront légitimes; qu'à la vérité, ils ne pourront succéder
« aux biens qu'avait leur père au moment où sa mort civile a été en-
« courue, parce qu'ils n'étaient ni nés ni conçus à cette époque, mais
« qu'ils pourront succéder aux biens que leur père aurait acquis depuis
« la mort civile. » Ce droit leur est formellement dénié par l'art. 33.

Si M. Toullier s'explique ici sur les conséquences d'une condamnation par contumace, il ne restreint toutefois pas à ce cas son opinion,
que la mort civile ne détruit pas le lien civil du mariage : à la page 260
il dit d'une manière générale, absolue, que le mariage subsiste encore
comme mariage, quoiqu'il y ait mort civile. M. Delvincourt, tom. I,
pag. 382, soutient le sentiment opposé, mais en faisant une distinction
entre les condamnations par contumace et celles qui sont prononcées
contradictoirement; nous croyons aussi que l'on doit faire cette distinction pour connaître *l'époque* à laquelle le mariage sera dissous par
l'effet de la mort civile.

damné dont il s'agit rentrait dans la vie civile, son mariage n'en aurait pas moins été dissous de plein droit, d'après les articles 25 et 227; en conséquence, il devrait être réhabilité, renouvelé, pour pouvoir produire des enfans légitimes, capables de succéder, à ce titre, aux parens de leurs père et mère, et même à ces derniers.

253. Mais lorsque la mort civile ne résulte que d'une condamnation prononcée par contumace, nous ne croyons pas que le mariage soit dissous immédiatement à l'expiration des cinq ans qui ont suivi l'exécution du jugement par effigie. Il est bien vrai qu'alors la mort civile est encourue aux termes de l'article 27, et qu'en rapprochant cet article de l'article 25, la dissolution du mariage, quant à ses effets civils, paraît devoir en résulter. Aussi, s'il n'y avait que ces deux dispositions, notre décision serait différente, quoique nous ne l'exprimassions qu'à regret.

Mais l'article 227 nous engage à adopter cette opinion. Il porte, « que le mariage se dissout par la « condamnation, devenue définitive, de l'un des « époux, à une peine emportant mort civile. » Or, la *condamnation à la peine* emportant mort civile ne devient *définitive* que lorsque le condamné ne peut plus être pris ni jugé; et, suivant les articles 635 et 641 du Code d'instruction criminelle, ce n'est qu'après vingt ans depuis la date de l'arrêt que la peine est prescrite, et qu'il n'est plus permis au condamné de se présenter en justice pour purger la contumace et rentrer dans la vie civile. Jusqu'à cette époque, la condamnation à la *peine* n'est point définitive, puisqu'aux termes des articles 476 du même Code et 30 du Code civil, le condamné qui est arrêté ou qui se représente doit subir un autre jugement et peut même être absous. Ainsi, puisque l'article 227 ne fait dériver de la mort civile la dissolution du mariage qu'autant que la condamnation à la peine est devenue définitive, il nous semble qu'il modifie en ce point les dispositions générales résultant de la combinaison des articles 25 et 27; et comme il est placé spécialement au titre du Mariage, c'est lui qui doit être appliqué de préférence, suivant la règle *specialia generalibus derogant*, règle dont l'application est si favorable dans ce cas. Si nous nous trompions dans la manière dont nous l'interprétons, nous aurions du moins signalé une imperfection dans la loi, et manifesté le désir d'une amélioration salutaire, qui mette désormais les fictions de la mort civile plus en harmonie avec les principes qui régissent, sous les rapports religieux, moraux, civils et politiques, le saint nœud du mariage.

254. Si donc des enfans naissent de cette union après les trois cents jours depuis l'expiration des cinq années, et avant que la condamnation soit devenue définitive, ces enfans seront légitimes. Ils ne pourront, à la vérité, succéder aux biens

qu'avait leur père au moment où sa mort civile a été encourue, puisqu'ils n'étaient ni nés ni conçus à cette époque ; ils ne pourront même succéder à ceux qu'il acquerra par la suite, parce que ces biens appartiennent à l'État par droit de déshérence, et que le mort civilement ne peut plus avoir d'héritiers depuis la mort civile encourue ; mais ils succéderont, comme enfans légitimes, non-seulement à leur mère et aux parens de celle-ci, mais encore aux parens de leur père, attendu que les deux termes habiles à la transmission des biens par voie de succession, capacité de transmettre et capacité de recueillir, se rencontrent parfaitement dans l'espèce.

255. Quoique tous les liens civils du mariage soient rompus par l'effet de la mort civile, les liens naturels ne le sont pas : *Jure civili jura naturalia perimi nequeunt.* Les enfans devraient des alimens à leur père, comme il leur en devrait de son côté, s'il était en état de leur en fournir au moyen des biens qu'il a pu acquérir par la suite. Et s'il rentre dans la vie civile par la clémence du Souverain, tous les liens de famille reprennent leur première force (1), sans préjudice des effets que la mort civile a produits tant qu'elle a existé. Les enfans de ce mariage pourront donc lui succéder, comme il pourra leur succéder lui-même.

_____

(1) *Voy.* ce qui a été dit au n° 240.

256. 3° Il ne peut contracter un mariage qui produise des effets civils.

Quant à lui, cela est vrai sans distinction. Il ne peut ignorer son état d'incapacité.

257. Mais pour l'autre époux, s'il a contracté de bonne foi le mariage, ce qui sera rare, mais ce qui n'est pas impossible, puisque le mort civilement a pu changer de nom et se marier dans un pays éloigné du lieu où sa condamnation a été rendue publique; si, disons-nous, le conjoint a été de bonne foi, le mariage produira tous ses effets civils tant à son égard qu'à l'égard des enfans issus de cette union. (Art. 201 et 202.)

M. Merlin soutient l'opinion contraire dans son Répertoire, au mot *empêchement* et au mot *légitimité.* C'est, nous le croyons, une méprise de sa part, puisque les articles 201 et 202 sont formels, qu'ils ne font aucune exception, et que, d'ailleurs, la question ayant été agitée au Conseil-d'État, elle fut décidée dans ce sens. Voici ce qui fut dit à ce sujet à la séance du 5 vendémiaire an 10.

M. Tronchet fait observer « qu'un homme mort « civilement, ne pouvant communiquer les droits « de famille, ni par conséquent donner à ses enfans « le droit de succéder à des collatéraux, il est in-« conséquent de supposer que son mariage aura « des effets vis-à-vis des tiers. »

M. Regnault dit : « que ce serait contredire le « principe adopté sur la mort civile, laquelle re-

« tranche tellement un homme de la société, que
« la loi ne reconnaît pas ses enfans. »

Mais, M. Réal fait observer « que l'état des enfans
« pourrait cependant *être assuré par la bonne foi*
» *de l'autre époux.* »

Et M. Tronchet répond : « que *les effets de cette*
« *bonne foi sont une exception à la règle générale;*
« *qu'au surplus, ils sont bornés à celui des deux*
« *époux qui a été trompé et à ses enfans.* »

Cette observation ne trouva pas de contradicteurs, parce qu'en effet elle était juste et conforme aux principes, lesquels, dans l'ancienne jurisprudence, n'étaient pas, il est vrai, fixés d'une
manière ferme et invariable, comme ils le sont
aujourd'hui par nos articles 201 et 202; mais ils
sont si pleins de raison que l'on est étonné d'apprendre qu'il ait pu y avoir quelque dissidence à
cet égard. Pourquoi, en effet, un mariage inces-
tueux, mais contracté de bonne foi, produirait-il
les effets civils, tandis que celui dont il s'agit ne
les produirait pas? La loi prohibait l'un comme
l'autre; tous les deux sont nuls à ses yeux : donc,
si l'un produit cependant les effets civils à cause
de la bonne foi, l'autre doit les produire aussi, en
restreignant ces effets au conjoint de bonne foi et
aux enfans : la conséquence nous paraît irrécusable.

258. Les enfans du mort civilement pourront,
d'après cela, succéder à leur mère, comme celle-ci
pourra leur succéder; mais ils ne pourront recueillir

les biens que leur père laissera au jour de son décès : ces biens appartiennent à l'État par droit de déshérence , sauf la disposition que le Roi peut en faire à leur profit, selon que l'humanité le lui suggèrera. (Art. 33.) Ce n'est pas, sans doute , parce que ces enfans sont incapables de succéder à leur père , mais c'est parce que leur père est incapable de leur transmettre, et que , pour la transmission des biens par voie de succession , il faut les deux termes habiles : capacité de transmettre et capacité de recueillir. Telle est la décision de Richer, dans son Traité *de la Mort civile*, liv. III, chap. 3 , pag. 235, et de Pothier, *Contrat de mariage*, n°. 440. Ce dernier s'exprime ainsi :

« La bonne foi de l'une des parties donne les
« effets civils à un mariage nul : comme lorsqu'une
« femme épouse de bonne foi un homme qui avait
« perdu l'état civil par une condamnation dont la
« connaissance n'avait pu parvenir à cette femme,
« le jugement ayant été rendu dans un pays éloi-
« gné, et avant qu'elle eût connu cet homme; la
« bonne foi de cette femme donne, dans ce cas ,
« à ce mariage, les effets civils, à l'effet que les
« enfans qui en sont nés aient les droits d'enfans
« légitimes, et puissent succéder à leur mère.

« Mais les enfans ne peuvent ni succéder aux biens
« de leur père, qui sont acquis au fisc , ni avoir les
« droits de famille dans la famille de leur père ,
« puisque leur père, les ayant perdus avant qu'ils
« fussent au monde, n'a pu les leur communiquer.»

259. Cette dernière décision de Pothier est peut-être rigoureusement conforme aux principes; toutefois elle en combat un qui doit aussi exercer son empire sur la question : ce principe, c'est que la légitimité est indivisible (1); et voilà pourquoi le mariage produit tous ses effets à l'égard des enfans, quoique l'un des époux seulement ait été de bonne foi en le contractant. Nous pensons donc que la décision de Pothier ne saurait se soutenir devant les articles 201 et 202. Les parens du mort civilement étant habiles à transmettre, comme les enfans du mariage dont il s'agit sont capables de recueillir, toutes les conditions exigées par la loi sont accomplies (2). Le droit de succéder sera réciproque, parce que généralement il l'est. Les exceptions au principe sont très-rares.

260. Si l'autre époux n'était pas de bonne foi, les enfans issus de ce mariage n'auraient à son égard que les droits d'enfans naturels; par conséquent, ils ne pourraient succéder aux parens de cet époux.

---

(1) La force de la chose jugée peut quelquefois le faire fléchir, quand il y a des jugemens contraires sur une question d'état, comme on le verra dans la suite.

(2) *Voy.*, à l'appui de cette opinion, l'arrêt de cassation du 15 janvier 1816. (Sirey, 1816, 1, 81.) Il s'agissait, il est vrai, dans l'espèce de l'arrêt, d'un cas d'émigration; mais il n'a fait qu'appliquer les vrais principes. Il a décidé que les enfans issus d'un mariage contracté entre un Français frappé de mort civile par suite d'émigration et une Allemande, peuvent succéder aux parens de leur père.

Et pour cela, que la femme allemande pouvait raisonnablement ignorer la position de celui qu'elle épousait, et l'effet de nos lois qui la caractérisaient.

261. 4° Le mort civilement ne peut recueillir aucune succession, ni transmettre, à ce titre, les biens qu'il a acquis par la suite. (Même art. 25.)

Ces biens appartiennent à l'État par droit de déshérence, sauf la faculté qu'a le Roi d'en disposer, par motifs d'humanité, au profit des enfans, ou de la veuve ou des parens du condamné. (Art. 33.)

Si le mort civilement ne peut avoir d'héritier, d'où vient donc que sa succession a été recueillie suivant l'ordre ordinaire et naturel par les parens les plus proches à l'époque de la mort civile encourue?

C'est, ainsi que nous l'avons dit, parce que la mort civile est une image de la mort naturelle, et que, par la mort naturelle, s'ouvre la succession : *Nam fictio idem operatur in casu ficto, quàm veritas in casu vero.* Mais il ne faut pas conclure de là qu'elle a des effets antérieurs à ceux qui naissent de la mort naturelle, qu'elle produit une incapacité de transmettre que celle-ci ne produit pas : ce serait faire anticiper l'effet sur la cause.

On ne peut admettre que le concours, et non la préexistence d'effets.... Par conséquent il n'y a pas d'obstacle à ce que la succession soit déférée suivant les règles ordinaires.

Il est vrai aussi que, d'après la fiction *momentum mortis momento vitæ adnumeratur*, la mort civile précède d'un instant de raison la mort naturelle, et nous l'avons nous-mêmes reconnu : mais ce n'est qu'une fiction, imaginée pour faire tomber le testament du mort civilement : or, toute fiction doit être sévèrement circonscrite au cas qui l'a fait introduire : *Fictio non operatur ultrà casum fictum.*

262. 5° Il ne peut disposer de ses biens (acquis depuis la mort civile, puisque la destination des autres a déjà été réglée) en tout ou partie, soit par donations entre-vifs, soit par testament, ni recevoir à ce titre, si ce n'est pour cause d'alimens.

Lui refuser de recevoir à titre d'alimens, c'eût été implicitement lui infliger la peine de mort naturelle, quand la mort civile seulement le frappe.

Mais il ne peut disposer à titre gratuit, même pour cause d'alimens; le motif qui a fait fléchir la règle ne se rencontre pas quand il dispose; c'est seulement quand il reçoit.

Nous exceptons cependant le cas où il le ferait en faveur de son descendant ou de son ascendant, de son conjoint, ou de son frère ou de sa sœur : *quia jura naturalia jure civili perimi nequeunt.*

263. Peut-il recevoir des dons manuels, par conséquent des choses mobilières?

Quelle est la puissance qui pourrait s'y opposer? et à quoi tendrait une loi dont le prescrit serait si facilement éludé, une loi qui serait réellement sans aucune sanction? Les donations d'effets mobiliers qui se consomment par la tradition, et qu'on appelle donations manuelles, sont du droit naturel. M. d'Aguesseau, rédacteur de l'ordonnance de 1731 sur *les donations,* l'a dit positivement ; et

c'est pour cela que le Code, qui a reproduit l'ordonnance, ne dit pas que toute donation sera faite
par acte en la forme authentique, mais simplement que tout acte portant donation sera fait en
cette forme, ce qui est bien différent. Nous croyons
donc que le mort civilement peut faire et recevoir
de pareilles donations (1), mais non des donations
d'immeubles et autres, lesquelles doivent être rédigées par écrit. Celles-ci ont reçu leurs formes du
droit civil, qui fixe les conditions sous lesquelles
elles sont valables; et quoiqu'elles aient leur principe dans le droit naturel, elles sont néanmoins
devenues des matières du droit civil.

D'après ces principes, nous décidons que le
mort civilement peut recevoir la remise d'une
dette : nous croyons l'avoir démontré dans notre
Traité des Contrats, etc., n° 909. Ce n'est là, en
effet, qu'un mode d'exécution et d'extinction des
obligations, mode qui rentre par conséquent dans
le domaine du droit des gens, dont n'est pas exclu
le mort civilement, du moins en général. C'est sans
doute une libéralité, une donation quant au fond;
mais les donations, que l'on a rangées dans le domaine du droit civil, quoique réellement elles ne
participent des principes de ce droit que par leur
forme (2), et que l'on a, pour cela, interdites acti-
vement et passivement au mort civilement, sont

---

(1) Cette opinion a ses partisans; mais elle a trouvé des adversaires.

(2) *Nam quid tam naturale est quàm hominem homini benefacere?*
Sénèque, *de Benefic.*

les donations susceptibles de produire une action civile. Lui contesterait-on d'ailleurs la capacité de faire, dans ses transactions commerciales, une remise à son débiteur ? Il pourrait même y être forcé dans un concordat, dans le cas de faillite de ce dernier. Or, s'il peut faire une remise, il peut en recevoir une, parce que, encore une fois, ce n'est point là une donation qualifiée, mais bien un mode d'extinction des obligations, que le législateur a placé dans une autre partie du Code que celle qui traite des donations proprement dites.

264. 6° Il ne peut être nommé tuteur, ni concourir aux opérations relatives à la tutelle. (Art. 25.)

7° Ni être témoin dans un acte solennel ou authentique, ni être admis à porter témoignage en justice. (*Ibid.*)

Si le président d'une Cour d'assises l'appelait en vertu de son pouvoir discrétionnaire, ce ne serait que pour donner de simples renseignemens, sans qu'il dût prêter le serment exigé des témoins.

Il ne peut être nommé expert en justice, et encore moins juré.

265. Enfin, 8° Il ne peut procéder en justice ni en demandant, ni en défendant, que sous le nom et par le ministère d'un curateur qui lui est nommé par le tribunal où l'affaire est portée; en cela comme en beaucoup d'autres choses, il est traité bien moins favorablement que l'étranger proprement dit.

Tels sont, d'après l'article 25, les effets de la

1. 13

mort civile. Mais, comme nous l'avons annoncé, il en existe quelques autres : les dispositions de cet article ne sont pas rigoureusement limitatives.

266. Ainsi l'usufruit, le droit d'usage et d'habitation qu'avait le mort civilement sur la propriété d'autrui se sont éteints par sa mort civile. (Art. 617 et 625.) (1)

La société qu'il avait contractée est dissoute. (Art. 1865.)

Le mandat qui lui avait été donné est fini. (Art. 2003.)

Il ne pourrait invoquer le bénéfice de cession, parce que c'est une institution du droit civil, tellement que ce bénéfice est refusé à l'étranger par l'article 905 du Code de procédure.

Et quoique le Code civil n'interdise pas au mort civilement, par une disposition expresse, l'exercice des droits politiques, il ne faut néanmoins pas douter que ces droits ne lui soient déniés. Pour être citoyen et exercer en conséquence les droits politiques, la première condition c'est de faire partie de la société, et le mort civilement en est légalement retranché : qui n'a pas le *moins* ne saurait avoir le *plus*. C'est ce qui explique le silence du Code à cet égard.

---

(1) Mais la rente viagère créée sur sa tête, soit à son profit, soit à celui d'un tiers, ne prend pas fin par cette circonstance. (Art. 1982 analysé.)

TITRE II.

Des Actes de l'État civil.

Observations préliminaires.

SOMMAIRE.

267. La loi sur les actes de l'état civil est une des plus importantes du Code, puisque toutes ses dispositions ont pour objet de fixer d'une manière certaine l'état des personnes par la composition de la famille, et qu'elles sont le complément de la loi qui régit la jouissance des droits civils.

En effet, ces droits prennent leur source dans les trois principaux événemens qui signalent le passage de l'homme sur la terre, sa naissance, son mariage et sa mort.

Par sa naissance l'homme prend son rang dans

la| société où il a reçu le jour et dans la famille qui le lui a donné; et afin que son état ne soit point exposé aux chances du hasard et aux embûches de la fraude, il importe de constater authentiquement le fait de la naissance et la filiation : car l'un attribue à l'individu la qualité de Français, et l'autre lui assure tous les droits de famille.

En avançant dans la carrière de la vie, il sent le besoin de laisser après lui quelqu'un qui le remplace et perpétue son nom; il se choisit une compagne; mais l'union qu'il va former doit être soumise à des règles fixes, certaines, qui lui impriment un caractère légal pour en assurer les effets.

Enfin la mort rompt tous les liens qui attachaient l'homme à ses semblables; toutefois en cessant de vivre il transmet des droits à d'autres appelés à le remplacer, et par cela même, cet événement, fondement de ces nouveaux droits, veut être aussi solennellement constaté.

268. Les naissances, les mariages et les décès doivent donc être attestés par des actes authentiques, irrécusables, puisque l'état des personnes et des familles est attaché à leur existence et à leur conservation.

Il y a néanmoins des règles applicables indistinctement à tous ces actes, et des règles spéciales pour chacun d'eux.

Ceux qui concernent l'état civil des militaires en activité de service hors du royaume sont traités, dans le Code, suivant les formes générales et suivant des formes particulières tout à la fois.

269. Il existe encore d'autres espèces d'actes de l'état civil : ceux des publications de mariage, pour lesquels un registre simple est prescrit par l'art. 63 du Code; la transcription, sur les registres, des jugemens d'adoption, conformément à l'art. 359; enfin les actes portent reconnaissance d'enfant naturel, lesquels peuvent être reçus aussi bien par les officiers de l'état civil que par les notaires, et doivent être transcrits en marge de l'acte de naissance, s'il en existe un. (Art. 49, 62 et 334 combinés.)

270. A raison de leur haute importance, les actes de l'état civil de la famille royale sont soumis à des formes particulières; ces formes ont été déterminées par l'ordonnance du Roi, en date du 23 mars 1816.

271. Malgré la prévoyance du législateur, il peut se glisser des erreurs dans la tenue des actes de l'état civil. La fraude, la négligence, des événemens de force majeure ont pu les faire disparaître ou altérer leur substance au préjudice des personnes qu'ils concernent; celles-ci ont le droit d'en demander le rétablissement ou la rectification; pour cela, il était nécessaire de déterminer la forme des actions, la compétence des tribunaux et les effets des jugemens : tel est l'ensemble de la loi sur les actes de l'*état civil*.

272. On peut entendre par état civil la qualité à raison de laquelle les personnes, considérées par

rapport à la société en général, ou par rapport à la famille en particulier, jouissent de certains droits plus ou moins étendus, et sont soumises à des devoirs plus ou moins nombreux.

Suivant le droit romain, l'état était naturel ou civil; il pouvait aussi se considérer dans ses rapports avec la liberté, la cité et la famille (1).

Cette division est en partie conservée dans notre droit, en ce sens que nous reconnaissons l'état de la cité et celui de la famille, quoique avec des attributs différens de ceux que les lois romaines attachaient à l'état de famille.

Quant à celui de liberté, il n'a plus de corrélatif, puisque l'esclavage ne souille pas les lois qui nous régissent. Cet état, considéré sous le rapport de la condition des hommes, n'est qu'une abstraction dans notre système politique; il est donc inutile d'en parler; mais on peut dire avec quelque raison que nous connaissons l'état naturel, comme étant celui de l'étranger, par opposition à celui de cité et à celui de famille, qui appartiennent à chacun de nous.

Considéré dans ses rapports avec la société ou la famille, un individu est père ou enfant, marié, veuf ou célibataire; enfant légitime, naturel ou adoptif; il est mineur ou majeur, interdit ou exerçant ses droits; parent à tel degré de telle personne, etc. etc. : voilà son état civil.

----

(1) *Voy.* La L. 11, *de Capit. minut.*, et Heineccius, *Elementa juris*, n° 76.

273. La manière de constater l'état des hommes a dû nécessairement varier en raison des temps, des lieux et des mœurs particulières de chaque peuple.

À Rome, par exemple, il n'y avait pas de registres de l'état civil : les naissances étaient constatées par le père de famille, au moyen d'une inscription sur ses registres domestiques; et l'on pouvait prouver sa filiation, sa légitimité, son âge, par de tels écrits et par des témoins (1), et même par des lettres adressées à la mère par le père (2). Ce mode n'était pas sans danger pour l'état des enfans; leur âge véritable n'était pas non plus fixé d'une manière invariable, et une foule d'abus et de fraudes pouvait résulter de l'absence d'un mode plus régulier.

La seule raison plausible de cette grave omission dans la législation romaine, c'est que les Romains admettaient la preuve par témoins pour toute espèce d'actes, tandis que chez nous ce genre de preuve, à raison de ses dangers, est vu avec une extrême défaveur, et n'est admis que dans les cas spécialement déterminés par la loi.

274. Anciennement, en France, les registres de l'état civil étaient confiés aux curés des paroisses; et comme l'a dit l'orateur (3) chargé de présenter au Tribunat un rapport sur le projet de loi, il était

---

(1) L. 3 , §. 5 , ff. *de Carb. Edict.*
(2) L. 29 , ff. *de Probat.*
(3) M. Siméon.

assez naturel que les mêmes ministres dont on allait demander les bénédictions et les prières aux époques de la naissance , du mariage ou du décès, en constatassent les dates et en rédigeassent les procès-verbaux. La sanction de la religion ajoutait à la garantie de la loi que les registres seraient fidèlement tenus.

Mais en proclamant la liberté des cultes, l'Assemblée constituante crut voir dans le mode suivi jusqu'alors une sorte d'opposition aux principes qu'elle venait d'établir ; et dans ses appréhensions que la validité des actes ne fût pas assez indépendante des dogmes religieux, elle décida qu'il serait créé pour tous les Français, sans distinction , un mode de constater les naissances, les mariages et les décès : ce mode ne fut néanmoins organisé que par une loi de la législature suivante, celle du 20 septembre 1792.

275. Dans l'explication de cette matière nous suivrons la division générale tracée par le Code. Nous remettrons cependant à parler au titre du *Mariage*, de l'acte qui constate sa célébration , parce qu'en effet cet acte, ainsi que les formalités qui le précèdent, forment une partie intégrante de la loi sur le mariage et n'en doivent pas être séparés. L'observation en a même été faite par un des hommes éminens auxquels la rédaction du Code a été confiée.

Ainsi, nous traiterons dans un chapitre premier, des dispositions générales sur les actes de l'état civil;

Dans le deuxième, des actes de naissance;

Dans le troisième, des actes de décès;

Dans le quatrième, des actes de l'état civil concernant les militaires hors du territoire du royaume;

Et dans le cinquième, de la rectification des actes de l'état civil.

CHAPITRE PREMIER.

Dispositions générales sur la tenue des Registres, la rédaction des Actes, et la preuve qu'ils font de leur contenu.

SOMMAIRE.

276. *Division du chapitre.*

276. De ces dispositions, les unes concernent les registres sur lesquels sont inscrits les actes, ainsi que les obligations des officiers de l'état civil relativement à la tenue de ces registres; d'autres sont relatives aux formalités à observer dans la rédaction des actes en général, à ceux reçus en pays étranger, et au cas où il n'a pas existé de registres, et à celui où ils ont été perdus; enfin, il en est qui ont pour objet d'expliquer la force de la preuve que les actes font de leur contenu : ce sera la matière des trois sections suivantes.

SECTION PREMIÈRE.

Des Dispositions générales concernant les Registres et les Obligations des Officiers de l'état civil relativement à la tenue de ces Registres.

SOMMAIRE.

277. *Les actes de l'état civil sont inscrits dans chaque commune sur un ou plusieurs registres tenus doubles.*

277. Les actes de l'état civil doivent être inscrits dans chaque commune sur un ou plusieurs registres tenus doublés. (Art. 40).

Toute inscription d'actes de l'état civil sur une feuille volante, et autrement que sur les registres à ce destinés, donne lieu contre l'officier de l'état civil aux dommages et intérêts des parties, et à l'application de la peine d'un emprisonnement d'un mois au moins et de trois mois au plus, et d'une amende de seize à deux cents francs. (Art. 52 du Cod. civ. et 192 du Cod. pén.)

Dans les communes peu populeuses, il n'est tenu quelquefois qu'un seul registre pour les naissances, les mariages et les décès ; mais il est toujours tenu double. Dans les autres, il y a un registre tenu double pour chaque espèce d'actes.

Dans toutes les communes il doit y en avoir un pour y inscrire les publications de mariage ; mais ce registre est tenu simple. (Art. 63.)

278. Tous les registres sont cotés par première et dernière, et paraphés sur chaque feuille par le président du tribunal de première instance, ou par le juge qui le remplacera. (Art. 41.)

Cette mesure a pour objet d'empêcher la suppression des actes véritables et l'intercallation d'actes frauduleux.

Ils sont clos et arrêtés par l'officier de l'état civil à la fin de chaque année; et, dans le mois, l'un des doubles doit être déposé aux archives de la commune (1), l'autre au greffe du tribunal de première instance (art. 43); en sorte que si l'un des registres disparaît par fraude, négligence ou accident, l'état civil des personnes est du moins assuré par l'existence de l'autre.

Les procurations et autres pièces qui doivent demeurer annexées aux actes de l'état civil sont déposées, après qu'elles ont été paraphées par la personne qui les a produites et par l'officier de l'état civil, au greffe du tribunal, avec le double des registres, dont le dépôt doit avoir lieu audit greffe. (Art. 44.)

Dans tous les cas où la mention d'un acte relatif à l'état civil doit avoir lieu en marge d'un autre acte déjà inscrit, cette mention doit être faite à la requête des parties intéressées, et elle doit l'être par l'officier de l'état civil sur les registres courans ou sur ceux qui ont été déposés aux archives de la commune, et par le greffier du tribunal de première instance sur les registres déposés au greffe; à l'effet

---

(1) Le décret du 20 juillet 1807 a ordonné la formation annuelle de tables alphabétiques des actes de l'état civil, par les officiers chargés de la tenue des registres, pour être refondues tous les dix ans par les greffiers des tribunaux et n'en faire qu'une seule. Ces tables sont utiles au gouvernement pour dresser la statistique de chaque département et même de toute la France; mais on a à regretter que le décret n'ait pas toujours été ponctuellement exécuté.

de quoi l'officier de l'état civil est tenu d'en donner avis dans les trois jours au procureur du roi, afin que ce magistrat veille à ce que la mention soit faite d'une manière uniforme sur les deux registres. (Art. 49.)

279. Tout dépositaire des registres est civilement responsable des altérations qui y surviennent, sauf son recours, s'il y a lieu, contre les auteurs de ces altérations. (Art. 51.)

Toute altération, tout faux dans les actes de l'état civil, et, ainsi qu'il a été dit, toute inscription de ces actes faite sur une feuille volante et autrement que sur les registres à ce destinés, donnent lieu aux dommages intérêts des parties, sans préjudice des peines portées au Code pénal. (Art. 52.)

280. Et afin que les précautions prises par la loi pour garantir l'état des personnes ne soient pas éludées, le procureur du roi est spécialement chargé de vérifier l'état des registres lors du dépôt qui en est fait au greffe.

Il doit dresser procès-verbal des contraventions ou délits commis par les officiers de l'état civil, et requérir contre eux la condamnation aux amendes. (Art. 53.)

Mais en principe il n'a pas qualité pour requérir d'office la rectification des registres (1), de même que les tribunaux n'ont pas le droit de l'ordonner.

---

(1) Sauf cependant ce qui sera dit au chapitre dernier, n° 339.

281. La connaissance des délits commis dans la tenue des registres appartient aux Cours royales, et celle des simples contraventions, aux tribunaux de première instance jugeant civilement, et sauf l'appel, qui est porté aussi à la Cour royale, chambre civile (1).

En parlant de la preuve résultant des actes de l'état civil, nous exposerons quelques règles fondées sur la jurisprudence, au moyen desquelles on pourra discerner les cas où les déclarations ou énonciations mensongères insérées dans ces actes constituent un faux caractérisé, et ceux où elles ne sont qu'un simple mensonge : par là, il sera facile de distinguer les cas dans lesquels on ne peut combattre ou repousser ces énonciations que par l'inscription de faux; de ceux où on peut les attaquer par d'autres moyens.

SECTION II.

Des Dispositions relatives aux formalités à observer dans
la rédaction des actes en général; des Actes de l'état
civil reçus en pays étranger ; et des Cas où il n'a pas
existé de registres, ou qu'ils ont été perdus.

SOMMAIRE.

282. *Formalités à observer dans la rédaction des actes.*
283. *L'officier de l'état civil ne doit rien insérer dans l'acte que*
ce qui doit être déclaré par les comparans.

---

(1) Avis du Conseil d'État, approuvé le 4 pluviose an XII. Cet avis a de plus décidé que les officiers de l'état civil peuvent être poursuivis *de plano,* sans qu'il soit besoin d'obtenir l'autorisation préalable du Conseil d'état, nécessaire, d'après l'article 75 de la Constitution de

§. Iᵉʳ.

Des Formalités à observer dans la rédaction des actes en général.

282. Les actes doivent être inscrits sur les registres, de suite, sans aucun blanc. (Art. 42.)

---

l'an VIII, pour pouvoir poursuivre les agens du gouvernement; car, en ce qui concerne la tenue des registres de l'état civil, les maires et adjoints des communes ne sont point les agens du gouvernement, mais les délégués de la loi.

Les ratures et les renvois sont approuvés et signés de la même manière que le corps de l'acte. (*Ibid.*)

Il n'y doit rien être écrit par abréviation, et aucune date ne doit y être mise en chiffres. (*Ibid.*)

Ils doivent énoncer l'année, le mois, le jour et l'heure où ils sont reçus; les prénoms, noms, âges, profession et domicile de tous ceux qui y sont dénommés. (Art. 34.)

Ces énonciations peuvent être d'une grande importance en cas d'inscription de faux. Elles pourront servir, par exemple, à prouver que tel individu, désigné dans l'acte comme comparant, n'a cependant pu y figurer, attendu l'éloignement où il était, lors de l'acte, du lieu où il a été rédigé.

283. Les officiers de l'état civil ne peuvent rien insérer dans les actes, soit par note, soit par énonciation quelconque, que *ce qui doit être déclaré* par les comparans. (Art. 35.)

S'ils n'observent pas ce prescrit de la loi, ils s'exposent à être poursuivis par ceux qui auraient à se plaindre des énonciations ou des notes qui ne devaient pas être faites.

284. Ils ne doivent pas, lorsqu'on leur présente un enfant naturel, consigner la déclaration qu'il est né d'un tel, non présent à l'acte, et qui ne s'y est pas fait représenter par un fondé de pouvoir spécial et authentique pour reconnaître l'enfant : ce serait aller contre le vœu de l'art. 340, qui porte en principe qu'en matière de filiation naturelle la re-

cherche de la paternité est interdite. Il en doit être de même, encore que l'acte n'ait pas pour but direct de constater que l'enfant est fils d'un tel : par exemple, s'il était dit dans un acte de mariage que l'une des parties est fils ou fille naturelle de Paul, non présent ni représenté à l'acte, il faudrait, pour que l'officier de l'état civil pût insérer cette énonciation, qu'on lui représentât une expédition de l'acte de reconnaissance de l'enfant ou d'un jugement qui aurait fixé son état.

Sans doute, la déclaration faite hors ces cas n'imprimerait pas à l'individu désigné la qualité de père de l'enfant; mais elle aurait des effets moraux qui pourraient être fâcheux pour lui, et qui le mettraient en quelque sorte dans la nécessité de demander la rectification des registres.

285. L'officier de l'état civil ne devrait pas non plus consigner la déclaration que l'enfant qu'on lui présente est fils de Sophie et de Paul marié à Élisabeth; ni, *vice versâ*, qu'il est fils d'Élisabeth mariée à Paul, et d'un autre individu : car la reconnaissance d'un enfant adultérin étant prohibée, comme la recherche de la paternité ou de la maternité à l'égard d'un tel enfant (art. 335 et 342), toute déclaration qui tendrait à cet objet est par cela même interdite.

286. Au reste, l'officier de l'état civil ne doit rien changer ni ajouter aux déclarations des comparans lorsqu'elles sont du nombre de celles que la loi auto-

rise. Son ministère se borne à les recevoir, et il ne s'étend point jusqu'à les commenter, les juger ou les contredire : si elles sont fausses ou erronées, ce sera à la justice à poursuivre les faussaires, ou, en cas de réclamation, à accorder les rectifications qui lui seront légalement demandées.

287. Dans les cas où les parties ne sont point tenues de comparaître en personne, elles peuvent se faire représenter par un fondé de procuration spéciale et authentique (art. 36), laquelle, ainsi qu'il a été dit, doit demeurer annexée à l'acte.

Le mariage ne paraît point être un de ces cas, puisque, suivant l'art. 75, l'officier de l'état civil reçoit de chacune des parties, l'une après l'autre, la déclaration qu'elles veulent se prendre pour mari et femme, et qu'il doit leur donner lecture du chapitre VI du titre *du Mariage*, relatif aux droits et aux devoirs des époux : lecture qui serait fort insignifiante, si elle était faite à des mandataires.

Mais les père et mère des époux sont parties intéressées, et ils peuvent donner leur consentement par le ministère d'un fondé de pouvoir.

Dans le cas de décès, il n'y a qu'une déclaration de témoins, et point de parties intéressées.

Enfin, la reconnaissance d'un enfant naturel peut être faite par le fondé de pouvoir du père ou de la mère, dans l'acte de naissance lui-même comme dans un acte postérieur.

Le père d'un enfant né avant le cent quatre-

vingtième jour du mariage peut aussi se faire représenter à l'acte de naissance par un fondé de
pouvoir, aux fins d'assurer l'état de l'enfant contre
l'action en désaveu. (Art. 314.)

288. Les témoins produits aux actes de l'état
civil ne peuvent être que du sexe masculin, âgés
de vingt et un ans au moins, parens ou autres; ils
sont choisis par les personnes intéressées. (Art. 37.)

Leur nombre varie suivant la nature des actes,
comme on le verra par la suite.

Il faut observer que la loi ne dit pas que les *déclarans* devront être du sexe masculin; qu'elle
n'exige cette qualité que pour les *témoins*. Ainsi,
une femme peut déclarer la naissance d'un enfant,
le fait d'un enfant trouvé et le décès d'une personne.
(Art. 56, 58 et 78.)

Ceux auxquels a été appliqué le n° 7 de l'art. 42 du
Code pénal, ne peuvent être témoins aux actes de l'é-
tat civil pendant le temps déterminé par le jugement.

Quant à l'étranger admis par l'autorisation du
Roi à résider en France, il est bien vrai qu'il ne
peut être témoin instrumentaire aux actes de donation ni aux testamens, et pas davantage aux actes
notariés en général, puisque, pour les testamens,
l'article 980 exige que les témoins soient sujets du
Roi (et l'individu est encore étranger), et que,
pour les autres, la loi du 25 ventôse an XI, sur le
notariat, veut, par son article 9, que les témoins
soient citoyens français, sachant signer, et domici-

liés dans l'arrondissement communal où l'acte est passé. Mais ces conditions ne sont point exigées dans les témoins aux actes de l'état civil : l'article 37 ne demande rien autre chose, sinon qu'ils soient mâles et majeurs. Aussi peuvent-ils être pris parmi les parens des parties, tandis que cela ne peut avoir lieu, dans les actes reçus par les notaires, au degré déterminé par les art. 8 et 10 de la loi précitée.

Nous pensons même qu'un étranger quelconque pourrait être témoin dans les actes de l'état civil ; la loi ne l'exclut pas. Ce n'est pas, à proprement parler, l'attribution d'un droit civil, c'est plutôt un bon office rendu aux parties : il est d'ailleurs assez naturel qu'un père figure à l'acte de naissance ou de mariage de son enfant. Au surplus, dans le cas ou un étranger aurait signé comme témoin un acte de l'état civil, la question de savoir s'il l'a pu valablement présentera ordinairement peu d'intérêt ; car les irrégularités de cette classe d'actes authentiques ne les rendent pas nuls, du moins généralement. S'il y a exception à cette règle, ce ne peut être que pour les actes de mariage, et encore il sera bien rare que le mariage lui-même soit annulé pour les vices et les irrégularités qui auraient pu se glisser dans la confection de l'acte, quand d'ailleurs les conditions prescrites pour la validité du mariage auront été observées.

289. L'officier de l'état civil doit donner lecture des actes aux parties comparantes ou à leur

fondé de procuration, et aux témoins. (Art. 38.)

Il doit y être fait mention de l'accomplissement de cette formalité. (*Ibid.*)

Ces actes sont signés par l'officier de l'état civil, par les comparans et les témoins, ou mention doit être faite de la cause qui empêche les comparans et les témoins de signer. (Art. 39.)

290. Toute contravention aux dispositions précédentes de la part des officiers de l'état civil, doit être poursuivie devant le tribunal de première instance à la réquisition du ministère public, et punie d'une amende qui ne pourra excéder cent francs. (Art. 5o et 53 combinés.)

Pour que les officiers de l'état civil fussent moins exposés à commettre des irrégularités dans les actes, surtout dans les campagnes, le ministre de l'intérieur adressa, le 15 fructidor an xii, aux préfets, qui les leur ont transmises, des formules d'actes pour leur servir de guide et même de modèles. Ces formules ont assurément prévenu bien des erreurs; mais, comme simples décisions ministérielles, elles ne sont pas rigoureusement obligatoires.

§. II.

Des Actes de l'état civil reçus en pays étranger.

291. Il peut arriver, et il arrive souvent que des Français naissent, se marient ou meurent en pays étranger, ou qu'un étranger soit réduit à prouver en France son état civil.

Les deux hypothèses sont prévues et réglées par l'article 47, ainsi conçu :

« Tout acte de l'état civil des Français et des « étrangers, fait en pays étranger, fera foi, s'il a « été rédigé dans les formes usitées dans ledit « pays; « ce qui suppose, par conséquent, qu'il a été reçu par les officiers du pays, les nôtres n'ayant aucun caractère pour observer d'autres lois que les lois françaises. Cet article est l'application de la règle *locus regit actum*, suivant laquelle tout acte public est regardé comme authentique, s'il est revêtu des formes prescrites par les lois du pays où il a été passé; et cette règle s'applique même aux testamens. (Art. 999.)

L'article 47, disons-nous, a prévu et réglé les deux hypothèses. En effet, il régit aussi bien le cas où il s'agit d'un acte qui intéresse un étranger ou plusieurs étrangers, que celui où il s'agit d'un acte qui concerne tout à la fois un Français et un étranger, c'est-à-dire l'acte de mariage. Sa disposition se trouve confirmée formellement par celle de l'art. 170, suivant laquelle le mariage contracté en pays étranger, entre Français et étranger, est valable, s'il a été reçu dans les formes usitées dans le pays. Mais au titre *du Mariage*, nous traiterons la question de savoir si le mariage contracté en pays étranger, entre Français et étranger, peut être indifféremment célébré, soit par les agens français, et suivant les lois françaises, soit par les officiers étrangers, d'après les formes usitées dans le pays.

Cette question a été jugée diversement par les Cours royales et par la Cour de cassation.

292. Pour les actes des Français en pays étranger, ils peuvent être reçus par les agens français, conformément aux lois françaises.

« Tout acte de l'état civil des Français, en pays « étranger, porte l'article 48, sera valable, s'il a été « reçu conformément aux lois françaises, par les « agens diplomatiques ou les consuls. »

Nous aurons aussi à voir si le mariage entre Français, contracté en pays étranger, doit nécessairement être célébré dans les formes usitées dans le pays, comme paraît le vouloir l'article 170, ou s'il peut être valablement reçu par les agens diplomatiques ou les consuls, conformément aux lois françaises, ainsi que semble le dire cet article 48.

§. III.

Du Cas où il n'a pas existé de registres, et de celui où ils ont été perdus.

293. Si la loi s'était bornée aux dispositions que nous venons de retracer, si elle avait passé sous silence le cas où il n'a pas existé de registres, et celui où ils ont été perdus, son système eût été incomplet ; mais il n'en est pas ainsi. On a prévu, en effet, que plusieurs circonstances, telles que la guerre, la contagion, s'opposeraient pendant plus ou moins de temps à ce qu'il fût tenu des

registres, ou que des événemens de force majeure pourraient occasioner la perte de ceux qui ont existé. Dans cette prévoyance (1), il a été décidé par l'article 46, que « la preuve de ces cas sera « reçue tant par titres que par témoins, et que les « mariages, naissances et décès pourront être prou- « vés tant par les registres et papiers émanés des « père et mère, que par témoins. »

Ainsi, il y a deux preuves à faire : la première, qu'il n'a pas existé de registres, ou que ceux qui ont existé ont été perdus; et la seconde, le fait de la naissance, du mariage ou du décès.

Incontestablement, la première de ces preuves peut se faire par témoins; mais il est plus régulier de produire d'abord la déclaration du greffier du tribunal et de l'officier de l'état civil, ou un procès-verbal de recherches, constatant qu'on ne trouve ni au greffe, ni aux archives de la commune, les registres d'un tel temps (2).

294. Quant à la seconde, des personnes doutent qu'elle puisse avoir lieu par témoins sans être soutenue de registres ou papiers émanés des père et mère. Leurs doutes naissent de ce que les orateurs chargés de présenter le projet de loi, auraient ex-

(1) Elle s'est réalisée en 1814. Les registres de la ville de Soissons ont été perdus par suite des événemens de la guerre, et leur recomposition a eu lieu en vertu de l'ordonnance du 6 janvier 1815. Bulletin, n° 631.

(2) *Voir* Rodier, *Questions sur l'ordonnance de* 1667, pag. 384 et suiv. de l'édition de 1769.

primé l'opinion qu'un commencement de preuve
par écrit est nécessaire.

Il est vrai que celui qui a exposé *les motifs* du
projet au Corps-Législatif laisse entendre que telle
était sa pensée; mais il parlait de l'*état* en général,
tandis que nous parlons seulement en ce moment
de la preuve du fait de la naissance, du mariage et
du décès. L'orateur chargé du rapport au Tribunat
s'exprimait même de manière à ne pas faire croire
que l'intention des rédacteurs du projet fût que la
preuve testimoniale ne serait admise qu'autant
qu'elle serait aidée des registres et papiers domestiques; car il a dit simplement sur le cas qui nous
occupe : « Alors, les registres et papiers domesti-
« ques seront consultés, malgré la juste répugnance
« des lois pour la preuve testimoniale. » Or, on ne
peut les consulter qu'autant qu'il en existe, et certes
ce ne sera pas le cas le plus fréquent, surtout dans
les campagnes. Enfin, dans le discours de l'orateur
chargé de présenter au Corps-Législatif le vœu du
Tribunat sur la loi, on lit: « Il fallait encore pré-
« voir le cas où, par quelque événement que ce
« pût être, il n'aurait pas existé de registres, et ce-
« lui où ils seraient perdus. Le projet de loi dit que
« la preuve en sera reçue tant par titres que par
« témoins, et que, dans ce cas, les mariages, nais-
« sances et décès, pourront être prouvés tant par
« les registres et papiers émanés des pères et mères
« décédés, que par témoins.

« Ce n'est qu'avec regret, sans doute, que le lé-

« gislateur autorise, dans une matière si impor-
« tante, la preuve testimoniale ; mais ici elle est
« nécessaire ; elle est le seul moyen que puissent in-
« voquer une foule d'individus qu'il serait aussi trop
« injuste de priver de leur état, parce que les regis-
« tres où il aurait été constaté seraient perdus. »

Ce passage nous semble clair. Il ne permet guère
de penser que les orateurs du gouvernement aient
voulu subordonner l'admission de la preuve testimoniale à l'existence de registres et papiers émanés
des père et mère décédés. D'ailleurs, l'article 46
est formel ; il autorise la preuve des naissances,
mariages et décès, tant par titres que par témoins.

295. Mais si les naissances, les mariages et les
décès peuvent se prouver par témoins, il n'est pas
également certain que ce genre de preuve soit
admissible sans adminicule pour établir la filiation,
lorsqu'elle est contestée ; car l'article 46 ne parle
que de la naissance et non de la filiation, et l'article 323 n'admet, en principe, cette preuve, qu'autant qu'elle est soutenue de papiers et registres
émanés des père et mère.

D'abord, nous ferons observer que l'enfant pouvant, aux termes de l'art. 320, prouver sa filiation
légitime par la possession d'état, il est clair que la
question perd une grande partie de son importance ; car cette possession peut être prouvée par
témoins sans commencement de preuve par écrit,
puisque c'est une simple réunion de faits. Aussi

la loi n'exige point, dans ce cas, que la preuve testimoniale soit aidée des registres et papiers domestiques, comme elle l'exige dans ceux régis par l'article 323.   ◦

Mais comme les faits constitutifs de la possession
d'état sont plus ou moins nombreux, plus ou moins
certains, et qu'ils n'ont pas un caractère aussi prononcé à l'égard d'un enfant qui aurait perdu ses
père et mère en très-bas âge, qu'à l'égard d'un individu qui aurait encore les siens, ou qui ne les
aurait perdus qu'à une époque où il avait déjà reçu
d'eux les soins de l'éducation, la question de savoir si l'article 46 autorise, dans les cas qu'il prévoit, l'admission de la preuve testimoniale toute
nue pour établir la filiation, peut encore avoir de
l'importance. Il nous semble qu'elle doit être décidée en principe contre l'enfant, attendu qu'il demande au-delà de ce qui est accordé par cet article 46; sauf néanmoins aux tribunaux à prendre
en considération les circonstances de la cause.
Quant à cette modification, nous la fondons, 1° sur
ce qu'il s'agit ici d'un cas extraordinaire, tandis
que l'article 323 consacre un principe général;
2° sur ce que cet article autorise même les tribunaux à admettre la preuve testimoniale sans être
étayée d'un commencement de preuve par écrit,
lorsque les présomptions ou indices résultant de
faits dès-lors constans sont assez graves pour déterminer l'admission; or la non-existence ou la
perte des registres, fait constant, *pourrait* être re-

gardée comme une présomption en faveur de l'enfant; 3° sur ce que l'orateur que nous avons cité a dit positivement que la preuve testimoniale est nécessaire dans le cas dont il s'agit, attendu qu'elle est le seul moyen que puisse invoquer une foule d'individus qu'il serait par trop injuste de priver de leur *état*, parce que les registres seraient perdus : or l'*état* n'est pas le fait de la naissance, mais bien la filiation.

296. On peut, au reste, considérer le cas de destruction ou de corruption d'une ou plusieurs feuilles des registres sur lesquelles on prétendrait que des actes ont existé, comme la perte des registres eux-mêmes, parce qu'en effet c'est la même chose pour les personnes dont l'acte a été supprimé, chaque partie n'ayant intérêt qu'au feuillet où était celui dont elle veut prouver l'existence; mais les juges ont un pouvoir discrétionnaire d'admettre ou de repousser la preuve testimoniale (1).

297. Nous n'oserions porter la même décision pour le cas où l'on prétendrait seulement que de simples négligences ou omissions ont été commises dans la tenue des registres; ce serait indirectement admettre la preuve testimoniale en matière de filiation, car celui qui l'invoquerait à défaut d'acte inscrit sur les registres, alléguerait précisément leur mauvaise tenue. Sans doute les tribunaux ne

---

(1) *Voy.* l'arrêt de rejet de la section civile, en date du 21 juin 1814. Sirey, 1814, part. 1, page 291.

se laisseraient pas séduire par de telles allégations; mais quelquefois elles pourraient triompher au mépris des principes, et l'arbitraire se glissant ainsi insensiblement à la place de la loi, les plus graves inconvéniens en seraient la conséquence.

SECTION III.

De la Preuve résultant des actes de l'État civil.

SOMMAIRE.

*cas où la naissance a été déclarée par un accoucheur, etc.,
et tout autre personne.*

3ɪ0. *Encore que l'acte ne contienne pas la mention de la présence du déclarant à l'accouchement.*

298. La validité des engagemens contractés par
un individu étant subordonnée à sa capacité, chacun peut avoir intérêt à connaître son état et sa condition. Il était donc nécessaire que les registres qui
en sont le dépôt fussent ouverts à tous les citoyens;
et telle est, en effet, la volonté de la loi : « Toute
« personne, dit l'article 45, pourra se faire déli-
« vrer, par les dépositaires (1) des registres de l'é-
« tat civil, des extraits de ces registres. »

299. Mais la loi n'a pas borné à cela sa disposition : elle a appliqué aux actes de l'état civil le principe général que les actes authentiques font foi
jusqu'à inscription de faux. Ainsi, porte le même
article, « les extraits délivrés conformes aux re-
« gistres et légalisés (2) par le président du tribunal
« de première instance ou par le juge qui le rem-
« placera, feront foi jusqu'à inscription de faux. »

---

(1) Les dépositaires sont l'officier de l'état civil et le greffier du tribunal au greffe duquel les doubles ont été déposés : eux seuls ont
qualité pour délivrer les extraits.

Un avis du Conseil d'État, approuvé le 2 juillet 1807, Bulletin 2554,
tout en validant les extraits délivrés par les secrétaires des mairies,
leur fait défense d'en délivrer à l'avenir.

. Les droits à percevoir par les dépositaires des registres, pour la
délivrance des extraits, sont fixés par le décret du 12 juillet 1807.
Bulletin, n° 2567.

(2) La légalisation est un certificat donné par l'autorité compétente
au pied de l'extrait ou de l'expédition, constatant que la personne qui

Comme ce n'est qu'autant que les extraits sont conformes aux registres, qu'ils font foi jusqu'à inscription de faux, il est clair que si la conformité est contestée, la représentation du registre pourra être exigée; de même que lorsque la conformité d'une expédition d'acte notarié n'est pas reconnue, on peut exiger la représentation de la minute. (Art. 1334.)

Pour connaître quel est le véritable sens de la disposition de l'art. 45, il nous paraît utile d'entrer dans quelques explications sur ce qu'on entend, dans le langage des lois, par le faux, et de faire connaître d'abord ce qu'est l'inscription de faux.

300. L'inscription de faux est une dénonciation faite à la justice par une personne qui prétend qu'un acte a été fabriqué ou falsifié à son préjudice, et en demande la suppression, ou celle des falsifications.

Le faux en écriture authentique se commet, soit par la fabrication d'un acte qui ne devait pas avoir lieu, soit dans un acte autorisé, mais lorsqu'on y

---

a délivré cet extrait ou cette expédition est réellement revêtue de la fonction qui lui donnait le droit de le faire.

D'après la loi du 25 ventôse an xi, sur le notariat, les expéditions des actes reçus par les notaires n'ont pas besoin d'être légalisées pour faire foi dans le département de la résidence du notaire qui les a délivrées. On pourrait croire, par analogie, qu'il n'est pas nécessaire, non plus, que les extraits des actes de l'état civil soient légalisés pour faire foi dans le ressort du tribunal; mais nous pensons le contraire, les fonctions des officiers de l'état civil n'étant point inamovibles, comme le sont celles des notaires, leur signature n'est pas aussi facilement connue que celle de ces derniers. D'ailleurs l'article 45 ne fait pas la distinction établie par la loi de ventôse précitée.

insère autre chose que ce qui a été déclaré, ou que les parties elles-mêmes font de fausses déclarations ou prennent de faux noms ou de fausses qualités.

L'altération ou la falsification a lieu après coup, lorsque l'acte a été fait valablement dans le principe, et que l'on y fait des changemens non autorisés (1).

Il y a deux sortes d'inscriptions de faux : celle de faux principal et celle de faux incident.

La première est dirigée contre la personne que l'on prétend être auteur ou complice du faux ou des altérations; elle est suivie devant les tribunaux criminels. Elle suppose nécessairement que l'auteur ou le complice du faux est vivant, et que le crime n'est point éteint par la prescription. (Art. 239 Code de procéd.)

La seconde est dirigée contre la pièce incriminée de faux, abstraction faite de la personne à qui elle est attribuée; sauf, s'il y a des indices de faux et que le crime ne soit pas encore éteint, l'application de cet article 239.

En matière de faux principal, la plainte seule ne suffit pas pour arrêter l'exécution de l'acte; il faut, de plus, qu'elle soit suivie de la mise en accusation de l'auteur du faux. (Art. 1319.)

Mais si l'inscription est formée incidemment, les tribunaux peuvent, suivant les circonstances, suspendre provisoirement l'exécution de l'acte. (*Ibid.*)

_____

(1) *Voy.* les art. 145, 146 et 147 Code pénal.

301. Pour appliquer sainement la disposition de l'art. 45, et connaître ainsi les cas où un acte de l'état civil ne peut être combattu que par l'inscription de faux, et ceux où il peut l'être par d'autres moyens, il importe de distinguer le cas où l'on prétendrait que le faux a été commis par l'officier de l'état civil, de celui où de fausses déclarations auraient été faites par les parties ou les déclarans.

Il convient aussi de distinguer les déclarations qui constitueraient un faux qualifié d'après le Code pénal, de celles qui ne seraient qu'un simple mensonge ou même une erreur : car on doit naturellement penser que la loi n'a pas entendu qu'un acte de l'état civil ne pût être combattu dans ses énonciations mensongères que par un moyen qu'elle repousserait elle-même.

En effet, si, d'après la nature de ces énonciations, il n'y a pas faux dans le sens de la loi pénale, l'inscription de faux devra être rejetée, il n'y aura pas lieu à la mise en accusation, et par conséquent l'exécution de l'acte ne sera point suspendue ; il est donc nécessaire d'accorder à la partie qui se plaint des fausses énonciations, le droit d'administrer par d'autres moyens la preuve de leur fausseté ; on verra même bientôt qu'elle peut en repousser les effets par voie de simple exception.

302. Cela posé, l'on doit dire que si un officier de l'état civil fabrique ou altère un acte de mariage, de naissance ou de décès, il est passible de

la peine du faux ; mais l'acte ne fera pas moins foi jusqu'à inscription de faux. Ainsi, s'agit-il d'un faux acte de mariage revêtu de sa signature, il est clair que cet acte étant faux, l'officier de l'état civil est auteur du crime : car le fait du mariage se passant nécessairement sous ses yeux, il l'atteste à la société en lui imprimant le caractère dont il est revêtu. Aussi fait-il foi jusqu'à inscription de faux ; et si c'est l'inscription de faux principal qui est formée, l'exécution de l'acte ne peut être suspendue que par la mise en accusation (art. 1319), ce qui suppose que le crime n'est point encore éteint par la mort ou par la prescription ; si l'acte est attaqué par l'inscription de faux incident, par ce qu'il est produit dans une instance, le tribunal peut, suivant les circonstances, en suspendre provisoirement l'exécution (*ibid.*) ; sans préjudice de l'application de l'art. 239 précité.

303. S'il s'agit d'un acte de naissance, l'officier de l'état civil atteste seulement *propriis sensibus* qu'un enfant de tel sexe lui a été présenté tel jour, qu'on lui a donné tels prénoms. Pour constater cette présentation, ces prénoms et le sexe, il a reçu mission spéciale de la loi ; et l'acte qu'il en dresse fait foi jusqu'à inscription de faux. Mais un acte de naissance ne se borne pas à constater la présentation ; les prénoms et le sexe de l'enfant ; il doit aussi, aux termes de l'article 57, énoncer le jour, le lieu et l'heure de la naissance, les prénoms,

I. 15

noms, profession et domicile des père et mère : or, si l'officier de l'état civil a caractère pour attester la déclaration qui lui est faite à cet égard, l'a-t-il également pour attester la véracité de cette déclaration? Le fait de la naissance ne se passe pas sous ses yeux, et les noms des père et mère ne lui sont connus que par la déclaration d'un tiers. Il peut donc avoir été induit en erreur sur ces circonstances, et par conséquent la mention des noms des prétendus père et mère de l'enfant ne saurait constituer un faux de sa part, lors même qu'elle ne serait pas fondée sur la vérité.

304. Mais quant aux déclarations faites à l'officier de l'état civil et consignées dans l'acte de naissance, on doit, pour savoir si elles font foi jusqu'à inscription de faux, distinguer celles qui, en les supposant mensongères, constitueraient réellement un faux qualifié par le Code pénal, de celles qui ne seraient qu'un simple mensonge ou le fruit d'une erreur. Car, nous le répétons, la loi n'a pas dû vouloir qu'une déclaration qui préjudicierait aux droits d'un citoyen ne pût être attaquée que par un moyen qu'elle lui refuserait. Dès qu'elle dit que l'exécution d'un acte n'est suspendue par suite de l'inscription de faux principal qu'autant qu'elle est suivie de la mise en accusation de l'auteur du faux (art. 1319), elle dit clairement par cela même que les déclarations contenues en l'acte doivent attirer sur celui qui les a faites la peine du faux, si elles

sont jugées fausses, et par conséquent, que si, dans cette hypothèse, elles ne sont point de nature à attirer sur lui cette peine, ce n'est pas par l'inscription de faux (du moins, de faux principal), mais bien par d'autres voies qu'elles doivent être combattues, puisque ce moyen serait sans succès; autrement elle livrerait l'état et la fortune des citoyens à la discrétion d'un déclarant trompeur ou trompé.

Cette doctrine est fondée sur la jurisprudence de la Cour de cassation en matière de faux.

Suivant l'esprit général de cette jurisprudence, la déclaration mensongère faite dans un acte ne constitue le crime de faux qu'autant qu'elle blesse la substance de l'acte, qu'elle intervertit le but principal que la loi s'est proposé en traçant des formalités pour sa composition. Dans ce cas, l'essence de l'acte étant subvertie, l'énonciation mensongère devient un faux, parce qu'elle a ou peut avoir pour effet de préjudicier à quelqu'un. Par exemple, si un notaire a mentionné dans un testament la présence de quatre témoins, tandis qu'il n'y en avait que trois; comme la mention touchant la présence et le nombre des témoins est prescrite par la loi, on doit reconnaître qu'elle tient à la substance de l'acte : conséquemment elle ne peut être combattue que par l'inscription de faux, puisque le notaire qui l'a faussement faite a réellement commis un faux, et que foi est due à sa déclaration jusqu'à ce qu'elle soit légalement attaquée. Mais s'il a simplement déclaré que le testateur était sain d'esprit, comme la loi ne l'a pas rendu juge de ce fait, et ne lui commande pas de le constater, son attestation, même en la supposant mensongère, ne constituant point un faux, elle peut être combattue par tout autre moyen que l'inscription de faux.

Ce que nous disons des actes reçus par les notaires doit s'appliquer aux déclarations faites à l'officier de l'état civil.

305. Ainsi, le but principal que la loi s'est proposé en traçant les formalités d'un acte de naissance, c'est de constater la naissance, les prénoms et le sexe de l'enfant (et sa filiation, s'il est légitime, ainsi que nous le dirons bientôt), mais non sa légitimité. C'est dans ces énonciations que réside la substance de l'acte : toute autre mention peut être plus ou moins utile ; mais elle n'est point substantielle, puisque la loi, en ne la prescrivant point, a témoigné par là qu'elle ne l'a pas jugée nécessaire. Si donc un individu présente à l'officier de l'état civil un enfant comme né de lui et d'Élisabeth, son épouse, tandis que celle-ci n'est en réalité que sa concubine, il n'y a pas dans cette déclaration un faux qualifié, mais un simple mensonge, attendu que le but de la loi n'a point été interverti. Elle n'exige pas, en effet, que l'acte de naissance d'un enfant énonce si ses père et mère sont, ou non, unis par les liens du mariage. Il ne peut d'ailleurs résulter d'une telle déclaration aucun

droit d'épouse en faveur de la mère, aucun droit d'enfant légitime au profit de l'enfant; car ce n'est pas dans les actes de naissance, mais bien dans les actes de mariage des époux que ces droits peuvent avoir leur principe et leur fondement. Les tiers, par conséquent, n'ont point à redouter les effets de cette prétendue légitimité, ainsi faussement attribuée à l'enfant. Peu importe aussi que, d'après l'article 319, la filiation des enfans légitimes se prouve par leur acte de naissance inscrit sur les registres de l'état civil; cet article suppose nécessairement, pour que la légitimité soit une conséquence de la preuve de la filiation, que le mariage des père et mère n'est pas contesté, où qu'il est prouvé; et ce n'est que dans le seul cas de l'article 197, que l'enfant (et lui seul) qui invoque les effets du mariage, peut être dispensé d'en produire l'acte de célébration. Mais, dans ce cas, ce n'est pas par un acte de naissance qu'il prouve sa légitimité, c'est par sa possession d'état. Ce que la loi exige, c'est qu'on ne lui oppose pas un acte de naissance qui contredise cette possession.

Ces principes sont aussi confirmés par la jurisprudence de la Cour de cassation, qui a décidé, en cassant un jugement du tribunal spécial du Pas-de-Calais, qu'il n'y avait pas faux, mais seulement mensonge, dans la déclaration faite par le nommé Gabriel Huret, dans l'acte de naissance de sa fille, qu'elle était fille de lui, Huret, et d'Élisabeth Royer, son épouse légitime, quand celle-ci n'était que sa concubine (1). Ainsi, d'après cette jurisprudence, fondée sur les vrais principes, il n'y a pas faux *qualifié* dans une pareille déclaration ; par conséquent tous ceux à qui elle serait opposée pourraient la repousser par simple exception. En un mot, elle ne prouve rien en faveur de la légitimité de l'enfant.

306. Quant à celle qui attribuerait à un individu non présent ni représenté à l'acte de naissance d'un enfant naturel, la qualité de père de cet enfant, il n'en peut résulter non plus aucun droit en faveur de celui-ci, ni aucune obligation pour celui-là. C'est dans un acte de reconnaissance volontaire et authentique que l'enfant doit trouver son titre, et non dans une énonciation qui n'a pu être faite en l'absence de l'individu désigné comme père, que contrairement à la disposition de l'article 340, qui interdit la recherche de la paternité. L'article 45 ne s'applique donc point, non plus, à une telle déclaration.

307. Bien plus, l'énonciation du nom de la mère d'un enfant naturel n'est même pas de la substance de l'acte de naissance : dès-lors, si elle a été faite sans l'aveu de la personne désignée comme mère, elle est sans effet. Peu importe qu'en principe la recherche de la maternité soit admise (art. 340) :

---

(1) L'arrêt est du 18 brumaire an XII. Sirey, tom. IV. part. 2, p. 44. La même Cour a jugé dans le même sens, le 20 juillet 1809, en annulant un arrêt de la Cour spéciale du département de la Roër, qui s'était déclarée compétente pour connaître du crime de *faux* imputé à une sage-femme, pour avoir présenté à l'officier de l'état civil un enfant naturel comme né d'époux légitimes. Sirey, 1810, I, 216.

car, autre chose est l'acte de naissance, dont l'objet
est de constater la naissance, le sexe et les prénoms
d'un enfant naturel, autre chose est la filiation
de l'enfant. C'est même, comme on le verra
plus loin, un point susceptible de controverse,
que la question de savoir si la mention du nom
de la mère, non présente ni représentée, doit être
faite dans l'acte; mais tout en décidant l'affirmative, il n'en demeure pas moins certain que
cette mention n'est point substantielle, et par conséquent que la personne désignée comme mère
peut en repousser les effets par simple exception,
par simple désaveu péremptoire. La Cour de cassation a même jugé par arrêt de cassation, le 28
mai 1810 (Sirey, 1810, I, 202), qu'une telle déclaration ne pouvait pas même servir de commencement de preuve par écrit contre la mère, attendu
qu'elle lui était absolument étrangère (1).

_____

(1) Puisque, d'après les divers arrêts de la Cour de cassation que
nous venons de rappeler, la déclaration faite dans un acte doit être
dommageable de sa nature pour être un faux caractérisé, on pourrait
croire que celle qui attribue à une femme un enfant naturel qui ne lui
appartient pas, ne constitue qu'un simple mensonge, et non un faux
proprement dit; car elle ne lui cause légalement aucun préjudice en
ce qui touche les obligations de la maternité. Elle porte sans doute
atteinte à son honneur; mais ce n'est là l'objet que d'une action en
dommages-intérêts.

Cependant la Cour de justice criminelle de la Côte-d'Or a décidé,
par un arrêt du 26 pluviôse an x, rapporté dans le Répertoire de
M. Merlin, au mot *Faux*, qu'il y avait faux dans la déclaration faite
par une sage-femme qui avait présenté à l'officier de l'état civil un
enfant naturel comme né d'une telle, tandis qu'il était né d'une autre
femme. Sur le pourvoi en cassation, à l'appui duquel la déclarante

3o8. Mais s'il s'agit de la naissance d'un enfant légitime, ou du moins présenté comme tel, l'acte qui la constate doit, selon nous, faire foi jusqu'à inscription de faux.

En effet, l'article 57 prescrit d'énoncer dans l'acte le nom du père et celui de la mère. Si cette disposition ne s'appliquait point à l'enfant légitime, elle ne s'appliquerait à personne ; elle ne serait qu'une superfétation dans la loi. On doit donc, au contraire, la regarder comme étant une formalité substantielle de l'acte de naissance d'un enfant légitime.

De plus, d'après l'article 319, la filiation des enfans légitimes se prouve par l'acte de naissance inscrit sur les registres de l'état civil ; et au moyen du mariage des individus désignés dans l'acte comme père et mère de l'enfant, celui-ci acquiert par cet acte la qualité d'enfant légitime de ces

---

prétendait qu'il ne pouvait y avoir lieu contre elle qu'à l'application d'une peine correctionnelle, aux termes de la loi du 20 septembre 1792, la Cour a rendu un arrêt de rejet, attendu *qu'il s'agissait du crime de faux.*

La Cour de cassation paraît aussi avoir reconnu un faux qualifié dans la déclaration faite par un individu marié, qu'un enfant par lui présenté à l'officier de l'état civil était né de son mariage avec une telle, tandis qu'il était né d'une autre femme. C'était là une véritable supposition de part. La Cour de Lyon ayant sursis à statuer sur ce faux jusqu'à ce que les tribunaux civils eussent prononcé sur la question d'état, sa décision fut sanctionnée en ces termes : « Considérant « que la Cour de justice criminelle du département du Rhône, en « surseyant par son arrêt du 24 germinal dernier à statuer sur l'action « criminelle, a fait une juste application de l'art. 327 du Code civil. » (Sirey, tom. IV, part. 2, pag. 281.)

individus. Donc l'acte qui lui attribue mal-à-propos cette qualité constitue un faux, et ne doit pouvoir, par conséquent, être combattu que par l'inscription de faux. Nous conviendrons toutefois, et nous l'avons déjà dit, qu'en principe, il n'y a réellement d'authentique, dans un acte public, que ce que l'officier atteste pour l'avoir vu ou entendu : or, il n'a pas vu le fait de la naissance; ce fait lui a simplement été déclaré par des tiers.

Mais si ces principes devaient prévaloir, il faudrait reconnaître l'impossibilité de constater l'état des personnes par des actes publics, car celui de naissance ne servirait qu'à prouver l'âge, objet sans doute important, mais qui, assurément, n'a pu être le principal dans la pensée du législateur. A la vérité, les enfans dont la naissance n'aurait pas été déclarée par le père, pourraient du moins prouver leur filiation par la possession d'état; mais à combien d'individus cette ressource n'échapperait-elle pas! Aussi la loi n'en a-t-elle fait qu'un moyen secondaire, mettant au premier rang l'acte de naissance, parce qu'en effet c'est le dépôt de la qualité de l'enfant. Dès qu'il serait permis d'en méconnaître le caractère, l'on verrait les liens de famille se briser avec une effrayante facilité. Une supposition de part n'est sans doute pas impossible; mais on ne saurait mettre à côté de ce danger, contre lequel la loi pénale offre d'ailleurs à la société de fortes garanties, l'instabilité dont seraient, dans le système contraire, nécessairement frappés l'état et la qualité des citoyens.

Il faut donc reconnaître que, dans l'esprit de la loi en matière de filiation légitime, la mention des noms des père et père dans l'acte de naissance est une formalité substantielle; que le déclarant qui présente à l'officier de l'état civil un enfant comme né de deux époux, doit, pour ne point intervertir le but de la loi, énoncer avec vérité la filiation de l'enfant, qu'il y a présomption légale qu'il a fait une déclaration véridique, et que l'effet de cette présomption ne peut être combattu que par l'inscription de faux.

309. A cet égard, il n'y a aucune distinction à faire entre le cas où la déclaration serait l'ouvrage d'un individu qui aurait assisté fortuitement à l'accouchement, et celui où elle émanerait d'un chirurgien ou d'un accoucheur, etc.; le premier ayant aussi reçu de la loi mission pour la faire (art. 56), il lui imprime le caractère de vérité légale, comme le second l'imprime à la sienne.

310. Nous pensons même que l'acte de naissance d'un enfant présenté à l'officier de l'état civil comme né de deux époux, doit prouver sa filiation jusqu'à inscription de faux, encore que la naissance ait été déclarée par une personne dont la présence à l'accouchement n'a point été certifiée par l'acte; car l'art. 57 n'exige pas cette mention;

dès-lors l'état de l'enfant ne doit pas dépendre de son omission. D'ailleurs, si l'on suppose que cet article a voulu conférer aux personnes qu'il charge spécialement de faire la déclaration, une sorte de ministère à cet effet, il faut par cela même supposer aussi qu'il a entendu les rendre juges du fait constitutif de ce ministère, c'est-à-dire de leur présence à l'accouchement, puisque ce fait ne peut être déclaré que par elles à l'officier de l'état civil. Mais cette déclaration émanant de personnes privées ne saurait, ce nous semble, imprimer plus d'authenticité à l'acte, parce que la question revient toujours à ceci : le déclarant était-il présent à l'accouchement? Lui seul l'atteste; les témoins ne le savent même pas d'une manière certaine. Si donc cette déclaration peut aussi facilement être faite par une personne qui n'a point assisté à l'accouchement, que par un individu qui y a assisté et qui peut oublier de la faire, on doit convenir que la mention de cette présence n'ajoute guère à l'authenticité de l'acte; et c'est probablement pour cela que la loi ne l'a point prescrite : d'où il faut conclure qu'elle n'est point substantielle. Ainsi nous croyons que, dans l'esprit de la loi, il y a présomption que celui qui a fait la déclaration avait qualité pour la faire, conformément à l'article 56.

Nous verrons encore d'autres cas (n°s 322 et 323), où une énonciation faite dans un acte de l'état civil peut être combattue autrement que par l'inscription de faux.

CHAPITRE II.

Des Actes de Naissance.

SOMMAIRE.

311. Les déclarations de naissance doivent être faites, dans les trois jours de l'accouchement, à l'officier de l'état civil du lieu, par le père, ou à défaut du père, par les docteurs en médecine ou en chirurgie, sages-femmes, officiers de santé ou autres personnes qui ont assisté à l'accouchement; et lorsque la mère est accouchée hors de son domicile, par la personne chez qui elle est accouchée; l'enfant doit être présenté à l'officier de l'état civil, et l'acte de naissance rédigé de suite. (Art. 55 et 56.)

312. Le Code civil ne frappe d'aucune peine l'inobservation de ces dispositions, en sorte que c'était une loi impérative dépourvue de sanction (sans préjudice toutefois du cas où le défaut de déclaration dégénérait en suppression d'état.) On avait craint d'éloigner de la mère les secours de l'amitié et de la charité au moment où elle en a le plus besoin, et l'on avait mieux aimé avoir une déclaration tardive que de n'en avoir pas du tout. Mais en voulant éviter un inconvénient, on était tombé dans un bien plus grave. Il était arrivé, en effet, que, faute d'une disposition qui punît l'inobservation de la loi, quelques personnes s'étaient abstenues de déclarer la naissance de leurs enfans, dans la vue de les soustraire au service militaire. Le Code pénal actuel a comblé cette lacune par son article 346, ainsi conçu : « Toute personne qui « ayant assisté à un accouchement n'aura pas fait « la déclaration à elle prescrite par l'article 56 du « Code civil, et dans le délai fixé par l'article 55 du « même Code, sera punie d'un emprisonnement « de six jours à six mois, et d'une amende de 16 « à 300 francs. » (1)

---

(1) Quelle que soit la généralité des termes dans lesquels l'article est conçu, nous ne pensons cependant pas que, dans le cas où la naissance n'aurait point été déclarée, la peine dût être infligée à une personne qui aurait assisté à l'accouchement, lorsqu'il s'y trouvait aussi une ou plusieurs autres personnes ayant, à raison de leur qualité, mission plus spéciale de faire la déclaration ; par exemple, le père, les chirurgiens ou sages-femmes.

313. La sanction donnée par le Code pénal aux dispositions du Code civil sur ce point, est d'autant plus importante, qu'il paraît certain que l'officier de l'état civil ne doit point rédiger ni inscrire sur les registres, même d'après les déclarations des parties, l'acte de naissance d'un enfant qui n'a pas été présenté dans les délais prescrits par la loi, et qu'il faut pour cela obtenir un jugement. Un avis du Conseil-d'État du 12 brumaire an xi, qui l'a ainsi décidé, rend palpables les dangers de l'insertion, après coup, d'un acte sur les registres. Cette négligence compromet donc l'état de l'enfant; tout au moins elle oblige les parens à obtenir un jugement qui ordonne son inscription sur les registres.

La Cour de Paris a même jugé, le 9 août 1813, qu'un acte de naissance ne fait preuve de l'âge ou du jour de la naissance qu'autant qu'il est dressé dans les délais prescrits par le Code; que dans le cas où il ne l'a pas été dans ces délais, il ne prouve la naissance que du jour de sa date. (Sirey, 1813, part. 2, pag. 310.)

314. L'acte de naissance doit énoncer le jour, l'heure et le lieu de naissance de l'enfant; son sexe et les prénoms (1) qui lui seront donnés; les

---

(1) D'après la loi du 11 germinal an xi, Bulletin, n° 2614, il est interdit de donner aux enfans d'autres prénoms que ceux en usage dans les différens calendriers ou tirés de l'histoire.

Cette loi trace aussi les formalités à observer pour obtenir l'autorisation de faire des changemens aux noms de famille ou aux prénoms.

prénoms, noms, profession et domicile des père
et mère, et ceux des témoins. (Art. 57.)

Cet article suppose que l'enfant est légitime, et
voilà pourquoi l'acte de naissance doit énoncer le
nom du père. S'il s'agit d'un enfant naturel, et que
le père ne soit pas présent ou représenté à l'acte
pour le reconnaître, son nom ne doit pas être mentionné. L'enfant sera déclaré né de père inconnu.
C'est ce que nous avons déjà dit en traitant des
dispositions générales de la loi, au n° 283.

315. Mais lorsqu'un enfant naturel est présenté à
l'officier de l'état civil par ceux qui ont assisté à la
naissance, le nom de la mère doit être désigné dans
l'acte. En principe, la recherche de la maternité est
permise, tandis que celle de la paternité ne l'est pas.
Le système contraire aggraverait beaucoup la position déjà si triste des enfans naturels, en les privant
de l'avantage de connaître leurs mères, si celles-ci
ne les reconnaissaient volontairement dans la suite;
car, en général, il n'est guère possible qu'elles les
reconnaissent dans l'acte de naissance, qui doit être
dressé dans les trois jours de l'accouchement. On
peut ajouter, comme considération importante, que
si la mention du nom de la mère peut, en certains
cas, avoir des inconvéniens, parce qu'elle serait
le produit de l'erreur ou de la fraude, ces inconvéniens sont bien moins graves que ceux que nous
venons de signaler, puisque la personne désignée
comme mère n'est point engagée par cet acte, le-

quel ne fait pas même un commencement de preuve par écrit, en faveur de l'enfant, pour rechercher la maternité, ainsi que l'a jugé la Cour de cassation, par un arrêt que nous avons cité au n° 307. Cette personne ayant d'ailleurs une action en dommages-intérêts contre ceux qui lui auraient attribué mal-à-propos la maternité, les inconvéniens possibles de cette fausse déclaration se trouvent par là grandement affaiblis. Enfin l'usage est conforme à notre opinion ; mais, en pareille matière, les officiers de l'état civil ne sauraient apporter une trop grande circonspection.

316. Si un enfant est présenté à l'officier de l'état civil comme né d'une femme non mariée et d'un homme marié qui veut le reconnaître, le nom seul de la mère doit être inscrit dans l'acte, puisque la reconnaissance est interdite dans le cas d'une filiation adultérine. (Art. 335.)

Il faut dire la même chose du cas où l'individu qui se présenterait comme père de l'enfant se déclarerait de la mère au degré prohibé pour le mariage, car il en est de la filiation incestueuse comme de la filiation adultérine.

Si l'enfant est présenté comme né d'Élisabeth mariée à Paul, et que Pierre s'en prétende le père, l'enfant n'en doit pas moins être inscrit sous les noms de sa mère et du mari de celle-ci, sauf à ce dernier à le désavouer, s'il y a lieu. (Art. 312.)

317. L'article 57 trace pour les cas ordinaires les

formalités que doivent contenir les actes de naissance; mais il peut s'en présenter d'autres.

L'article 58 prévoit l'un de ces cas; il porte que
« toute personne qui aura trouvé un enfant nou-
« veau-né sera tenue de le remettre à l'officier de
« l'état civil, ainsi que les vêtemens et autres effets
« trouvés avec l'enfant, et de déclarer toutes les
« circonstances du temps et du lieu où il aurait été
« trouvé.

« Il en sera dressé procès-verbal détaillé (1), qui
« énoncera en outre l'âge apparent de l'enfant, son
« sexe, les noms qui lui seront donnés, l'autorité
« civile à laquelle il sera remis; ce procès-verbal
« sera inscrit sur les registres (2). »

La sanction de cette loi se trouve dans l'art. 347
du Code pénal, qui porte, pour le cas d'inobservation de sa disposition, les mêmes peines que pour
le défaut de déclaration de naissance.

318. S'il naît un enfant pendant un voyage sur

---

(1) Dans le cas d'enfant trouvé, l'officier de l'état civil ne devrait
pas consigner dans le procès-verbal le nom de celle qui lui serait déclarée être la mère de l'enfant; il y aurait à craindre que l'inconsé-
quence ou la méchanceté ne flétrît la réputation d'une fille vertueuse,
en la réduisant à faire un éclat fâcheux pour demander la rectification des registres. En pareil cas, l'officier de l'état civil ne saurait
avoir pour la sincérité de la déclaration qui lui est faite, les mêmes
garanties que lorsque l'enfant lui est présenté par les personnes qui
ont assisté à l'accouchement.

(2) Voir aux articles 349 à 353 du Code pénal, les peines portées
contre ceux qui abandonnent des enfans avec danger pour ceux-ci,
et le décret du 13 janvier 1811 (Bulletin, n° 6478), concernant les
enfans trouvés ou abandonnés, et les orphelins pauvres.

mer, l'acte de naissance est rédigé suivant les formalités tracées par les art. 59, 60 et 61 du Code, dont
les dispositions n'ont besoin d'aucune explication.

319. Lorsqu'un enfant est reconnu postérieurement à sa naissance, l'acte de reconnaissance doit
être inscrit sur les registres à sa date : il en doit
être fait mention en marge de l'acte de naissance,
s'il en existe un. (Art. 62.)

CHAPITRE III.

Des Actes de décès.

SOMMAIRE.

320. *Division du chapitre.*

320. Communément les décès ont lieu suivant
les lois ordinaires de la nature; mais quelquefois
aussi ils sont causés par des événemens de force
majeure, ou ils arrivent dans des circonstances
particulières. Les règles pour constater les uns et
les autres n'étant pas en tout point les mêmes,
nous distinguerons les deux cas.

SECTION PREMIÈRE.

Des Décès dans les cas ordinaires.

SOMMAIRE.

321. *Formalités relatives aux actes de décès dans les cas ordinaires.*

322. *Y aurait-il nécessité de s'inscrire en faux pour combattre l'énonciation de l'âge du décédé?*

323. *Y aurait-il aussi nécessité de s'inscrire en faux pour combattre l'énonciation du jour et de l'heure auxquels a eu lieu le décès?*

321. Suivant l'article 77, aucune inhumation ne doit être faite sans une autorisation de l'officier de l'état civil, qui ne peut la délivrer qu'après s'être transporté auprès de la personne décédée, pour s'assurer du décès; et nous ajouterons, pour en connaître les causes.

Cette autorisation ne doit être délivrée que vingt-quatre heures après le décès, hors les cas prévus par les règlemens de police (1).

Elle est délivrée sur papier libre et sans frais. (*Ibid.*)

Si l'inhumation a eu lieu sans l'autorisation préalable de l'officier de l'état civil, dans le cas où elle est prescrite, ceux qui l'ont fait faire sont passibles de la peine de six jours à deux mois d'emprisonnement, et d'une amende de seize à cinquante francs, sans préjudice de la poursuite des crimes dont les auteurs de ce délit pourraient être prévenus dans cette circonstance.

La même peine a lieu contre ceux qui ont contrevenu de quelque manière que ce soit à la loi et

---

(1) Un décret du 4 thermidor an XIII (Bulletin, n° 865) a appliqué cette disposition, de n'inhumer que sur l'autorisation de l'officier de l'état civil, aux ministres des différens cultes.

Il existe aussi sur la sépulture un règlement du 23 prairial an XII. (Bulletin, n° 25.)

aux règlemens relatifs aux inhumations précipi-
tées. (Art. 358 du Code pénal.)

L'acte de décès est dressé par l'officier de l'état
civil, sur la déclaration de deux *témoins*. Ces témoins seront, s'il est possible, les deux plus proches
parens ou voisins ; ou lorsque la personne est décédée hors de son domicile, la personne chez laquelle elle sera décédée, et un parent ou autre.
(Art. 78.)

Cet acte, d'après l'article 79, doit contenir « les
« prénoms, nom, âge, profession et domicile de la
« personne décédée ; les prénoms et nom de l'autre
« époux, si la personne décédée était mariée ou
« veuve ; les prénoms, noms, professions et domi-
« ciles des déclarans ; et s'ils sont parens, leur degré
« de parenté.

« Le même acte doit contenir de plus, autant
« qu'on pourra le savoir, les prénoms, noms, pro-
« fessions et domicile des père et mère du décédé,
« et le lieu de sa naissance. »

322. Néanmoins, et nonobstant la disposition
de l'article 45, qui porte que les extraits délivrés
conformes aux registres font foi jusqu'à inscription de faux, il ne serait pas nécessaire de s'inscrire
en faux contre l'énonciation de l'âge du décédé.
L'acte de décès n'a pas pour objet principal de le
constater. Cette énonciation doit même nécessairement être fautive dans beaucoup de cas, surtout
lorsque la personne est décédée hors de son domi-

cile, et qu'elle ne portait point de passe-port ou autres pièces pouvant certifier son âge.

323. Cet article 79 ne prescrit pas d'énoncer dans l'acte de décès l'heure ni même le jour auxquels il a eu lieu; cependant cela peut être très-important à connaître dans le cas où un parent du décédé, et dont celui-ci était héritier présomptif, viendrait à mourir à peu près à la même époque. Il peut arriver, en effet, qu'un individu appelé à une succession ouverte aujourd'hui ne l'eût point été si la succession se fût ouverte hier. Il est même à croire que c'est à raison des importantes conséquences qu'entraînerait la mention du jour et de l'heure du décès, que le législateur n'a pas voulu en faire une partie substantielle de l'acte; c'eût été laisser aux déclarans une trop grande influence sur les droits éventuels des parties intéressées. Il est vrai qu'elles auraient eu la ressource de l'inscription de faux; mais c'est toujours un moyen pénible, et dont le succès est douteux; il était donc plus sage de ne point les réduire à l'employer en pareil cas, et d'écarter de la substance de l'acte l'énonciation des jour et heure du décès, afin que cette mention, qui y est ordinairement faite, pût être combattue par d'autres moyens que l'inscription de faux.

Si la loi a voulu que dans les actes de naissance, la mention des jour et heure de la naissance fût de la substance de l'acte, c'est que les conséquences de cette mention sont beaucoup moins graves qu'en matière de décès, attendu que les droits des enfans sont, en général, déterminés, non point par l'époque de leur naissance, mais par celle présumée de leur conception.

SECTION II.

Décès dans les cas extraordinaires.

SOMMAIRE.

324. *Cas d'exécution à mort.*
325. *Décès dans les prisons.*
326. *Cas où il y a des signes ou indices de mort violente.*
327. *Décès dans les hôpitaux militaires, civils ou autres maisons publiques.*
328. *Décès pendant un voyage de mer.*
329. *Cas où est présenté à l'officier de l'état civil un enfant mort, dont la naissance n'a point été inscrite.*
330. *Décès de ceux qui ont été consumés dans un incendie ou submergés, ou engloutis dans une mine ou carrière, et dont on n'a pu retrouver les corps.*

324. Ces cas sont au nombre de sept :

1º Celui d'exécution à mort. Les greffiers criminels sont tenus d'envoyer, dans les vingt-quatre heures de l'exécution, à l'officier de l'état civil du lieu où le condamné a été exécuté, tous les renseignemens énoncés dans l'article 79, d'après lesquels l'acte de décès sera rédigé. (Art. 83.)

325. 2º Celui de décès dans les prisons ou maisons de réclusion ou de détention. Les concierges ou gardiens doivent en donner avis sur-le-champ à

l'officier de l'état civil, qui s'y transportera et rédigera l'acte de décès. (Art. 84.)

326. 3° Lorsqu'il y a des signes ou indices de mort violente, ou d'autres circonstances qui donnent lieu de le soupçonner, l'inhumation ne peut être faite qu'après qu'un officier de police assisté d'un docteur en médecine ou en chirurgie aura dressé un procès-verbal de l'état du cadavre, et des circonstances y relatives, ainsi que des renseignemens qu'il aura pu recueillir sur les prénoms, nom, âge, profession, lieu de naissance et domicile de la personne décédée. (Art. 81.)

L'officier de police est tenu de transmettre de suite à l'officier de l'état civil du lieu où la personne est décédée, tous les renseignemens énoncés dans son procès-verbal, d'après lesquels l'acte de décès est rédigé.

L'officier de l'état civil doit en envoyer une expédition à celui du domicile de la personne décédée, s'il est connu : cette expédition est inscrite sur les registres. (Art. 82.)

Dans les trois cas ci-dessus, il ne doit être fait sur les registres aucune mention des circonstances du décès, dont les actes sont simplement rédigés dans les formes prescrites par l'art. 79. (Art. 85.)

327. 4° Le quatrième cas est le décès dans les hôpitaux militaires, civils, ou autres maisons publiques : les supérieurs, directeurs, administrateurs et maîtres de ces maisons, sont tenus d'en donner

avis, dans les vingt-quatre heures, à l'officier de
l'état civil, qui doit s'y transporter pour s'assurer
du décès, et en dresser l'acte, conformément à l'article 79, sur les déclarations qui lui seront faites et
sur les renseignemens qu'il aura pris. (Art. 80.)

328. 5° Le cinquième est celui qui a lieu pendant
un voyage de mer. Les formalités à observer pour
le constater sont tracées par les articles 86 et 87,
et sont les mêmes que pour les actes de naissance
dans le même cas (1).

329. 6° Le sixième n'est pas prévu par le Code; il
est réglé par le décret du 4 juillet 1806 (Bulletin, n° 1744): c'est celui d'un acte dressé à l'occasion d'un enfant présenté mort à l'officier de l'état
civil, et dont la naissance n'a pas été enregistrée.
Cet acte doit être inscrit à sa date sur les registres
de décès.

L'officier de l'état civil ne doit pas y exprimer
qu'un tel enfant est décédé; mais seulement qu'il
lui a été présenté sans vie, afin de ne point préjuger la question de savoir s'il est né viable ou non
(et dès-lors, s'il a pu ou non succéder). L'officier
doit, en outre, inscrire la déclaration des témoins,
touchant les noms, prénoms, qualité et demeure
des père et mère, et la désignation des an, jour et
heure auxquels l'enfant est sorti du sein de sa mère,

_____

(1) Suivant l'instruction du ministre de la guerre, en date du 24
brumaire an XII, les dispositions de ces articles sont applicables
aussi aux militaires embarqués.

sans qu'il puisse néanmoins résulter des diverses énonciations qui pourraient être faites, aucun préjudice sur la question de savoir si l'enfant a eu vie ou non.

33o. 7° Enfin, ni le Code, ni aucune autre disposition législative ne s'expliquent sur ceux qui ont été consumés dans un incendie, sur les noyés, sur ceux qui ont été engloutis dans une carrière ou tourbière, dont on n'a pu retrouver les corps, et qui n'ont pu, par conséquent, recevoir la sépulture.

L'article 19 du décret du 3 janvier 1813 (Bulletin, n° 8531), contenant des dispositions relatives à l'exploitation des mines, porte que « s'il y « a impossibilité de parvenir jusqu'au lieu où se « trouvent les corps des ouvriers qui auront péri « dans les travaux et les exploitations, les direc- « teurs et autres ayant-cause seront tenus de faire « constater cette circonstance par le maire ou autre « officier public, qui en dressera procès-verbal, et « le transmettra au procureur du Roi, à la dili- « gence duquel, et sur l'autorisation du tribunal, « *cet acte sera annexé au registre de l'état civil.* » On doit, d'après cela, naturellement penser qu'il pourra remplacer l'acte de décès. Mais, en général, dans le cas où le conjoint voudrait passer à de secondes noces, l'acte de décès ne peut être remplacé par aucun autre (1). Si ce principe pouvait recevoir

(1) *Voy.* l'avis du conseil-d'état du 12 germinal an XIII, approuvé

quelque exception, ce ne devrait être que dans les cas où l'accident est tellement notoire, qu'il ne peut s'élever le moindre doute sur la mort de l'individu.

, CHAPITRE IV.

Des Actes de l'état civil concernant les militaires hors du territoire du royaume (1).

SOMMAIRE.

331. *Les règles générales sont applicables aux militaires qui sont en France.*

332. *Mais les actes de l'état civil du militaire prisonnier de guerre doivent être faits suivant les formalités usitées dans le pays où il se trouve.*

333. *Dispositions générales relatives aux actes de l'état civil faits hors du territoire du royaume, concernant les militaires ou autres personnes employées à la suite des armées.*

334. *Déclarations de naissance à l'armée.*

335. *Actes de mariage à l'armée.*

336. *Actes de décès aux armées.*

331. Suivant l'avis du conseil - d'état, approuvé le quatrième jour complémentaire an 13, les règles

---

le 17, qui le décide ainsi à l'égard des militaires supposés morts à la guerre, dont les événemens rendent la preuve des décès souvent impossible.

(1) Il existe une instruction du ministre de la guerre, en date du 24 brumaire an XII, dont nous avons déjà parlé, qui a pour objet de tracer aux militaires les règles qu'ils doivent suivre dans tous les cas pour donner aux actes de l'état civil qu'ils auront à rédiger, la régularité propre à leur mériter la confiance de la justice. Cette instruction nous paraît un très-bon commentaire des diverses dispositions qui existent sur cette matière; mais comme elle est fort détaillée, nous n'avons pas cru devoir la transcrire ici.

précédemment expliquées sont applicables, sans modification, aux militaires qui sont en France; si ce n'est qu'en cas d'invasion ou de révolte, les corps qui se trouveraient, quoique sur le territoire français, dans l'impuissance de recourir aux officiers ordinaires, seraient régis, quant aux actes de l'état civil, par les dispositions spéciales du Code civil.

332. Il faut observer aussi que si le militaire sous le drapeau, en pays étranger, est censé en France, raison pour laquelle l'article 47 ne lui est pas applicable, il n'en est pas ainsi, relativement à l'observation des articles 89 et suivans, du militaire prisonnier de guerre : pour lui, c'est la disposition générale de cet article 47, ou, en d'autres termes, la règle *locus regit actum* qui est le droit commun. (Art. 2 de l'instruction ministérielle énoncée ci-dessus.)

333. Les actes de l'état civil faits hors du territoire du royaume, concernant les militaires ou autres personnes employées à la suite des armées, sont rédigés dans les formes prescrites par les dispositions précédentes, sauf les exceptions déduites ultérieurement. (Art. 88.)

Les registres, hors celui des publications de mariage, doivent donc être tenus doubles.

Le quartier-maître (1), dans chaque corps d'un

---

(1) Depuis l'institution des *majors*, ce sont eux qui sont chargés de la tenue des registres (Arrêté du 1er vendémiaire an XII.)

ou plusieurs bataillons ou escadrons, et le capi-
taine commandant, dans les autres corps, rem-
plissent les fonctions d'officier de l'état civil. Ces
mêmes fonctions sont remplies, pour les officiers
sans troupes et les autres employés de l'armée,
par l'inspecteur aux revues (1), attaché à l'armée
ou au corps d'armée. (Art. 89.)

Il doit être tenu, dans chaque corps de troupes,
un registre pour les actes de l'état civil relatifs
aux individus de ce corps, et un autre à l'état-
major de l'armée, pour les actes relatifs aux officiers sans troupes et aux employés (2).

Ces registres doivent être conservés de la même
manière que les autres registres des corps et états-
majors, et déposés aux archives de la guerre, à la
rentrée des corps ou armées sur le territoire du
royaume. (Art. 90.)

Les registres sont cotés et paraphés, dans chaque
corps, par l'officier qui le commande; et à l'état-
major, par le chef de l'état-major général. (Art. 91.)

334. Les déclarations de naissance à l'armée
doivent être faites dans les dix jours de l'accouchement. (Art. 92.)

Le délai est plus long que pour les déclarations
faites en France, à cause des obstacles que la
guerre entraîne après elle.

---

(1) A présent , les intendans militaires.

(2) Il paraît, d'après l'instruction du ministre de la guerre , qu'il
n'est pas nécessaire que le registre concernant les officiers sans
troupes et les employés soit tenu double.

Afin de soustraire l'acte de naissance aux accidens de la guerre, l'officier chargé de la tenue des registres de l'état civil doit, dans les dix jours qui suivront son inscription au registre, en adresser un extrait à l'officier de l'état civil du dernier domicile du père de l'enfant, ou de la mère, si le père est inconnu.

L'officier de l'état civil doit l'inscrire de suite sur les registres. (Art. 93 et 98.)

335. Les publications de mariage des militaires et employés à la suite des armées, doivent être faites au lieu de leur dernier domicile (1).

Elles sont mises, en outre, vingt-cinq jours avant la célébration du mariage, *à l'ordre du jour* du corps, pour les individus qui tiennent à un corps ; et à celui de l'armée ou du corps d'armée, pour les officiers sans troupes, et pour les employés qui en font partie. (Art. 94.)

Immédiatement après l'inscription, sur le registre, de l'acte de célébration du mariage, l'officier chargé de la tenue du registre doit en envoyer une expédition à l'officier de l'état civil du dernier domicile des époux, qui l'inscrit de suite. (Art. 95 et 98.)

Si les époux avaient des domiciles distincts en

---

(1) Cela ne peut s'entendre des enfans de troupe, qui n'ont d'autre domicile que le drapeau. Il suffit donc pour eux de faire les publications au lieu où se trouve le corps auquel ils sont attachés, et de les mettre à l'ordre du jour, comme il est dit ensuite. (Instruction du ministre de la guerre.)

France, l'expédition devrait être adressée à l'officier du domicile de chacun d'eux.

336. Les actes de décès sont dressés dans chaque corps par le quartier-maître, et, pour les officiers sans troupe, par l'inspecteur aux revues. Ils le sont sur l'attestation de trois témoins; et l'extrait de ces registres est envoyé, dans les dix jours, à l'officier de l'état civil du dernier domicile du décédé, qui l'inscrit aussi de suite sur les registres. (Art. 96 et 98.)

Enfin, en cas de décès dans les hôpitaux militaires ambulans ou sédentaires, l'acte en est rédigé par le directeur des hôpitaux, et envoyé au quartier-maître du corps, ou à l'inspecteur aux revues de l'armée ou du corps d'armée dont le décédé faisait partie.

Ces officiers en doivent faire parvenir une expédition à l'officier de l'état civil du dernier domicile du décédé, qui l'inscrit de suite sur les registres. (Art. 95.)

L'instruction ministérielle prescrit aux officiers chargés de la tenue des registres, d'adresser aussi au ministre de la guerre un extrait des actes de naissance et de décès qui ont lieu aux armées.

CHAPITRE V.

De la Rectification des Actes de l'état civil.

SOMMAIRE.

337. *Les irrégularités dont les actes de l'état civil seraient infectés*

ne les rendent pas nuls ; elles donnent seulement lieu à une demande en rectification.

338. *Le ministère public n'a pas le droit de requérir, ni les tribunaux de prononcer d'office la rectification des registres.*

339. *Modification que souffre le principe, relativement au ministère public.*

340. *La rectification des registres n'est quelquefois que la conséquence d'une décision prononcée sur une question d'état, ou d'un jugement criminel sur une suppression d'état.*

341. *Ordinairement elle est l'objet d'une demande principale rendue sur simple requête.*

342. *Tribunal compétent pour connaître de la demande en rectification.*

343. *Les tribunaux civils sont seuls compétens pour statuer sur une question de filiation.*

344. *Formalités à observer pour obtenir la rectification.*

345. *Le jugement ne peut être opposé aux tiers qui n'y ont pas été parties ni appelés.*

346. *A moins qu'il n'ait été rendu contre un contradicteur ayant seul alors qualité pour contredire.*

347. *Aucune rectification ne doit être faite sur l'acte ; les jugemens sont transcrits sur les registres.*

348. *Difficultés qui s'étaient élevées sur le mode de transcription.*

337. Malgré les mesures prescrites par la loi pour imprimer aux actes de l'état civil une forme et une régularité qui les rendent des témoignages irrécusables de l'état des personnes, il peut arriver, et malheureusement il n'arrive que trop souvent, que l'ignorance, l'incurie, la fraude et des événemens de force majeure rendent vaines les sages précautions qu'elle a prises à cet égard. Tantôt les prénoms et même les noms sont irrégulièrement énoncés dans les actes, mal ortho-

graphiés (1); les qualités des parties y sont déna-
turées. Parfois les actes renferment ce qu'ils ne
devraient pas contenir, et ne contiennent pas tout
ce qu'ils devraient renfermer. Au lieu de les inscrire
sur les registres, des officiers de l'état civil ont
commis l'imprudence de les inscrire sur de simples
feuilles volantes. Le crime aussi est venu quelquefois
supposer ceux qui ne devaient pas exister, et sup-
primer ou altérer ceux dont l'existence était légale. Mais quelles que soient les irrégularités dont
peut être infecté le dépôt de l'état civil des citoyens, ces irrégularités ne rendent point les actes
nuls : elles donnent seulement lieu à une demande
en rectification des registres (2). Car, ce qu'il importe de connaître dans un acte de naissance ou de
décès, qui s'applique évidemment à tel individu,
c'est sa date (3); et, d'après les formalités générales
prescrites pour la tenue des registres, ils doivent
donner cette date avec certitude. L'état des personnes ne pouvait d'ailleurs dépendre de l'ignorance

---

(1) Lorsque les personnes qui veulent se marier produisent des
actes de l'état civil qui contiennent, soit des noms mal orthogra-
phiés, soit l'omission ou la transposition de quelques prénoms
elles n'ont pas besoin, pour célébrer le mariage, d'obtenir un jugement de rectification. Suivant un avis du conseil-d'état, des 19 et
30 mars 1808, l'attestation des père et mère et autres ascendans est
suffisante pour régulariser les noms dans l'acte de mariage.

(2) Sauf toutefois en ce qui concerne le mariage, où, dans certains
cas, mais très-rares, ces irrégularités dans la forme de l'acte pourraient porter atteinte aux conditions essentielles de ce contrat, et en
entraîner la nullité.

(3) Nous faisons ici abstraction de la filiation.

ou de la négligence d'un officier public, ni de la mauvaise foi ou de l'erreur des déclarans et des témoins. La raison commandait au contraire d'ouvrir aux parties intéressées une voie pour obtenir la rectification des irrégularités et le redressement des prévarications; et c'est ce qu'a fait la loi.

338. Mais, en attribuant aux procureurs du roi le droit de constater et de dénoncer les délits et les contraventions, et aux tribunaux celui d'en prononcer les peines, elle ne leur a pas donné pour cela la faculté de requérir ou d'ordonner d'office la rectification des registres, lors même qu'ils seraient manifestement irréguliers. Le droit de demander cette rectification appartient aux seules parties intéressées. Le ministère public a seulement celui de donner ses conclusions dans les causes relatives à l'état civil des personnes. (Art. 99.)

339. Tel est le principe; mais d'après l'art. 122 du décret du 18 juin 1811, le procureur du roi peut poursuivre la rectification d'office dans des circonstances qui intéressent l'ordre public. Il peut aussi agir d'office pour faire porter sur les registres les actes qui ont été omis, lorsque les parties intéressées sont dans un état d'indigence dûment constaté; et, dans ces cas, les actes de procédure et les jugemens sont visés pour timbre et enregistrement *gratis* (1).

---

(1) Art. 75 de la loi du 25 mars 1817.

340. La voie qui est ouverte aux parties pour obtenir la rectification des registres n'est pas toujours simple et facile. Elle n'est pas la même pour tous les cas.

Ainsi, dans plusieurs, où il s'agit d'obtenir l'insertion ou le rétablissement d'un acte qui n'a pas été inscrit ou qui a cessé de l'être, ou bien de faire ordonner la suppression d'un autre acte qui s'y trouve mal-à-propos, la rectification exige préalablement la solution d'une question d'état ou d'une procédure criminelle sur une suppression d'état, en sorte qu'elle n'est que la conséquence et l'exécution d'une décision judiciaire passée en force de chose jugée. Elle s'opère par la transcription du jugement sur les registres. (Art. 49 et 198.)

341. Dans d'autres cas, et qui sont heureusement les plus fréquens, la rectification présente moins de difficulté. Elle ne suppose pas que l'état de l'individu qui la demande soit contesté par d'autres ; elle suppose au contraire que l'état est reconnu : seulement il s'agit de faire purger l'acte qui le constate, des erreurs ou des irrégularités dont il est infecté. Par exemple, au mépris de la loi, la naissance d'un enfant a été inscrite sur une feuille volante ; les père et mère, instruits de cette violation des règles, réclament auprès des tribunaux l'inscription, sur les registres, de l'acte de naissance de leur enfant : il n'y a, dans ce cas, aucun procès ; c'est un jugement rendu sur une simple requête,

sans contradicteur, mais sur les conclusions du
ministère public. Le tribunal, en déclarant la nais
sance et la filiation de l'enfant, ordonne seulement
la rectification des registres, laquelle s'opère par
la transcription du jugement.

Mais si l'on suppose que cet enfant a été abandonné dès sa naissance, qu'il se présente un jour à
ses parens qui ne veulent pas le reconnaître, et
que, muni de cette feuille volante, il se prétende
enfant légitime; sa prétention, si elle n'a d'autre
appui, sera rejetée, du moins elle pourra l'être. Car,
si l'acte de naissance prouve la filiation (et même
la filiation légitime, quand le mariage des père et
mère n'est pas contesté), c'est lorsque cet acte est
inscrit sur les registres de l'état civil (art. 319) : or,
celui dont il est question ne l'est pas. Il y aura donc
à juger préalablement la question d'état, et ce ne
sera que d'après le résultat du jugement que les
registres devront être, ou non, rectifiés.

Ce n'est pas le moment d'expliquer quels sont
les genres de preuves autorisés par la loi en matière de questions d'état; nous en parlerons au titre
du Mariage et à celui *de la Paternité et de la Filiation.* Nous n'avons à nous occuper ici que de ce
qui concerne la rectification des registres. Nous
aurons à voir quel est le tribunal compétent pour
en connaître, quelles sont les formalités à observer, les voies à prendre contre le jugement, et quel
est son effet.

342. Le tribunal compétent, pour connaître de la demande en rectification, est celui de première instance du greffe où est, où devrait être le double du registre dont la rectification est demandée : généralement les registres ne doivent pas être déplacés. C'est d'ailleurs dans le ressort de ce tribunal que sont ordinairement domiciliés les parens et autres personnes dont le témoignage pourra être nécessaire pour statuer sur la demande. Tel était l'avis de Rodier sur l'art. 10 du tit. 20 de l'ordonnance de 1667. Il en devrait être ainsi, lors même que le demandeur jugerait à propos d'assigner d'abord les parties intéressées, bien que l'action soit personnelle, et que, suivant les règles ordinaires, les actions personnelles doivent être portées au tribunal du défendeur. Dans le cas dont il s'agit, la compétence est spéciale.

Mais si les parties étaient déjà en instance, et que la demande en rectification s'élevât incidemment, cette demande devant être formée par requête d'avoué à avoué (art. 856 du Code de procéd.), il est clair que le tribunal saisi de la cause principale serait compétent pour connaître de la rectification.

343. En vain, pour éluder la compétence des tribunaux civils, la partie qui se plaindrait de la suppression ou de l'altération de son acte de naissance tenterait-elle de prendre d'abord la voie criminelle, pour n'avoir plus ensuite qu'à faire

transcrire sur les registres le jugement passé en force de chose jugée; cette voie lui serait fermée. On doit d'abord prendre la voie civile, sauf, s'il y a lieu, à porter plainte au criminel contre l'auteur de la suppression. (Art. 326.) (1)

344. Pour obtenir la rectification, l'on doit présenter requête au président du tribunal. (Art. 855 du Code de procéd.) On y expose l'erreur ou l'omission.

Un rapporteur est nommé, et le tribunal statue sur le rapport, après avoir entendu le ministère public en ses conclusions. (Art. 856, *ibid.*)

S'il n'y a que le demandeur en cause, le tribunal statue en la chambre du conseil. Nous le croyons avec d'autant plus de raison que, lorsque le Code de procédure a voulu que les jugemens sur requête non communiquée fussent rendus à l'audience, il l'a dit formellement, comme le prouvent les articles 325 et 858. Mais les juges peuvent ordonner, s'ils l'estiment convenable, que les parties intéressées soient mises en cause, et que le conseil de famille soit préalablement convoqué pour donner son avis. (*Ibid.*, et 99 du Cod. civ.)

S'il y a lieu d'appeler les parties intéressées, la demande doit être formée par exploit, sans préliminaire de conciliation. (Art. 856.)

---

(1) Ce principe ne s'applique pas au cas où c'est un acte de mariage qui a été supprimé ou altéré. (Art. 198.) Nous expliquerons plus tard les raisons de cette différence.

Dans le cas où il n'y a d'autre partie que le demandeur en rectification, et qu'il croirait avoir à se plaindre du jugement, il peut en appeler devant la Cour royale.

Son appel doit être interjeté dans les trois mois de la date du jugement.

Il se forme en présentant au président de la Cour une requête, sur laquelle est indiqué un jour auquel il sera statué à l'audience sur les conclusions du ministère public. (Art. 858, *ibid.*)

Dans le cas où il y a plusieurs parties en cause, celle qui croit avoir à se plaindre du jugement peut aussi en appeler. (Art. 54 et 99 du Code civil.)

On suit alors les règles ordinaires, c'est-à-dire que l'appel doit être interjeté dans les trois mois de la signification du jugement, s'il est contradictoire; et dans le même délai, à partir du jour où l'opposition n'est plus recevable, s'il est par défaut. (Art. 443, Code de procéd.) L'appel doit contenir assignation dans les délais de la loi, et il doit être signifié à personne ou domicile, à peine de nullité. (Art. 456, *ibid.*)

Le recours en cassation peut au surplus avoir lieu aussi bien contre l'arrêt rendu lorsqu'il n'y a qu'une seule partie en cause, que lorsqu'il y en a plusieurs.

345. D'après le principe invariable et conservateur des droits de chacun, que la chose jugée ne fait loi qu'au profit de la partie qui a obtenu le

jugement, et seulement contre la partie condamnée (art. 1351, Code civil), celui qui a statué sur la demande en rectification ne peut, dans aucun temps, être opposé aux personnes intéressées qui ne l'auraient point requis, ou qui n'y auraient pas été appelées. (Art. 100.)

En conséquence, si l'on suppose que Paul se présente après la mort de Jean, comme son fils, et qu'il fasse juger son état contradictoirement avec Pierre, aussi fils de Jean; que Charles, autre fils, cru mort tandis qu'il était prisonnier chez l'ennemi, reparaisse et s'oppose à ce que Paul vienne à la succession de Jean, il est clair que, le jugement étant à son égard *res inter alios judicata, quæ aliis nec nocet nec prodest*, il ne pourra faire loi pour lui. Ce sera à Paul à faire juger, s'il le peut, la même chose vis-à-vis de Charles.

346. Mais l'application du principe ne doit pas être étendue au-delà des limites tracées par la nature des choses. En effet, tel individu qui n'a point été partie dans le jugement, et qui aurait intérêt un jour à en récuser les conséquences, n'aura cependant pas le droit de le faire; ce sera lorsque ce jugement aura été rendu contre le contradicteur légitime et principal, le seul alors qui dût être mis en cause, parce qu'il avait seul qualité pour défendre à la demande. Dans ce cas, le jugement fera loi, non-seulement pour lui, pour ses enfans, mais encore pour toute la famille. Ainsi, Paul qui se

prétend fils légitime de Jean, et dont la naissance
n'a pas été inscrite, ou ne l'a été que sur une feuille
volante, demande aux tribunaux, et durant la vie
de Jean, la réparation de cette omission. Il peut
prendre la voie de simple requête; et, dans ce cas,
le tribunal ordonne que Jean soit appelé. Il peut
prendre aussi la voie directe d'assigner Jean. De
son côté, ce dernier peut adhérer aux conclusions
de Paul, comme il peut les contredire. Mais, quel
que soit le parti qu'il ait pris à cet égard, si le jugement a été rendu en faveur de Paul, et qu'après
la mort de Jean la succession d'un parent collatéral
vienne à s'ouvrir, qu'en sa qualité de fils de Jean, Paul
y soit appelé comme un des plus proches parens de
ce collatéral, ceux du degré plus éloigné ne pourront, pour l'écarter, prétendre que le jugement est
à leur égard *res inter alios judicata*; car, ayant été
rendu contre le contradicteur principal, le seul
qui dût être mis en cause, l'état civil de Paul lui
est acquis à l'égard de tout le monde.

347. Les registres doivent rester intacts; aucune
suppression ou rature ne doit s'y faire remarquer.
D'après cela, aucune rectification, aucun changement, ne peuvent être faits sur l'acte même; mais les
ugemens de rectification doivent être inscrits par
l'officier de l'état civil, aussitôt qu'ils lui sont remis
en bonne forme. Mention en doit être faite en
marge de l'acte réformé; et l'acte ne peut plus être
délivré qu'avec les rectifications ordonnées, à peine

de tous dommages-intérêts contre l'officier qui l'aurait délivré. (Art. 857, Code de procéd., et 49 et 101, Code civil.)

348. Des difficultés se sont élevées sur le mode de transcription des jugemens portant rectification, et sur la délivrance des actes rectifiés. Le greffier du tribunal de la Seine suivait un mode, et les maires de Paris en suivaient un autre, qui consistait simplement à faire, dans les extraits et expéditions qu'ils délivraient, mention de la date du jugement de rectification en marge de l'acte réformé. Les parties étaient, d'après cela, souvent réduites à la nécessité de lever une expédition de ce jugement. Mais, par un avis du 4 mars 1808, le Conseil-d'état a aplani ces difficultés, en déclarant que les officiers de l'état civil doivent, en faisant mention d'un jugement de rectification en marge d'un acte, présenter un extrait assez complet de ce jugement, pour que les parties soient dispensées d'en lever une expédition lorsqu'elles demandent celle de l'acte.

TITRE III.

Du Domicile.

Observations préliminaires.

SOMMAIRE.

349. *Motifs généraux de la fixation du domicile.*
350. *Importance, dans l'ancien droit, de cette indication.*
351. *Le domicile, quant à l'exercice des droits civils, est au lieu du principal établissement.*
352. *Lieu du domicile politique.*

349. Après avoir traité de la jouissance des droits civils et de l'état des Français, l'ordre des idées demandait que le législateur traçât les règles au moyen desquelles on pût reconnaître le lieu où ces droits sont généralement exercés, c'est-à-dire le domicile; et c'est en effet l'objet de ce titre du Code.

Dans un état d'une certaine étendue, un seul tribunal ne pourrait suffire pour décider tous les différens qui s'élèvent journellement entre les citoyens; il a fallu diviser le territoire en plusieurs parties, et établir dans chacune d'elles un tribunal chargé plus spécialement que tout autre de terminer les contestations.

Les charges publiques et l'exercice des droits politiques exigeaient aussi cette division du territoire et la fixation du domicile de chaque individu; nous n'en développerons pas les motifs, parce que cet objet appartient plutôt à la législation administrative qu'à la législation civile. Nous indiquerons cependant tout à l'heure ce qu'on entend par domicile politique.

Mais pour que les tribunaux puissent prononcer, il faut qu'ils entendent les défenses, et pour cela il faut que le défendeur soit cité devant eux : or, il est généralement établi qu'en matière personnelle, c'est-à-dire en matière d'obligation à remplir par une personne envers une autre, c'est au tribunal du domicile du défendeur que doit être portée la demande, parce que le défendeur est plus particulièrement connu de son juge qu'il ne le serait de tout autre, et qu'il est de son intérêt de ne point se déplacer pour aller plaider au loin, où, même avec beaucoup de frais, il ne trouverait peut-être pas les mêmes facilités sous une foule de rapports.

De plus, le lieu où s'ouvre la succession d'un individu est déterminé par celui de son domicile : c'est au tribunal dans le ressort duquel il est situé que la plupart des demandes relatives à cette succession doivent être portées, parce que c'est là que sont ordinairement les titres nécessaires à la défense, que l'hérédité continue la personne du défunt, et que la pluralité des héritiers et leur dispersion en différens lieux entraîneraient des embarras et des frais, s'il fallait d'abord suivre le domicile de chacun d'eux. Il était donc nécessaire que le lé-

gislateur déterminât les signes qui indiquent le domicile de chaque citoyen , puisque généralement
c'est le domicile qui détermine la compétence des
tribunaux en matière personnelle.

Et c'est parce que la fixation de la compétence
des tribunaux' est aujourd'hui l'objet principal de
la fixation du domicile lui-même, que plusieurs personnes ont pensé que les règles établies pour le faire
discerner auraient été mieux placées au Code de
procédure; mais nous ne partageons pas cette opinion , attendu que l'objet essentiel de ce Code consiste dans les formalités à suivre pour diriger les
demandes judiciaires, tandis que le domicile est un
droit indépendant de ces formalités.

350. Anciennement, que les successions étaient
déférées selon les coutumes et statuts locaux, qui
variaient à l'infini, les questions de domicile ne se
résolvaient point en questions de simple compétence; car, comme aujourd'hui, le lieu de l'ouverture de la succession se déterminant par le lieu du
domicile du défunt, la dévolution des biens à telle
personne de préférence à telle autre était réellement subordonnée à l'existence du domicile dans
tel endroit. Mais aujourd'hui les successions sont
déférées d'après les mêmes règles dans toute la
France; en sorte que les questions de domicile, si
importantes dans l'ancienne jurisprudence, ont
perdu leur principal intérêt, puisqu'elles n'ont généralement pour objet que de déterminer la com-

pétence des tribunaux et de fixer le lieu où les actes doivent être signifiés. Néanmoins cet objet est encore assez important pour que le législateur ait dû tracer des règles propres à faire connaître le domicile de chaque citoyen.

351. L'habitation est bien un signe caractéristique du domicile ; et si chaque personne n'en avait qu'une, si, lorsqu'elle l'a choisie, elle ne pouvait la changer ou la transporter ailleurs, les lois sur le domicile seraient à peu près superflues, puisque l'habitation serait alors synonyme de domicile. Mais il n'en est pas ainsi dans l'état de société ; la loi ne fixe pas un citoyen dans un seul endroit, elle ne lui défend pas d'en changer quand bon lui semble : seulement elle décide que le domicile de tout Français, quant à l'exercice de ses droits civils, sera au lieu où il aura fixé son principal établissement (art. 102); indiquant ainsi la relation morale qui existe entre la personne et l'endroit où elle a placé le siége de ses affaires.

Voilà le principe d'où dérivent presque toutes les dispositions qui forment ce Titre, et dont le développement va suivre.

352. Cet article 102 démontre clairement qu'il ne s'occupe point du domicile politique ; ce dernier est en effet indépendant du domicile civil. On ne peut le choisir pour y exercer les droits politiques, c'est-à-dire ceux de suffrage dans les assemblées

délibérantes, que dans un département où l'on est imposé aux contributions (1).

Il ne se transfère d'une commune à l'autre qu'en vertu de déclarations formelles (2).

Il existe aussi un domicile spécial pour le mariage, et dont nous parlerons au titre *du Mariage.*

Enfin, les parties contractantes font quelquefois élection de domicile dans un acte pour son exécution : quelquefois aussi la loi exige cette élection comme une formalité de l'acte.

Nous diviserons ce titre en deux chapitres. Dans le premier, nous parlerons du domicile réel;

Et dans le deuxième, du domicile d'élection.

CHAPITRE PREMIER.

Du Domicile réel.

SOMMAIRE.

353. *L'étranger ne peut acquérir un domicile en France sans l'autorisation du gouvernement.*

354. *Signes caractéristiques du domicile du Français.*

355. *Le premier domicile est celui des père et mère au moment de la naissance.*

356. *Le changement de domicile s'opère par l'intention et le fait d'habitation réelle dans un autre lieu. Exceptions à la règle.* Note.

357. *Comment se prouve l'intention.*

358. *La preuve peut résulter des circonstances.*

359. *Peut-on, comme dans le droit romain, avoir deux domiciles ?*

(1) Avis du conseil-d'état des 25 et 27 vendémiaire an XI.
(2) Voir le décret du 17 janvier 1806.

353. Nous avons dit, d'après l'article 102, que le domicile de tout Français, quant à l'exercice de ses droits civils, est au lieu où il a fixé son principal établissement.

C'est aussi celui de l'étranger admis, en vertu de l'article 13, par le gouvernement, à résider en France; et depuis l'avis du conseil-d'état, approuvé le 20 prairial an XI, aucun étranger ne peut acqué-

rir un domicile réel sans autorisation du gouvernement; il ne peut avoir qu'une simple résidence
de fait (1).

354. Mais il n'est pas toujours facile de reconnaître d'une manière certaine le lieu où une personne a fixé le siége principal de son établissement.
Les signes qui peuvent aider à acquérir cette certitude sont souvent équivoques, surtout quand l'individu réside alternativement dans deux endroits
différens. Plusieurs lois romaines (2) énonçaient
diverses circonstances comme signes caractéristiques du domicile, parce qu'elles l'étaient du principal établissement. Ainsi, le lieu où l'on passait les
contrats, où l'on célébrait les fêtes, où l'on exerçait les droits de citoyen, où l'on supportait les
charges publiques, étaient des signes caractéristiques du domicile.

Nous regarderions aussi comme tels, 1° le paiement de la contribution personnelle et mobilière
ou de la patente dans une commune;

2° Le service de la garde nationale dans tel endroit;

3° La comparution comme défendeur en matière
personnelle devant tel tribunal, sans y avoir pro-

---

(1) Voir l'arrêt de la Cour de Paris, rendu en ce sens le 16 août
1811. (Sirey, 11, 2, 455.)

(2) Voir au digeste le titre *Ad Municipalem et de Incolis*; et au Code
celui *de Incolis*, dont la loi 7 s'exprime ainsi : *Cives origo, incolas vero
domicilium facit; et in eo loco singulos domicilium non ambigitur, ubi quis
larem, rerumque ac fortunarum suarum summam constituit; undè non
sit discessurus, si nihil avocet : undè cum profectus est perigrinari videtur;
quod si rediit, perigrinari jam desinit.*

posé le déclinatoire, en supposant qu'il fût de l'intérêt de la personne de le proposer.

4° L'exercice des droits politiques dans tel arrondissement; car, en séparant le domicile réel du domicile politique, la loi n'a pas décidé que ce dernier ne servirait pas à faire connaître le premier; au contraire, au Conseil-d'État, on fit l'observation que l'exercice des droits politiques est un des caractères de l'établissement principal, c'est-à-dire du domicile;

5° L'établissement d'un commerce, et quelques autres faits encore.

La réunion de plusieurs de ces circonstances, quelquefois une seule, pourrait démontrer aux tribunaux que le principal établissement a réellement été fixé dans l'endroit où ces circonstances et ces faits ont eu lieu; et l'appréciation de leur importance, de la force qui pourrait résulter de leur concours et de leur date, serait nécessairement abandonnée à la prudence des magistrats, qui jugeraient en *fait*.

355. Le premier domicile d'un individu, son domicile d'origine, c'est celui de ses père et mère au moment de sa naissance : s'ils en changent pendant qu'il est sous leur puissance, il en change avec eux, parce qu'il est censé n'avoir d'autre volonté que la leur.

Et comme un tuteur représente les père et mère sous plusieurs rapports, le mineur placé sous sa

direction a son domicile, et il en change avec lui
toutes les fois que celui-ci en prend un nouveau;
mais c'est ce qui sera expliqué bientôt avec plus
d'étendue.

356. Le domicile, que l'on compare souvent à
la *possession*, avec laquelle il a en effet quelque
rapport, se conserve par la seule intention; et cette
intention est toujours présumée, tant qu'il n'y a pas
manifestation de volonté contraire. Cela est surtout
particulièrement vrai à l'égard du domicile d'origine. Ce principe, consacré dans l'ancienne jurisprudence par un grand nombre d'arrêts (1), a été
confirmé dans notre nouvelle législation par une
décision de la Cour de cassation, en date du 11 vendémiaire an XIII, rendu sur un pourvoi en règlement
de juges.

Mais pour opérer le changement de domicile, et
par conséquent pour en acquérir un nouveau, il
faut, comme pour acquérir la possession, le fait et
l'intention, c'est-à-dire qu'il faut, du moins en général (2), l'habitation *réelle* dans un lieu autre que

---

(1) Notamment par deux du Parlement de Paris; l'un, rendu le 13
août 1763; l'autre, le 3 février 1764.

(2) Car quelquefois l'on change de domicile sans changer d'habitation réelle : par exemple, un mineur en tutelle réside à Paris, où il
fait ses études; son tuteur, qui demeurait à Orléans, a transféré son
domicile à Rouen : le mineur a changé de domicile sans changer d'habitation réelle. Il en est de même d'une femme qui, demeurant à Orléans, épouse un homme dont le domicile est à Paris, et qui continue
de résider à Orléans, où est sa famille. Enfin, celui qui, après avoir
accepté une fonction à vie, qu'il doit exercer dans une autre commune que celle où il habite, continue de résider dans celle-ci, parce

celui où l'on avait précédemment son domicile, et *l'intention* d'y fixer son principal établissement ; *Cum neque animus sine facto, neque factum sine animo ad id sufficiant.* (L. 20, ff. *ad Municipalem*, et Art. 103).

357. L'article 104 détermine ce qui constitue la preuve de l'intention de changer de domicile. Cette preuve résulte d'une déclaration expresse faite tant à la municipalité du lieu que l'on quitte qu'à celle du lieu où l'on a transféré son principal établissement; en sorte que, dès qu'il y a le fait d'habitation réelle dans le nouveau lieu, il y a translation de domicile, quelque court que soit le temps écoulé depuis que la personne y réside; par exemple, un jour seulement. En effet, la loi n'ayant pas fixé un temps passé lequel la translation serait censée opérée, ce ne pourrait être qu'arbitrairement qu'on en fixerait un. Il faut bien d'ailleurs que la personne ait un domicile ; or elle n'a plus l'ancien, puisqu'on suppose qu'elle l'a formellement abdiqué (1).

358. A défaut de déclaration expresse, l'article 105 veut que la preuve de l'intention résulte des circonstances.

Mais ces circonstances ne sont point indiquées par le Code ; la loi s'est reposée sur la sagesse des

---

qu'elle est très-voisine de la première, change de domicile, quoique son habitation réelle soit toujours au même lieu.

(1) Cette décision est confirmée par un arrêt de la Cour de Limoges, du 1er. septembre 1813. Sirey, 1813, 2, 353.

tribunaux du soin d'apprécier le mérite de celles
que les parties feront respectivement valoir à l'appui de leurs prétentions touchant la translation ou
la conservation du domicile. A cet égard, ils pourraient puiser les motifs de leur décision dans les
faits que les lois romaines signalent comme des signes caractéristiques du domicile, et se déterminer
aussi par les autres circonstances que nous avons
indiquées comme pouvant, dans l'état de nos mœurs,
et d'après le système de nos lois administratives,
prouver suffisamment l'intention.

Dans le cas où chacune des résidences aurait été
accompagnée de ces circonstances, les juges se dé-
cideraient par les plus puissantes. Ils auraient égard
aussi aux plus nombreuses ; et si par leur gravité
et leur nombre elles se neutralisaient, la présomption que l'intention n'a point été de changer de
domicile devrait prévaloir, parce que généralement
les hommes sont attachés au pays qui les a vus naître.
La durée du temps d'habitation dans le nouveau
lieu devrait pareillement être prise en considération ;
car, comme il arrive souvent, si la personne passait
une partie de l'année à la ville et l'autre à la campagne, ce changement habituel ne devrait être
d'aucune importance, si d'ailleurs elle n'avait fait
dans le lieu où elle prétend avoir son domicile une
continuité d'actes propres à rendre son intention
manifeste.

35g. La loi 6, §. 2, ff. *ad Municipalem*, décide

que l'on peut avoir deux domiciles : *Viris prudenti-*
bus placuit duobus locis posse aliquem habere domi-
cilium si utrobique se instruxit, ut non ideò minus
apud alteros se collocasse videatur. Et la loi 27,
§. 2, au même titre, porte la même décision, en
disant néanmoins que le cas se présentera rarement. Elle ajoute aussi qu'il pourra quelquefois
arriver qu'un individu n'ait point de domicile; par
exemple, s'il a quitté le sien pour voyager sur mer
ou sur terre, incertain où il portera ses pas. Mais
ces lois sont inapplicables aujourd'hui : elles ne sont
point en harmonie avec les principes du Code sur
la matière.

D'abord, quant au double domicile, évidemment
il ne saurait exister, puisque l'on ne peut en acquérir un nouveau que par un changement; or, ce
changement ne s'opère que par le fait d'une habitation réelle dans un autre lieu, jointe à l'intention
d'y fixer son principal établissement; et comme le
principal établissement ne peut être en deux endroits à la fois, puisqu'il ne serait point principal,
nécessairement il est à l'ancien lieu ou au nouveau,
et il n'y a toujours qu'un domicile. C'est précisément de l'existence de plusieurs établissemens à la
fois dans des lieux différens, que naissent les difficultés sur la question de savoir quel est le *principal,*
difficultés qui seraient presque nulles dans le système des lois romaines, puisque l'intérêt de la
question serait lui-même peu important. Enfin, à
l'exception du domicile spécial pour le mariage, et

qui n'est réellement parfois qu'un fait d'habitation, les Codes civil et de procédure supposent bien, qu'indépendamment du domicile proprement dit, on peut avoir une résidence; mais ils ne supposent jamais qu'on peut avoir deux domiciles simultanément.

360. Quant à l'absence de tout domicile, nous ne pensons pas non plus qu'elle soit possible, si le Français n'a point perdu sa qualité. En effet, l'enfant a le domicile de son père, et il le conserve jusqu'à ce que, devenu capable d'en choisir un, il en prenne un autre : il a donc toujours un domicile, soit celui d'origine, soit un nouveau. Le soldat, en entrant au service, conserve celui qu'il a dans ce moment; l'enfant de troupe a le sien sous le drapeau; enfin, nous en disons autant de tout gyrovague, parce que, tant qu'il n'y a pas de *changement*, les choses restent dans leur état primitif. A la vérité, ce domicile peut n'être pas connu, et c'est dans cette supposition que, par une locution inexacte, l'art. 59 du Code de procédure dit que si le défendeur *n'a pas de domicile*, la demande en matière personnelle sera portée au tribunal de sa résidence; mais cette expression est expliquée et même rectifiée par l'article 69-8° du même Code, qui ne dit plus comme le premier, « ceux qui n'ont « *aucun* domicile, » mais bien « ceux qui n'ont aucun domicile *connu* en France, etc. »

361. Quant à l'acceptation de fonctions publi-

ques, il faut distinguer entre celles de ces fonctions qui sont conférées à vie, et celles qui sont
temporaires ou révocables.

L'acceptation des premières, comme celles de
juge, de notaire, emporte translation immédiate
du domicile du fonctionnaire dans le lieu où il
doit les exercer (art. 107). La loi présume qu'il
veut remplir ses devoirs dans toute leur étendue,
y consacrer tout son temps, et pour cela qu'il veut
toujours résider dans le lieu où l'appelle son emploi; aussi la preuve d'une volonté contraire ne
serait-elle point accueillie.

Mais l'acceptation des fonctions ne se manifeste
que par la prestation du serment du fonctionnaire, qui jusqu'alors n'a aucun caractère public,
puisque c'est dans le serment que réside la garantie morale que les fonctions seront remplies avec
honneur et exactitude.

362. Pour les fonctions temporaires, telles que
celles de député, ou qui sont révocables, comme
celles de procureur du roi, de préfet, etc., leur
acceptation ne forme point une présomption que
le fonctionnaire a l'intention de changer de domicile. En conséquence, il conserve celui qu'il a tant
qu'il n'a pas manifesté d'intention contraire. (Article 106.)

La disposition de cet article est conforme à l'ancienne jurisprudence, notamment à un arrêt du
parlement de Paris, en date du 8 juin 1742, qui a

jugé que le sieur Carangeaud, né à Paris, et mort en Bretagne, après y avoir demeuré pendant soixante-quatre ans avec l'emploi de directeur des fortifications, avait conservé son domicile à Paris, parce que son emploi était amovible, et qu'il n'y avait aucune déclaration de sa volonté de fixer sa résidence en Bretagne (1).

363. Sans faire la censure de l'arrêt qui a jugé une question d'intention, on peut dire, néanmoins, que l'exercice de fonctions, prolongé pendant long-temps, est une *circonstance* que les tribunaux pourraient prendre en considération. Souvent, en cette matière, ils ont eu égard à de moins graves que celle-là. Ils ne peuvent, il est vrai, décider, en *droit*, que l'acceptation de fonctions temporaires ou révocables emporte changement de domicile : ce serait violer l'article 106 ; mais ils peuvent, en s'appuyant de cette circonstance comme de tout autre, et conformément à l'article 105, qui n'en définit aucune, juger en *fait* qu'il y a eu intention de changer de domicile. Leur décision, ainsi motivée, renfermerait tout au plus un *maljugé*, et elle serait à l'abri de la censure de la Cour suprême.

364. En se mariant, la femme sait qu'elle contracte l'obligation d'habiter avec son mari et de le suivre partout où il jugera à propos de résider (art. 214); elle est donc naturellement présumée

---

(1) L'arrêt est dans le Répertoire de Denizart, au mot *Domicile.*

avoir voulu prendre son domicile. (Art. 108.) Cette présomption est du nombre de celles qui ne peuvent être détruites par la preuve contraire, et elle exercerait toute sa force, encore que, par telle ou telle cause, la femme n'eût réellement pas habité avec son mari. Ce serait un des cas où le changement de domicile se serait opéré sans le fait d'une habitation réelle dans un autre lieu, et dont nous avons déjà parlé.

365. Mais si les époux étaient séparés de corps, il ne nous paraît pas douteux que la femme n'eût le droit de se choisir un domicile distinct de celui de son mari : c'est le principal objet de la demande en séparation; seulement elle conserverait ce dernier domicile jusqu'au moment où elle s'en serait établi un particulier.

366. Bien mieux, il est possible que ce soit le mari qui ait le domicile de la femme : c'est dans le cas où il serait interdit pour cause de démence, et que sa femme serait sa tutrice : car l'interdit a son domicile chez son tuteur. (Art. 108.)

367. Le mineur non émancipé a généralement le sien chez son père pendant le mariage.

Après la dissolution du mariage, arrivée par la mort naturelle ou civile du père, il a son domicile chez sa mère, si celle-ci est tutrice. Dans le cas contraire, il l'a chez son tuteur.

Et si, pour une cause quelconque, le père survivant n'exerçait point la tutelle, le domicile du tu-

teur serait aussi celui du mineur. La loi (art. 108)
ne le décide pas textuellement, mais il nous semble
que tel est son esprit : l'établissement du domicile
est dans l'intérêt de la personne, puisque c'est là
qu'elle exerce ses droits civils; et comme, dans l'espèce, c'est le tuteur, et non le père, qui exerce ceux
du mineur, il est conséquent de dire que le principal établissement de celui-ci est au domicile du
tuteur. Peu importe que, généralement, le père
conserve la puissance paternelle, encore qu'il
n'exerce point la tutelle, car ce n'est point uniquement par les principes qui régissent cette puissance
que doit se décider la question du domicile.

368. L'enfant naturel reconnu par son père, et
non émancipé, a le domicile de celui-ci. S'il n'a
point été reconnu par son père et qu'il l'ait été par
sa mère, il a le domicile de cette dernière.

S'il n'a été reconnu ni par l'un ni par l'autre, il
a son domicile dans l'hospice où il a été reçu, ou
chez la personne qui prend soin de lui, et il le conserve jusqu'à ce qu'il en prenne un nouveau. Il en
prend un nouveau par sa translation dans un autre
hospice ou chez une autre personne. Ici l'intention
se présume, comme elle se présume lorsqu'un tuteur ou un père change de domicile, ou qu'un mineur change de tuteur; cas dans lesquels l'enfant
et le mineur changent aussi de domicile.

369. Le mineur émancipé peut se choisir un domicile particulier; l'article 108 ne règle que celui

du mineur non émancipé. Mais il conserve celui de ses père et mère ou tuteur, tant qu'il n'en a pas pris un nouveau par le fait d'une habitation réelle dans un autre lieu, joint à l'intention d'y fixer son principal établissement.

370. Aux termes des lois romaines, et qui ont toujours été suivies chez nous en ce point, les étudians n'acquièrent pas de domicile dans le lieu où ils résident pour leurs études : ils conservent celui qu'ils ont chez leurs parens ou tuteurs, parce qu'ils sont présumés avoir l'esprit de retour à ce domicile.

371. Celui d'un interdit est, comme nous l'avons dit, chez son tuteur (art. 108) (1), en sorte que la femme de cet interdit aura le même domicile, si elle n'est point elle-même tutrice ni séparée de corps, car la femme a le domicile de son mari.

372. Mais le Code civil ne s'est occupé que des interdits pour cause de démence; il ne s'est point expliqué sur le domicile des condamnés aux travaux forcés à temps ou à la réclusion, lesquels, pendant la durée de leur peine, sont aussi en état d'interdiction, aux termes de l'article 29 du Code pénal. Nous croyons que pendant la durée de la peine, le domicile de ces individus est chez le curateur qui leur est nommé, en vertu de cet article, pour gérer et administrer leurs biens; la loi semble

(1) Dans les premières éditions du Code, cet article disait chez son *curateur*, parce qu'à l'époque où il a été promulgué, l'on ne savait pas encore si l'on donnerait un *tuteur* à l'interdit; mais l'article 505 a levé l'incertitude.

en effet les assimiler, quant à l'exercice des droits civils, à l'interdit pour cause de démence, puisqu'elle ordonne de leur nommer un curateur, « dans » les formes prescrites pour la nomination des tu- » teurs aux interdits. »

373. Mais pour les autres prisonniers et exilés, leur domicile se règle d'après les principes généraux ; en conséquence, ces individus qui ne résident que forcément dans les lieux où ils sont détenus ne peuvent être présumés avoir la volonté d'y établir leur domicile, et ils conservent celui qu'ils avaient auparavant. Ce qui ne s'applique pas aux déportés, lesquels, comme morts civilement, ne sauraient avoir de domicile en France.

374. Les majeurs qui servent ou travaillent habituellement chez autrui ont le même domicile que la personne chez laquelle ils travaillent, lorsqu'ils demeurent avec elle dans la même maison. (Art. 109.)

La loi suppose que leur intention est d'y fixer leur principal établissement, parce qu'en effet le service du domestique forme sa principale industrie, sa principale affaire.

Et comme cette intention peut exister chez le mineur émancipé aussi bien que chez le majeur, il aura son domicile chez la personne chez laquelle il travaille, pourvu qu'il habite avec elle dans la même maison.

Cette décision s'applique aussi au mineur émancipé

qui est en apprentissage ; mais il en est autrement
à l'égard du mineur non émancipé, domestique ou
apprenti, peu importe, car il a nécessairement le
domicile de ses père, mère ou tuteur.

Il faut aussi décider le contraire quant à la femme
mariée, même majeure, domestique dans une maison où ne demeure point son mari, puisque, d'après
l'art. 108, elle n'a point d'autre domicile que celui
de ce dernier, et qu'elle ne peut s'en choisir un
différent ; sauf ce qui a été dit relativement à la
femme séparée de corps, ou tutrice de son mari
interdit.

L'art. 108 ne s'appliquerait point à un vigneron,
métayer ou colon partiaire, parce que, bien que
ces individus demeurent chez le maître de la mé-
tairie, ils ne demeurent néanmoins pas avec lui
dans la même maison, ce qu'exige cet article pour
que le serviteur ait le domicile du maître. Il ne s'appliquerait pas non plus à un garde-chasse, ni à un
jardinier d'une maison de campagne, habitant séparément du maître. On doit en dire autant des
intendans, économes, officiers de bouche et autres
qui ne demeurent pas avec la personne dans la
maison qu'elle habite. Tous ces individus conservent leur domicile particulier.

375. La succession d'un individu est un être mo-
ral qui le représente : le lieu où elle s'ouvre doit
donc être déterminé par celui du domicile du défunt (art. 110) ; d'ailleurs, les héritiers peuvent

avoir des domiciles différens, les biens peuvent être dispersés, et le législateur ne voulant qu'un tribunal unique pour décider les contestations qui peuvent s'élever au sujet de cette succession a dû désigner celui dans le ressort duquel le défunt avait son domicile (1).

CHAPITRE II.

Du Domicile d'élection.

SOMMAIRE.

---

(1) Voir l'article 59 du Code de procédure, sur lequel nous ferons observer, 1° qu'en matière personnelle, s'il n'y a qu'un héritier, comme il n'y a point de partage, c'est à son tribunal et non à celui du défunt que les demandes des créanciers doivent être portées ; et 2° qu'en matière réelle, la demande formée par un tiers, même avant le partage, doit être portée au tribunal de la situation de l'objet litigieux, attendu qu'il ne s'agit pas de celle formée par un *créancier*, et que d'ailleurs le fait de la mort du défunt ne doit changer en rien la compétence que les lois ont attribuée au tribunal de la situation de l'objet en litige.

376. Lorsqu'un acte contient de la part des parties, ou de l'une d'elles, élection de domicile pour l'exécution de ce même acte, dans un autre lieu que celui du domicile réel, les significations, demandes et poursuites relatives à cet acte peuvent être faites au domicile convenu, et devant le juge de ce domicile, ou au domicile réel. (Art. 111, Code civil, et 59, Code de procédure.)

L'élection de domicile dans un acte est souvent commandée par la loi pour la validité de cet acte : tels sont les cas de saisies, d'inscriptions hypothécaires, etc. Nous n'avons point à nous en occuper ici.

377. Quant à l'élection de domicile conventionnelle, il faut observer qu'elle n'est relative qu'à l'exécution forcée de l'acte, c'est-à-dire aux procédures auxquelles il peut donner lieu, et qu'elle n'est point par elle-même indicative de l'endroit où doit se faire le paiement de l'obligation, car ce paiement doit être exécuté dans le lieu désigné par la convention ; s'il n'y a pas d'indication de lieu, il doit être fait, lorsqu'il s'agit d'un corps certain, dans le lieu où était, au temps de l'obligation, la chose qui en fait l'objet ; hors ces deux cas, il doit être fait au domicile du débiteur. (Art. 1247.) Et comme l'art. 1258-6° distingue formellement le lieu convenu pour le paiement, du domicile élu pour l'exécution de la convention, on doit décider

que l'élection du domicile faite simplement pour l'exécution de l'acte, sans addition, sans mention du paiement, n'est point, en général, indicative du lieu où il doit être fait. Mais cette décision, vraie en principe, serait subordonnée à l'intention des parties en faisant l'élection de domicile.

378. *Vice versá*, le lieu pour le paiement ne constitue point, en matière non commerciale (1), un domicile attributif de compétence, en sorte que les significations et demandes n'y doivent point être faites (2).

379. De plus, un domicile élu pour l'exécution d'un contrat n'est point élu pour l'exécution des jugemens rendus à l'occasion de ce contrat (3).

380. Il n'est pas non plus censé élu pour y recevoir la signification du transport de l'obligation ; ce transport n'est point en effet relatif à l'exécution du contrat.

381. La partie qui a fait élection de domicile pour l'exécution d'un acte est censée avoir donné un mandat à la personne chez laquelle elle a fait élection, et elle peut le révoquer en notifiant à l'autre partie l'élection d'un nouveau domicile dans

---

(1) Nous disons *en matière non commerciale*, parce qu'en matière de commerce il en est autrement d'après l'article 420 du Code de procédure, nullement modifié, en ce point, par le Code de commerce.

(2) Ainsi jugé par la Cour de cassation, le 29 octobre 1810. Sirey, 1810, 1, 378.

(3) La même Cour l'a décidé par arrêt de cassation du 29 août 1815. Sirey, 11, 1, 430.

le même endroit ou dans la même ville. En vain celle-ci voudrait s'opposer à la révocation de ce mandat et tenir pour non avenu ce changement, son opposition serait un obstacle mal fondé à l'exercice du droit qu'a tout mandant de révoquer son mandat en vertu de l'article 2003, quand cette révocation ne nuit réellement à personne (1).

Du reste on doit regarder comme partie intégrante des conventions portées dans un acte l'élection de domicile qui y est faite, tellement que les héritiers de la partie ne pourraient alléguer que l'élection était personnelle à leur auteur pour en décliner les effets.

Aussi l'élection de domicile au domicile réel ne saurait être éludée par le changement de ce dernier.

Elle ne saurait l'être non plus lorsqu'elle a été faite chez un tiers, par la mort ou l'absence de ce tiers, ou son refus d'y consentir ou de persévérer dans le consentement qu'il avait donné d'abord : il faudrait alors en faire une nouvelle dans le même endroit.

382. D'après l'art. 59 du Code de procédure, le demandeur, dans le cas d'élection de domicile, a bien à la vérité le choix d'assigner au domicile réel comme au domicile élu, mais cela doit être entendu des cas ordinaires, et non de celui où, par l'effet de quelque circonstance particulière, la partie qui a fait élection de domicile l'a faite unique-

(1) Arrêt de cassation du 19 janvier 1814. Sirey, 1814, 1, 68.

ment dans son intérêt. La présomption ne serait pas en sa faveur; mais en prouvant clairement son allégation, elle pourrait décliner le tribunal du domicile réel si elle y était assignée. Les conventions légalement formées tiennent lieu de loi à ceux qui les ont faites. (Art. 1134).

TITRE IV.

Des Absens.

Observations préliminaires.

SOMMAIRE.

383. A toutes les époques de la vie, la loi étend sa protection sur les citoyens dès qu'ils sont dans l'impuissance de défendre leur personne et d'administrer leurs biens. C'est ainsi que l'enfant obtient d'elle un protecteur, que l'insensé en reçoit un guide, et l'absent un surveillant qui conserve son patrimoine délaissé.

Mais si, dans sa sollicitude pour les absens, la loi commande des mesures propres à prévenir les dommages qui pourraient les atteindre, elle se borne du moins d'abord à n'en prescrire que de purement conservatoires, dont les effets sont ensuite gradués sur la prolongation de l'absence, et par conséquent sur les degrés d'incertitude de la vie ou de la mort de ceux qui en sont l'objet.

Sa surveillance protége aussi les légitimes espérances de la famille de l'absent, les intérêts de ses créanciers et les droits subordonnés à la condition de son décès. A cet effet, elle trace les moyens à employer, les formes à suivre, et met ainsi à l'abri de tout préjudice ces divers intérêts, en les conciliant entre eux, sans qu'aucun soit froissé ; elle pèse enfin, dans sa sagesse, toutes les probabilités qui font pencher la balance, tantôt en faveur de la supposition de la vie, tantôt du côté de la présomption contraire, et partant d'observations généralement vraies, elle règle la dévolution provisoire des biens, suivant l'ordre ordinaire qu'elle a adopté relativement aux successions réellement ouvertes, et exclut tout arbitraire dans le choix des moyens créés par elle pour la conservation des droits de tous. Tel est l'esprit général de la loi sur les absens.

384. Nous n'irons pas puiser dans la législation romaine un commentaire de la nôtre sur ce sujet. Cette législation, si complète sur tout ce qui peut intéresser l'homme dans ses rapports avec ses con-

citoyens, ne contient, à proprement parler, aucune règle fixe sur les absens (1).

Profondément attachés à leur patrie, parce qu'ils n'auraient pu trouver autre part les avantages et les agrémens qu'elle leur procurait, et d'ailleurs presque continuellement en guerre avec les autres peuples, les Romains s'absentaient rarement, tant que les besoins de l'État ne les appelaient pas hors de leur pays ; mais alors les motifs de leur absence étant généralement connus, des lois n'avaient pas été jugées nécessaires pour en régler les effets. Ceux que le sort de la guerre faisait tomber au pouvoir de l'ennemi en devenaient esclaves, et leurs biens, ordinairement administrés jusqu'à leur retour ou leur mort par leurs parens ou leurs amis, ne demandaient pas une surveillance spéciale de la part du législateur. Si le prisonnier mourait captif, il était censé mort du moment où sa captivité avait commencé; s'il revenait dans sa patrie, il était censé ne l'avoir jamais quittée : et ces deux fictions, dont l'application était assez fréquente, avaient paru suffire pour régler les successions et les autres droits échus au prisonnier pendant son absence. Ces raisons expliquent, ce nous

---

(1) L'édit du Préteur qui a créé l'action appelée *quasi-publiciana, vel rescissoria*, ne fait même pas exception à ce que nous disons ici, attendu qu'elle n'était accordée qu'à ceux qui s'étaient absentés pour *juste cause*, et qui, par conséquent, n'étaient point dans la classe des personnes dont il s'agit dans ce titre du Code.

semble, suffisamment l'espèce de lacune que nous
remarquons dans la législation romaine, qui, par
l'immensité des objets qu'elle embrasse, paraît avoir
tout prévu, tout réglé, et n'avoir laissé aux législations futures que la gloire de l'imiter.

385. Ce n'est pas non plus dans l'ancienne jurisprudence française qu'il faut aller chercher un
guide sûr pour résoudre les difficultés qui peuvent
s'élever sur cette matière : elle était, pour ainsi
dire, muette aussi ; et au lieu d'être décidées par la
loi, les nombreuses questions qui peuvent s'élever
au sujet des absens étaient abandonnées au pouvoir discrétionnaire des magistrats, dont les arrêts
n'offraient que quelques règles incomplètes et souvent contradictoires.

Mais la civilisation marchant à grands pas depuis
plusieurs siècles ; le commerce étendant partout
ses solides bienfaits, et faisant franchir aux hommes
les mers et des pays inconnus ; l'amour des sciences
et des arts, la guerre elle-même, et mille autres
causes encore, ont rendu les absences très-fré-
quentes et fait vivement sentir la nécessité d'en
déterminer les effets. Le Code a donc rempli une
grande lacune dans la législation, par l'introduc-
tion d'un droit nouveau, qui, imparfait peut-être
dans quelques-unes de ses parties, se complétera
sans doute par l'expérience, la doctrine des jurisconsultes et les décisions des tribunaux.

386. Comme l'incertitude sur la vie et la mort

de l'absent s'augmente en raison du temps qui s'est écoulé depuis sa disparition ou ses dernières nouvelles, le Code a divisé l'absence en trois périodes, et il a appliqué à chacune d'elles des dispositions particulières, motivées sur les circonstances qui la caractérisent.

La première est celle qui s'écoule depuis la disparition ou les dernières nouvelles de l'absent, jusqu'à l'époque où son absence est déclarée; et elle ne peut l'être qu'au bout de cinq ans, s'il n'a pas laissé de procuration, et au bout de onze ans, s'il en a laissé une.

La seconde commence à la déclaration d'absence, et finit, soit au décès de l'individu, soit par son retour ou la réception de ses nouvelles, soit par le laps de trente années depuis l'envoi en possession provisoire, ou de cent ans depuis la naissance de l'absent.

La troisième a son point de départ à l'expiration des trente ou cent années, et elle dure indéfiniment si l'absent ne reparaît pas, ou bien s'il ne se représente pas dans les trente ans des enfans ou autres personnes descendant de lui en ligne directe.

387. Le Code a divisé ce titre en quatre chapitres : le premier règle les effets de l'absence présumée; le second, la manière de constater l'absence; le troisième, divisé lui-même en trois sections, renferme les dispositions relatives aux effets de l'absence déclarée, aux droits éventuels qui

peuvent compéter à l'absent, et à son mariage; le quatrième enfin prescrit les mesures relatives à la surveillance des enfans de l'absent.

Mais il nous semble que cette division ne distingue pas assez exactement les différentes parties de la matière, en ce que le troisième chapitre comprend, et dans une même section, les effets de l'absence durant l'envoi en possession provisoire, et ceux de l'absence depuis l'envoi en possession définitif; effets qui doivent être classés séparément, puisqu'ils sont très-différens. De plus, ce même chapitre, en traitant d'objets divers, présente des questions qui réclament la même solution, soit que l'absence ait été déclarée, soit qu'elle ne l'ait pas été: par exemple, l'ouverture de droits au profit de l'absent, celle de sa propre succession. Ces objets ne devaient pas être placés exclusivement sous un chapitre qui traite des effets de l'absence déjà déclarée. D'après ces motifs, et pour mettre plus de clarté dans l'exposé de cette matière nouvelle, sur les principes de laquelle les esprits ne sont pas encore entièrement fixés, nous la diviserons en cinq chapitres ou parties principales.

Le premier traitera de la présomption d'absence et des mesures à prendre durant la première période;

Le deuxième, de la déclaration d'absence, et des conditions et formalités à observer pour qu'elle ait lieu;

Le troisième, de l'envoi en possession provisoire

des biens que possédait l'absent au jour de sa disparition, et des effets de l'absence pendant cette période;

Le quatrième, de l'envoi en possession définitif et de ses effets;

Et le cinquième, des effets de l'absence en général, par rapport aux enfans mineurs de l'époux qui a disparu, à son mariage, à l'ouverture de sa succession, et enfin aux droits éventuels qui peuvent lui compéter.

CHAPITRE PREMIER.

De la Présomption d'absence, et des Mesures à prendre durant la première période.

SOMMAIRE.

388. Suivant le Code, il y a deux classes d'absens : les absens présumés, et les absens déclarés tels par jugement.

Cette distinction a été introduite afin d'établir des règles plus précises et plus avantageuses aux intérêts de l'absent, et calculées sur les degrés de probabilités de sa mort, à mesure que sa disparition se prolonge sans qu'on ait de ses nouvelles. Elle est très-utile, en ce que le mot *absent* est quelquefois pris, même dans les lois (1), dans un sens absolu, et cependant les effets qui y sont attachés sont loin d'être les mêmes dans le cas d'absence déclarée et dans celui où elle ne l'a pas encore été.

---

(1) Notamment dans les articles 137 et 138, où évidemment il s'agit non seulement d'un individu déclaré *absent* par jugement, mais encore de tout individu *dont l'existence n'est pas reconnue*, comme nous le démontrerons par la suite. C'est dans ce sens aussi qu'il est pris dans l'article 222, ainsi que l'a jugé la Cour d'Agen, le 31 juillet 1806. Sirey, 7, 2, 790.

On entend généralement par *absent* (1), un individu qui a disparu de son domicile ou de sa résidence, si elle est distincte, et dont on n'a point de
nouvelles, tellement qu'il règne sur sa vie et sa
mort la plus grande incertitude. Que cet état se
prolonge plus ou moins, tant qu'il durera, on dira
que l'individu est absent. Mais dans un sens plus
restreint et mieux approprié à l'esprit des lois sur
cette matière, l'individu ne sera que *présumé absent* tant qu'il n'y aura pas eu une enquête contradictoire sur son compte, et un jugement qui ait
constaté l'absence, en sorte que, quel que soit le
temps qui s'écoule depuis sa disparition sans qu'on
ait de ses nouvelles, ce ne sera réellement qu'après
ce jugement qu'il sera réputé *absent.*

389. Quand un homme s'absente de sa résidence
habituelle, on doit naturellement penser que cette
absence ne sera que passagère, parce que le plus
souvent on en connaît les causes, et qu'on sait aussi
le lieu où il a porté ses pas; si on les ignore, c'est
probablement parce qu'il a eu des raisons particu-

---

(1) Dans le langage du monde, on dit qu'un individu est *absent*
quand il n'est pas à son domicile, quoiqu'on sache bien où il est : on
le dit surtout d'un homme qui voyage.

On le dit de même d'un individu qui n'est pas présent à telle affaire, à tel acte, à tel événement ; par exemple, à l'ouverture d'une
succession, à un partage; mais alors, dans le langage du droit, cet
individu est appelé *non présent.* (Art. 840 du Cod. civ.)

Et on nomme *défaillant* celui qui a été condamné par un jugement rendu en son *absence*, c'est-à-dire lui non représenté. (Art. 85 et
152 du Code de procédure.)

lières pour ne les point faire connaître. Si son retour
est retardé, on supposera que ce retard est l'effet
de quelque circonstance imprévue, la complication
d'une affaire, une maladie, etc. Enfin, si, pendant
quelque temps, il ne donne point de ses nouvelles,
l'on pensera facilement que c'est parce qu'il compte
revenir d'un moment à l'autre; de sorte que, jusque-là, aucun motif d'inquiétude sur son existence
ne pouvant raisonnablement s'élever, il n'est point
encore *en présomption d'absence.*

390. Mais que cet état de choses se prolonge, et
qu'on ne puisse supposer à l'individu, sédentaire
par habitude, aucun motif qui ait pu l'engager à
s'absenter de chez lui, ni aucune raison particulière qui ait pu l'empêcher de revenir ou de donner
au moins de ses nouvelles; qu'il n'ait chargé personne du soin de ses affaires, qui souffrent cependant de son absence; qu'il soit arrivé quelque événement malheureux dans lequel on peut craindre
qu'il n'ait été enveloppé : alors s'élèvent de justes
inquiétudes sur son sort, et l'on ne peut s'empêcher de regarder son retour comme incertain; la
présomption de mort balance puissamment celle
de la vie; elle devient même plus grave, et elle
autorise des mesures, soit dans l'intérêt de l'absent
lui-même, puisqu'il peut reparaître d'un moment
à l'autre, soit dans l'intérêt de ceux qui ont des
droits subordonnés à la condition de son décès.

391. Cet état peut se prolonger long-temps, dix,

quinze, vingt ans, et plus encore; il ne cessera
que par la réapparition de la personne ou la réception de ses nouvelles, ou bien par la déclaration
d'absence elle-même. Aussi, les tribunaux chargés
de veiller à ses intérêts compromis, et de faire droit
aux justes demandes des tiers, ont un pouvoir discrétionnaire sur l'appréciation du temps qui s'est
écoulé depuis la disparition, comme ils l'ont à
l'égard de ses motifs et des causes qui ont pu empêcher d'avoir des nouvelles de l'individu présumé
absent: car l'article 112 porte simplement que « s'il
« y a *nécessité* de pourvoir à l'administration de
« tout ou partie des biens d'une personne présu-
« mée absente et qui n'a point de procureur fondé,
« il y sera statué par le tribunal de première in-
« stance sur la demande des parties intéressées. »

392. Ainsi, la seule présomption d'absence ne
suffit point, en principe, pour autoriser la justice
à s'immiscer dans les affaires d'un individu et à pé-
nétrer des secrets qu'il veut peut-être cacher à tout
le monde. Quelque pur que fût le zèle des tribunaux dans la protection qu'ils accorderaient aux
intérêts de l'absent, trop de précipitation de leur
part pourrait nuire à ces mêmes intérêts au lieu de
les servir. Elle aurait du moins pour effet presque
inévitable de jeter la crainte dans l'esprit des citoyens, qui n'oseraient désormais s'absenter du lieu
de leur domicile, dominés qu'ils seraient par l'ap-
préhension que, sous prétexte de veiller à la con-

servation de leurs droits, on pourrait ainsi facilement s'immiscer dans l'administration de leurs
biens, et, ce qui serait plus fâcheux encore, péné-
trer tous leurs secrets. Nous ne croyons pas devoir
adopter l'opinion émise par un jurisconsulte (1),
que *l'absent présumé*, qui n'a nullement pourvu à
l'administration de ses affaires, est, aux yeux de la
loi, dans la même position que l'individu présent
qui néglige les siennes; car, dans une foule de cas,
l'intervention des tribunaux est nécessaire en ce
qui le concerne, tandis qu'elle ne l'est pas, du
moins dans les mêmes cas, à l'égard d'un individu
présent qui n'a aucun soin de l'administration de
son patrimoine; mais nous dirons que les tribunaux doivent procéder avec circonspection, et n'in-
terposer leur autorité que lorsqu'il y a *nécessité*
de pourvoir à l'administration de tout *ou partie* des
biens d'un présumé absent. Or, quelles sont les circonstances où cette nécessité se fait sentir? voilà
toute la question : elles seules donnent la mesure
du pouvoir dont le législateur a investi le juge à
cet égard; et comme il ne pouvait les prévoir toutes,
ni les définir, il s'est reposé sur sa prudence du
soin d'en apprécier la gravité : tellement que les décisions rendues à ce sujet pourraient bien parfois
renfermer ce qu'on appelle un *mal jugé*, mais elles
ne sauraient contenir une violation de la loi; pourvu
toutefois qu'elles interviennent sur la demande *des*

_____

(1) M. Toullier.

parties intéressées, ou à la réquisition du ministère public, chargé spécialement, par l'article 114, de veiller aux intérêts des *présumés absens* et de donner ses conclusions sur toutes les demandes qui les concernent ou les intéressent (art 83 — 7°, Code de procéd.). Les tribunaux, en effet, n'ont pas le droit de statuer d'office, il faut qu'ils soient saisis par une demande ou une réquisition.

393. On peut considérer comme un cas où il y aurait nécessité de pourvoir à l'administration de tout ou partie des biens du présumé absent, celui d'une société dans laquelle il serait intéressé. Si cette société vient à se dissoudre, ou que l'acte n'attribue pas à l'associé présent le droit d'agir seul pour les affaires communes, il y a, dans la première hypothèse, nécessité de recourir à la justice, pour faire nommer un notaire aux fins de procéder à la liquidation et au partage (art. 113); et dans la seconde, pour que l'associé présent soit autorisé à gérer les affaires de la société.

394. L'ouverture d'une succession, avant la disparition de l'individu qui y est appelé avec d'autres, est aussi un cas où il y a *nécessité*. On commet pareillement un notaire pour représenter l'absent dans l'inventaire, la liquidation et le partage de cette succession.

Si elle ne s'était ouverte que depuis la disparition, le ministère public aurait encore, selon notre opinion, le droit de requérir la nomination d'un notaire pour représenter l'absent, mais dans la confection de l'inventaire seulement, bien qu'en principe la succession, aux termes de l'article 136, soit dévolue exclusivement à ceux avec lesquels l'absent aurait eu le droit de concourir, ou à ceux qui l'auraient recueillie à son défaut, ainsi que nous l'expliquerons au chapitre V; car l'absent pouvant reparaître d'un moment à l'autre, ou donner de ses nouvelles, cette mesure est conservatoire de ses droits, et elle ne nuit réellement à personne.(1).

Si la succession ouverte avant la disparition, ou même depuis (en supposant que les cohéritiers du présumé absent, ou le tribunal (2), reconnaissent qu'il existait à l'époque de l'ouverture), n'est point liquidée pendant la présomption d'absence, l'action en partage appartient aux envoyés en possession provisoire. C'est de ces cas qu'il faut entendre l'article 817 du Code civil.

---

(1) La Cour de Riom a jugé la question en ce sens, le 20 mai 1816. Sirey, 18, 2, 210.

Mais deux arrêts antérieurs, l'un rendu par la Cour de Paris, le 23 mars 1808, et l'autre par la Cour de Bruxelles, le 20 juillet même année (Sirey, 1808, 2, 193; et 1809, 2, 160), ont, au contraire, décidé que ceux à qui la succession est déférée, à l'exclusion de l'absent, sont dispensés des mesures conservatoires tracées par les articles 819 du Code civil, et 911 et suivans du Code de procédure, attendu que la loi n'a prescrit aucune mesure pour la conservation des droits réservés à l'absent. Au surplus le tribunal pourrait, en statuant sur le réquisitoire du ministère public, prendre en considération les circonstances de la cause; par exemple, le plus ou moins de temps écoulé depuis la disparition, ses motifs probables, et la qualité de celui qui recueille le droit au défaut de l'absent.

(2) Nous expliquerons ce point au chapitre dernier.

395. La Cour de Bruxelles a jugé, le 8 avril 1813 (Sirey, 1814, 2, 16), que le droit de provoquer le partage n'appartient point au notaire commis dans le cas de l'article 113; que ses fonctions se bornent à représenter l'absent lorsque la liquidation et le partage sont régulièrement provoqués. Nous croyons cela vrai en principe; mais les circonstances pourraient être telles que le ministère public dût requérir la liquidation et le partage. Il puiserait le principe de son action dans l'article 114. M. Chabot pense toutefois qu'il faut dans ce cas nommer un curateur, qui provoquera le partage.

Le notaire n'étant commis que pour représenter l'absent dans les inventaires, comptes, liquidations et partages, il ne pourrait compromettre ni transiger sur les difficultés qui s'élèveraient, ni faire aucun acte d'abandon, de cession ou d'aliénation quelconque. Les partages doivent être homologués, comme il est dit à l'article 981 du Code de procédure; et s'il y a des difficultés à leur occasion, il faut recourir à l'autorité du tribunal, qui prendra les mesures convenables, soit en nommant un curateur, ou de toute autre manière. Enfin, le partage, pour être définitif, doit être fait conformément aux dispositions des articles 838 et 840 du Code civil.

Dans tous les cas, le notaire qui représente un absent dans des inventaires, comptes, liquidations et partages, ne peut recevoir les actes, ni y figurer comme second : sa qualité de mandataire paraît incompatible avec celle d'officier public. La loi du 6 octobre 1791 défendait, par son article 17, aux notaires qui représentent les absens dans les inventaires, etc., d'instrumenter dans les opérations qui les concernent; et nous croyons que tel est l'esprit de l'article 113 du Code.

396. Les biens d'un débiteur sont le gage commun de ses créanciers. (Art. 2093.) S'il les laisse dépérir par son absence, ceux-ci ont le droit de s'en plaindre : c'est donc encore un cas où le tribunal pourrait voir la *nécessité* de pourvoir à l'administration de tout ou partie des biens d'un individu présumé absent, sans préjudice du droit qu'ont les créanciers dont les créances sont exigibles, d'obtenir condamnation contre lui; pour cela, de l'assigner, comme il est dit à l'article 69-8° du Code de procédure, et de faire ensuite exécuter le jugement. Mais si les créances ne sont point exigibles, ils n'ont que le droit de demander au tribunal la nomination d'un curateur aux biens qui dépérissent. Nous verrons plus loin à quel tribunal ils doivent s'adresser.

397. Le ministère public, dans leur silence, comme dans le cas où le présumé absent n'a pas de dettes, peut aussi requérir la nomination de ce curateur. Il est spécialement chargé de veiller aux intérêts des personnes présumées absentes.

De là, si les enfans étaient sans subsistance; s'il s'agissait d'interrompre une prescription qui est sur le point de s'accomplir, de former appel d'un

I.   20

jugement; s'il était question du recouvrement ou
de la restitution d'un dépôt, du paiement des dettes
de l'absent poursuivi en justice, comme il a été dit
ci-dessus, ou de ses créances, qui périclitent par
l'insolvabilité dont sont menacés ses débiteurs; de
la vente de denrées sujettes à dépérissement; si des
bâtimens menacent ruine, si les terres sont sans
culture, et qu'ainsi l'intérêt public lui-même en
souffre; enfin, dans une foule de cas analogues
qu'il est impossible de prévoir, le ministère public
doit exercer la surveillance que la loi a déposée
dans ses mains.

3g8. Il a même qualité suffisante pour exercer
directement les actions qui compètent au présumé
absent; il l'a également pour contredire les demandes formées contre lui. Mais il ne l'a pas pour
gérer par lui-même les biens de celui-ci, ni pour
les donner à ferme, ni pour passer des actes, etc.:
seulement il a le pouvoir, et c'est même pour lui
une obligation, de *requérir,* comme nous venons
de le dire, la nomination d'un curateur, ou du
moins qu'il soit pris des mesures conservatoires
des droits de celui qui est dans l'impuissance de
veiller en ce moment à ses intérêts.

Cette surveillance du ministère public doit
s'exercer, encore que l'individu ait laissé une procuration spéciale, quand d'autres biens que ceux
dont il s'agit dans le mandat sont en souffrance,
ou lors même qu'il aurait laissé une procuration

générale, si le terme du mandat venait à expirer.

399. Le Code ne s'explique point sur la nature des mesures à prendre : il n'en admet aucune et n'en repousse aucune, pas même les recherches dans les papiers de l'absent, parce qu'en effet elles peuvent être nécessaires dans les contestations où il serait engagé. Seulement, dans une matière aussi délicate, les magistrats doivent apporter la plus grande circonspection ; l'examen des papiers ne doit être fait que par le ministère de l'un d'eux spécialement désigné, et ils ne doivent en distraire que les pièces d'une absolue nécessité.

400. Nous disons que le ministère public pourrait requérir, et sauf au tribunal à avoir tel égard que de raison à sa réquisition, la nomination d'un curateur ; et, en effet, la loi ne le défend pas. Dans beaucoup de cas, cette mesure sera même commandée par les circonstances, la dispersion des biens de l'absent, leur étendue et leur nature ; mais les tribunaux ne lui accorderont que le moins de pouvoir possible, celui-là seul qui tournera au profit de l'absent et jamais à son détriment. Ils choisiront surtout un homme intelligent et probe, connu pour avoir eu avec l'absent des relations d'amitié et de bienveillance : le plus proche parent, naturellement intéressé à la conservation des biens, quand d'ailleurs il réunira les conditions requises, sera ordinairement l'homme en qui ils placeront leur

confiance, sauf à la lui retirer, s'il ne la justifie pas entièrement.

Ce choix est d'autant plus important, que nous croyons, contre l'opinion de quelques jurisconsultes, que les jugemens rendus vis-à-vis du curateur, et sur les conclusions du ministère public, seront obligatoires pour le présumé absent. Cela nous paraît fondé et sur l'esprit de la loi, et sur la raison naturelle. Sur l'*esprit de la loi,* qui, pour que les intérêts de l'absent ne soient pas sacrifiés, exige que le ministère public soit entendu dans toutes les causes qui le concernent ou l'intéressent; précaution dont la nécessité et même l'utilité se feraient assurément bien moins sentir, si l'absent ne courait dans les contestations judiciaires que la chance favorable, et jamais la chance contraire. Sur *la raison naturelle,* qui ne permet pas qu'on puisse, pour conserver les droits de l'absent, poursuivre ses débiteurs, obtenir contre eux des condamnations s'ils résistent et succombent, quand cependant la décision qui leur serait favorable serait vaine à l'égard de leur véritable adversaire. L'intervention du ministère public est d'ailleurs une puissante garantie en faveur de l'absent. L'ordonnance de 1667, tit. 2, art. 8, avait, il est vrai, aboli l'usage de nommer un *curateur* aux absens; mais il résulte de la discussion au Conseil-d'État, sur l'art. 112, que l'on n'a point eu l'intention de maintenir cette abrogation; et voici ce que nous trouvons à ce sujet dans un arrêt de cassation du 25

août 1813 (Sirey, 1815, 1, 134) : « Considérant,
« sur le premier moyen, que N. avait été nommé
« curateur à l'absent, dans la forme voulue par
« l'art. 112 du Code civil, et qu'il ne peut être dou-
« teux qu'un *curateur,* ainsi nommé, a qualité pour
« plaider sur l'appel qu'il a relevé lui-même, etc. »

401. Il est encore d'autres personnes qui sont,
dans le sens de l'art. 112, *parties intéressées* à ce
qu'il soit pourvu à l'administration de tout *ou partie* des biens d'un présumé absent, et qui ont qualité pour le demander aux tribunaux. Nous entendons par là tous ceux qui ont un intérêt pécuniaire
quelconque, quoiqu'éventuel, pourvu qu'il ait son
principe dans un acte : par exemple, un substitué,
dont le droit cependant peut fort bien ne jamais
s'ouvrir; un créancier conditionnel; un donateur
avec stipulation du droit de retour; un vendeur à
réméré, etc. ; et par la même raison, nous regar-
dons comme parties intéressées le propriétaire d'un
bien dont le présumé absent a l'usufruit ou un
bail à ferme, si le bien n'est pas cultivé, et le propriétaire ou le principal locataire de la maison où
demeure l'absent.

402. Mais un intérêt purement éventuel, et qui
n'a point son principe dans un acte, tel que celui
des héritiers en général, ou un intérêt d'affection,
comme celui des parens ou des amis, ne suffirait
pas; seulement il motiverait le zèle de ces personnes
auprès du ministère public, pour qu'il eût à agir,

suivant les circonstances, dans l'intérêt de l'absent. La qualité d'héritier ne donne en effet le droit d'agir que pour provoquer la déclaration d'absence, et demander par suite l'envoi en possession provisoire, parce qu'alors la présomption de mort a acquis un plus grand caractère de gravité.

Nous ne disons pas la même chose à l'égard du conjoint et des enfans. Les époux ont des obligations à remplir l'un envers l'autre. Le mari doit protection à sa femme; celle-ci doit obéissance à son mari; ils se doivent réciproquement assistance ; en sorte que, sous quel régime qu'ils soient mariés, ces obligations sont une cause suffisante pour qu'il y ait *intérêt* pour l'époux présent à demander qu'il soit pris des mesures relativement à l'absent. Cela est sensible aussi à l'égard des enfans, puisque leurs père et mère leur doivent l'éducation, et même des alimens à toutes les époques de la vie, s'ils en ont besoin. Aussi, *vice versâ*, si c'était un enfant qui fût absent, et que son père eût droit à des alimens, celui-ci aurait qualité pour invoquer la disposition de l'article 112.

403. L'esprit du Code n'est pas que, durant cette première période, il soit pris des mesures générales pour l'administration des biens de l'absent, comme cela a lieu lorsque l'absence est déclarée; en sorte que lorsqu'un tribunal a décidé qu'il y a présomption d'absence, et, en conséquence, qu'il a ordonné des mesures à l'égard des biens situés dans son res-

sort, il est possible que la même nécessité ne se fasse pas sentir pour les biens situés dans un autre ressort. L'article 112 dit en effet : s'il y a *nécessité* de pourvoir à l'administration de tout *ou partie* des biens, il y sera statué par le tribunal.

Mais là se place la question de savoir quel est ce tribunal.

404. Il s'agit ici d'une sorte de question d'état, puisqu'elle concerne directement la personne. Dèslors elle doit être portée au tribunal du domicile de l'absent, ou, s'il n'a pas de domicile connu, à celui de sa dernière résidence. C'est d'ailleurs le lieu où l'individu est plus particulièrement connu, et où l'on peut mieux avoir de ses nouvelles.

Un autre tribunal, dans le ressort duquel seraient situés des biens en souffrance, ne devrait donc point ordonner de mesures avant que celui du domicile ou de la résidence n'eût décidé qu'il y a *présomption d'absence.* Autrement un citoyen dont l'existence n'est pas douteuse se trouverait exposé à l'effet de mesures prises inconsidérément au sujet des biens qu'il posséderait dans un lieu plus ou moins éloigné de son domicile; et tel n'est point l'esprit de la loi. Mais après cette décision, si le tribunal qui l'a rendue ne peut, à raison de l'éloignement des biens, déterminer la nature des mesures à prendre, il doit renvoyer, pour l'exécution, au tribunal de la situation (1).

_____

(1) Par argument tiré des art. 121 et 266 du Code de procédure.

4o5. Les formalités à observer pour faire ordonner des mesures relatives à l'administration de
tout ou partie des biens de l'absent, consistent à
présenter une requête au président du tribunal.
Sur cette requête, à laquelle sont joints les pièces
et documens, le président commet un juge pour
faire le rapport au jour indiqué, et le jugement est
prononcé après avoir entendu le procureur du
Roi. (Art. 85g, Code de procédure).

4o6. La partie poursuivante, et même le ministère public, soit qu'il ait agi d'office, soit qu'il ait
contredit la demande, peuvent appeler du jugement ; ce magistrat est spécialement chargé de veiller
à ce qu'aucun dommage n'atteigne les présumés
absens.

4o7. A la charge de qui seraient les frais, dans
le cas où le ministère public succomberait dans son
appel, ou qu'ayant agi d'office en première instance,
le tribunal n'aurait pas cru devoir faire droit à sa
réquisition ? Hors les cas déterminés par la loi, le
ministère public ne saurait être condamné aux
frais et dommages-intérêts. Il est toujours présumé
agir par des motifs purs et puisés dans l'intérêt de
ceux dont la loi lui a confié la défense; en conséquence les frais seraient supportés par le présumé
absent.

Nous pensons qu'il en serait ainsi de ceux qui
seraient faits sur la demande d'une *partie intéressée,*
dans le cas où le tribunal l'aurait jugée bien fondée

et y aurait fait droit. C'est le fait du présumé absent qui a occasioné ces frais, et ils sont d'ailleurs principalement faits dans son intérêt.

CHAPITRE II.

De la Déclaration d'absence, et des conditions et formalités à observer pour qu'elle ait lieu.

SOMMAIRE.

408. *Division du chapitre.*

408. La seconde période commence, comme nous l'avons dit, lorsque la déclaration d'absence est provoquée et obtenue; jusque-là, quel que soit le temps qui s'est écoulé, il y a seulement présomption d'absence.

Mais cet état doit avoir un terme : les biens peuvent péricliter; et il est plus naturel que ceux auxquels ils doivent appartenir en aient l'administration, que des étrangers. La présomption de mort de l'absent prenant d'ailleurs de jour en jour plus de gravité, il convenait de supposer, en quelque sorte, le décès, et de permettre à ceux qui ont des droits subordonnés à la condition de son arrivée de les exercer comme s'il avait lieu réellement. Mais comme ce n'est qu'une supposition, il convenait aussi de prendre toutes les précautions propres à garantir les intérêts de l'absent.

Nous aurons à voir dans ce chapitre,

1° A quelle époque la déclaration d'absence peut être provoquée et obtenue;

2° Quelles sont les personnes qui ont le droit de la demander;

3° A quel tribunal il faut s'adresser, et comment l'absence doit être constatée et déclarée;

Et 4° Enfin les règles spéciales concernant les militaires de terre et de mer absens.

SECTION PREMIÈRE.

A quelle époque la Déclaration d'absence peut être provoquée et obtenue.

SOMMAIRE.

409. Avant le Code, il n'y avait pas, à proprement parler, de déclaration d'absence; les parties intéressées pouvaient seulement, après un certain temps depuis la disparition d'un individu sans qu'on eût reçu de ses nouvelles, se faire envoyer en possession de ses biens sur un acte de notoriété con-

statant l'absence. Ce temps n'était même pas uniforme dans toute la France : dans quelques coutumes, sept années suffisaient; dans d'autres, et il paraît, d'après les monumens de la jurisprudence, que c'était le plus grand nombre, il en fallait dix.

Dans certains pays, on avait aussi pris pour règle, que toute personne absente et dont la mort n'était pas constatée devait être présumée vivre jusqu'à cent ans, c'est-à-dire jusqu'au terme le plus reculé de la vie ordinaire, mais qu'alors même un autre mariage ne pouvait être contracté.

Dans d'autres pays, on avait pensé que, relativement à la possession et même à la propriété des biens de l'absent, il devait être présumé mort avant l'âge de cent ans, et que le mariage était le seul lien qui dût être regardé comme indissoluble avant l'expiration d'un siècle écoulé depuis la naissance de l'époux absent.

Enfin, dans d'autres, on avait distingué entre les absens qui étaient en voyage et ceux qui avaient disparu subitement : dans ce dernier cas on présumait plus facilement leur décès; après un certain temps, on les réputait morts du jour qu'ils avaient disparu, et ce temps était moins long lorsqu'on savait qu'ils avaient couru quelque danger (1).

410. Le Code a fait cesser ces variations et ces incertitudes, qui n'étaient pas sans inconvéniens, puisqu'elles entraînaient beaucoup d'arbitraire. Il

---

(1) Exposé des *Motifs* par M. Bigot Préameneu.

a établi des règles uniformes et simples sur ce point, en disant que : « Lorsqu'une personne aura cessé « de paraître au lieu de son domicile ou de sa ré- « sidence, et que depuis quatre ans on n'en aura « point eu de nouvelles, les parties intéressées « pourront se pourvoir devant le tribunal de pre- « mière instance, afin que l'absence soit déclarée. ». (Art. 115.)

Ainsi, il faut le concours de ces trois circon- stances : éloignement du domicile et de la rési- dence; défaut absolu de nouvelles; et laps de quatre années depuis l'éloignement ou les dernières nou- velles.

A défaut de l'une d'elles, la demande n'est pas fondée; et, comme telle, elle doit être rejetée.

411. De plus, cet article statue, dans le cas sup- posé à l'article 112, que l'individu n'a point *laissé de procureur fondé.* Cela est démontré par l'ar- ticle 121, qui porte textuellement que si l'absent a laissé une procuration, la déclaration d'absence ne peut être poursuivie qu'après dix années révolues depuis la disparition ou les dernières nouvelles.

Il en est de même, dit l'article 122, encore que la procuration vienne à cesser; sauf alors à pourvoir à l'administration des biens de l'absent.

La précaution que celui-ci a prise de veiller à la conservation de ses biens affaiblit beaucoup, si même elle ne la détruit pas entièrement, la pré- somption de sa mort; et c'est généralement sur cette présomption qu'est fondée la faculté accordée par la loi, de provoquer la déclaration d'absence, de demander par suite l'envoi en possession provisoire des biens, de mettre à exécution le testament, et d'exercer tous les droits subordonnés *à la condition du décès* de l'absent (art. 120 et 123), puisqu'il serait inconséquent de permettre l'exercice de tels droits à l'égard d'un homme que l'on supposerait vivant; c'est ce qui sera encore démontré par la suite.

En donnant cette procuration, l'absent a témoigné son intention de s'absenter et sa volonté que l'on ne prît pas à son égard les mesures qui sont ordinairement prises au sujet d'une personne qui disparaît sans avoir pourvu au soin de ses affaires; l'homme de son choix ne doit donc point être écarté par d'autres, qui n'ont pas été comme lui l'objet de sa confiance.

La conséquence naturelle de ces observations, c'est que, quelle que soit la cause qui ait fait cesser la procuration, telle que la mort du mandataire, ou sa renonciation au mandat, ou son refus de l'accepter (1), ou l'expiration du temps pour lequel ce mandat a été donné, la déclaration ne pourra toujours être provoquée qu'après dix ans écoulés

_____

(1) Cependant cette décision touchant le cas où le mandataire a refusé d'accepter le mandat, n'est applicable qu'autant que l'absent n'a pas connu le refus ; car, dans le cas contraire, il n'a dû y avoir dans sa pensée qu'un simple projet sans réalisation, et dès-lors le motif de la loi ne se rencontre plus, puisqu'il est vrai de dire que l'absent n'a pas pourvu à l'administration de ses affaires.

depuis la disparition ou les dernières nouvelles, parce qu'en effet les raisons ci-dessus conservent toute leur force. Aussi l'article 122 ne fait-il aucune distinction entre les causes qui ont pu faire cesser le mandat.

412. Mais ici se présentent deux questions : la première est celle de savoir si une procuration sur un objet spécial empêche que la déclaration d'absence puisse être provoquée avant qu'il se soit écoulé dix ans depuis la disparition ou les dernières nouvelles;

La seconde, si la procuration est pour un temps déterminé, par exemple, pour trente ans, pourra-t-on, après l'expiration des dix ans depuis la disparition ou les dernières nouvelles, provoquer la déclaration d'absence?

Il nous semble, sur la première question, que dans l'esprit de la loi, ce n'est point à l'étendue de la procuration qu'il faut s'attacher pour décider si elle doit avoir ou non de l'influence sur le mérite de la demande en déclaration d'absence formée avant les dix ans. Un mandat spécial, en certain cas, peut très-bien indiquer de la part du mandant, le projet de s'éloigner de son domicile pendant un temps plus ou moins long; et c'est à la présomption de ce dessein, résultant d'une procuration, que le législateur a principalement voulu attribuer l'effet de reculer l'époque à laquelle la demande peut être formée. En cas de contestation sur l'intention qui a pu dicter le mandat, les tribunaux en apprécieront les caractères ; ils jugeront surtout, d'après l'importance de l'affaire et d'après l'époque à laquelle la gestion en a été confiée, les motifs déterminans de l'individu qui a donné le pouvoir.

413. Quant à la seconde question, nous la décidons en principe par l'affirmative, c'est-à-dire que, nonobstant la fixation du temps pour lequel le mandat a été donné, la déclaration d'absence pourra être provoquée après les dix ans. Quand pendant tout ce temps un homme n'a entretenu aucune relation avec son mandataire, ni avec toute autre personne ; lorsqu'on ne sait ce qu'il est devenu, qu'il est impossible d'asseoir une conjecture un peu probable sur sa vie, la présomption de mort finit par faire pencher la balance, et l'intérêt de ceux qui ont des droits subordonnés à la condition de son décès réclame avec force. D'ailleurs, quoiqu'il ne soit pas dans l'ordre ordinaire des choses qu'un individu laisse une procuration pour qu'on ne fasse aucune recherche à son égard après qu'il aura disparu, néanmoins cela n'est pas impossible à concevoir de la part d'un homme à qui la vie serait devenue un insupportable fardeau, et qui aurait des motifs particuliers pour que l'on ne fût point instruit de son sort. Il dépendrait ainsi de lui de paralyser indéfiniment l'exercice des droits de ses héritiers et des autres personnes qui en ont aussi de subordonnés à la condition de son décès ; ce qui

nous paraît inadmissible. Aussi l'article 121 ne fait-
il aucune distinction entre la procuration qui a un
terme de durée et celle qui n'en a pas ; il accorde
d'une manière générale le droit de provoquer la déclaration d'absence après dix ans depuis la disparition ou les dernières nouvelles. Au reste, comme
le tribunal doit prendre en considération les motifs
de la non-présence, les conséquences qui peuvent
résulter de l'esprit du mandat (1) et les causes qui
ont pu empêcher d'avoir des nouvelles de la personne (art. 117), notre décision ne peut avoir de
graves inconvéniens.

414. Il faut remarquer qu'il est indifférent que
l'on reçoive des nouvelles de l'absent directement
de lui-même ou par toute autre voie.

M. Delvincourt fait observer qu'en général on ne
doit pas, pour calculer le délai de quatre ans ou de
dix ans, s'attacher trop rigoureusement à la date
des nouvelles reçues ; qu'on doit, dans certains cas,
s'arrêter à l'époque à laquelle on les a reçues, parce
que l'absent est censé savoir qu'il lui suffit de donner de ses nouvelles à peu près tous les cinq ans
pour empêcher la déclaration de son absence, et
par suite l'envoi en possession provisoire de ses
biens. Les événemens ou les causes qui ont apporté
du retard dans la transmission des nouvelles ne

---

(1) Ainsi, par exemple, si le mandat n'avait été donné que pour
un temps, qui n'excéderait que de très-peu les dix ans, nous pensons
que la demande pourrait être provisoirement repoussée.

doivent point tourner à son désavantage. Cette observation fort juste trouve, au surplus, un appui
dans la disposition de la loi, qui recommande aux
tribunaux d'avoir égard aux causes qui ont pu empêcher de recevoir des nouvelles de l'absent; car
l'éloignement est au nombre de ces causes.

La déclaration d'absence peut bien être provoquée au bout des quatre ans ou des dix ans, suivant les distinctions ci-dessus; mais elle ne peut
être prononcée qu'un an après le jugement qui a
ordonné l'enquête, dont nous parlerons à la section III. (Art. 119.)

SECTION II.

*Quelles sont les personnes qui peuvent demander la dé-
claration d'absence.*

SOMMAIRE.

415. *Les créanciers n'ont pas le droit de provoquer la déclaration d'absence.*

416. *Les parties* intéressées, *dans le sens de l'article* 115, *sont
celles qui ont des droits subordonnés à la condition du
décès de l'absent.*

417. *En première ligne sont les héritiers présomptifs.*

418. *Et le conjoint, mais avec une distinction.*

419. *Diverses autres personnes qui sont parties intéressées à ce
que l'absence soit déclarée.*

420. *Peuvent-elles, en cas de refus d'agir de la part des héritiers, provoquer la déclaration d'absence?*

415. Suivant l'article 115, les *parties intéressées*
ont le droit de provoquer la déclaration d'absence;

I.   21

elle aura généralement pour effet de leur faire obtenir l'envoi en possession des biens de l'absent. (Art. 120 et 123.)

Mais quelles sont les parties intéressées, dans le sens de cet article 115?

D'abord, ce ne sont plus, comme dans la première période, les créanciers; ils n'ont plus d'intérêt : ils ont pu poursuivre leurs droits contre l'absent; s'ils ne l'ont point fait, parce que leurs créances n'étaient point exigibles, ou pour toute autre cause, ils peuvent le faire encore. Ils pourront surtout le faire contre ceux qui seront envoyés en possession (art. 134). Enfin, comme la déclaration d'absence est fondée sur la présomption de mort, que c'est par suite de cette présomption que ceux qui ont des droits subordonnés à la condition du décès de l'absent peuvent les exercer et se faire envoyer en possession (art. 123), il est clair que les créanciers, dont les droits ne sont pas de cette nature, n'ont pas qualité pour provoquer une mesure qui doit conduire à un tel résultat.

416. Les parties intéressées sont donc ici celles-là seulement qui ont des droits subordonnés à la condition du décès de l'absent, et qui auront en vue, en provoquant la déclaration d'absence, de se faire envoyer en possession provisoire de ces droits.

417. En première ligne, il faut placer les héri-

tiers présomptifs au jour des dernières nouvelles, ou de la disparition s'il n'y a pas eu de nouvelles (art. 120), et l'on suit l'ordre réglé au titre *des successions*.

418. Le conjoint est aussi partie intéressée dans le sens de l'article 115. Tantôt il prime les héritiers, quant au droit de provoquer la déclaration d'absence et d'obtenir l'envoi en possession; tantôt il est primé par eux. Il les prime s'il est marié en communauté, et s'il opte pour sa continuation (art. 124); il est primé par eux s'il est marié sous un autre régime (art. 140); mais, au chapitre suivant, nous parlerons avec plus de développemens des droits du conjoint de l'absent.

419. Est aussi partie intéressée le donataire par contrat de mariage, de tout ou partie des biens que l'absent laissera à son décès;

Le légataire universel, ou à titre universel, et même à titre particulier;

L'appelé à une substitution permise dont est grevé l'absent;

L'ascendant donateur, dans le cas prévu à l'article 747;

Le donateur avec stipulation du droit de retour;

Le propriétaire d'un bien sur lequel l'absent a un droit d'usufruit, d'usage ou d'habitation;

L'enfant naturel reconnu, encore qu'il y ait des héritiers légitimes;

L'État, quand il n'y a point de parens;

Le créancier qui a fait une stipulation dont l'effet ou l'exécution est subordonnée au décès de l'absent, ce qui sera rare, mais cependant ce qui pourra être licite dans certains cas : comme s'il avait stipulé de l'absent qu'à sa mort ses héritiers lui payeront 100 ; et peut-être quelques autres personnes encore.

420. Il semble toutefois, d'après l'article 123, que la plupart des individus dont nous venons de parler n'ont pas qualité pour provoquer la déclaration d'absence, et qu'ils ne peuvent demander l'envoi en possession provisoire qu'autant que les héritiers présomptifs l'ont eux-mêmes obtenu ; car cet article porte : « Lorsque les héritiers présomp- « tifs *auront obtenu* l'envoi en possession provisoire, « le testament, s'il en existe un, sera ouvert à la « requête des parties intéressées, ou du procureur « du roi ; et les légataires, donataires et tous ceux « qui avaient des droits subordonnés à la condition « de son décès, pourront les exercer, à la charge de « donner caution. »

Il paraît donc que ce n'est qu'*après* l'envoi en possession générale que peuvent avoir lieu les envois particuliers ; et en effet, il en sera presque toujours ainsi. Mais nous ne croyons cependant pas que les droits des personnes que nous venons de rappeler doivent nécessairement demeurer assoupis par le refus des héritiers présomptifs de demander l'envoi en possession général ; cela n'a pu entrer dans l'esprit de la loi, qui charge même le procureur du roi de requérir l'ouverture du testament, et cela évidemment dans un intérêt opposé à celui des héritiers présomptifs. On doit donc croire que, par ces mots *auront obtenu l'envoi en possession provisoire*, la loi a plutôt voulu fixer une époque pour les cas ordinaires, qu'elle n'a entendu établir un préalable indispensable subordonné au pur arbitre des héritiers : car il serait contraire à la raison et à la justice que leur insouciance, le défaut d'intérêt ou leur mauvaise foi, pussent ainsi paralyser indéfiniment l'exercice des droits légitimes qui compètent à des tiers.

Le temps écoulé depuis la disparition ou les dernières nouvelles établit une présomption de mort, comme nous le verrons plus tard ; et il doit l'établir d'une manière indivisible, puisqu'il serait déraisonnable de considérer l'absent comme mort par rapport aux héritiers présomptifs, s'il leur plaisait de provoquer la déclaration d'absence et de demander l'envoi en possession, et de le considérer cependant comme vivant par rapport à tout autre, s'ils se refusent à agir. Sans doute, cette double supposition a lieu quand l'époux commun en biens opte pour la continuation de la communauté (article 124), mais c'est une anomalie fondée sur des raisons particulières que nous chercherons à expliquer plus tard, et qui ne doit pas tirer à conséquence. Nous ajouterons que, s'il en était autrement, les biens pourraient, contre l'intérêt général, rester

indéfiniment sans *possesseur,* ce qui est inadmissible. Si l'absent n'avait d'autre successeur qu'un
enfant naturel, comme celui-ci n'est pas *héritier,*
l'article 123, entendu dans le sens que nous combattons, serait inapplicable, et il n'y aurait pas
d'envoi en possession. Il n'y en aurait pas davantage si le fisc était appelé à recueillir les biens à
défaut de tout autre, puisqu'il n'est point non plus
héritier. Enfin, le légataire universel n'est pas *héritier*
présomptif; mais il est saisi de plein droit quand il
n'y a pas d'héritiers auxquels la loi accorde une
réserve (art. 1006), et cependant le legs deviendrait inutile dans ses mains, parce que les héritiers
du sang, qui n'ont aucun intérêt dans ce cas à
provoquer la déclaration d'absence et l'envoi en
possession, se refuseraient à le faire; conséquence
si évidemment injuste, qu'il est impossible d'admettre le principe d'où elle dériverait. Nous croyons
donc, malgré l'opinion de plusieurs auteurs, mais
avec d'autres, que, hors le cas de l'article 124, tous
ceux qui ont des droits subordonnés au décès de
l'absent peuvent interpeller d'abord les héritiers
présomptifs, s'adresser ensuite au tribunal, ceux-ci
dûment appelés, pour faire déclarer l'absence et
obtenir l'envoi en possession provisoire de leurs
droits, sous la condition de donner caution.

Les motifs sur lesquels notre opinion est fondée
paraissent, au surplus, avoir dicté la disposition de
l'article 11 de la loi du 13 janvier 1817, relative à
la manière de constater le sort des militaires absens

depuis 1792. Cet article est ainsi conçu : « Si les
« héritiers présomptifs ou l'épouse négligent d'user
« du bénéfice de la présente loi (c'est-à-dire de pour-
« suivre la déclaration d'absence et l'envoi en pos-
« session provisoire), les créanciers ou *autres*
« *personnes intéressées* pourront, mais après l'in-
« terpellation qu'ils seront tenus de leur faire si-
« gnifier, se pourvoir eux-mêmes en déclaration
« d'absence ou de décès. » (1)

SECTION III.

*A quel tribunal l'on doit s'adresser pour faire déclarer
l'absence, et comment elle doit être constatée et déclarée.*

SOMMAIRE.

421. *Quel est le tribunal compétent pour statuer sur la demande
en déclaration d'absence.*

422. *Formalités à observer. Jugement qui ordonne une enquête
sur l'absent.*

423. *Cette enquête n'est pas rigoureusement soumise aux principes du droit commun.*

424. *Le tribunal a égard aux motifs de l'absence.*

425. *Le jugement est susceptible d'appel.*

---

(1) Néanmoins la Cour d'Aix avait jugé, le 8 juillet 1807 (Sirey, 8 ,
2, 59), qu'il était nécessaire que l'héritier présomptif, quoique
d'ailleurs il détînt les biens de l'absent au moment où l'absence avait
été déclarée, eût obtenu du tribunal l'envoi en possession provisoire,
pour que l'héritier testamentaire pût demander lui-même son envoi
en possession ; que cet héritier testamentaire devait former la demande d'envoi en possession contre l'héritier présomptif. Ainsi,
selon cet arrêt, l'envoi en possession au profit des héritiers présomptifs serait un préalable indispensable, tandis que nous ne
croyons d'indispensable que l'interpellation.

426. *Le jugement définitif ne peut être rendu qu'un an après celui qui a ordonné l'enquête.*

427. *Le ministère public peut requérir et le tribunal ordonner une nouvelle enquête avant de rendre le jugement définitif.*

428. *Ce jugement est aussi susceptible d'appel.*

421. Dans ce cas, comme dans celui où il s'agit de mesures à prendre pendant la première période, c'est au tribunal du domicile, ou, s'il est inconnu, à celui de la résidence, que la demande doit être portée. C'est là une sorte de question d'état, et les questions de cette nature sont portées au tribunal de la personne. C'est d'ailleurs dans le ressort du tribunal du domicile ou de la résidence que sont ordinairement les individus qui peuvent avoir des nouvelles de l'absent, puisque c'est là que sont ses rapports d'intérêts, et, le plus souvent, ses rapports d'amitié et de famille.

422. Les parties intéressées qui provoquent la déclaration d'absence présentent à cet effet requête au président du tribunal. A cette requête doivent être joints les pièces et documens. (Art. 859 et 860 du Code de procéd.)

Pour constater l'absence, le tribunal, d'après les pièces et documens produits, ordonne qu'une enquête sera faite, contradictoirement avec le procureur du Roi, dans l'arrondissement du domicile et dans celui de la résidence (1), s'ils sont distincts l'un de l'autre. (Art. 116.)

(1) Et même de toutes les résidences, s'il y en a plusieurs. Décision du Conseil-d'État sur l'article 116.

Puisque cette enquête doit être faite contradictoirement avec le procureur du Roi, ce magistrat pourra appeler les témoins qu'il jugera convenable de faire entendre, même les parens et les successibles de l'absent, lesquels pourront aussi être appelés par ceux qui provoquent la déclaration d'absence; sauf au tribunal à avoir tel égard que de raison à leurs dépositions.

L'enquête doit essentiellement porter sur le point de savoir si l'on a eu, ou non, des nouvelles de l'absent, parce que si, d'une part, il est de son intérêt que ses biens soient administrés par ceux qui, dans l'ordre de la nature et de la loi, sont généralement appelés à les recueillir, et, par conséquent, en auront un soin plus particulier; d'autre part aussi il est de son intérêt que l'envoi en possession ne soit pas trop précipité, puisqu'il fait acquérir à ceux qui l'obtiennent la majeure partie des fruits.

423. Cependant nous ne voyons pas pour cela des intérêts contradictoires dans ceux de l'absent et ceux des demandeurs; il y a simplement des intérêts divers : aussi s'agit-il ici d'une procédure particulière, qui n'exige pas l'application rigoureuse des articles 252 et suivans du Code de procédure sur la forme des enquêtes. Les intérêts de l'absent sont d'ailleurs garantis par la *contradiction* du ministère public et par l'inventaire qui sera fait en sa présence. En conséquence, on doit croire, 1° qu'il n'y a pas lieu à reprocher, pour une des causes

qui, dans les cas ordinaires, seraient le fondement d'un reproche légal, le témoin appelé, soit à la requête des parties intéressées, soit à celle du ministère public, sauf, comme nous l'avons dit, au tribunal à avoir tel égard que de raison à sa déposition ; 2° qu'il n'est pas nécessaire d'assigner l'absent, comme l'article 261 du Code de procédure prescrit d'assigner le défendeur à l'enquête, car c'est le procureur du Roi qui l'est dans ce cas ; 3° que ce magistrat peut bien demander la nullité de l'enquête, s'il y a lieu, mais que, s'il ne la demande pas, l'absent de retour ne pourra pas la demander pour faire tomber l'envoi en possession et se faire rendre la totalité des fruits ; 4° que, même lorsque la nullité de l'enquête a été demandée et obtenue par le ministère public, cette enquête peut être recommencée sur une nouvelle requête, nonobstant l'article 293 du même Code, puisqu'autrement il n'y aurait plus de moyen de faire déclarer l'absence, ce qui est inadmissible.

L'enquête ne doit pas avoir lieu sommairement et à l'audience, mais au contraire en observant les formes ordinaires. La Cour de Colmar l'a jugé ainsi, en annulant une procédure en déclaration d'absence dont l'enquête avait eu lieu comme en matière sommaire (1).

424. En statuant sur la demande, le tribunal a égard aux motifs de l'absence et aux causes qui ont

_____

(1) L'arrêt est du 16 thermidor an XII. Sirey, tome VII, 2, 936.

pu empêcher d'avoir des nouvelles de l'absent présumé (art. 117), telles qu'une guerre, une épidémie, etc. Si ces motifs ou ces causes font impression sur son esprit, il décide qu'il n'y a pas lieu, *quant à présent*, à déclarer l'absence, sauf à maintenir les précautions ou les mesures prises pour le temps de la présomption d'absence, et même à en ordonner de nouvelles.

425. Dans ce cas, ceux qui ont provoqué la déclaration d'absence peuvent appeler du jugement. La matière est d'une valeur indéterminée, et comme telle elle est soumise aux deux degrés de juridiction.

Si le tribunal au contraire accueille la demande, le ministère public envoie de suite au Garde-dessceaux le jugement préparatoire pour être rendu public (art. 118). Mais il a, selon notre opinion, le droit d'en appeler : il est le défenseur de l'absent. Par exemple, si, lorsqu'il ne s'est pas encore écoulé quatre ans depuis la disparition, ou dix ans quand l'absent a laissé une procuration à laquelle le tribunal n'a eu aucun égard, la demande avait cependant été accueillie, le ministère public serait bien fondé dans son appel.

426. Ce n'est qu'après un an depuis le jugement qui a ordonné l'enquête que peut être rendu le jugement définitif (art. 119). Ce délai a été prescrit afin que l'absent, instruit par la publicité donnée au jugement préparatoire par la voie du *Moniteur*, qui est répandu dans presque toutes les

parties du monde, comme journal officiel du gouvernement français, ait le temps d'apprendre ce qui se passe à son égard, et de donner de ses nouvelles.

427. Mais en disant que le jugement de déclaration d'absence ne sera rendu qu'un an après celui qui a ordonné l'enquête, la loi ne s'explique pas sur la question de savoir si le ministère public peut requérir et le tribunal ordonner qu'une nouvelle enquête soit faite, afin de s'assurer si l'on n'a pas eu des nouvelles de l'absent pendant cette année. Il nous semble que l'esprit de la loi est d'autoriser cette réquisition. Le délai n'a été évidemment prescrit qu'afin que l'absent pût être averti, et qu'on pût avoir le temps de recevoir de ses nouvelles : or la nature des choses autorise l'emploi du moyen le plus propre à faire acquérir une certitude à cet égard. D'ailleurs l'article 131 veut que si l'existence de l'absent est prouvée pendant l'envoi en possession provisoire, les effets de l'absence cessent aussitôt; et comme cette preuve ne s'obtiendra, dans la plupart des cas, qu'au moyen d'une enquête, il est clair que la loi ne repousse pas, avant la déclaration d'absence, et pour statuer sur la demande qui en est faite, l'emploi d'un moyen qu'elle autorise, même après l'envoi en possession. Il peut en résulter sans doute quelques frais, quelques longueurs; mais en pareil cas les précautions sont utiles et souvent nécessaires. Au surplus, comme la loi ne prescrit pas formellement cette nouvelle en-

quête, les tribunaux pourraient, selon les circonstances, ne pas l'ordonner, lors même qu'elle serait
requise par le ministère public. S'ils croyaient devoir l'ordonner, la partie poursuivante pourrait
bien interjeter appel du jugement, comme d'un *mal
jugé;* mais elle ne pourrait y voir un déni de justice. Nous pensons aussi que, dans le cas où la réquisition du ministère public à ce sujet n'aurait pas
été accueillie par le tribunal, ce magistrat pourrait
interjeter appel de la décision.

428. Et quant au jugement définitif lui-même,
les parties intéressées peuvent en appeler, comme
nous l'avons dit du jugement préparatoire.

Le ministère public le peut également, s'il croit
que ce jugement a mal-à-propos déclaré l'absence.

Enfin, après que le jugement définitif, ou l'arrêt, a été rendu, le procureur du roi l'adresse au
Garde-des-sceaux, qui le rend public (Art. 118).

SECTION IV.

*Des Règles spéciales concernant les militaires de terre
et de mer.*

SOMMAIRE.

plicables aux militaires les articles 135 et 136 du Code civil.

433. *Points dans lesquels cette loi déroge au droit commun en matière d'absence.*

429. Il existe sur l'absence des militaires une législation spéciale, qu'il n'est pas inutile de connaître, parce qu'il importe de savoir en quoi elle a modifié les règles consacrées par le Code, sur la présomption et la déclaration d'absence. Elle s'applique d'ailleurs à un si grand nombre d'individus, qu'elle est encore la législation de presque toutes les familles.

Les lois sur cet objet sont celles des 11 ventôse et 16 fructidor an II, celles des 6 brumaire an V et 13 janvier 1817, la dernière relative aux moyens de constater le sort des militaires absens.

Celle du 11 ventôse de l'an II ordonnait, par son article 1er, au juge de paix qui avait mis les scellés sur les effets et papiers d'une succession à laquelle un militaire était appelé, de lui en donner avis sur-le-champ, s'il savait à quel corps ou armée il était attaché. Il devait pareillement en instruire le ministre de la guerre, et le double de ses lettres devait être copié à la suite de son procès-verbal, avant de le présenter à l'enregistrement.

Si, dans le délai d'un mois, le militaire ne donnait pas de ses nouvelles et n'envoyait point de procuration, l'agent national de la commune dans laquelle la succession s'était ouverte, devait convoquer sans frais un conseil de famille pour nommer un curateur à l'absent.

Et suivant les articles 3 et 4, le curateur pouvait provoquer la levée des scellés, assister à leur reconnaissance, faire procéder à l'inventaire et à la vente des meubles, et en recevoir le prix, à la charge d'en rendre compte, soit au militaire, soit à son fondé de pouvoir. Il devait administrer les immeubles en bon père de famille.

Ces dispositions furent étendues par la loi du 16 fructidor de la même année aux officiers de santé et à tous les citoyens attachés au service des armées.

430. Reste à savoir si ces lois ont été abrogées par les articles 135 et 136 du Code.

Et, dans le cas de la négative, si elles s'appliquaient aussi bien aux successions testamentaires qu'aux successions *ab intestat*.

Nous dirons, sur la première question, que le Code civil ne s'occupe point des *militaires absens*, en conséquence, qu'il n'abroge point les lois précitées, puisque, d'après celle du 30 ventôse an XII, sur la réunion en un seul Code, des lois qui composent le Code civil, il n'y a d'abrogé dans les lois antérieures que celles qui sont relatives à des matières qui font l'objet de ce Code. Aussi, par décret du 16 mars 1807, la publication de ces lois et de celle du 6 brumaire an V fut-elle ordonnée dans les départemens situés au-delà des Alpes, alors réunis à la France; ce qui suppose bien qu'on ne les considérait point comme abrogées par le Code. La Cour de cassation a en effet reconnu que ces lois avaient conservé leur force jusqu'à celle du 13 janvier 1817, dont il sera bientôt parlé.

Comme l'arrêt a pareillement jugé qu'elles s'appliquaient aussi bien aux successions testamentaires qu'aux successions *ab intestat*, et que c'est aussi notre opinion, la seconde question se trouve résolue. Voici l'espèce de l'arrêt, qui mérite d'autant mieux d'être rapporté, qu'il prouve, contre l'opinion d'un auteur, que les articles 135 et 136 du Code n'ont pas toujours été, depuis leur promulgation, applicables aux militaires comme aux autres citoyens, et qu'il démontre aussi, contrairement à la décision d'un autre auteur, que les lois des 11 ventôse et 16 fructidor an 11 ne sont plus applicables maintenant, qu'elles ont cessé de l'être depuis celle du 13 janvier 1817 : conséquemment, pour les successions *ab intestat* ou testamentaires ouvertes au profit des militaires dont l'existence n'est pas reconnue, elles sont, comme dans les cas ordinaires, dévolues provisoirement à ceux avec lesquels ils auraient eu le droit de concourir, ou à ceux qui les auraient recueillies à leur défaut.

François Adar, curateur de Martin dit Armand, conscrit de la classe de 1812, avait réclamé pour lui, en vertu de la loi spéciale du 11 ventôse de l'an 11, la succession *testamentaire* de Pierre-Élisée

Martin, ouverte à son profit par le décès du tes-tateur, en 1813.

Les hospices civils de Metz, appelés à recueillir cette succession au défaut du dit Armand, dans le cas où il aurait prédécédé le testateur, s'étaient opposés à l'envoi en possession demandé par le curateur d'Armand : à l'appui de leur opposition ils disaient qu'étant justifié par un certificat du ministre de la guerre, qu'Armand était resté en arrière de son corps le 3 décembre 1812, en re-venant de Moscou, et ayant été, en conséquence, rayé du contrôle de sa compagnie, *il ne pouvait plus être considéré comme militaire.*

Un jugement contradictoire du tribunal de Metz avait fait main-levée de leur opposition, « parce « que la loi du 11 ventôse an 11, rendue en faveur « des défenseurs de la patrie, n'avait été ni rap-« portée ni modifiée, qu'elle s'appliquait à toutes « les successions déférées aux militaires *ab intestat* « ou autrement, et qu'Armand, quoique resté en « arrière de son corps, n'avait pas cessé d'être léga-« lement présumé militaire. »

Sur l'appel, la Cour royale de Metz avait bien reconnu que la loi du 11 ventôse an 11 était en-core en vigueur; elle n'avait pas non plus révoqué en doute qu'elle ne donnât droit aux militaires de recueillir toutes les successions qui leur étaient dé-férées *ab intestat* ou autrement ; mais, en adoptant le système des appelans, elle avait jugé qu'Armand ayant été rayé du contrôle de son régiment, comme

I.   22

resté en arrière le 3 décembre 1812, en revenant
de Moscou, avait cessé d'être militaire et devait
être privé du bénéfice de la loi du 11 ventôse an 11.

Pourvoi en cassation de la part du curateur,
pour violation de cette loi, en ce que la Cour de
Metz n'en a point appliqué les dispositions, sous
le prétexte qu'Armand n'était pas à son corps, et
a ainsi fait une distinction qui n'est ni dans la lettre
ni dans l'esprit de la loi.

Par arrêt du 9 mars 1819 (1) :

« Vu la loi du 11 ventôse an 11, et les articles
« 135, 136 et 137 du Code civil;

« Considérant que la loi du 11 ventôse an 11,
« rendue en faveur des défenseurs de la patrie,
« *les réputait toujours vivans,* à l'effet de recueillir
« les successions ouvertes à leur profit;

« Que les malheurs des campagnes de 1812 et
« 1813 *ayant fait reconnaître la nécessité de fixer*
« *un terme à la durée de cette présomption légale,*
« la loi du 13 janvier 1817 a autorisé les familles
« (ou autres y ayant intérêt) de ceux qui, comme
« Armand, étaient restés en arrière de leurs corps,

---

(1) Sirey, 1819-1-343. On trouve dans le même recueil, même
volume, part. 2, pag. 79, un arrêt de la Cour de Rouen, du 29 janvier
1817, qui a jugé, au contraire, que cette loi du 11 ventôse an 11 ne
peut être entendue en ce sens qu'on puisse réclamer, au nom d'un
militaire, dont l'existence n'est pas reconnue au moment de l'ouverture de la succession, sa part dans cette succession, nonobstant
les articles 135 et 136 du Code civil; que cette loi a seulement pour
objet de constater et de conserver d'une manière spéciale les droits
éventuels des militaires absens.

« sans que depuis on ait eu de leurs nouvelles, à
« faire déclarer leur absence, pour *les soumettre*
« *aux effets ordinaires de l'absence, tels qu'ils sont*
« *déterminés par le Code civil;*

    « Mais que de cette loi même il résulte que, *jus-*
« *qu'alors,* ces militaires, quoiqu'absens, étaient
« toujours considérés comme militaires, et que la
« loi de ventôse an II leur était applicable; qu'ainsi,
« en déboutant François Adar, ès-noms et qualité,
« de sa demande en envoi en possession de la suc-
« cession ouverte en 1813, en faveur d'Armand,
« conscrit de la classe de 1812, par la seule raison
« qu'un certificat du ministre de la guerre consta-
« tait que ce militaire avait été séparé de son corps
« le 3 décembre 1813, l'arrêt a créé une distinc-
« tion arbitraire entre les militaires présens et les
« militaires absens, et, par suite, a commis une
« contravention expresse à la loi du 11 ventôse
« an II. Par ces motifs, la Cour casse, etc. »

    Ainsi, suivant cet arrêt, la *présomption légale*
que ces militaires étaient *toujours réputés vivans* à
l'effet de recueillir les successions ouvertes à leur
profit *a cessé* par la loi de 1817 : dès-lors, les articles 135, 136 et 137 leur sont applicables comme
aux autres citoyens. La loi de ventôse était en effet
une loi de *circonstance;* les causes qui l'avaient
produite ayant cessé, les principes ont dû reprendre leur empire. Or, les principes veulent que,
pour succéder, l'on soit *existant* au moment de
l'ouverture de la succession. (Art. 725).

431. La loi du 6 brumaire an v a ajouté aux dispositions de celles des 11 ventôse et 16 fructidor
an 11, en prescrivant des mesures pour la conservation des droits et des propriétés des défenseurs
de la patrie. .

Elle veut, 1° qu'il soit nommé par les tribunaux
civils trois citoyens, qui formeront un conseil offi-
cieux chargé de consulter et de défendre gratuite-
ment les affaires des défenseurs de la patrie et des
autres citoyens absens pour le service des armées
de terre et de mer. Mais cette disposition est tombée bientôt en désuétude.

2° Qu'aucune prescription ni péremption d'instance ne puisse s'acquérir contre eux, depuis leur
départ jusqu'à l'expiration d'un mois après la publication de la paix générale, ou après la signature
du congé absolu qui leur serait délivré avant cette
époque.

Le délai est de trois mois si, au moment de la
paix ou de l'obtention du congé absolu, ces citoyens font leur service hors de la république,
mais en Europe; de dix-huit mois, dans les colonies en-deçà du cap de Bonne-Espérance, et de
deux ans au-delà de ce cap.

3° Que les jugemens prononcés contre eux ne
puissent donner lieu au décret ni à la dépossession
d'aucun immeuble pendant les délais ci-dessus,
et qu'aucun de ces jugemens ne soit mis à exécution, qu'au préalable la partie poursuivante n'ait
présenté et fait recevoir, par le tribunal qui aura

rendu le jugement, une caution solvable de rapporter, le cas échéant.

Le délai fixé par cette loi a été prorogé par celle du 21 décembre 1814 (Bulletin, n° 558) jusqu'au 1er avril 1815, en faveur des militaires et autres citoyens attachés aux armées, non rentrés en France à ladite époque du 21 décembre ; et il est permis en outre aux Cours et tribunaux d'accorder de nouveaux délais à ceux qui, n'étant pas rentrés audit jour 1er avril 1815, justifieraient en avoir été empêchés par maladie ou toute autre cause légitime ; sauf aux créanciers à faire, pendant ce délai, tous actes conservatoires.

Ces dispositions n'empêchaient toutefois point de poursuivre la déclaration d'absence des militaires ; mais on le pouvait seulement dans le cas où ils avaient disparu du corps auquel ils étaient attachés ; car tant que le militaire est sous le drapeau, il est vrai de dire qu'il est à son domicile. Aussi sous ces lois, comme sous le régime actuel, il fallait d'abord s'assurer de la disparition du militaire dont on poursuivait l'absence. A cet effet, les procureurs du Roi étaient chargés (et ils le sont encore) de demander préalablement et par écrit, au ministre de la guerre ou de la marine, des renseignemens sur le militaire présumé absent ; il devait en être fait mention dans les jugemens, soit préparatoires, soit définitifs, suivant une circulaire du grand juge, en date du 16 décembre 1806. (Sirey, 1808-2-30).

432. Enfin est intervenue la loi du 13 janvier 1817, qui, comme nous l'avons dit, d'après l'arrêt de cassation précité, abroge implicitement celles des 11 ventôse et 16 fructidor an 11, relativement aux successions ouvertes au profit des militaires dont l'existence n'est pas reconnue. Ainsi, pour les successions ouvertes depuis sa promulgation, la loi du 13 janvier 1817 a rendu applicables à ces militaires les articles 135, 136 et 137 du Code civil. Nous allons en rappeler les dispositions. Quoique transitoires de leur nature, elles seront longtemps susceptibles d'être appliquées; elles le seront surtout fréquemment, et, à ce double titre, elles peuvent trouver ici leur place. Nous donnerons ensuite une analyse sommaire des points dans lesquels cette loi déroge au droit commun du Code civil.

« Art. 1er. Lorsqu'un militaire ou un marin, en
« activité pendant les guerres qui ont eu lieu
« depuis le 21 avril 1792, jusqu'au traité de paix
« du 20 novembre 1815, aura cessé de paraître,
« avant cette dernière époque, à son corps et au lieu
« de son domicile ou de sa résidence, ses héritiers
« présomptifs ou son épouse pourront dès à pré-
« sent se pourvoir au tribunal de son dernier
« domicile, soit pour faire constater son décès,
« soit pour un de ces faits à défaut de l'autre.

« Art. 2. Leur requête et les pièces justificatives
« seront communiquées au procureur du Roi, et
« par lui adressées au ministre de la justice, qui les
« transmettra au ministre de la guerre ou de la ma-

« rine, selon que l'individu appartiendra au service
« de terre ou à celui de mer, et rendra publique la
« demande, ainsi qu'il est prescrit à l'égard des ju-
« gemens d'absence par l'article 118 du Code civil.

« Art. 3. La requête, les extraits d'actes, pièces et
« renseignemens recueillis au ministère de la guerre
« ou de la marine, sur l'individu dénommé dans la-
« dite requête, seront renvoyés, par l'intermédiaire
« du ministre de la justice, au procureur du Roi.

« Si l'acte de décès a été transmis au procureur
« du Roi, il en fera immédiatement le renvoi à
« l'officier de l'état civil, qui sera tenu de se con-
« former à l'article 98 du Code civil.

« Le procureur du Roi remettra le surplus des
« pièces au greffe, après en avoir prévenu l'avoué
« des parties requérantes; et, à défaut d'actes de
« décès, il donnera ses conclusions.

« Art. 4. Sur le vu du tout, le tribunal pronon-
« cera. S'il résulte des pièces et renseignemens
« fournis par le ministre, que l'individu existe, la
« demande sera rejetée.

« S'il y a lieu seulement de présumer son exis-
« tence, l'instruction pourra être ajournée pendant
« un délai qui n'excédera pas une année.

« Le tribunal pourra aussi ordonner les enquêtes
« prescrites par l'article 116 du Code civil, pour
« confirmer les présomptions d'absence résultant
« desdites pièces et renseignemens.

« Enfin, l'absence pourra être déclarée, ou sans
« une autre instruction, ou après ajournement et

« enquêtes, s'il est prouvé que l'individu a disparu
« sans qu'on ait de ses nouvelles : savoir, depuis deux
« ans, quand le corps, le détachement ou l'équi-
« page dont il faisait partie, servait en Europe; et
« depuis quatre ans, quand le corps, le détache-
« ment ou l'équipage se trouvait hors de l'Europe.

  « Art. 5. La preuve testimoniale du décès pourra
« être ordonnée, conformément à l'article 46 du
« Code civil, s'il est prouvé, soit par l'attestation
« du ministre de la guerre ou de la marine, soit
« par toute autre voie légale, qu'il n'y a pas eu de
« registres, ou qu'ils ont été perdus ou détruits en
« tout ou en partie, ou que leur tenue a éprouvé
« des interruptions.

  « Dans le cas du présent article, il sera procédé
« aux enquêtes contradictoirement avec le procu-
« reur du Roi.

  « Art. 6. Dans aucun cas, le jugement définitif
« portant déclaration d'absence ou de décès ne
« pourra intervenir qu'après le délai d'un an,
« à compter de l'annonce officielle prescrite par
« l'article 2.

  « Art. 7. Lorsqu'il s'agira de déclarer l'absence
« ou de constater en justice le décès des personnes
« mentionnées à l'article 1er de la présente loi, les
« jugemens contiendront uniquement les conclu-
« sions, le sommaire des motifs et le dispositif, sans
« que la requête puisse y être insérée. Les parties
« pourront même se faire délivrer, par simple ex-
« trait, le dispositif des jugemens interlocutoires;

« et s'il y a lieu à enquêtes, elles seront mises en
« minute sous les yeux des juges.

« Art. 8. Le procureur du Roi et les parties requé-
« rantes pourront interjeter appel des jugemens,
« soit interlocutoires, soit définitifs.

« L'appel du procureur du Roi sera, dans le
« délai d'un mois, à dater du jugement, signifié à
« la partie au domicile de son avoué.

« Les appels seront portés à l'audience, sur un
« simple acte de procédure.

« Art. 9. Dans le cas d'absence déclarée en vertu
« de la présente loi, si le présumé absent a laissé
« une procuration, l'envoi en possession provisoire
« sous caution pourra être demandé, sans attendre
« le délai prescrit par les articles 121 et 122 du
« Code civil, mais à charge de restituer, en cas de
« retour, sous les déductions de droit, la totalité
« des fruits perçus pendant les dix premières années
« de l'absence.

« Les parties requérantes qui posséderont des
« immeubles reconnus suffisans pour répondre de
« la valeur des objets susceptibles de restitution, en
« cas de retour, pourront être admises par le tri-
« bunal à se cautionner sur leurs propres biens.

« Art. 10. Feront preuve en justice, dans les cas
« prévus par la présente loi, les registres et actes
« de décès des militaires, tenus conformément aux
« articles 88 et suivans du Code civil, bien que les-
« dits militaires soient décédés sur le territoire fran-
« çais, s'ils faisaient partie des corps ou détache-

« mens d'une armée active ou de la garnison d'une
« ville assiégée.

« Art. 11. Si les héritiers présomptifs ou l'épouse
« négligent d'user du bénéfice de la présente loi,
« les créanciers ou autres personnes intéressées
« pourront, un mois après l'interpellation qu'ils se-
« ront tenus de léur faire signifier, se pourvoir
« eux-mêmes en déclaration d'absence ou de
« décès.

« Art. 12. Les dispositions de la présente loi sont
« applicables à l'absence ou au décès de toutes les
« personnes inscrites au bureau des classes de la
« marine, à celles attachées par brevets ou com-
« missions au service de santé, aux services admi-
« nistratifs des armées de terre et de mer, ou por-
« tées sur les contrôles réguliers des administrations
« militaires.

« Elles pourront être appliquées par nos tribu-
« naux à l'absence et au décès des domestiques,
« vivandiers et autres personnes à la suite des ar-
« mées, s'il résulte des rôles de l'équipage, des
« pièces produites et des registres de police, passe-
« ports, feuilles de route et autres registres déposés
« aux ministères de la guerre et de la marine, ou
« dans les bureaux en dépendans, des preuves et
« des documens suffisans sur la profession desdites
« personnes et sur leur sort.

« Art. 13. Les dispositions du Code civil relatives
« aux absens, auxquelles il n'est pas dérogé par
« la présente loi, continuent d'être exécutées. »

433. Ainsi, 1° lorsqu'un militaire ou marin, en activité pendant les guerres qui ont eu lieu depuis le 21 avril 1792, jusqu'au traité de paix du 20 novembre 1815, a cessé de paraître avant cette dernière époque à son corps, et au lieu de son ancien domicile et de sa résidence, ses héritiers peuvent *de suite* se pourvoir au tribunal de son dernier domicile pour faire déclarer son absence, tandis que, d'après le Code civil, ils sont obligés d'attendre quatre ans, à compter du départ ou des dernières nouvelles, si l'absent n'a pas laissé de procuration, et dix ans, s'il en a laissé une.

2° Les enquêtes impérieusement prescrites par l'article 116 du Code civil ne sont, à l'égard des militaires, que facultatives pour le tribunal.

3° *La demande* en déclaration d'absence doit être rendue publique, comme l'article 118 du Code civil le prescrit pour les jugemens d'absence, tandis que le Code n'exige point cette publicité.

4° L'absence peut être déclarée de suite, sans aucune distinction entre le cas où il y a procuration et celui où il n'y en a pas, s'il est prouvé que l'individu a disparu sans qu'on ait eu de ses nouvelles depuis deux ans, quand le corps ou le détachement dont il faisait partie servait en Europe, et depuis quatre ans, quand il servait hors de l'Europe; tandis que, d'après le droit commun, il faut nécessairement, pour que l'absence puisse être *déclarée*, qu'il se soit écoulé depuis la disparition ou les dernières nouvelles, un délai de cinq ans, s'il n'y a point de procuration, et de onze ans, s'il y en a une.

5° Suivant le Code civil, au titre *des absens*, on n'est admis qu'à faire déclarer *l'absence*, tandis que suivant cette loi, on peut faire déclarer le *décès*, afin de faire disparaître toute incertitude; mais ce n'est qu'autant qu'il est *prouvé* qu'il n'y a pas eu de registres, ou qu'ils ont été perdus ou détruits en tout ou en partie, ou que leur tenue a éprouvé des interruptions (1).

CHAPITRE III.

De l'Envoi en possession provisoire des biens que possédait l'absent au jour de sa disparition, et des Effets de l'absence pendant cette période.

SOMMAIRE.

434. Jusqu'à la déclaration d'absence, l'individu a été présumé vivant, ou du moins les présomptions de vie et de mort, en se balançant, se neutralisaient : aussi, jusques-là, n'a-t-on pris des mesures que dans

---

(1) *Voy.* aussi sur ce point l'avis du Conseil-d'État du 17 germinal an XIII.

son intérêt. Mais puisqu'un long temps s'est écoulé
depuis sa disparition; que, pendant ce temps, l'on
n'a point eu de ses nouvelles, malgré l'appel solennel qui lui a été fait; qu'il a interrompu toutes ses
relations d'intérêts, d'affection et de famille, ordinairement si chères à l'homme, on doit naturellement imputer cette interruption absolue à des causes
extraordinaires, parmi lesquelles vient se placer le
tribut réclamé par la nature. La présomption de la
vie, d'après son cours ordinaire, est sinon rendue
vaine, du moins puissamment combattue par le défaut absolu de renseignemens pendant un aussi long
intervalle; et les années s'accumulant dans le même
état de choses, la présomption de la mort finit tellement par faire pencher la balance, jusqu'à ce que
des nouvelles de l'absent viennent la dépouiller de
sa force et de sa gravité, que la loi considère l'absent comme décédé, et dispose en conséquence à
son égard.

435. C'est ainsi, 1° qu'on met à exécution ses
dispositions testamentaires (art. 123), ce qui suffirait seul pour démontrer qu'il est alors considéré
comme mort, puisque *non est viventis hereditas;*

2° Sa succession *ab intestat* est, en quelque
sorte, ouverte, puisque les droits de mutation en
sont dus dans les six mois de l'envoi en possession,
ainsi qu'il est établi par plusieurs arrêts de cassation (1);

---

(1) *Voy.* ceux du 27 avril 1807 (Sirey, 7, 1, 742), et du 2 juillet

3° Tous les droits subordonnés à la condition de son décès, même autres que ceux résultans de son testament, peuvent être exercés (Art. 123);

4° Il y a lieu à la répétition provisoire de la dot de sa femme (Art. 124);

5° Ce n'est plus lui que les créanciers ou autres personnes qui ont des droits à exercer contre lui, peuvent mettre en cause. (Art. 134.)

436. Mais, quelque grave que soit cette présomption de mort, ce n'est toujours qu'une présomption, et tous les effets qu'elle produit sont résolubles de leur nature : ils ne sont que provisoires, et, comme tels, ils ne s'étendent point à ce qui serait irréparable en définitive. C'est pour cela qu'elle n'autorise point le conjoint à passer à de secondes noces. Finît-elle par acquérir une telle force qu'elle équivaudrait presque à une certitude morale du décès, par exemple, s'il s'était écoulé cent ans depuis la naissance de l'absent, le mariage ne serait encore point réputé dissous; il subsisterait toujours jusqu'à la preuve positive de la mort de l'un des époux. (Art. 227).

Tel est l'état de l'absent pendant cette seconde période. Il s'agit d'en développer toutes les conséquences.

1823 (Sirey, 23, 1, 401), lequel a même jugé que les droits sont dus dans le cas où les héritiers se sont mis d'eux-mêmes en possession et ont réglé le partage des biens sans déclaration préalable d'absence, encore que la régie ne rapporte pas la preuve du décès de l'absent.

437. Nous verrons dans ce Chapitre,

1° Quelles sont les personnes qui peuvent demander l'envoi en possession provisoire ; quelles sont les formalités à suivre pour l'obtenir, et de quels biens il a lieu ;

2° Des droits du conjoint présent ;

Et 3° des obligations de ceux qui obtiennent l'envoi en possession provisoire, de leur pouvoir pendant cette seconde période, et de leurs droits.

SECTION PREMIÈRE.

Quelles sont les Personnes qui peuvent obtenir l'Envoi en possession provisoire, quelles sont les Formalités à suivre pour l'obtenir, et de quels Biens il a lieu.

SOMMAIRE.

§. Ier.

Quelles sont les Personnes qui peuvent obtenir l'Envoi en possession provisoire.

438. Lorsque l'absence est déclarée, les héritiers présomptifs au jour de la disparition ou des dernières nouvelles, peuvent, en vertu du jugement, se faire envoyer en possession provisoire des biens qui appartenaient à l'absent au jour de son départ ou de ses dernières nouvelles, à la charge de donner caution (art. 120); sauf ce que nous dirons bientôt pour le cas où il est marié en communauté, et que le conjoint opte pour sa continuation.

Mais, comme on l'a vu, l'absence n'a pu être déclarée que onze ans après la disparition ou les dernières nouvelles, si l'absent a laissé une procuration (art. 121), encore que la procuration eût cessé (art. 122); et, dans le cas contraire, qu'après cinq ans : en sorte que l'envoi provisoire ne peut avoir lieu qu'au bout de cinq ans ou de onze ans.

439. La loi dit les héritiers présomptifs *au jour de la disparition ou des dernières nouvelles,* et non pas au jour de l'envoi en possession, par ce qu'en effet on ne peut fixer la présomption de mort à une autre époque sans le faire arbitrairement et au ha-

sard. Ainsi, supposez que l'absent avait, lors de sa disparition ou de ses dernières nouvelles, pour plus proches parens, Pierre et Paul, ses cousins-germains; que celui-ci soit venu à mourir avant l'envoi en possession, mais ayant un fils : ce dernier aura droit à l'envoi en possession pour sa part, tandis que si on l'accordait à ceux qui se trouvent héritiers présomptifs au jour où il a lieu, Pierre seul y aurait droit comme plus proche parent à cette époque, le fils de Paul ne pouvant représenter son père, attendu que la représentation n'est pas admise dans ce cas. Mais il vient aux droits de son père *jure hereditario;* car non seulement l'envoi en possession obtenu n'est point un droit personnel et non transmissible (1), mais, de plus, le droit de l'obtenir est transmissible comme les autres droits héréditaires dont il est l'image, puisqu'il est accordé aux héritiers. On présume, en effet, la succession ouverte du jour de la disparition ou des dernières nouvelles; donc les plus proches héritiers à cette époque sont censés l'avoir recueillie et l'a-voir transmise à leurs propres héritiers, légataires et ayant causes. Leurs créanciers pourraient aussi exercer à cet égard les droits qu'ils auraient eus s'ils avaient vécu jusqu'au moment où l'envoi en possession a été obtenu. En un mot, cet envoi n'est qu'une exécution (provisoire, il est vrai) du droit d'hérédité; le tout sans préjudice de la preuve que

---

(1) Voir l'arrêt de la Cour de Turin, du 5 mai 1810. Sirey, 1811, 2, 95.

l'absent a survécu à tel ou tel de ces héritiers présomptifs au jour de sa disparition ou de ses dernières nouvelles.

Pareillement, s'il naissait un frère à l'absent
plus de trois cents jours depuis sa disparition ou
ses dernières nouvelles, comme cet enfant n'était
point encore conçu à l'une ou l'autre de ces époques, il n'aurait aucun droit à l'envoi en possession : car, pour succéder à quelqu'un, il faut être
conçu à l'époque de l'ouverture de la succession ;
et, suivant l'esprit de l'article 120, celle de l'absent
est *présumée* ouverte, aux époques qu'il désigne,
au profit des héritiers les plus proches, ou du moins
l'envoi en possession doit être considéré comme
une image de l'ouverture de la succession.

440. Quant aux autres personnes qui peuvent
demander l'envoi en possession provisoire de leurs
droits, nous en avons parlé à la section II du chapitre précédent, où nous avons aussi traité et ré-
solu affirmativement la question de savoir si elles
peuvent les exercer, encore que les héritiers présomptifs ne demandent pas l'envoi en possession
provisoire générale : nous y renvoyons pour ne pas
nous répéter.

§. II.

Des Formalités à suivre pour obtenir l'Envoi en pos-
session provisoire.

441. Les héritiers présomptifs ou le conjoint
qui provoquent la déclaration d'absence, peuvent

aussi, par le jugement qui la constate, se faire envoyer en possession. L'article 120 paraît supposer, il est vrai, que le jugement d'absence est déjà rendu lorsque l'envoi est demandé, puisqu'il dit : « ses « héritiers.... pourront, *en vertu du jugement défi-* « *nitif qui a déclaré l'absence,* etc. ; » mais c'est une disposition portée pour embrasser tous les cas, parce qu'en effet il ne doit y avoir d'envoi en possession qu'autant que l'absence est constante : or, le jugement qui la déclare la rend telle, et rien n'empêche que par un dispositif particulier il ne statue aussi sur l'envoi en possession, si ceux qui ont provoqué l'absence sont aussi ceux qui ont droit à cet envoi. L'on évite ainsi des frais inutiles.

442. Si les héritiers présomptifs ou le conjoint se sont bornés d'abord à demander que l'absence soit déclarée, ils doivent, pour obtenir ensuite l'envoi en possession provisoire, présenter requête au président du tribunal. Sur cette requête, à laquelle est jointe l'expédition du jugement qui a déclaré l'absence, le président commet un juge pour faire son rapport au jour indiqué, et le jugement est prononcé après avoir entendu le procureur du Roi. (Art. 859 et 860 du Code de procédure, analysés et combinés.)

443. Il est susceptible d'appel, soit de la part des demandeurs déboutés, soit de la part du ministère public, dans le cas où il croirait que l'on a eu des nouvelles de l'absent depuis la déclara-

tion d'absence, et même antérieurement, et qu'on les a dissimulées pour arriver à l'envoi en possession.

444. Nous avons décidé précédemment que le ministère public peut requérir et le tribunal ordonner une nouvelle enquête, lorsqu'il s'agit de statuer sur la demande en déclaration d'absence; mais on peut encore élever la question de savoir si cette enquête ne pourrait pas être ordonnée sur la demande d'envoi en possession? Dans l'état des choses, le refus de l'envoi, fondé sur la supposition que l'on a reçu des nouvelles de l'absent, constituerait-il un déni de justice? L'article 120 dit que les héritiers *pourront*, en vertu du jugement définitif, se faire envoyer en possession; d'après cela ordonner de nouvelles enquêtes, dont le résultat serait d'entraîner les parties dans les frais, des embarras et des longueurs, semble d'abord contraire à l'esprit de la loi, qui paraît n'avoir jugé utiles toutes ces précautions que pour constater l'absence. Cependant nous croyons que le tribunal aurait ce droit: nous nous fondons sur l'article 131, qui le lui accorde évidemment, même pendant l'envoi en possession provisoire. Or, ce qu'il peut faire après avoir accordé cet envoi, il peut, par la même raison, le faire auparavant, sauf aux parties à appeler du jugement, s'il leur paraît blesser leurs droits.

Au reste, lorsqu'après une déclaration d'absence

régulièrement prononcée, un tiers vient demander la préférence sur celui qui a obtenu l'envoi en possession provisoire, et qu'il s'élève une contestation pour fixer l'époque précise de la disparition ou des dernières nouvelles de l'absent, une enquête contradictoire avec le ministère public n'est pas nécessaire, attendu qu'il ne s'agit pas, dans ce cas, de l'intérêt de l'absent, mais bien de celui de l'un des prétendans. Les preuves à admettre sont subordonnées à la prudence des juges, qui peuvent même se contenter d'un simple acte de notoriété (1).

§. III.

De quels Biens a lieu l'Envoi provisoire.

445. L'article 120 autorise l'envoi en possession provisoire des biens qui appartenaient à l'absent au jour de sa disparition ou de ses dernières nouvelles ; par cela même, il paraît refuser l'envoi en possession de ceux qui ont pu lui échoir depuis. Cela, vrai en principe, demande néanmoins quelque explication.

Pour les successions testamentaires, ou *ab intestat*, les donations de biens à venir faites en sa faveur, les donations entre-vifs par lui faites avec stipulation du droit de retour, et tous les droits, en un mot, qui exigeaient, pour lui être acquis, qu'il existât au moment de leur ouverture, et qui

---

(1) *Voy.* l'arrêt de rejet du 24 novembre 1811. Sirey, 1812, 1, 83.

ne se sont ouverts que depuis sa disparition ou ses dernières nouvelles, il est clair, d'après les articles 135 et 136, que ses héritiers, en principe, ne peuvent en réclamer la possession; c'est, au surplus, ce qui sera développé au chapitre V^e et dernier.

446. Mais il est tel bien qui n'appartenait réellement pas à l'absent au jour de sa disparition ou de ses dernières nouvelles, et dont cependant ses héritiers pourront demander et obtenir la possession : par exemple, l'absent a stipulé (1) tel immeuble sous condition, et la condition vient à s'accomplir durant son absence. En principe, il n'était point propriétaire de l'immeuble tant que la condition n'était point accomplie; il y avait *tantùm spes.* Mais l'accomplissement de la condition ayant un effet rétroactif (ce qui a surtout été admis en faveur des héritiers) (art. 1179), le droit de l'absent, par l'effet de cette fiction, est censé avoir été parfait dès le jour du contrat, et en conséquence, les héritiers présomptifs peuvent demander au tiers la délivrance de l'immeuble.

447. Ils exercent aussi les actions en réméré ou en rescision qu'il avait lors de sa disparition, et qui ne sont point prescrites, suivant la règle de

---

(1) Nous disons a *stipulé* : car si c'était un legs fait sous condition, ses héritiers ne seraient admis à en demander la délivrance qu'en prouvant qu'il *existait* aussi au moment de l'accomplissement de la condition. (Art. 135 et 1040 combinés.)

droit *qui actionem habet ad rem recuperandam ,
rem habere videtur.*

448. Ils ont pareillement droit à la simple *possession* qu'il avait de la chose d'autrui, et qui n'a
point été perdue ; en un mot, l'article 120 doit
s'entendre de tous les droits acquis qu'avait l'absent
et qui ont été utilement conservés.

SECTION II.

Des Droits du conjoint présent.

SOMMAIRE.

449. Ce que nous avons dit précédemment, que les héritiers présomptifs peuvent se faire envoyer en possession provisoire des biens de l'absent, souffre exception dans le cas où il est marié sous le régime de la communauté et que son conjoint opte pour sa continuation. Voici ce que porte à cet égard l'article 124 :

« L'époux commun en biens, s'il opte pour la
« continuation de la communauté, pourra empê-
« cher l'envoi provisoire de tous les droits subor-
« donnés à la condition du décès de l'absent, et
« prendre (1) ou conserver par préférence l'admi-
« nistration des biens de l'absent. Si l'époux de-
« mande la dissolution provisoire de la commu-
« nauté, il exerce tous ses droits légaux et conven-
« tionnels, à la charge de donner caution pour les
« choses susceptibles de restitution. »

Au premier coup-d'œil, cette disposition paraît
très-raisonnable : la communauté conjugale est
une véritable société, un contrat synallagmatique
qui s'est formé avec le mariage, et qui ne doit pas,
par conséquent, se dissoudre contre la volonté et
au préjudice de l'autre époux présent, dont le titre
est au moins aussi puissant que celui des héritiers
présomptifs. Aussi, nous applaudirions à cette disposition, si ses effets avaient été mesurés sur ce
qu'exigeait seulement l'exécution du contrat de
communauté. Mais il n'en est pas ainsi; et nous
ne pouvons nous empêcher de déclarer que cet article 124 ne présente, dans les conséquences du
principe qui a été présidé à sa rédaction, des ano-
malies avec d'autres principes de la matière, et
même avec les règles ordinaires du droit, comme
on le verra par la suite.

450. On entend par communauté entre époux

---

(1) La femme *prend* et le mari *conserve* l'administration.

une association de biens, qui doit subsister pendant le mariage, du moins en général, et dont la composition et les effets sont réglés par la loi ou par des conventions spéciales.

Quant à l'application de l'article 124, il est indifférent que la communauté soit légale ou modifiée; qu'elle comprenne tout le mobilier présent et futur des époux, ou qu'elle soit simplement réduite aux acquêts; qu'elle doive être partagée par égales portions, ou qu'elle soit attribuée à l'un d'eux pour une part plus forte que la moitié, ou même pour le tout : la loi ne fait aucune distinction à cet égard; elle dit seulement, *l'époux commun en biens;* et il est commun en biens sous le régime de la communauté conventionnelle ou modifiée, comme sous celui de la communauté légale.

451. Mais si l'époux n'a le droit, d'après l'article 124, de prendre ou conserver l'administration des biens de l'absent, qu'autant qu'il est commun en biens, on peut toutefois demander si le mari, dont la femme est absente, a du moins celui de conserver, jusqu'à l'envoi définitif ou la dissolution du mariage, la jouissance, et par suite l'administration de la dot qui lui a été apportée sous un autre régime que celui de la communauté?

Ainsi, dans le cas d'exclusion de communauté, l'article 1531 lui accorde, pendant le mariage, l'administration et la jouissance des biens meubles et immeubles de la femme.

Sous le régime dotal proprement dit il a aussi, jusqu'à la dissolution du mariage ou la séparation de biens, la jouissance et l'administration des objets qui composent la dot.

Deux raisons très-fortes semblent appuyer la prétention du mari, de conserver, vis-à-vis des héritiers de la femme, la jouissance de ce qui lui a été apporté pour l'aider à supporter les charges du mariage.

La première est fondée sur ce que la femme n'a pu, par son fait, sa disparition, altérer les droits du mari : or, les droits de celui-ci sont altérés s'il est obligé de restituer la dot avant les époques déterminées par la loi générale qui régit les conventions matrimoniales; et si l'on prétend que la déclaration d'absence fait supposer le décès de l'absent, et par conséquent le cas où la dot devient restituable, on peut répondre que, relativement au mariage, la loi ne suppose pas le décès; qu'au contraire le mariage est toujours présumé subsister jusqu'à ce que sa dissolution soit prouvée; que non seulement il est présumé subsister quant au lien, mais encore quant aux intérêts pécuniaires, puisque l'époux commun en biens empêche, en optant pour la continuation de la communauté, l'envoi en possession de tous les droits subordonnés à la condition du décès de l'absent. Donc, peut-on dire en faveur du mari, si le mariage est supposé subsister encore, la dot n'est point sujette à restitution.

La seconde raison consiste à dire que l'on ne

voit pas pourquoi les constitutions de dot ne seraient
pas respectées comme les clauses par lesquelles
on a établi la communauté : les unes sont aussi
dignes de faveur que les autres. Pour échapper à
la force de cette objection, on est obligé de prêter au législateur des vues contradictoires, savoir :
dans le cas de non-communauté, la supposition
du décès de l'absent, c'est-à-dire la dissolution du
mariage, du moins en ce qui concerne les intérêts
pécuniaires ; et dans le cas de communauté,
l'existence du mariage avec tous ses effets quelconques.

452. Néanmoins il faut croire que la prétention
du mari n'est pas fondée sur l'intention du législateur. En établissant, en principe, que tous ceux
qui ont des droits subordonnés à la condition du
décès de l'absent pourront les exercer à la charge
de donner caution (art. 123), et en n'apportant à
ce principe qu'une seule exception, le cas de communauté, il est évident que la loi a entendu que
les biens de la femme absente seraient restitués à
qui de droit. Elle a très-probablement considéré
que, s'il n'y a pas d'enfans, les charges du mariage n'existent plus de fait pour le mari, puisqu'il
n'a plus à pourvoir qu'à ses besoins personnels,
pour lesquels il a ses biens; que s'il y a des enfans,
le mari ayant, jusqu'à ce qu'ils aient dix-huit ans,
la jouissance légale de ceux qui leur appartiennent,
ainsi que de ceux de leur mère absente, il peut, par

ce moyen, comme s'il avait encore les biens à titre de dot, subvenir à toutes les charges du mariage.

453. Au surplus, dans le cas où l'époux absent n'a point laissé de parens habiles à lui succéder (ce qui comprend les enfans naturels reconnus, car, quoiqu'ils ne soient pas héritiers, ils sont préférés au conjoint (art. 767), l'autre époux peut demander l'envoi en possession provisoire. (Art. 140.)

Pour expliquer avec méthode les difficultés que présente l'article 124, nous distinguerons les deux cas : celui où l'époux commun en biens opte pour la continuation de la communauté, et celui où il opte pour sa dissolution provisoire. Les effets sont très-différens.

PREMIER CAS.

454. La faculté accordée à l'époux commun en biens, qui opte pour la continuation de la communauté, de prendre ou conserver l'administration des biens de l'absent, et d'empêcher ainsi l'exercice des droits subordonnés à la condition de son décès, est susceptible, comme nous l'avons déjà dit, de quelques observations.

D'abord, s'il paraît conforme aux principes sur l'absence déclarée, combinés avec ceux de la communauté, que le mari conserve l'administration des biens de sa femme absente, parce qu'il reste dans la même position qu'auparavant, au premier coup-d'œil cela ne paraît pas aussi conforme à ces mêmes principes quand c'est le mari qui est absent : la femme prend alors une administration qu'elle n'avait point; elle empêche l'exécution du testament de son mari, qui eût été *présumé décédé*, si ses héritiers présomptifs, au lieu d'elle, avaient eu l'envoi en possession (art. 123); et la présomption de mort, qui naît généralement de la déclaration d'absence, et que l'on conteste (1) en vain, puisque *nulla est viventis hereditas*, a effet dans un cas et non dans l'autre, ou, pour mieux dire, la même cause produit des effets différens. Mais on répond à cette objection, en disant que la communauté est une société, un contrat synallagmatique, et qu'à ce titre elle doit primer un acte de pure libéralité comme le testament, et faire taire la présomption de mort. Cette espèce d'anomalie se justifie donc par les principes qui régissent la société.

D'après cela, comme tous les produits et revenus des biens de l'un et l'autre époux tombent dans la communauté (art. 1401), les héritiers de l'absent ne pourraient demander l'envoi en possession de ses biens personnels. Ce n'est point assurément, comme on l'a dit, parce que ces héritiers ne prouvent point que l'absent est décédé, puisque toutes les autres personnes qui ont des droits subordon-

---

(1) Anciennement elle avait aussi trouvé des contradicteurs; mais elle avait fini par prévaloir. *Voy.* Rousseau de Lacombe, v° *Absent*, qui rapporte un arrêt de 1731, rendu en ce sens. On en trouve deux précédens au *Journal des Audiences*, l'un du 2 janvier 1634, et l'autre de mars 1688. Lebrun, *des Successions*, liv. I, chap. 1, sect. 1, n° 3, et M. de Lamoignon, dans ses *Arrêtés*, l'avaient également reconnu.

nés à la condition de son décès peuvent les exercer vis-à-vis des héritiers présomptifs sans être astreintes à cette preuve : la présomption de la loi leur en tient lieu. Mais c'est parce que cette présomption existe dans un cas et non dans l'autre, suivant la qualité de la personne à qui la loi accorde l'envoi en possession des biens de l'absent. -

Ainsi, en donnant à l'époux, dans ce cas, la faculté d'empêcher l'exercice des droits subordonnés à la condition du décès de l'absent, la disposition de l'article 124 est tout-à-fait équitable, si on ne l'applique qu'à ceux de ces droits qui ont leur principe dans la loi, comme l'hérédité, ou dans la libéralité de l'absent, comme les donations de biens à venir et les legs. Mais si l'on veut l'appliquer aussi aux cas où cet absent est donataire ou acquéreur en usufruit, ou grevé d'une substitution, ou donataire avec stipulation du droit de retour, alors il est permis de croire que la disposition a un effet trop général, puisque, excepté le cas unique d'époux commun en biens qui opte pour la continuation de la communauté, l'absent eût été présumé mort par l'effet de la déclaration d'absence (sauf en ce qui touche son mariage), et tous ceux qui auraient eu des droits subordonnés à la condition de son décès, tels que ceux dont il vient d'être parlé, auraient pu les exercer. Et on le demande, que fait, quant à l'extinction présumée du droit d'usufruit qu'avait l'absent lors de son départ, l'option de son conjoint pour la continuation de la communauté? En quoi la présomption de mort, et par suite celle de l'extinction de l'usufruit, est-elle affaiblie par cette option? On conçoit la supposition de la vie de l'absent dans l'intérêt de l'époux, lorsqu'il ne s'agit que des biens de cet absent; mais on ne la conçoit pas aussi facilement lorsqu'il s'agit des droits des tiers; ces tiers, s'ils n'acquièrent la preuve du décès de l'absent, seront obligés d'attendre, pour exercer ces droits, peut-être déjà ouverts, qu'il se soit écoulé un temps qui pourra être de trente ans depuis la déclaration d'absence. Ces droit sont d'ailleurs plus ou moins compromis, en ce que l'époux ne doit pas caution dans ce cas, et c'est un inconvénient de plus. Mais la loi est absolue, elle dit, *tous les droits* subordonnés au décès de l'absent.

455. Quelques personnes pensent que le principe de l'article 135, qui oblige ceux qui réclament un droit échu à un individu dont l'existence n'est pas reconnue, à prouver que cet individu existait au moment de l'ouverture du droit, s'applique aussi en *sens inverse*, c'est-à-dire que, si l'on réclame un droit subordonné au décès d'un individu, l'on doit prouver ce décès : par exemple, si un absent a reçu une donation avec stipulation du droit de retour, ou s'il est grevé d'une substitution, ceux qui réclameront l'objet donné ou les biens grevés, devront prouver que l'absent est décédé avant le donateur ou l'appelé.

Si ce système était fondé, il en résulterait que la position des héritiers de ces derniers serait bien différente dans le cas où il n'y aurait pas lieu à appliquer l'article 124, de ce qu'elle serait dans le cas contraire. Dans le premier, ils auraient incontestablement le droit de se faire envoyer en possession de l'objet donné ou des biens grevés de substitution, puisque l'article 123 dit : « tous ceux qui auront des droits subordonnés à la condition du décès de l'absent pourront les exercer. » Or le droit de retour et l'ouverture de la substitution sont subordonnés au décès de l'absent. Au contraire, si c'est l'époux qui obtient l'envoi, il empêche l'exercice de *tous* les droits subordonnés à la condition du décès de son conjoint; et si l'on suppose que le donateur ou l'appelé soit mort, leurs héritiers seraient obligés de prouver que leur auteur a survécu à l'absent; en sorte que si l'on n'en avait jamais de nouvelles, le droit de retour et la substitution deviendraient caducs, faute de pouvoir prouver le prédécès. Dans ce système, l'envoi définitif même ne changerait rien à cet égard, puisqu'il n'a lieu qu'au profit des *ayant-droit*, ce qui ramènerait la question de savoir si le donateur ou l'appelé ont été des *ayant-droit*, c'est-à-dire, ce qui ramènerait l'obligation de prouver le prédécès de l'absent. Tandis que, si l'époux n'avait pas pris l'administration des biens de ce dernier, le donateur et l'appelé ayant eux-mêmes obtenu la possession, c'eût été aux héritiers de l'absent, comme

I. 24

demandeurs en restitution, à prouver que leur auteur a survécu au donateur ou à l'appelé.

Cette notable différence n'existerait pas, ou du
moins elle n'aurait pas les mêmes conséquences, si
l'on adoptait le sentiment de ceux qui pensent que,
dans le cas où l'absent ne reparaît pas, et qu'on
n'a point de ses nouvelles, il doit être considéré
comme mort au jour de sa disparition, parce que
telle est la présomption de la loi (art. 120) : en conséquence, si l'époux, par son option pour la continuation de la communauté, empêche l'exercice du
droit de retour ou l'ouverture de la substitution,
tant que la communauté n'est pas dissoute par sa
mort ou par l'envoi définitif, du moins ces droits
ne sont pas autant compromis qu'ils le sont dans le
premier système. Ceux auxquels ils compètent
pourraient les exercer lors de la dissolution de la
communauté, sauf à les restituer s'il était prouvé
que l'absent a survécu. Nous adoptons ce dernier
sentiment, d'autant mieux que la règle inverse de
l'article 135 ne se trouve nulle part. A la vérité, tout
demandeur doit prouver sa demande ; mais la présomption de la loi tient lieu de preuve : or il y a présomption qu'un individu qui disparaît sans qu'on
ait depuis de ses nouvelles est mort au jour de sa
disparition. La loi considère cette époque pour conférer provisoirement les biens à ceux qui sont appelés dans l'ordre de succéder. Ceux là même dont
nous combattons l'opinion paraissent se contredire en accordant aux héritiers des individus qui

avaient droit à l'envoi en possession provisoire, par conséquent aux héritiers des légataires de l'absent, le droit d'obtenir cet envoi, sans cependant les assujétir à prouver le prédécès de l'absent.

456. En admettant que notre opinion soit fondée sur les principes de la matière, elle fera naître, dans le cas où l'époux opte pour la continuation de la communauté et empêche ainsi l'exercice du droit de retour et l'ouverture de la substitution, la question de savoir à qui appartiendront les fruits, si l'on ne reçoit aucune nouvelle de l'absent. Comme nous le réputons mort du jour de la disparition, et que l'article 127 n'autorise la retènue des fruits qu'autant qu'ils ont été perçus sur ses biens, il semblerait que l'époux les ayant perçus sur ceux d'autrui les a perçus *sine causá aut saltem falsá causá*, et qu'il doit les restituer. D'autre part, l'époux *possède*, et on suppose qu'il possède de bonne foi : il doit donc, d'après l'article 550, gagner les fruits jusqu'à la demande. Nous croyons que l'on doit appliquer à ce cas la disposition de l'article 130; il y a parité de raison. Dans le cas de cet article, celui qui croyait avoir droit aux biens les restitue, sous la réserve des fruits accordés en tout ou partie par l'article 127 : l'époux croyait avoir le droit de jouir de l'objet donné ou des biens substitués; il les rend pareillement, et il doit retenir les fruits dans les mêmes proportions.

457. Mais il faut remarquer que le droit attri-

bué à l'époux présent, de maintenir la communauté, est uniquement introduit dans son intérêt:
en sorte que s'il meurt, la communauté se trouvant
par conséquent dissoute, tous ceux qui ont des
droits subordonnés à la condition du décès de l'absent pourront alors les exercer, à la charge de
donner caution.

S'il s'est écoulé cent ans depuis la naissance de
l'absent, la présomption de mort est presque devenue une certitude, et l'envoi en possession définitif de ses biens ne peut être entravé par la volonté
de l'époux présent; il n'y a même plus de caution
à fournir dans ce cas. Enfin, si l'époux présent,
qui avait d'abord opté pour la continuation de la
communauté, en demande maintenant la dissolution provisoire, ainsi que nous démontrerons qu'il
en a le droit, le principe de l'article 123 reprend
son empire.

458. La femme dont le mari est absent doit faire
inventaire des meubles et des titres de la communauté, des siens propres et de ceux du mari. Les
fruits de ses biens tombent en effet dans la communauté, et sont en quelque sorte ceux du mari
tant qu'elle dure: il en a la disposition, même à
titre gratuit, sous les distinctions établies par l'article 1422. La femme n'est donc ici qu'un mandataire intéressé.

L'inventaire doit être fait en présence du procureur du roi au tribunal de première instance, ou

d'un juge de paix par lui requis. (Art. 126.) (1)

459. Elle a la libre administration des biens de la communauté, de ceux de son mari et des siens propres : elle peut, sans autorisation judiciaire, faire tous les actes relatifs à cette administration. Mais pour les actes d'aliénation d'immeubles, les transactions, etc., soit sur les biens de la communauté, soit sur les siens, elle a besoin d'être autorisée en justice (Art. 222 et 1427). Quant à l'aliénation des meubles, nous ne croyons pas qu'elle ait besoin de cette autorisation (argument des articles 1449 et 1536). Il pourrait y avoir exception pour les rentes et créances appartenant au mari, ou même à la communauté.

Elle a besoin d'être autorisée pour ester en jugement (art. 215 et 222). Au surplus le tribunal peut ordonner, s'il y a lieu, la vente de tout ou partie du mobilier du mari, ou même de la communauté; et il est fait emploi du prix, ainsi que des fruits échus (art. 126). Nous ne disons pas la même chose, du moins en général, dans le cas où c'est le mari qui est présent : la disposition de cet article ne lui est applicable qu'avec beaucoup de restrictions.

460. La question de savoir si, lorsque c'est le mari qui est présent, il est obligé de faire inven-

---

(1) Les héritiers du mari pourraient toutefois demander à assister à l'inventaire : ils ont un grand intérêt à ce qu'il soit fait avec exactitude ; le procureur du Roi ne connaît probablement pas aussi bien qu'eux les affaires de l'absent.

taire des meubles et titres de la communauté, est controversée : l'on dit pour la négative, que l'absence de la femme ne doit rien diminuer des droits du mari, ni rien ajouter à ses obligations ; que la présomption de mort n'a pas lieu dans ce cas, puisque la communauté se continue; en un mot, qu'il doit rester absolument dans la même position que si la femme était présente; que s'il doit faire l'inventaire des meubles de la femme qui ne tombent pas dans la communauté, c'est parce qu'il en prend l'administration par l'effet de la disposition de l'article 124.

C'est d'abord une erreur de principe, que de dire, comme M. Toullier, que le mari *prend* l'administration des meubles de la femme qui ne sont point entrés en communauté. Dès qu'il y a communauté, même réduite aux acquêts, le mari a, de plein droit, l'administration de tous les biens de sa femme (1) : l'article 124 n'ajoute rien à ses droits à cet égard. Et comme il n'y a aucun inconvénient à faire l'inventaire, et qu'il y en aurait de très-graves à ne pas le faire, nous pensons que le mari doit le faire aussi bien des meubles et des titres de la communauté, puisque la femme y a des droits, que des meubles personnels de celle-ci.

461. Nous ne refusons pas au mari le droit de

---

(1) Art. 1428, 1528 et 1498, analysés et combinés. En effet, les fruits de ces biens entrent tous dans la communauté : donc le mari, chef de la communauté, a l'administration des biens eux-mêmes.

vendre et d'hypothéquer les biens de la communauté, de disposer, comme il est dit à l'art. 1422,
du mobilier qui la compose; mais l'inventaire aura
toujours un très-grand avantage : cela n'a pas besoin
d'être démontré.

Les aliénations qui seront prouvées avoir été
faites depuis la mort de la femme absente, au profit
des tiers qui ignoraient le décès, seront aussi main-
tenues comme celles faites par un mandataire à
des tiers qui ignoraient la révocation du mandat
(art. 2009); et le mari répondra, au surplus, de
ses actes, si l'on n'a plus de nouvelles de la femme,
parce qu'alors la communauté sera présumée dissoute du jour de la disparition.

462. L'époux présent qui a opté d'abord pour la
continuation de la communauté peut ensuite,
selon notre opinion, en demander la dissolution
provisoire. Il peut renoncer à un droit uniquement
introduit en sa faveur, et qu'il aurait pu répudier
d'abord. S'il ne l'a pas fait, on peut raisonnablement supposer qu'il avait encore l'espoir de voir
bientôt reparaître son conjoint; mais cette situation se prolongeant, il a droit d'en sortir. Il signi-
fiera donc sa volonté aux héritiers de l'absent,
et alors on agira comme nous le dirons sur le second cas.

463. L'option que la femme a faite d'abord pour
la continuation de la communauté n'est point un
obstacle à ce qu'elle y renonce, lorsqu'elle se dis-

soudra provisoirement ou définitivement. (Art. 124 analysé.)

464. En ce qui concerne les fruits, l'application des dispositions de l'article 127 au conjoint qui a opté pour la continuation de la communauté, n'est pas sans quelque difficulté.

Il porte que « ceux qui, par suite de l'envoi en « possession provisoire, ou de l'administration lé- « gale, auront joui des biens de l'absent, ne seront « tenus de lui rendre que le cinquième des revenus, « s'il reparaît avant quinze ans révolus depuis le « jour de sa disparition, et le dixième s'il ne repa- « raît qu'après les quinze ans.

« Après trente ans d'absence la totalité des fruits « leur appartiendra. »

Comment, en effet, concilier cette disposition avec celle de l'article 1401, qui fait tomber dans la communauté tous les fruits, revenus et produits perçus pendant son cours, tant sur les biens personnels de chacun des époux, que sur ceux de la communauté, ainsi que les gains provenant de l'industrie commune (1)? car, si l'absent revient ou donne de ses nouvelles, la communauté n'ayant jamais été dissoute, elle réclame la portion de fruits attribuée à l'époux administrateur légal, et celui-ci remet d'une main ce qu'il reçoit de l'autre. C'est ainsi que plusieurs jurisconsultes entendent

_____

(1) Ce qui a lieu également dans la simple communauté d'acquêts. (Art. 1498.)

la disposition de l'article 127 pour ce cas. Il en est cependant qui, pour lui donner une application quelconque (relativement à l'époux administrateur légal), conviennent que si l'absent ne reparaît pas dans les trente ans, ou si son décès est prouvé dans l'intervalle, comme la communauté est dissoute de droit, l'époux administrateur pourra faire, vis-à-vis des héritiers de l'absent, les retenues de fruits autorisées par l'article 127, bien que, d'après le principe de l'article 1401, précité, la communauté ait gagné tous les fruits perçus pendant le temps de sa durée.

En supposant, dans ce système, que depuis l'inventaire fait lors de la déclaration d'absence jusqu'à l'époque de la dissolution, la communauté se trouvât augmentée d'une somme de 100,000 fr., provenant de fruits, revenus et bénéfices industriels (1), l'époux présent aurait, sur les 50,000 fr. d'augmentation revenant aux héritiers de l'absent, savoir : 40,000 fr. si le partage avait lieu dans les quinze ans; 45,000 fr. s'il avait lieu après les quinze ans; et enfin la totalité si l'absence, sans nouvelles, s'était prolongée pendant trente ans. Dans ce cas, l'époux présent serait traité comme les envoyés en possession le seraient eux-mêmes, s'ils étaient obligés, comme dans l'espèce de l'ar-

---

(1) Nous disons *fruits, revenus et bénéfices industriels*, parce que l'augmentation de la communauté qui proviendrait d'autres causes, par exemple, d'une succession mobilière, ne serait pas sujette à la retenue de l'époux en sa qualité d'administrateur légal.

ticle 130, de rendre la succession à d'autres personnes.

Mais cette distinction, qui n'est point dans la lettre de la loi, se trouve-t-elle au moins dans son esprit? L'article accorde la retenue, sans dire que ce sera seulement vis-à-vis des héritiers de l'absent; bien mieux, il dit, en parlant de l'absent lui-même, *s'il reparaît* : ce qui exclut la supposition que, d'après les principes qui régissent la communauté, cet article n'est applicable qu'au cas où le partage n'a lieu qu'avec les héritiers. C'est très-probablement au contraire une dérogation au système de la communauté; et, si elle existe, elle doit exister dans l'un comme dans l'autre cas, puisque, dans l'un et l'autre, la communauté se continuant jusqu'au décès de l'un des époux, ou jusqu'à l'envoi définitif, elle a gagné tous les produits quelconques. On peut d'ailleurs considérer cette portion de fruits comme une donation de choses mobilières faite à l'époux *par la loi,* avec clause qu'elle n'entrera point en communauté; et, comme les donations faites sous cette clause n'y tombent point en effet (art. 1401 lui-même), l'époux présent l'aurait en propre, soit que l'absent reparût ou non. Cela est d'autant mieux fondé que, à raison de son absence, celui-ci n'a pas exécuté le contrat de communauté ; qu'assez généralement en pareil cas c'est par un fait volontaire qu'il a privé l'association conjugale du fruit de ses travaux, et qu'il ne doit s'en prendre qu'à lui-même s'il ne retire pas sa part intégrale de tous les effets résultans du système de la communauté. Après avoir mûrement envisagé la question sous toutes ses faces et dans toutes ses conséquences, et attendu que l'article 127 ne distingue pas; bien mieux, qu'il suppose même que l'absent *reparaît*, et par conséquent que le partage a lieu avec lui, nous pensons que la retenue peut être faite. C'est une exception aux principes généraux qui régissent la composition de la communauté.

465. Nous terminerons nos observations sur le premier cas de l'article 124, en disant que l'époux administrateur légal n'est point astreint à fournir une caution. Elle ne pouvait être raisonnablement exigée du mari, puisque ses droits ne devaient point être altérés par l'absence de sa femme; et celle-ci, par d'autres motifs, est dispensée de la donner.

IIe Cas. *Celui où l'époux opte pour la dissolution provisoire de la Communauté.*

466. Si l'époux demande la dissolution provisoire de la communauté, il exerce ses reprises et tous ses droits légaux et conventionnels, à la charge de donner caution pour les choses susceptibles de restitution. (Art. 124.)

Il faut encore distinguer le cas où c'est le mari qui est absent, de celui où c'est la femme.

467. Si c'est le mari, les droits *légaux* de la femme sont, 1° ses propres mobiliers et immobiliers; 2° le

prix de ceux qui ont été aliénés et dont il n'a point
été fait remploi; 3° les indemnités qui peuvent lui
être dues par la communauté (art. 1470); 4° sa
part dans cette communauté, si elle l'accepte
(art. 1474); 5° elle a, pendant les trois mois et
quarante jours qui lui sont accordés pour faire inventaire et délibérer, droit à sa nourriture et à
celle de ses domestiques sur la communauté, ainsi
qu'à son logement. (Art. 1465.)

468. Ses droits *conventionnels* sont, 1° le préciput
qu'elle a stipulé, soit pour le cas d'acceptation, soit
pour le cas contraire (art. 1515); 2° les objets qui
sont entrés de son chef dans la communauté, mais
quand elle en a stipulé la reprise en cas de renonciation, et qu'elle renonce en effet (art. 1514); 3° les
donations qui lui ont été faites par son conjoint,
soit par le contrat de mariage, soit depuis.

469. Mais quelles sont les choses susceptibles de
restitution, pour le cas où l'absent reviendrait ou
donnerait de ses nouvelles, et pour lesquelles la
femme doit fournir caution? Ces choses, si la femme
accepte la communauté, sont la part qu'elle y a
prise, ainsi que ses prélèvemens. Cependant, pour
ses propres, comme il ne peut y avoir de compromis que la jouissance qu'en aurait l'absent en cas
du rétablissement de la communauté, nous pensons qu'on ne devrait prendre en considération que
cette jouissance. D'ailleurs la femme ne pourra
aliéner ses immeubles qu'avec l'autorisation de la

justice. La caution serait due aussi pour la restitution des gains de survie; ce qui comprend, quoiqu'improprement, les dispositions testamentaires
faites en faveur de la femme.

Si elle renonce, ces choses sont le préciput convenu pour ce cas; ses apports, si elle en a stipulé la
reprise; ses indemnités, ses propres, ses autres
gains de survie, et peut-être quelques autres objets
encore.

Elle doit donc caution pour tous ces objets.

470. Si c'est le mari qui est présent, comme il
ne peut renoncer à la communauté, les mêmes
distinctions n'ont pas toutes lieu sous les mêmes
rapports.

Mais en général ses droits. *légaux et conven-*
tionnels ont ou peuvent avoir les mêmes objets.
Néanmoins il ne peut être assujéti à donner caution pour toutes les choses dont il exerce la reprise:
ce ne peut être en effet pour sa part dans la communauté, puisqu'il avait la libre disposition des
biens qui la composaient, et que par le partage,
ses droits, loin d'être étendus, sont au contraire
restreints. C'est encore moins à l'égard de la reprise
de ses propres biens.

Si c'est un gain de survie à prendre sur la communauté, ce qui vient d'être dit pour le premier
objet reçoit aussi son application à ce cas.

Si la femme lui a donné, par le contrat de mariage, des biens présens, il n'y a pas lieu non plus

à exiger de lui la caution pour sûreté de la restitution, puisqu'il n'y a rien à restituer, lors même
que la femme reviendrait. On doit le décider ainsi,
encore que la donation ait été faite pendant le mariage; car elle a son effet de suite, et le droit qu'a
le donateur de la révoquer (art. 1096) ne résulte
pas de la dissolution provisoire de la communauté.

Mais la caution pourrait être exigée du mari
pour sûreté de la restitution des legs que la femme
absente lui a faits, ou des donations *de biens à venir*,
parce qu'elles deviennent aussi caduques par le prédécès du donataire (art. 1093), et conséquemment,
qu'elles sont sujettes à restitution (1). Elle serait
pareillement due à l'égard d'une donation faite au
mari, en cas de survie, de biens meubles ou immeubles *propres* à la femme. Mais, à l'égard des
immeubles, ce serait peut-être seulement pour les
dégradations possibles, et non pour la propriété,
qui serait peu compromise, puisque la femme ou
ses héritiers auraient la revendication tant que la
prescription ne serait pas acquise au profit des tiers
à qui le mari vendrait ces immeubles, et que dans
ce cas la prescription ne court pas contre la femme
pendant le mariage (art. 2256). Ce n'est pas non
plus pour les fruits de ces mêmes immeubles que le
mari devrait être astreint à donner caution, puisqu'il les percevrait également si la femme était présente.

---

(1) Nous aurons à développer ce point à la section V du chapitre V
et dernier.

471. La caution étant exigée par la loi, elle doit réunir les conditions prescrites par les articles 2018, 2019 et 2040 combinés.

472. Si l'absent reparaît ou donne de ses nouvelles, la communauté se rétablit par ce seul fait (art. 131). En conséquence, les objets échus à l'un ou à l'autre époux pendant la dissolution provisoire, et qui, de leur nature, entrent en communauté, devront être rapportés. (Art. 1451 par argument.)

Les actes faits, même par la femme dans les limites de ses pouvoirs, devront être respectés. (Même article 1451.)

SECTION III.

Des Obligations de ceux qui obtiennent l'Envoi en possession provisoire, de leur Pouvoir pendant cette seconde Période, et de leurs Droits.

SOMMAIRE.

473. *Les envoyés en possession doivent caution.*
474. *Ils doivent faire faire inventaire.*
475. *Ils sont tenus des charges usufructuaires en proportion de leurs droits aux fruits.*
476. *A la charge de qui sont les frais de l'inventaire.*
477 *Le tribunal peut ordonner la vente de tout ou partie du mobilier.*
478. *La vente ne doit pas nécessairement être faite en justice.*
479. *Il doit être fait emploi du prix de la vente, ainsi que des fruits échus jusqu'à l'envoi, et des sommes dont les envoyés sont débiteurs envers l'absent.*
480. *La loi n'a pas tracé de mode d'emploi.*
481. *Elle garde aussi le silence sur le délai dans lequel il doit être fait.*

§. Ier.

Des Obligations de ceux qui obtiennent l'Envoi en possession provisoire.

473. Ils doivent d'abord fournir caution (art. 120). Cette caution, ainsi qu'il vient d'être dit relativement à l'époux qui opte pour la dissolution provisoire de la communauté et qui exerce ses reprises, doit réunir les conditions exigées par les articles 2018, 2019 et 2040, combinés.

Ainsi, sa solvabilité doit être en rapport avec la valeur présumée des objets à garantir.

Les envoyés en possession peuvent se cautionner eux-mêmes avec leurs immeubles : ils seraient admis à fournir une bonne et suffisante hypothèque (art. 2041); ils en feraient offre au tribunal, qui leur en donnerait acte, et cet acte *judiciaire* emporterait hypothèque, aux termes de l'article 2123.

474. Ils doivent ensuite faire procéder à l'inventaire du mobilier et des titres de l'absent, en présence du procureur du Roi, ou d'un juge de paix requis par ce magistrat. (Art. 126.)

Ils peuvent demander, pour leur sûreté, qu'il soit procédé, par un expert nommé par le tribunal,

I.   25

à la visite des immeubles, à l'effet d'en constater l'état. Le rapport doit être homologué par le tribunal en présence du procureur du Roi : les frais en sont pris sur les biens de l'absent. (*Ibid.*) S'ils négligent de prendre cette mesure, ils sont censés avoir reçu les immeubles en bon état.

475. Ils doivent faire, à leurs frais, les réparations locatives et celles d'entretien, qui sont à la charge d'un usufruitier, parce que ces sortes de réparations sont une charge des fruits. Néanmoins, quant à celles d'entretien, ils n'en doivent supporter qu'une part proportionnelle à celle qu'ils ont dans les fruits.

Ils doivent faire faire aussi les grosses réparations; mais le montant intégral en reste à la charge de l'absent, à moins qu'elles ne soient occasionées par défaut de celles d'entretien, auquel cas ils seraient responsables de ce fait de mauvaise administration. (1)

476. L'article 126 dit bien que les frais du rapport de l'expert qui a visité les immeubles seront pris sur les biens de l'absent, mais il garde le silence sur les frais de l'inventaire. Ce n'est toutefois pas le cas d'appliquer l'adage *qui dicit de uno, negat de altero*; car il n'était pas nécessaire de s'expliquer sur ces derniers frais. De droit, ils devaient être à la charge de l'absent, puisqu'ils sont faits dans son

(1) Voir les art. 605 et 606.

intérêt; au lieu qu'il pouvait y avoir du doute pour
ceux de la visite des immeubles, puisqu'elle est facultative pour les envoyés en possession et qu'elle
est principalement dans le leur. Si la loi a mis ces
frais à la charge de l'absent, c'est que ce sont des
frais faits *à l'occasion du mandat conféré aux envoyés en possession*, et les frais faits à l'occasion du
mandat sont à la charge du mandant (art. 1999).
Aussi, nous n'approuvons point une décision de
la Cour de Colmar, du 14 mai 1815 (Sirey, 1816,
2, 38), qui a jugé que les frais de la procédure
en déclaration d'absence et d'envoi en possession
provisoire ne sont pas à la charge de l'absent, en
cas de retour de celui-ci; que la quotité de fruits
allouée aux envoyés leur tient lieu de toute indemnité; cela est démenti par l'article 126. La conséquence de ce système pourrait être, si l'absent reparaissait de suite, que les envoyés supporteraient
sans indemnité des frais *nécessairement* faits dans
son intérêt; ce qui n'est ni juste, ni en harmonie
avec les principes, soit de la tutelle, soit de la gestion d'affaires, soit du mandat.

477. Ce même article 126 abandonne à la sagesse du tribunal le soin d'ordonner la vente du
mobilier. Cette mesure est toute dans l'intérêt de
l'absent. C'est lui qui va perdre le droit de propriété sur ce mobilier par la vente qui en sera
faite; le tribunal doit donc consulter ce qui lui
sera le plus avantageux. Ainsi, pour les denrées,

les choses formant l'objet d'un commerce, la plupart des meubles meublans sujets à dépérissement, les chevaux, équipages, etc., il est de l'intérêt de l'absent que ces choses soient vendues, et le tribunal agira sagement en ordonnant la vente. Il devra être plus réservé à l'égard des tableaux, d'une collection de médailles et autres objets auxquels l'absent pouvait attacher un prix d'affection, et qu'il ne s'est peut-être procurés qu'à grands frais.

478. Quoique les absens soient, en général, pendant les deux premières périodes, assimilés aux mineurs, nous ne pensons cependant pas que le tribunal doive nécessairement, et dans tous les cas, ordonner que la vente sera faite suivant les formalités prescrites pour la vente du mobilier appartenant à des mineurs, c'est-à-dire aux enchères après affiches. Les frais considérables qu'entraînent ces ventes ont probablement été la raison pour laquelle la loi n'a pas prescrit que celle des meubles de l'absent serait faite en cette forme. C'est un point laissé à la prudence du tribunal, qui aura égard aux circonstances, à la nature des choses à vendre, et à la qualité des envoyés en possession.

479. Dans le cas de vente, il ordonne l'emploi du prix, ainsi que des fruits échus jusqu'à l'envoi en possession (1), et dont les envoyés n'ont aucune portion, puisqu'il ne leur en est accordé qu'à titre

_____

(1) Quant aux fruits pendans par branches et racines au moment de l'envoi en possession provisoire, voir au n° 498, *infrà*.

d'indemnité de leurs soins, qui vont seulement commencer. Il en est ainsi, encore que celui qui a l'envoi en possession ait été nommé administrateur ou curateur pendant la présomption d'absence ; aucune portion des fruits n'est attachée à cette qualité.

Les envoyés en possession doivent aussi faire emploi des sommes dont ils sont débiteurs envers l'absent, toutefois quand elles sont devenues exigibles. S'ils ne le font pas, ils en doivent les intérêts, quand bien même la dette aurait été originairement stipulée sans intérêts : *à semetipso cur non exegerit ei imputabitur : si fortè non fuerit usurarium debitum, incipit esse usurarium.* L. 6, §. 12, ff. *de Negot. gest.* ; sauf, bien entendu, les compensations telles que de droit.

S'ils sont créanciers sans être débiteurs, ils doivent se payer de ce qui leur est dû plutôt que de laisser courir les intérêts, et de garder oisives les rentrées qui pourront avoir lieu pendant l'envoi en possession, rentrées dont ils doivent également faire emploi.

480. Quant au mode d'emploi, la loi n'a rien prescrit à cet égard. Elle semble avoir voulu s'en rapporter aux envoyés en possession, qui ont intérêt à en faire un sûr et avantageux, puisqu'ils sont responsables de leur négligence. Mais généralement il doit se faire en paiement des dettes de l'absent, en réparations de ses biens ou en acqui-

sitions d'immeubles, ou de rentes sur le Grand-Livre, ou en prêts avec hypothèque ; et nous verrons tout à l'heure qui devrait supporter la perte en cas de faillite ou de déconfiture des emprunteurs.

481. La loi garde également le silence sur le délai dans lequel l'emploi doit avoir lieu. On pourrait, à cause de la grande analogie d'un cas à l'autre, appliquer les articles 1065 et 1066, et dire, d'après cela, que les envoyés ont six mois pour les deniers dus par eux et devenus exigibles lors de l'envoi en possession, pour ceux provenant des fruits échus à cette époque, ou de la vente du mobilier ; et trois mois pour les capitaux remboursés pendant leur jouissance.

482. Ils doivent, comme nous l'avons dit (n° 435), le droit de mutation dans les six mois de la déclaration d'absence, parce que, le *décès étant présumé*, la succession est présumée ouverte.

Mais si l'absent reparaît, le droit de mutation est restitué, sous la déduction de celui auquel donne lieu la jouissance des revenus, d'après les bases posées à l'article 127 (1).

---

(1) Décision ministérielle du 24 fructidor an XIII. Sirey, tom. V, part. 2, pag. 288.

§. II.

Du Pouvoir des envoyés en possession provisoire,
et de l'étendue de leur mandat.

483. La possession provisoire n'est qu'un dépôt, qui donne à ceux qui l'obtiennent l'administration des biens de l'absent, et qui les rend comptables envers lui, en cas qu'il reparaisse ou qu'on ait de ses nouvelles. (Art. 125.)

Cette administration a presque tous les caractères de celle des tuteurs.

Ainsi, comme les tuteurs, les envoyés en possession provisoire ne peuvent ni hypothéquer, ni aliéner les immeubles de l'absent. (Art. 128.)

Mais un créancier de ce dernier peut, en vertu d'un titre exécutoire, faire saisir réellement ses immeubles; il peut aussi, en vertu d'un titre emportant hypothèque, prendre inscription.(Art. 2123 et 2126.)

484. Le tribunal pourrait même, s'il y avait nécessité d'emprunter, autoriser la soumission de tel ou tel immeuble à l'hypothèque. Dans le cas de dégradations d'un immeuble, il pourrait en autoriser la réparation, et alors le privilége des entrepreneurs pourrait aussi s'acquérir par l'accomplissement des formalités prescrites par l'article 2103-4°.

485. Quant aux meubles dont le tribunal n'a pas jugé à propos d'ordonner la vente, les envoyés

en possession n'ont pas le droit de les vendre. Cependant, s'ils le font, les acquéreurs ne peuvent être évincés, à cause de la maxime *en fait de meubles possession vaut titre* (art. 2279). Mais cette décision ne s'appliquerait pas au cas où il serait prouvé que les acheteurs étaient de mauvaise foi (art. 1141 et 2268). Elle ne s'appliquerait pas non plus aux meubles incorporels, puisque la maxime, en fait de meubles possession vaut titre, n'est établie que pour les meubles corporels : eux seuls ont une existence réelle, eux seuls peuvent être possédés. Les envoyés en possession n'ont donc pas le droit d'aliéner les meubles incorporels, quoiqu'ils aient celui de les recouvrer en leur qualité d'administrateurs; car, aliéner c'est faire passer à un autre, tandis que le remboursement ne transporte rien, il produit seulement la libération du débiteur.

486. Si, nonobstant la prohibition portée à l'article 128, les envoyés en possession aliènent les immeubles de l'absent, la vente est nulle, aux termes de l'article 1599. Mais la nullité ne pourrait être invoquée par eux; ils sont garans de leurs faits.

L'acquéreur pourra au surplus prescrire par dix ans entre présens, et vingt ans entre absens, s'il est de bonne foi, s'il a acheté dans l'ignorance que c'était un bien d'absent; et il suffira qu'il ait été de bonne foi dès le principe de son acquisition (art. 2265 et 2269). S'il n'est pas de bonne foi, il ne pres-

crira que par trente ans ; le tout sauf les empêche-
mens tels que de droit.

487. C'est principalement en ce qui concerne
l'administration des biens que la qualité des envoyés en possession a du rapport avec celle des tuteurs. Mais il y a néanmoins de notables différences ;
car le ministère des envoyés en possession est libre
et volontaire, tandis que celui des tuteurs est presque toujours forcé, parce que la tutelle est une
charge civile qu'ils ne peuvent refuser. Le premier
n'est pas sans indemnité pour ceux qui l'exercent ;
le second trouve sa récompense dans le bienfait
qu'il procure.

On pourrait avec plus d'exactitude comparer
l'envoyé en possession au *negotiorum gestor,* si ce
dernier, comme le tuteur, n'administrait pas gra-
tuitement. En effet, le gérant d'affaires et l'envoyé
en possession ont cela de commun, qu'ils se char-
gent librement de l'administration des biens de
l'absent ; mais ils diffèrent, en ce que le gérant le
fait de sa propre autorité, tandis que l'envoyé en
possession a besoin pour cela du concours de la
justice ; aussi regardons-nous ses fonctions *comme
un mandat judiciaire avec salaire,* mais avec certains caractères particuliers, notamment avec ceux
du dépôt.

488. Ainsi, dit l'article 125, c'est un *dépôt :* d'où
nous tirerons la conséquence que l'envoyé en possession infidèle ne serait point admis au bénéfice

de cession, si, d'après l'article 126 du Code de procédure, les juges le condamnaient par corps au paiement des dommages-intérêts (articles 1945 du Code civil et 905 du Code de procédure). Il en serait de même, encore qu'il n'eût point été infidèle : car il est comptable, il est dépositaire, et, à ce double titre, cet article 905 lui dénie le bénéfice de cession. Ce sera aux tribunaux à peser dans leur sagesse s'ils doivent prononcer la contrainte contre lui : ils ont un pouvoir discrétionnaire dans ce cas, parce que ce n'est point un dépôt *nécessaire*, le seul qui, d'après la combinaison des articles 2060 et 2063, *doive*, en cas de non-restitution, entraîner la contrainte.

489. Relativement à l'appréciation des fautes commises dans l'administration des biens, on devrait suivre les règles du mandat; et comme ici le mandat n'est pas gratuit, la responsabilité serait appliquée plus rigoureusement à l'envoyé en possession, qu'au mandataire qui rend un bon office sans aucune rétribution. (Art. 1992.)

490. Les baux que les envoyés en possession auraient passés sans fraude, et qui n'excéderaient pas neuf ans, devraient être exécutés par l'absent de retour, ou par ses héritiers, si les envoyés n'étaient pas les plus proches parens au jour du décès prouvé. (Argument de l'article 595.)

491. Quant aux pertes arrivées par l'insolvabilité des débiteurs, s'il y a eu négligence de la part

des envoyés à les poursuivre, ils en seront responsables; ce sera un point laissé à la sagesse des tribunaux, qui apprécieront toutes les circonstances
de l'affaire.

. Si les deniers placés par les envoyés eux-mêmes
viennent à périr, il faut distinguer : si les envoyés
ont placé en leur propre nom, la perte les concerne, encore qu'il n'y eût aucune faute ou manque
de précaution à leur reprocher. Mais s'ils ont fait
le placement en qualité d'envoyés en possession
des biens d'un TEL, et qu'ils aient exigé une bonne
hypothèque, la perte, dont l'hypothèque ne garantit pas toujours, serait supportée par l'absent. Les
tribunaux prendraient d'ailleurs en considération
les circonstances de l'affaire, comme si l'hypothèque était restée sans efficacité à cause d'un vice
dans l'acte qui la constituait ou dans l'inscription, etc. Ils auraient aussi égard au plus ou moins
de gravité de la faute commise en cette occasion.
On ne peut leur tracer des règles précises sur l'appréciation des fautes; c'est à leurs lumières et à
leur équité que la loi abandonne le soin de juger
les difficultés qu'elles peuvent faire naître.

492. Les envoyés en possession ont les actions
actives et passives de l'absent. L'article 134 le dit
positivement pour les dernières. Il porte : « Après
« le jugement d'absence, ceux qui ont des droits
« à exercer contre l'absent ne pourront les pour-
« suivre que contre ceux qui auront été envoyés

« en possession des biens, ou qui en auront l'ad-
« ministration légale. » (1)

Mais la raison est la même quant aux actions
actives, toutefois avec une distinction, comme en
matière de tutelle, c'est-à-dire que, pour les actions mobilières, les envoyés ont, par la nature
de leur mandat, pleine qualité pour les exercer,
et ce qui sera jugé avec eux sera jugé avec l'absent
lui-même. Mais pour intenter une action immobilière, ils devront, comme un tuteur (art. 464),
se faire autoriser, sinon l'absent ne serait pas lié
par le jugement qui lui serait contraire. Dès-lors
le défendeur a droit d'exiger que ceux qui le pour-
suivent aient obtenu cette autorisation.

S'il en était autrement, le principe qui interdit
aux envoyés en possession l'aliénation des immeubles, et qui a motivé la disposition de l'article
464, pourrait être facilement éludé. Il suffirait de
mettre, de fait, le tiers en possession de l'immeuble,
et de diriger contre lui une demande en revendication, sur laquelle, au moyen de la connivence,
l'envoyé en possession devrait succomber indu-
bitablement. Cela serait d'autant plus aisé, que

---

(1) Les condamnations seront prononcées contres les envoyés en
possession, et exécutées contre eux en cette qualité.

Mais en seront-ils tenus *ultrà vires?* Nous ne le croyons pas, à
cause de l'incertitude des effets de l'envoi en possession, incertitude
qui ne permet guère de croire que les héritiers aient voulu s'exposer
(surtout à l'égard d'un absent dont les affaires sont assez ordinairement dérangées) à l'obligation de payer toutes ses dettes ; ils ne sont
que dépositaires, quoique dépositaires intéressés.

l'intervention du ministère public n'est plus exigée dans les deux dernières périodes de l'absence (art. 83 du Code de procédure, et 114 Code civil). Si nous décidons le contraire relativement à la *défense* à une action immobilière qui compète à un tiers contre l'absent, c'est parce que la raison n'est pas la même que dans le cas de la *demande*. Il faut bien, en effet, que le tiers exerce son droit, et que l'envoyé en possession défende celui de l'absent; aussi l'autorisation du conseil de famille n'est-elle pas nécessaire au tuteur dans ce cas.

Mais comme elle est nécessaire pour l'acquiescement à une action immobilière (art. 464), nous croyons que les conclusions conformes du ministère public seraient nécessaires aussi pour que le jugement fût obligatoire pour l'absent de retour, ou ses héritiers, s'ils étaient autres que les envoyés en possession; encore est-il douteux que cet acquiescement fît loi pour eux : la solution de cette question dépendrait des circonstances.

493. Quant aux partages dans lesquels les absens seraient intéressés, une loi positive, l'article 817, donne formellement l'action aux envoyés en possession. Les formalités qui sont tracées par les Codes civil et de procédure sont une suffisante garantie que les intérêts de l'absent ne seront pas sacrifiés par la fraude et la connivence. En effet, pour être définitif, le partage, porte l'article 840, doit être fait conformément aux règles prescrites par

les articles 819 et suivans; sinon il n'est que provisionnel.

Les envoyés en possession ne pourraient toutefois attaquer le partage qu'ils auraient fait, sous le
prétexte que les formalités n'ont pas été observées.
Ils doivent respecter leurs conventions; ce n'est
point en leur faveur que ces formalités ont été in-
troduites. Mais nous ne portons cette décision que
pour le cas où il résulterait de la teneur de l'acte,
qu'ils n'ont pas seulement entendu faire un partage
provisionnel. C'est une question d'intention.

494. La prescription ne court point à leur profit
contre l'absent. L. 8, ff. *de Negot. gestis.*

Par réciprocité, l'absent de retour ou ses héritiers, dans le cas où les envoyés n'étaient pas les
plus proches parens au jour du décès prouvé, ne
pourraient la leur opposer, à moins qu'elle ne fût
acquise lors de l'envoi. En un mot, dans les deux
cas, il y a *suspension* du cours de la prescription
pendant l'envoi.

495. Si des tiers ont à l'opposer, il faut, pour
savoir si son cours a été ou non suspendu depuis
la disparition jusqu'à la demande, considérer uniquement la qualité de l'absent; c'est le véritable
adversaire des tiers : en sorte qu'un envoyé en possession ne pourrait exciper de sa minorité pour
prétendre que la prescription n'a point couru
contre lui depuis l'envoi; qu'elle n'a même point
couru depuis la disparition, parce que l'article 120,

en accordant l'envoi aux plus proches héritiers à cette époque, paraît supposer que l'absent est décédé dans le même temps : car l'envoyé en possession provisoire n'est toujours qu'un dépositaire avec mandat, et n'est réellement point l'adversaire des tiers. Or, comme ceux-ci pourraient, on le suppose, opposer la prescription à l'absent lui-même, si c'était lui qui formât la demande, par la même raison ils doivent pouvoir l'opposer à son mandataire : le fait de l'absence ne doit point changer leur position. Si cette opinion n'était pas admise, le tiers qui invoquerait la prescription, et dont l'exception serait repoussée sur le fondement de la minorité de l'envoyé, pourrait demander au tribunal acte de ses réserves du droit de répéter dans le cas où l'absent reparaîtrait ou donnerait de ses nouvelles.

§. III.

Des Droits des envoyés en possession provisoire.

496. Ceux qui, par suite de l'envoi provisoire ou de l'administration légale, ont joui des biens de l'absent, ne sont tenus de lui rendre que le cinquième des fruits (1), s'il reparaît dans les quinze ans depuis le jour de sa disparition; le dixième, s'il ne reparaît qu'après les quinze ans; et enfin

---

(1) Les articles 583 et suivans déterminent ce qu'on doit entendre par fruits.

Mais il n'y a de fruits que déduction faite des dépenses pour les obtenir; tels que les impôts, frais de labour, de semences, et autres.

ils ont droit à la totalité des fruits après trente ans
d'absence. (Art. 127.) (1)

Cette quotité de fruits appartient également aux
donataires, aux légataires, aux substitués, aux do-
nateurs avec stipulation du droit de retour, aux propriétaires de biens dont l'absent avait l'usufruit,
en un mot, à tous ceux qui ont joui en vertu d'un
envoi en possession spécial ou général.

497. On a écrit que le cohéritier qui a négligé
de demander l'envoi en possession avait, comme
les autres, droit à cette quotité de fruits. Mais cela

---

(1) Les *Motifs* disent que les quatre cinquièmes des fruits sont accordés aux envoyés en possession, si l'absent reparaît avant les quinze
ans d'*absence;* et l'absence, dans cette section, se prend pour l'absence déclarée. Mais l'article dit formellement dans les quinze ans
depuis *sa disparition.* C'était d'ailleurs la rédaction dont on devait se
servir. En effet, que l'absent reparaisse dans les quinze ans depuis sa
disparition, ou depuis la déclaration d'absence, on devait toujours
accorder aux envoyés en possession une quotité des fruits par eux
perçus ; et dans le système de l'article 127, la moindre quotité est
celle des quatre cinquièmes. Il est vrai que si l'article eût dit depuis
l'*absence*, cette expression eût partagé l'absence en deux périodes
égales, et il ne serait point arrivé, comme cela peut avoir lieu, que la
seconde époque déterminée pour la retenue des neuf dixièmes des
fruits commençât presqu'en même temps que l'envoi en possession ;
par exemple, s'il n'est obtenu qu'à la quatorzième année depuis la disparition. Mais la réponse est simple : comme ce n'est que sur les fruits
perçus depuis l'envoi en possession que la loi autorise la retenue,
plus les héritiers tarderont à le demander, moins les intérêts de l'absent seront blessés sous ce rapport.

Et quant au mot *absent*, employé dans la fin de l'article, il est certain qu'il exprime l'absence déclarée. Les héritiers n'auront prescrit
contre l'action en restitution des fruits pour une portion quelconque,
que par le laps de trente années, depuis qu'ils ont commencé à devenir comptables; de même que les cautions ne sont déchargées qu'au
bout de ce temps à partir de l'envoi en possession. (Art. 129.)

ne doit être admis qu'avec une distinction, car il ne serait pas juste qu'un individu qui, pouvant se faire envoyer en possession avec d'autres, ou même préférablement à d'autres, garderait le silence, et s'affranchirait ainsi des soins et des embarras de l'administration, pût venir ensuite réclamer sa part, ou même la totalité des fruits ; ce serait blesser le principe *ubi est onus, ibi emolumentum esse debet* : aussi l'article 127 n'accorde-t-il une portion des fruits qu'aux envoyés en possession et à l'administrateur légal. On ne devait les donner, en effet, qu'à ceux qui cultivent les biens; tout autre les réclamerait *sine causâ.* Enfin, ce serait aussi violer la règle établie par les articles 138 et 550, qui attribuent les fruits au possesseur de bonne foi. L'opinion que nous combattons ne devrait être admise que dans le cas où les envoyés en possession, connaissant l'existence de l'autre héritier, ne l'auraient point averti de ce qui se passait à l'égard de l'absent, mais non dans celui où cet héritier avait une parfaite connaissance de la demande d'envoi en possession, et a gardé le silence pour ne pas prendre sur lui les soins et les embarras que cette possession entraîne à sa suite.

498. A l'égard des fruits pendans par branches et par racines au moment du retour de l'absent, nous ne croyons pas que l'on doive appliquer les règles de l'usufruit et de la communauté, c'est-à-dire que l'absent doive avoir ces fruits en totalité

(art. 585) : il est plus raisonnable d'appliquer, au contraire, celles du régime dotal, de faire ainsi une première division de ces fruits, en proportion du temps qu'a duré l'envoi pendant la dernière année, et prélever ensuite, sur la part attribuée aux envoyés en possession, le cinquième ou le dixième, selon les distinctions établies à l'article 127. En effet, les fruits sont attribués aux envoyés pour les indemniser de leurs soins et de leurs peines, comme ceux de la dot sont acquis au mari pour supporter les charges du mariage; au lieu que l'usufruitier n'a droit aux fruits qu'autant qu'il a qualité pour les percevoir, c'est-à-dire qu'autant que l'usufruit subsiste; et il en est de même du mari dans le cas de communauté. Nous décidons la même chose à l'égard des fruits pendans par racines au moment de l'envoi en possession; car il ne serait pas juste, en s'attachant rigoureusement à la lettre de l'article 127, d'attribuer, par exemple, aux envoyés les quatre cinquièmes d'une récolte qui était à la veille d'être faite au moment de l'envoi; pas plus qu'il ne serait juste de les priver de tout droit aux fruits d'une récolte sur le point d'être levée au moment du retour de l'absent: ce que la loi a dû principalement considérer, ce sont les soins de la gestion; c'est là surtout que les fruits ont dû être accordés *pro curâ et culturâ.*

499. Si pendant cette seconde période l'absent reparaît, ou si son existence est prouvée, les effets

du jugement qui a déclaré l'absence cesseront, sans préjudice, s'il y a lieu, des mesures conservatoires prescrites au chapitre premier du présent titre, pour l'administration de ses biens. (Art. 131.)

Néanmoins, si les envoyés en possession ignoraient l'existence de l'absent, ils continueraient d'être considérés comme possesseurs de bonne foi, jusqu'à ce qu'ils en eussent connaissance, et, comme tels, ils conserveraient leur droit à la quotité de fruits réglée par l'article 127. Mais on pourrait prouver, par tous les moyens de droit, même par témoins, qu'ils ont connu l'existence de l'absent à telle ou telle époque. C'est un simple fait.

CHAPITRE IV.

De l'Envoi en possession définitif, et de ses Effets.

SOMMAIRE.

500. *Après trente ans depuis l'envoi provisoire, ou lorsqu'il s'est écoulé cent ans depuis la naissance de l'absent, les cautions sont déchargées de plein droit, et l'envoi définitif et le partage des biens peuvent avoir lieu.*

501. *Il faut un jugement pour obtenir cet envoi.*

502. *Les cautions sont déchargées pour le passé comme pour l'avenir.*

503. *Les envoyés en possession ont pu, avant l'envoi définitif, faire un partage conditionnel.*

504. *Les effets de l'envoi définitif cessent si l'absent reparaît ou donne de ses nouvelles. En conséquence, il reprend ses biens dans l'état où ils se trouvent, le prix des biens vendus et ceux acquis en remploi.*

505. *Mais il ne peut réclamer les biens aliénés, quoiqu'ils l'aient été à titre gratuit.*

506. *Généralement, il n'a pas droit à une indemnité pour les biens donnés.*

507. *Il ne reprend pas les fermages et arrérages échus, quoiqu'ils soient encore dus.*

508. *Il recouvre ce qui a été payé aux envoyés en possession, soit pendant l'envoi provisoire, soit pendant l'envoi définitif.*

509. *En général, les restitutions doivent être mesurées sur ce dont se sont enrichis les envoyés en possession, même à l'égard des dégradations.*

510. *Le droit de l'absent est imprescriptible.*

511. *Il en est autrement de celui des héritiers les plus proches au jour du décès prouvé.*

512. *Les enfans et descendans directs de l'absent peuvent, dans les trente ans depuis l'envoi définitif, réclamer les biens dans l'état où ils se trouvent.*

513. *Dans ce cas, les trente ans sont-ils un délai préfix ou le temps d'une prescription ordinaire suspendue par la minorité ?*

500. Lorsque l'absence a duré trente ans sans nouvelles depuis l'envoi provisoire, ou lorsqu'il s'est écoulé cent ans depuis la naissance de l'absent, la présomption qu'il a payé le tribut à la nature a acquis une telle gravité, que la loi règle cette situation comme si le décès était prouvé, comme si la succession était réellement ouverte; sauf ce qui sera dit tout-à-l'heure pour le cas où cette présomption serait démentie par le fait.

Ainsi, porte l'article 129, « si l'absence a conti-
« nué pendant trente ans depuis l'envoi provisoire,
« ou depuis l'époque à laquelle l'époux marié en
« communauté a pris l'administration des biens de
« l'absent, ou s'il s'est écoulé cent ans révolus de-

« puis la naissance de l'absent(1), les cautions sont
« déchargées; tous les ayant-droit peuvent deman-
« der le partage des biens de l'absent, et faire pro-
« noncer l'envoi en possession définitif par le tri-
« bunal de première instance. »

501. Il faut, d'après cela, un nouveau jugement
pour que les héritiers soient envoyés en possession
définitive, et il ne doit être rendu qu'après de nouvelles enquêtes faites contradictoirement avec le
ministère public, pour s'assurer que l'on n'a pas
eu des nouvelles de l'absent, et qu'il n'y a pas
lieu d'appliquer plutôt l'article 131 que l'article 129.

Ce jugement n'est pas nécessaire pour que les
cautions soient déchargées : le seul laps de temps
déterminé par l'article les libère de plein droit.

502. Elles ne sont pas seulement déchargées
pour l'avenir, et relativement aux restitutions auxquelles pourraient être tenus les envoyés en possession, si l'absent paraissait ou donnait de ses
nouvelles, elles le sont aussi pour le passé. Leur
obligation est prescrite par le laps de trente ans,
parce que les actions, du moins en général, se
prescrivent par ce temps. (Art. 2262.) En vain
l'absent prétendrait-il que, pour tel ou tel fait d'administration, antérieur à l'envoi définitif, mais qui
a moins de trente ans de date, les envoyés en possession, et par suite les cautions, sont devenus res-

---

(1) En sorte que l'envoi en possession définitif peut avoir lieu
quand bien même il n'y aurait pas eu d'envoi en possession provisoire.

ponsables, et en conséquence, que la prescription n'est point acquise pour ce fait : les cautions repousseraient cette prétention. Elles n'ont point cautionné les faits de la gestion considérés isolément, mais bien la gestion dans son ensemble; et leur obligation à cet égard, ayant commencé au jour de l'envoi en possession provisoire, elle est éteinte par la prescription de trente ans.

503. En disant qu'après les trente ans depuis l'envoi en possession provisoire, ou s'il s'est écoulé cent ans depuis la naissance de l'absent, tous les ayant-droit (1) pourront demander le partage de ses biens, l'article 129 n'interdit pas, pour cela, aux héritiers présomptifs envoyés en possession, la faculté de faire entre eux le partage avant l'une ou l'autre de ces époques : assurément, ils l'ont pu pour ce qui les concernait, sauf la résolution de ce partage au cas de retour de l'absent ou si l'on recevait de ses nouvelles (art. 131); mais il a eu principalement en vue le cas où l'envoi en possession provisoire n'a pas lieu, parce que l'époux présent a opté

---

(1) Les *ayant-droit* ne sont pas nécessairement les mêmes que ceux à qui appartiendra la succession, laquelle est déférée aux plus proches parens au jour du décès prouvé (art. 130); car il peut se faire que tel individu qui n'était pas le plus proche au jour de l'envoi provisoire, et qui, par conséquent, ne l'a point obtenu, par exemple, un cousin germain de l'absent, quand il y avait un oncle de celui-ci dans la même ligne, se trouve, par la mort de cet oncle, le plus proche dans cette la ligne au jour du décès prouvé. Il peut aussi se présenter des enfans ou des descendans de l'absent; la loi le suppose dans l'article 133. Nous parlerons bientôt de ce cas.

pour la continuation de la communauté. (Art. 124).

504. Si l'on a des nouvelles de l'absent depuis l'envoi définitif, les effets de l'absence doivent cesser, et il y a lieu d'appliquer l'article 112, si toutefois les biens exigent des mesures conservatoires. Cela ne résulte pas, sans doute, de l'article 131, qui statue sur le cas où l'on a des nouvelles de l'absent pendant l'envoi provisoire ; mais cela résulte de l'article suivant, qui porte que, « si l'absent repa- « raît, ou si son existence est prouvée, même après « *l'envoi définitif,* il recouvrera ses biens dans l'état « où ils se trouveront, le prix de ceux qui auraient « été aliénés, ou les biens provenant de l'emploi « qui aurait été fait du prix des biens vendus. » Dèslors, à la réception des nouvelles, l'absent est tout au plus replacé en état de présomption d'absence.

505. Ainsi, l'absent de retour ou dont l'existence est prouvée, reprend ses biens dans l'état où ils se trouvent ; par conséquent il ne peut inquiéter les acquéreurs. Il n'y a pas lieu à appliquer à ce cas la maxime *nemo plus juris in alium transferre potest, quàm ipse habet,* maxime consacrée par une foule de dispositions du Code, notamment par les articles 1599 et 2182. Il n'y a pas lieu non plus à appliquer la règle *soluto jure dantis, solvitur jus accipientis,* également adoptée par le Code (art. 2125). En un mot, les aliénations faites depuis l'envoi définitif sont irrévocables, sans que les acquéreurs aient besoin du secours de la prescription ; et elles

le sont; encore qu'elles aient été faites à titre gratuit, et qu'ainsi les acquéreurs combattent pour
faire ou du moins pour conserver un gain, tandis
que l'absent combat pour ne pas perdre, position
infiniment plus favorable en droit que la première.
La loi ne distingue pas : l'absent recouvre ses biens
dans l'état où ils se trouvent, c'est-à-dire, s'ils sont
dans les mains des envoyés en possession définitive. Sur la foi des donations, il a pu se former des
alliances, et si on les révoquait, les donataires par
contrat de mariage qui ont reçu les biens à titre de
dot ayant un recours en garantie contre les dona-
teurs (art. 1440 ct 1547), ceux-ci, en définitive,
éprouveraient un préjudice auquel la loi a voulu et
dû les soustraire.

506. Les possesseurs ne s'étant point enrichis
par ces aliénations à titre gratuit, et l'article ne les
soumettant qu'à la restitution *du prix* des biens
aliénés, ou à celle des biens provenant de l'emploi
de ce prix, l'absent ou ses héritiers ne pourraient
élever contre eux de réclamations. Voilà le principe.

Mais nous exceptons toutefois le cas où les biens
auraient été donnés par avancement d'hoirie ou
constitution de dot, aux enfans des donatéurs, car,
quoique l'enfant n'ait aucune action contre ses père
et mère pour obtenir un établissement quelconque
(art. 204), et qu'ainsi le père ne lui devant légalement rien à cet égard, n'a point, par l'effet de la
donation, épargné sa propre bourse, et ne s'est dès-

lors point enrichi; néanmoins cela n'est vrai que
dans les termes rigoureux du droit : en réalité, et
suivant l'ordre naturel et ordinaire des choses, le
père doit doter ses enfans; presque tous les pères
qui en ont les moyens s'en font un plaisir et un
devoir. Il est donc plus raisonnable de dire qu'en
dotant ainsi l'enfant avec les biens de l'absent, le
donateur *locupletior factus est, quatenùs pecuniæ
propriæ pepercit.* Au surplus, les tribunaux devraient prendre en considération, non pas le montant intégral de la donation, mais ce que le donateur aurait pu vraisemblablement donner s'il n'avait
pas possédé les biens de l'absent : cela seul devrait
être remboursé à ce dernier, et l'enfant ne serait
tenu de rapporter à la succession du donateur que
cette valeur seulement; le surplus serait une bonne
fortune pour lui.

507. Il ne faut pas croire, comme on l'a dit,
que parce que l'absent reprend ses biens dans l'é-
tat où ils sont, il ait droit *aux fermages arriérés
encore dus par les fermiers.* Les fermages représentent les fruits; ce sont des fruits civils qui s'acquièrent jour par jour (art. 584). Il serait absurde
qu'il pût les réclamer en totalité, tandis qu'il n'en
pourrait réclamer qu'un cinquième ou un dixième
s'il reparaissait pendant l'envoi provisoire.

508. Il en est autrement de ce que doivent encore les débiteurs, et même de ce qui a été payé
par eux, soit pendant l'envoi provisoire, soit

depuis l'envoi définitif. Il est vrai que par le paiement les sommes payées se sont confondues dans
le patrimoine des envoyés en possession ; mais cette
raison, qui a prévalu contre l'ascendant donateur,
dans le cas de l'article 747, qui ne lui accorde le
prix des objets aliénés qu'autant qu'il est encore
dû, n'a pas la même force vis-à-vis de l'absent. Celui-ci réclame des biens qui sont encore à lui ; il est
plus digne de faveur : aussi a-t-il droit au prix de
ceux qui ont été aliénés, qu'il soit dû ou non ; en
sorte que la confusion, du moins quant au prix
des biens aliénés, n'est point, dans la disposition
de l'article 132, un obstacle à ce que l'absent le
recouvre. Évidemment il doit en être de même de
ce qui lui était dû par ses débiteurs directs, et qui
a été payé aux envoyés en possession.

509. Mais nous pensons, au reste, que ceux-ci ne
doivent tenir compte de ce qu'ils ont reçu des débiteurs de l'absent, ou des acquéreurs des biens,
ou pour les dégradations, que *quatenùs locupletiores
facti sunt*. Nous appliquons à tous ces cas le sage
tempérament offert par les lois 20, §. 6 ; 25,
§. 11 ; et 31, §. 3, ff. *de Heredit. petitione*, sur un
cas analogue à l'envoi en possession des biens d'un
absent. Et en effet, *is qui rem quasi suam neglexit,
nulli culpæ subjectus est*. D'après cela, en cédant
les actions qu'ils ont contre les acquéreurs des biens,
les envoyés en possession définitive se libéreraient
d'autant, ainsi que le porte la loi 25, §. 11, précitée.

Quant à la disposition finale de l'article 132, conçue en ces termes : « ou les biens provenant de « l'emploi qui aurait été fait du prix de ses biens « vendus, « elle donne simplement aux envoyés en possession la faculté d'abandonner à l'absent les biens acquis pour se libérer envers lui. Cette subrogation réelle a été introduite en leur faveur : ils peuvent y renoncer en remboursant le prix des biens aliénés. Ils sont débiteurs sous une alternative, et, comme tels, ils ont le choix. (art. 1190) ; mais ils ne pourraient scinder leur option. (Article 1191.)

Cependant il ne faut pas conclure de cette dernière décision qu'ils sont obligés d'abandonner tous les biens qu'ils ont acquis, en paiement de ceux qu'ils ont aliénés ; car très-probablement ils n'auront pas songé, après un aussi long temps, au retour de l'absent, ni à inscrire dans leurs contrats d'acquisition la clause d'emploi ou de remploi : ils ne devraient donc point être forcés, lors même qu'ils opteraient pour l'abandon des biens, de les abandonner en totalité, s'ils leur avaient coûté un prix supérieur à celui provenant des biens vendus. Cette disposition, dont au reste l'application aura rarement lieu, ne sera pas sans difficulté dans la pratique. Les juges prononceront *ex æquo et bono.*

510. Le droit accordé par l'article 132 peut toujours être exercé par l'absent : il n'est pas limité à trente ans, comme celui des enfans et

autres descendans dont nous allons parler. Ce n'est pas que les envoyés en possession définitive soient encore des dépositaires, qui ne prescrivent point contre le déposant (art. 2236); ils sont propriétaires, mais sous une condition résolutoire. La véritable raison, c'est qu'ils possèdent en qualité d'*héritiers*, et que leur titre s'évanouit dès qu'il est établi que l'absent est vivant.

511. Il en serait autrement si, à raison de l'époque à laquelle il serait prouvé qu'a eu lieu le décès de l'absent, d'autres parens avaient droit à la succession (1) : l'action de ces derniers serait la pétition d'hérédité ordinaire, prescriptible, comme toutes les autres actions, par trente ans à partir de la possession des biens depuis l'ouverture de la succession (art. 2262), et sans préjudice des interruptions telles que de droit.

Si l'époque du décès n'est pas prouvée, il sera censé avoir eu lieu lors de la disparition ou des dernières nouvelles : on ne pourrait le placer à une autre époque sans le faire arbitrairement. Dans ce cas, les envoyés en possession provisoire prescriront par trente ans contre les collatéraux plus proches en degré qui ont négligé de demander l'envoi : par rapport à eux, ceux qui l'ont obtenu prescrivent à l'effet de se libérer de l'action en restitu-

---

(1) Nous démontrerons plus loin que ces héritiers plus proches pourraient, en vertu de l'article 130, et nonobstant l'article 133, réclamer la succession.

tion de la possession, action qu'on peut assimiler à
la pétition d'hérédité.

5i2. Les enfans et descendans directs de l'absent
peuvent également, disons-nous, mais dans les
trente ans à compter de l'envoi définitif, demander
la restitution des biens (art. i33); ils n'ont pas
besoin pour cela de prouver le décès de l'absent;
il leur suffit d'établir leur filiation. Leur qualité
de descendans est un titre supérieur à celui des ascendans ou des collatéraux; et si le délai ne commence à courir contre eux qu'à partir de l'envoi
définitif, c'est parce que cet envoi est le titre des
possesseurs, qui n'étant jusque-là que des dépositaires, ne peuvent par conséquent commencer à
prescrire contre les enfans pendant l'envoi en possession provisoire.

Mais, en supposant que le décès soit prouvé avoir
eu lieu avant l'envoi en possession définitif, on
peut demander si le délai ne commence pas à courir du jour du décès; car alors c'est la pétition d'hérédité, prescriptible par trente ans à compter du
jour de l'ouverture de la succession (sans préjudice des interruptions pour minorité ou autre
cause), qui compète aux enfans et descendans. Le
doute s'augmente encore de ce que, s'il est vrai
que les envoyés en possession n'ont pas possédé
cum animo sibi habendi tant que l'envoi définitif
n'avait pas encore lieu, puisqu'ils ignoraient le décès,
et dès-lors, s'ils n'ont pu prescrire à l'effet d'acqué-

rir, du moins ils ont prescrit à l'effet de se libérer
de l'action en pétition d'hérédité par trente ans;
car la faculté d'accepter ou de répudier une succession se prescrit par trente ans (art. 789) à
compter du jour de son ouverture.

Cependant nous croyons que les trente ans ne
courent pas à partir du jour du décès, mais seulement à partir de l'envoi définitif; et voici ce qui
nous détermine à le décider ainsi. L'hérédité de
l'absent n'était pas plus au lieu où sont les biens
possédés, que dans le pays où il est mort : un être
de raison ne peut avoir de situation; ces biens
n'ont donc réellement pas été possédés comme une
hérédité proprement dite, nonobstant ce que nous
avons dit plusieurs fois, que l'envoi en possession
est l'image de l'ouverture de la succession; car ce
n'est là qu'une fiction dont les effets doivent être
restreints au cas pour lequel elle a été établie. D'a-
près cela, il est plus vrai de dire que les enfans
ont eux-mêmes recueilli l'hérédité, en faisant dans
le pays où leur père s'était retiré, ou partout ailleurs, un acte quelconque d'héritier; et presque
toujours il en sera ainsi, parce qu'ils auront presque toujours recueilli quelque chose de lui, ne fût-
ce qu'un effet mobilier. Ainsi, devenus héritiers,
l'article 789, même entendu dans le sens de l'objection, ne serait point applicable; et les enfans
étant propriétaires des biens en quelque pays qu'ils
fussent situés, les envoyés en possession provisoire auraient continué, jusqu'à l'envoi définitif,

à n'être, par rapport à eux, que de simples dépositaires, soumis à ce titre, à l'action en revendication.

513. Mais quant aux trente ans que la loi accorde
aux enfans et descendans pour réclamer les biens
depuis l'*envoi définitif,* c'est une question que de
savoir si ces trente ans ne sont qu'un simple délai
préfix, ou bien une prescription ordinaire, suspendue, par conséquent, par la minorité des enfans et
descendans?

Il nous semble que le législateur n'a voulu établir
qu'un simple délai. Cette opinion, qui a trouvé des
contradicteurs (1), mais qui a des partisans (2), paraît en effet avoir pour elle l'esprit et la lettre de
la loi, qui ne dit pas que l'action des enfans sera
prescrite par trente ans, ce qui serait une prescription ordinaire; mais qui dit que les enfans pourront réclamer les biens *dans les trente ans,* sans
ajouter, ainsi qu'elle le fait à l'article 966, en matière de donation révoquée pour survenance d'enfans, « *sans préjudice des interruptions telles que de
droit.* » Que l'on remarque bien, d'ailleurs, qu'il
s'est écoulé au moins trente-cinq ans depuis la disparition au moment où l'envoi en possession définitive a eu lieu (3); que les enfans auront trente
ans à partir de cette dernière époque, et que si le

---

(1) M. Malleville, un des rédacteur du Code, est de ce nombre.

(2) M. Delvincourt la professe.

(3) Sauf le cas extraordinaire où il se serait écoulé cent ans depuis
la naissance de l'absent.

délai doit être suspendu par les minorités, qui peuvent se succéder à l'infini, le sort de ces propriétés ne sera jamais fixé. Tel n'est pas l'esprit général du Code. On peut encore tirer argument de l'art. 129, suivant lequel les cautions *sont déchargées* après trente ans depuis l'envoi provisoire ; ce qui n'est qu'une préfixion de temps et non une prescription ordinaire : de telle sorte que les enfans de l'absent ne pourraient prétendre contre les cautions, que le délai n'a point couru contre eux à cause de leur minorité ; car l'article dit positivement qu'après trente ans les cautions sont déchargées. Or, si la loi a établi pour leur libération un délai préfix, on peut bien croire qu'elle a aussi voulu, et par les mêmes motifs, en établir un pour opérer la décharge des envoyés en possession définitive, d'autant mieux que ce dernier délai ne commence à courir qu'à dater de l'expiration du premier.

Les enfans naturels légalement reconnus ont aussi, dans les limites tracées par les articles 757 et 908, le droit de réclamer les biens dans les trente ans.

CHAPITRE V.

Des Effets de l'Absence en général.

SOMMAIRE.

514. *Objets généraux de ce titre.*

514. Il nous reste à expliquer sur cette matière les dispositions relatives aux enfans mineurs de

l'époux qui a disparu, à son mariage, à l'ouverture de sa succession, et aux droits qui peuvent s'ouvrir à son profit. En plaçant à la fin de ce titre ce qui nous reste à dire à cet égard, nous avons ainsi dégagé l'explication du sujet d'une foule d'observations qui en auraient entravé la marche, et dont la plupart s'appliquent, comme on le verra, aussi bien au cas où l'absence n'a point encore été déclarée qu'au cas contraire.

SECTION PREMIÈRE.

Des Effets de l'Absence relativement à la Surveillance des Enfans mineurs de l'époux qui a disparu.

SOMMAIRE.

515. *Généralement, la disparition de la mère ne modifie point la puissance du père sur les enfans mineurs; et il n'est point obligé de leur faire nommer un subrogé tuteur.*

516. *Dans certains cas il devrait en faire nommer un.*

517. *Si c'est le père qui a disparu, la mère exerce les droits du mari quant à la surveillance et l'éducation des enfans, et quant à l'administration de leurs biens.*

518. *La mère n'est pas, à proprement parler, tutrice; cependant après la déclaration d'absence elle doit généralement faire nommer un subrogé-tuteur.*

519. *Quel est son pouvoir correctionnel sur les enfans?*

520. *Elle n'a pas besoin d'une autorisation judiciaire pour les actes de pure administration : elle tient son mandat de la loi.*

521. *La mère a-t-elle la jouissance légale des biens des enfans; et si elle lui appartient, sous quelle condition lui est-elle attribuée?*

522. *Nomination d'un tuteur provisoire aux enfans mineurs dans les cas prévus aux articles 142 et 143.*

I. 27

515. Si c'est la mère qui a disparu, les droits du père n'étant point altérés par cette disparition, il conserve sur ses enfans la surveillance et la puissance qu'il avait auparavant; l'absence de la mère ne change rien à cet égard : seulement, si cette absence se prolonge assez long-temps pour qu'elle soit déclarée, alors nous croyons qu'il faut distinguer.

516. Si les époux sont mariés en communauté et que le père opte pour sa dissolution provisoire, comme les enfans ont des intérêts à défendre contre lui; que le testament de leur mère, s'il en existe un, est mis à exécution; que tous ceux qui ont des droits subordonnés à la condition de son décès peuvent les exercer (art. 123 et 124, combinés); en un mot, comme il y a *présomption de mort*, et par conséquent lieu en quelque sorte à l'ouverture de la tutelle, le père doit faire nommer un subrogé-tuteur à ses enfans mineurs non émancipés. Ce sera contradictoirement avec lui qu'il liquidera leurs droits, soit par rapport à la communauté, provisoirement dissoute, soit par rapport aux biens personnels de la mère absente; ce qui ne l'empêchera pas au surplus de conserver l'administration et la jouissance des biens des enfans, conformément aux articles 384 et 450.

Dans le cas où il opte pour la continuation de la communauté, comme il n'a point d'intérêts opposés à ceux des enfans, du moins ordinairement;

qu'il empêche ceux-ci d'obtenir l'envoi en possession provisoire, même des biens propres de leur mère (art. 124), il n'est généralement point obligé de leur faire nommer un subrogé-tuteur.

Il en serait autrement s'il était marié sous un régime qui autoriserait les enfans à demander l'envoi en possession.

Au reste, ces diverses décisions, conformes aux principes, pourraient néanmoins subir des modifications suivant les circonstances, surtout si le ministère public, chargé de veiller à la conservation des droits des personnes présumées absentes, avait de justes motifs de craindre que le défaut de nomination d'un subrogé-tuteur aux enfans ne fût un obstacle à ce qu'on fût instruit du sort de la femme absente.

517. Si c'est le père qui a disparu, la mère acquiert un droit qu'elle n'avait pas légalement pendant la présence du père (art. 373); et voici ce que porte à cet égard l'article 141 : « Si le père a « disparu laissant des enfans mineurs issus d'un « commun mariage, la mère en aura la surveil« lance, et elle exercera tous les droits du mari, « quant à leur éducation et à l'administration de « leurs biens. »

Cette disposition a son effet, non-seulement durant la présomption d'absence, mais encore après que l'absence a été déclarée.

518. Mais n'exerçant que les droits du père, la

mère n'est point tutrice : le père ne serait point
tuteur s'il était présent, il serait simplement administrateur (art. 389 et 390 combinés.) (1). En conséquence, la mère n'est point obligée, du moins
pendant la présomption d'absence, de faire nommer un subrogé-tuteur, à moins qu'elle n'ait des
intérêts opposés à ceux des enfans.

Lorsque l'absence a été déclarée, elle doit en
faire nommer un, excepté dans le cas où elle est
mariée sous le régime de la communauté, qu'elle
opte pour sa continuation, et que les enfans n'ont
pas de biens particuliers; parce que, prenant l'administration de ceux du mari, dont les revenus
tombent dans la communauté, elle n'a pas, pour
le moment, d'intérêts opposés à ceux des enfans,
du moins ordinairement.

519. Exerçant les droits du père quant à la surveillance des enfans, elle exerce par conséquent
la puissance paternelle, mais comme elle l'exercerait si cette puissance résidait absolument dans sa
main par la mort du père. D'après cela, elle pourra
bien faire détenir l'enfant qui lui donnera de graves
sujets de mécontentement; mais elle devra le faire
avec le concours des deux plus proches parens pa-
ternels (art. 381). Il serait inconséquent de lui

---

(1) Aussi a-t-il été jugé par la Cour de cassation, que, pendant le
mariage, les enfans n'ont point d'hypothèque légale sur les biens de
leur père, parce qu'il n'y a pas encore *tutelle.* Arrêt de rejet du 3 décembre 1821. Sirey, 1822, 1, 80.

donner plus de pouvoir que la loi n'a voulu lui en conférer lorsque la puissance sur les enfans lui appartient en propre.

520. Elle exerce la puissance *administrative* du père sur les biens des enfans. Elle n'a pas besoin pour cela d'une autorisation judiciaire spéciale pour chaque acte d'administration, ni d'une autorisation générale; cette autorisation se trouve dans son *mandat légal*, auquel un mandat judiciaire ne saurait rien ajouter.

S'il est nécessaire de faire des actes qui sortent des bornes de l'administration ordinaire, comme le mari lui-même, en sa seule qualité d'administrateur, ne pourrait généralement les faire (1) sans avoir obtenu l'autorisation d'un conseil de famille, la mère doit demander cette autorisation, et la faire homologuer par le tribunal.

Si, dans certains cas, ses intérêts étaient en opposition avec ceux des enfans, elle devrait faire nommer à ceux-ci un subrogé-tuteur, ainsi qu'en agirait le père en pareille circonstance s'il était présent.

521. Quant à la jouissance des biens des enfans, il semble, d'après l'article 141, qui dit simplement que la mère exercera tous les droits du mari *quant à leur éducation et à l'administration de leurs biens,*

---

(1) Car il n'a pas plus de pouvoir qu'un tuteur, quand il s'agit de disposer des biens de ses enfans.

que cette jouissance est déniée à la mère. Cependant nous croyons, en principe, qu'elle doit avoir lieu à son profit, à partir de la disparition du père, si celui-ci ne reparaît point ou ne donne pas de ses nouvelles : c'est en effet de ce jour que, dans cette hypothèse, la loi le présume mort (art. 120). Il n'y a donc pas lieu de faire emploi des fruits perçus sur les biens des enfans. Rien ne démontre qu'ils appartiennent au père; au contraire il y a présomption, mais dont les effets sont résolubles, qu'ils appartiennent à la mère. La jouissance légale des biens des enfans est d'ailleurs une dépendance de la puissance paternelle ou maternelle, et la mère exerçant ici la puissance du père, elle doit l'exercer avec ses conséquences et ses attributs.

Mais si le père reparaît ou donne de ses nouvelles, la cause de cette jouissance étant reconnue fausse, la mère, dans l'hypothèse où, commune en biens, elle a opté pour la continuation de la communauté, doit restituer à son mari les fruits qu'elle a perçus avant d'être envoyée en possession provisoire; et ces fruits entreront dans la communauté. Pour ceux qu'elle a perçus depuis l'envoi en possession, on suivra les règles que nous avons posées, d'après l'article 127, en parlant des droits de l'administrateur légal (1). Enfin, si les époux sont mariés sous tout autre régime, ou même sous celui de la communauté, mais quand la femme a opté pour

---

(1) *Voy.* le n° 464.

sa dissolution provisoire, celle-ci doit restituer au mari de retour, ou qui a donné de ses nouvelles, les fruits qu'elle a perçus d'après un titre reconnu faux, et, dans tous les cas, sous la déduction des dépenses qu'elle a dû raisonnablement faire pour l'éducation des enfans et des autres charges mentionnées à l'article 385.

522. Six mois après la disparition du père, si la mère était décédée lors de cette disparition, ou si elle vient à décéder avant que l'absence du père ait été déclarée, la surveillance des enfans doit être déférée par un conseil de famille aux ascendans les plus proches, et, à leur défaut, à un tuteur provisoire. (Art. 142.)

Il en est de même dans le cas où l'un des époux qui a disparu a laissé des enfans mineurs issus d'un précédent mariage (art. 143): l'existence du nouvel époux est une circonstance indifférente quant aux enfans.

SECTION II.

Des Effets de l'Absence par rapport au mariage de l'absent.

SOMMAIRE.

523. *L'absence la plus longue d'un individu n'autorise pas son conjoint à contracter un nouveau mariage s'il n'a la preuve de son décès.*

524. *Si, de fait, un second mariage a été contracté, l'absent est seul recevable à l'attaquer.*

525. *Difficulté que présente le rapprochement des articles 139 147 et 184.*

526. *Quand le second mariage a été contracté durant la pré-*
     somption d'absence, l'article 139 n'est pas nécessairement
     applicable.
527. *Si l'absent reparaît et s'il n'attaque point le mariage, le mi-*
     nistère public, le nouvel époux et même le conjoint de
     bonne foi peuvent en demander la nullité.
528. *Effets de la bonne foi des époux, ou de l'un d'eux, lorsque*
     le mariage est annulé.

523. Suivant l'article 147, on ne peut contracter
un second mariage avant la dissolution du premier;
et cette dissolution n'a lieu que par la mort naturelle ou civile de l'un des époux. (Art. 227.)

Quelque grave que soit la présomption de mort
après une longue absence, durant laquelle on n'a
point reçu de nouvelles de l'absent, son mariage
n'est point pour cela dissous. Il ne l'est point non
plus lors même qu'il s'est écoulé cent ans depuis
sa naissance. Rien, en un mot, dans l'esprit de
l'article 147, ne peut suppléer à la preuve du décès.
Il y avait trop de danger à permettre à un époux
de passer à de secondes noces sur la foi d'une présomption toujours incertaine. D'après cela, si le
conjoint d'un absent voulait former une nouvelle
union, sans rapporter la preuve que la première
est rompue, toutes les personnes à qui la loi donne
le droit de former opposition à la célébration du
mariage, et même le ministère public, pourraient
s'y opposer.

524. Mais les lois les plus expresses ne sont pas
toujours fidèlement observées. D'abord cet époux a

pu, même en s'y conformant, contracter un second mariage sur la foi d'un acte de décès de l'absent, ou d'un rapport qui le représentait comme ayant perdu la vie dans un naufrage, un combat, un incendie : fallait-il dans ce cas permettre d'attaquer cette nouvelle union, dont la nullité est subordonnée à l'existence de l'absent; s'exposer ainsi à rompre un mariage qui réunit peut-être toutes les conditions exigées par les lois; enlever aux enfans leur état, ou du moins le compromettre, et jeter ainsi le trouble dans deux familles? Non sans doute; la justice et la prudence commandaient plus de circonspection : elles voulaient que celui qui a le plus grand intérêt à l'annulation de ces nouveaux liens, et qui est lui-même la preuve irréfragable qu'ils ont été formés contre le vœu de la loi, fût le seul qui pût en demander la dissolution; et tel est le principe consacré par l'article 139 : « L'époux absent « dont le conjoint a contracté une nouvelle union « sera seul recevable à en demander la nullité, par « lui-même ou par son fondé de pouvoir (1), muni « de la preuve de son existence. »

---

(1) La loi n'exige pas que la procuration soit authentique. Elle n'exige pas, non plus, qu'elle soit spéciale, c'est-à-dire uniquement pour cet objet; mais il faut du moins qu'elle renferme formellement le pouvoir d'attaquer le mariage.

Et comme l'article 139 veut que le mandataire soit muni de la preuve de l'*existence* de l'absent, il est clair qu'on n'a pas regardé la procuration comme la prouvant suffisamment. Il faudrait donc un acte de notoriété séparé, attestant l'existence de l'absent au moment où il a donné le pouvoir d'attaquer le mariage, ou du moins il fau-

L'incertitude de la mort de l'un des époux, disaient MM. Gilbert-des-Voisins et d'Aguesseau, ne doit jamais suffire pour contracter un nouveau mariage; mais elle ne doit jamais suffire aussi pour troubler un mariage contracté.

525. La difficulté de concilier la disposition de cet article 139 avec celles des articles 147 et 184 combinés est une des plus graves que présente le Code, et celle qui porte sur l'objet le plus important. En effet il se présente ici deux questions principales, sur lesquelles les esprits sont loin d'être unanimes.

La première est celle de savoir si l'article 139 est applicable aussi au cas où l'individu dont le conjoint a contracté une nouvelle union était seulement alors en présomption d'absence?

La seconde est celle de savoir si, dans le cas du retour de l'absent, déclaré tel ou non à l'époque du mariage, le ministère public, le conjoint de bonne foi et le nouvel époux peuvent en demander la nullité?

526. Il nous semble que la première question doit être décidée en principe par la négative. L'époux qui a négligé de faire déclarer l'absence de son conjoint avant de passer à de secondes noces,

---

drait que la procuration fût donnée par acte authentique, qu'elle fût délivrée par un officier public ayant qualité pour délivrer les actes de notoriété ou certificat de vie, et avec toutes les formalités requises pour ces sortes d'actes.

qui a ainsi dédaigné le moyen qui lui était offert pour obtenir des renseignemens sur son sort, et qui savait d'ailleurs que la loi lui défendait de contracter un nouveau mariage avant d'avoir acquis la preuve positive de la dissolution du premier, cet époux n'a pu être facilement de bonne foi ; tout s'élève contre lui, du moins dans les cas ordinaires. Si, le ministère public ne pouvait agir, même dans celui-ci, les dispositions des articles 147 et 184 combinées seraient presque toujours sans application, puisqu'il n'arrivera guère qu'un époux contracte un second mariage, pour ainsi dire, sous les yeux de son conjoint. Dans ce système, quel temps devrait s'écouler depuis la disparition jusqu'à la célébration du mariage pour que le ministère public fût non-recevable à l'attaquer? Serait-ce un mois, six mois, un an, deux ans, plus ou moins? L'impossibilité d'établir une règle à cet égard nous porte donc à croire que l'article 139 ne s'applique pas généralement aussi bien au cas où l'absence n'était point déclarée à l'époque du mariage, qu'au cas contraire. Il est placé sous le chapitre qui traite des effets de l'absence; ce qui suppose par conséquent qu'elle était déclarée. C'est aussi l'avis de M. Proudhon (tom. I, pag. 165); mais non celui de M. Delvincourt (tom. I, pag. 301).

Voilà le principe. Mais cependant, s'il régnait la plus grande incertitude sur la vie de l'époux qui a disparu, elle devrait être un obstacle à l'exercice de l'action en nullité, soit de la part des nouveaux époux, soit de la part du ministère public; d'autant mieux qu'il ne serait pas impossible que ces nouveaux époux ne fussent de bonne foi. Les monumens de la jurisprudence nous offrent des exemples de cas extraordinaires, où l'erreur était pour ainsi dire invincible : on a vu des mariages contractés sur la foi d'un acte de décès d'un individu qui vivait encore. Le conjoint pourrait aussi être considéré comme de bonne foi, quoique le mariage n'eût pas été contracté sur le vu d'un acte de décès et que l'absence n'eût pas été déclarée, s'il s'était écoulé un très-long temps depuis la disparition et qu'il y eût des circonstances particulières qui dussent naturellement faire croire à la mort de l'absent : dans ces cas, que l'on ne peut caractériser, il y aurait lieu d'appliquer la maxime, que *l'incertitude sur la vie ou la mort de l'un des époux ne doit jamais suffire pour troubler un mariage contracté.* Et si l'époux était poursuivi pour fait de bigamie, il pourrait faire valoir l'exception de bonne foi pour repousser l'accusation. Le Code pénal de 1791, Sect. 1ère, part. 2, art. 33, lui en donnait le droit en ces termes : « En cas d'accu-« sation de ce crime (de bigamie), l'exception de « bonne foi pourra être admise lorsqu'elle sera « prouvée. »

527. Quant à la seconde question, quelques jurisconsultes, combattus par d'autres, l'ont décidée négativement de la manière la plus absolue, refu-

sant ainsi au ministère public et au nouvel époux lui-même le droit de demander la nullité du mariage, quoique l'absent revînt dans ses foyers. C'est méconnaître le véritable esprit de l'article 139. Non, assurément, *l'incertitude de la mort de l'un des deux époux ne doit jamais suffire pour troubler un mariage contracté,* mais lorsqu'au lieu de l'incertitude, il n'y a que le spectacle scandaleux offert par une femme qui appartient publiquement à deux maris (probablement, on n'oserait pas aller jusqu'à prétendre que le premier mariage est dissous; ce serait une nullité d'une nouvelle sorte), ou d'un mari qui a deux femmes, les principes du droit, comme ceux de la morale, réclament hautement contre un tel scandale. Il n'a donc pu entrer dans la pensée du législateur de vouloir faire produire à cet article des conséquences aussi funestes. Et, en effet, s'il naît des enfans, à qui appartiendront-ils? Seront-ils étrangers au premier mari, sous le prétexte que celui-ci n'ayant point demandé la nullité du second mariage, les enfans sont censés en être issus? Mais le premier n'est pas rompu, il ne pouvait prendre fin que par la mort naturelle ou civile de l'un des époux : les enfans appartiennent donc au premier mari, en vertu de l'article 312; le silence de leur père *légal* ne doit point les priver de leur état. D'un autre côté, si le nouvel époux réclame ces enfans, il devra aussi être écouté dans le système outré que nous combattons, puisque son mariage n'étant point dissous, il doit produire ses effets civils jusqu'à ce qu'il soit anéanti. La possibilité d'un tel résultat suffit pour faire repousser avec force le système qui le produirait.

Dira-t-on que la femme sera punie comme bigame? D'abord, comme l'a très-bien observé M. Delvincourt, cela ne ferait rien quant à la légitimité des enfans; en second lieu, il serait très-possible qu'attendu sa bonne foi, la femme ne fût point condamnée; enfin, fût-elle condamnée, les inconvéniens que nous venons de signaler pourraient renaître après qu'elle aurait subi sa peine. Pourrait-on, d'ailleurs, dénier au nouvel époux le droit de demander d'être légalement séparé d'une femme qui appartient à un autre individu? Et peut-on forcer cette femme, que nous supposons de bonne foi, à vivre dans ce qu'elle doit considérer comme un adultère perpétuel? n'y a-t-il pas dans ce cas une erreur qui vicie le mariage? Il nous semble que le droit d'en demander la nullité est fondé sur la loi, comme sur les principes de la morale, même la moins sévère.

Enfin, l'opinion contraire ouvrirait la porte à une sorte de divorce par consentement mutuel : deux époux à qui la vie commune serait devenue une chaîne pesante, formeraient, de concert, le dessein de la rompre; l'un d'eux disparaîtrait sans donner de ses nouvelles; après quelques années, l'autre poursuivrait la déclaration d'absence, et le ministère public, qui ne pourrait connaître la

connivence, n'apporterait aucun obstacle à la demande. Les précautions seraient même prises pour
ménager à l'époux présent l'exception de bonne
foi, afin de repousser les suites de l'action de bigamie; et le second mariage, ainsi préparé à l'a-
vance, serait contracté dans une commune éloignée où l'on pourrait plus facilement tromper un
officier de l'état civil. Disons encore une fois que
telle n'a pu être la pensée du législateur. Il n'a sans
doute pas voulu que, *dans l'incertitude* de la validité ou de la nullité d'un mariage, tout autre que
l'individu qui est la preuve vivante de cette nullité,
fût recevable à l'attaquer; mais quand l'absent est
de retour, et qu'au lieu de l'incertitude à cet égard
il n'y a plus que le spectacle scandaleux qu'offre la
bigamie connue de tout le public, les principes
doivent reprendre leur empire.

Il reste toutefois à réfuter une dernière objection puisée dans la rédaction de cet article 139:
elle consiste à dire que la loi suppose bien le retour de l'absent, puisqu'elle dit que celui-ci sera
seul recevable à attaquer le mariage *par lui-même*
ou par son fondé de pouvoir. Nous croyons cette
conséquence faussement déduite. En effet, on a
posé le principe que l'absent serait seul recevable
à attaquer le mariage, et nous en tombons d'accord
pour le cas que le législateur a pu raisonnablement avoir en vue, celui de l'incertitude de la vie
de cet absent, incertitude que lui seul fait cesser
par son retour; mais cela ne veut pas dire que,

lorsqu'il n'y a plus le moindre doute sur son existence, les deux mariages doivent subsister simultanément, au mépris des articles 147 et 184.

528. Dans le cas où le mariage est annulé, il
produit ses effets civils en faveur des époux ou de
l'époux de bonne foi, et en faveur des enfans, si
l'un des deux époux était de bonne foi. (Art. 201
et 202).

SECTION III.

De l'ouverture de la Succession de l'Absent.

SOMMAIRE.

529. *La succession de l'absent appartient à ses héritiers les plus
proches au jour de son décès prouvé.*

530. *Lors même que ceux-ci ne seraient ni enfans ni descendans, et qu'ils se présenteraient après l'envoi définitif,
ils pourraient intenter la pétition d'hérédité en prouvant
le décès et leur priorité de degré à l'époque où il a eu lieu.
Conciliation des articles 130 et 133.*

531. *Les plus proches parens au jour de la disparition ou des
dernières nouvelles peuvent réclamer la possession contre
ceux qui l'ont obtenue, en prouvant simplement qu'ils
étaient en degré utile.*

529. La succession de l'absent peut s'ouvrir pendant la présomption d'absence, pendant l'envoi provisoire, enfin après l'envoi définitif.

Dans tous les cas, elle appartient aux héritiers
les plus proches à l'époque du décès *prouvé*: « La
« succession de l'absent, dit l'article 130, sera ou-
« verte *du jour de son décès prouvé,* au profit des

« héritiers les plus proches à cette époque ; et ceux
« qui auraient joui des biens de l'absent seront te-
« nus de les restituer, sous la réserve des *fruits* par
« eux acquis en vertu de l'article 127. »

530. Mais cet article 130 paraît présenter une
contradiction avec l'article 133, qui n'accorde
qu'aux enfans et descendans directs de l'absent le
droit de réclamer les biens après l'envoi définitif,
et qui même limite la durée de l'action à trente ans
depuis cet envoi. On peut cependant concilier ces
deux dispositions, en disant que les héritiers, autres
que les enfans et descendans, devront, pour pouvoir réclamer les biens après l'envoi définitif,
prouver et le décès et leur priorité au jour du décès : tandis que les enfans et descendans n'auront
besoin que de prouver leur filiation, parce que
c'est un titre supérieur à celui des collatéraux.
Que l'on remarque bien, en effet, que l'article 130
est placé immédiatement après celui qui traite de
l'envoi définitif, qu'il le suppose, et qu'il en modifie par conséquent les effets, en disant d'une manière générale que la succession de l'absent sera
ouverte *au jour de son décès prouvé, au profit de
ses héritiers les plus proches à cette époque.* C'est
donc simplement l'attribution de la pétition d'hérédité aux plus proches héritiers qui ne posséderaient pas les biens.

531. Ainsi il résulte de cet article 130, combiné avec l'article 120, que ceux qui voudront ré-

clamer des envoyés en possession la succession de
l'absent, comme étant ses plus proches parens, devront prouver deux choses : 1° que le décès a eu
lieu ; 2° qu'ils étaient les plus proches à l'époque
où il est arrivé ; et alors ils pourront agir pendant
trente ans, à compter du décès, quoique l'envoi
définitif ait eu lieu ; du moins c'est notre opinion,
et c'est aussi celle de M. Delvincourt.

Mais, s'ils ne réclament *que l'envoi provisoire* de
ceux qui l'ont obtenu, il leur suffira d'intenter leur
action dans les trente ans depuis cet envoi, et de
prouver qu'ils étaient les plus proches parens à l'é-
poque de la disparition ou des dernières nouvelles :
c'est la voie qu'ils devront choisir, s'ils sont encore
dans le délai utile ; de cette manière, ils se déchar-
geront de l'obligation de prouver le décès. Par
exemple, Primus est absent : il a pour plus proches parens, dans la ligne paternelle, Secundus et
Tertius, ses cousins-germains ; Tertius a un fils et
meurt pendant l'envoi provisoire, qui a été obtenu
seulement par Secundus pour la part attribuée à
la ligne paternelle. Si le fils de Tertius réclamait
une part dans la *succession*, il serait obligé de prouver que son père l'a recueillie : pour cela, il devrait établir, 1° que Primus est mort ; 2° que Tertius lui a survécu. Mais se bornant à demander une
part dans la *possession* des biens, et agissant en
temps utile, il lui suffit de prouver que Tertius, en
sa qualité d'héritier présomptif de Primus au jour
de la disparition ou des dernières nouvelles de celui-

ci, avait, concurremment avec Secundus, droit à
être envoyé en possession; car ce droit, comme
nous l'avons dit au n° 439, est transmissible comme
celui d'hérédité dont il est l'image.

Mais si Secundus prouvait ensuite que l'absent
a survécu à Tertius, il pourrait réclamer la part de
biens qu'il a été obligé de relâcher au fils de celui-
ci; sauf à ce dernier le droit de retenir les fruits
par lui perçus de bonne foi.

SECTION IV.

*Des Effets de l'Absence en général, par rapport aux
droits échus à un individu dont l'existence n'est pas
reconnue.*

SOMMAIRE.

542. *La communauté a été stipulée au profit du survivant ; l'un des époux disparaît, et l'autre meurt avant la déclaration d'absence.*

543. *Une donation de biens à venir a été faite par un tiers qui a disparu, et dont l'existence n'est pas reconnue au moment du décès de l'époux donataire.*

544. *Dans l'espèce, c'est le donataire qui a disparu.*

545. *Diverses manières dont on peut venir à une succession.*

546. *Dans les cas des articles 720, 721 et 722, la présomption de la loi tient lieu de preuve de l'existence de l'individu lors de l'ouverture du droit.*

547. *Lorsqu'une personne peut venir à la succession aussi bien par droit de représentation que par droit de transmission, elle ne peut être écartée sur le seul fondement qu'elle ne prouve ni le prédécès ni l'existence de l'individu.*

548. *Elle pourra venir par droit de représentation, afin de n'être pas obligée au paiement des dettes de l'absent.*

549. *Elle devra alors, de droit commun, le rapport de ce qu'elle a reçu et de ce qu'a reçu ce dernier.*

550. *Les actions en pétition d'hérédité et d'autres droits sont réservées à l'absent ou à ses représentans.*

551. *Le Code, en parlant de la pétition d'hérédité, au titre des absens, suppose que les règles en sont connues.*

552. *La question de savoir si l'héritier apparent a pu vendre avec effet les biens de l'hérédité, a été jugée anciennement et depuis le Code affirmativement par une fausse interprétation du droit romain.*

553. *Ce qu'on entend par pétition d'hérédité.*

554. *Cette action est réelle.*

555. *Elle a lieu au profit de tout successeur universel ou à titre universel.*

556. *Ce que doit prouver le demandeur dans cette action.*

557. *Elle s'intente contre quiconque possède l'hérédité ou une part aliquote, ou même une chose particulière à titre d'héritier.*

558. *Diverses espèces de possesseurs suivant le droit romain.*

559. *Dans les principes de cette législation, nul doute que l'action (utilis) ne pût s'intenter contre le cessionnaire du droit d'hérédité.*

560. *Jusqu'à la Constitution de Zénon, elle pouvait s'intenter contre le tiers, lors même qu'il avait acquis du fisc.*

561. *L'héritier de l'acquéreur était également passible de la pétition d'hérédité utile.*

562. *Textes formels qui décident aussi que le véritable héritier a une action contre les tiers qui ont acquis, même de bonne foi, de l'héritier apparent, des choses particulières de l'hérédité ; mais c'est la revendication ordinaire.*

563. *Décisions de Voët et de Vinnius à cet égard.*

564. *Résumé de l'esprit de ces lois.*

565. *Controverse, à ce sujet, entre les auteurs modernes.*

566. *Explication donnée par M. Merlin, du §. 17 de la loi 25, ff., de Heredit. petit.*

567. *Interprétation fautive donnée par ce jurisconsulte, de la première partie de ce §.*

568. *Il n'y aurait d'ailleurs, quant au droit qu'a ou n'a pas le véritable héritier, d'exercer une action contre les tiers acquéreurs, aucune raison de différence entre le cas de la vente de l'hérédité ou d'une quote-part, et celui d'un objet déterminé.*

569. *Résumé de l'interprétation donnée par M. Merlin du §. 17 précité.*

570. *En lui supposant le sens que lui attribue ce jurisconsulte, il ne serait d'aucune autorité dans notre droit.*

571. *Mais il ne faisait point, comme le dit M. Merlin, obstacle à ce que la qualité de l'héritier qui attaquait les tiers acquéreurs, pût être jugée avec le possesseur de l'hérédité, quoique celui-ci n'eût plus rien qui en provînt.*

572. *La faveur accordée par le droit romain, d'une manière générale, au possesseur de bonne foi, de n'être tenu à la restitution que* quatenùs locupletior factus erat, *n'a pas été consacrée dans notre droit, et dès lors le système de M. Merlin pèche par sa base.*

573. *Sens probable du §. 17.*

574. *En admettant que l'interprétation que nous lui donnons fût fondée, l'héritier n'aurait-il, dans notre droit, comme dans le droit romain, d'action contre les tiers acquéreurs qu'après discussion de l'héritier apparent ?*

532. Lorsqu'il s'agit des droits des tiers sur les biens d'un individu déclaré absent, et subordonnés à la condition de son décès, la loi, pour que l'exercice de ces droits ne soit pas indéfiniment paralysé, suppose, sinon dans les termes, du moins dans les effets, qu'il a payé le tribut à la nature : seulement, elle ordonne des mesures propres à le préserver de tout dommage dans le cas où la sup-

position de son décès n'était pas fondée. Mais lorsqu'il s'agit de droits échus à un individu dont l'existence est incertaine, et qui sont réclamés par d'autres, sur le motif qu'il les a recueillis et les leur a
transmis, alors il n'est pas permis de conclure, de
ce que, dans l'esprit de la loi, l'absent déclaré
tel est présumé décédé, l'individu non déclaré
absent est présumé vivant. Il est bien présumé vivant quant à la *conservation* de ses droits vis-à-vis
des tiers, qui en ont aussi de subordonnés à la condition de son décès, puisque ceux-ci ne peuvent les
exercer; mais quant à l'*acquisition* de droits subordonnés à la condition de son existence à l'époque
de leur ouverture, il est plus vrai de dire que la
présomption de mort neutralise celle de la vie; et
dès-lors le principe que tout demandeur doit prouver le fondement de sa demande, s'applique dans
toute sa force. Or, le fondement de la demande de
ceux qui réclament un droit échu à un individu et
subordonné à la condition de l'existence de celui-
ci lors de son ouverture, c'est la survie de cet individu. Les demandeurs doivent donc prouver
l'accomplissement de cette condition, puisque la loi
ne la présume point accomplie (1).

533. Ce principe est érigé en loi par l'article 135,
ainsi conçu :

« Quiconque réclamera un droit échu à un in-

_____

(1) *Voy.* toutefois ce qui a été exposé touchant les militaires, à la
section IV du chapitre 2 de ce titre.

« dividu dont l'existence ne sera pas reconnue, de-
« vra prouver que ledit individu existait à l'époque
« de l'ouverture du droit. Jusqu'à cette preuve il
« sera déclaré non-recevable. »

L'article suivant, appliquant spécialement le principe aux successions, décide aussi que « s'il s'ouvre
« une succession à laquelle soit appelé un individu
« dont l'existence n'est pas reconnue, elle sera dé-
« volue exclusivement à ceux avec lesquels il au-
« rait eu le droit de concourir, ou à ceux qui l'au-
« raient recueillie à son défaut. »

534. Au Conseil d'État, on agita la question de
savoir si ces articles seraient applicables seulement
aux absens *déclarés* tels. D'une part on craignait,
en les appliquant à un individu non déclaré absent
lors de l'ouverture d'un droit subordonné à la condition de son existence, d'exposer ainsi une foule de
citoyens à éprouver un préjudice souvent irréparable. Ainsi, disait-on, à peine un citoyen sera-t-il
embarqué qu'il deviendra incapable de succéder.
Inutilement aura-t-il chargé quelqu'un du soin de
ses affaires, en vain enverra-t-il, des lieux où il se
trouve, une procuration, tout sera méconnu; on
demandera la preuve qu'il existait au moment de
l'ouverture de la succession à laquelle il était appelé,
attendu qu'il a pu décéder depuis son départ ou la
signature du pouvoir qu'il a envoyé, et avant l'ouverture du droit : alors plus de sécurité, plus d'o-
pérations commerciales dans les pays lointains,

plus de moyens d'agir par un mandataire. Les partisans de ce sentiment alléguaient, en outre, que la question se trouvait d'ailleurs résolue en faveur des absens par l'article 113, qui ordonne de commettre un notaire pour les représenter dans les comptes et partages des successions. Mais l'on ne faisait pas attention que cet article reçoit fort bien son application dans le cas où la succession s'est ouverte avant la disparition, et qu'elle n'a point encore été liquidée, ainsi que pour celui où, ne s'étant ouverte que depuis, les cohéritiers de l'absent le croient vivant; et voulant néanmoins faire la liquidation et le partage de cette succession, ils reconnaissent qu'il existait à l'époque de son ouverture (1). *Voy.* le n° 394.

D'autre part l'on disait, et avec raison, que les héritiers présens tirent leur droit de la loi, qui les appelle à succéder, à la charge de prouver qu'ils sont au degré utile, et qu'ils font cette preuve par leur présence; que ceux qui réclament les mêmes droits au nom d'un autre individu ont aussi la même obligation à remplir : par conséquent, que ces

---

(1) De ce que les uns reconnaîtraient l'existence de l'absent, ce ne serait pas une raison pour que les autres fussent forcés, sans preuve, de la reconnaître : ce serait l'admettre au partage d'une succession qui est dévolue exclusivement à d'autres. (*Voyez* l'arrêt de la Cour de Turin, du 15 juin 1808. Sirey, 1810, 2, 538.) Ainsi, supposez 20 à partager entre quatre héritiers présens et un absent : l'un d'eux seulement ne reconnaît pas, et l'on ne prouve pas contre lui l'existence de cet absent; il a droit à 5, et chacun des autres à 3 $\frac{3}{4}$ des 15 restans; sauf, si l'on a des nouvelles de l'absent, l'action en répétition contre celui qui a reçu au-delà de ce qui lui revenait réellement.

personnes doivent prouver que cet individu, dont la présence n'atteste pas l'existence, existait cependant à l'époque de l'ouverture du droit, puisque c'est la condition *sine quâ non* sous laquelle il l'a recueilli. On ajoutait au surplus que la dévolution attribuée par les articles 135 et 136 n'est pas définitive, que les actions en pétition d'hérédité et d'autres droits sont réservées à l'absent et à ses représentans.

Cette dernière opinion prévalut; et comme on pensait que le mot *absent* employé dans le projet de loi (1) donnerait lieu à la controverse, à raison de la place qu'il devait occuper, on y substitua ceux-ci, dont le sens est plus général: *l'individu dont l'existence ne sera pas reconnue.*

535. Ainsi, lorsque l'existence de l'appelé à l'époque où le droit s'est ouvert ne sera pas reconnue par les héritiers présens, ou qu'elle ne sera pas prouvée contre eux, le droit leur sera exclusivement dévolu. A cet égard la loi ne fait aucune distinction entre le cas où l'individu n'était, lors de l'ouverture du droit, qu'en simple présomption d'absence, et celui où il était absent déclaré. La discussion élevée au Conseil d'État à ce sujet, et les nombreux arrêts rendus en ce sens, ne permettent pas le moindre doute sur ce point. D'après cela,

---

(1) Le *projet* portait : « Toute succession sera dévolue exclusivement aux seuls parens avec lesquels *l'absent* aurait eu droit de concourir, ou aux parens du degré subséquent. »

l'on doit regarder comme un individu dont l'existence n'est pas reconnue, dans le sens de l'art. 136, celui qui a disparu sans qu'on ait de ses nouvelles, dont on ignore la résidence, et qui n'a point fait connaître les motifs de son absence : à son égard on doit moins s'attacher à la durée de la disparition qu'à ses caractères, qui sont tels que l'*existence n'est pas reconnue*, non seulement par ceux qui ont intérêt à la méconnaître, mais encore, du moins en réalité, par ceux qui ont un intérêt tout contraire, ainsi que par les tribunaux.

Il ne serait pas même nécessaire, pour que l'article 136 fût applicable, qu'il régnât la plus grande incertitude sur la vie de l'appelé : il suffirait qu'il s'élevât des soupçons raisonnables sur son existence, parce qu'alors il serait encore vrai de dire qu'elle n'est pas reconnue.

536. Mais ces soupçons ne s'élèvent point à l'égard d'un individu qui a quitté son domicile depuis peu de temps pour des motifs prouvés, ni même à l'égard d'une personne qui s'est embarquée depuis un temps trop récent pour qu'on puisse supposer son décès, ni enfin par rapport à un citoyen qui aurait envoyé une procuration dont la date serait récente : dans ces cas l'individu serait simplement un *non présent* dont parle l'article 840, et admis comme tel au partage avec les autres héritiers. En effet, il n'est pas vraisemblable que le législateur ait voulu rendre ceux-ci juges souverains

de la question de savoir si l'existence de l'appelé est ou non *reconnue*, puisqu'ils ont intérêt à ne la point reconnaître ; c'est un point qu'il a abandonné à la sagesse des tribunaux. L'équité le voulait ainsi. Nous pensons toutefois que s'il s'écoulait le temps nécessaire pour que l'absence pût être déclarée, sans que l'individu donnât de ses nouvelles, les cohéritiers pourraient réclamer la portion de biens qui lui a été attribuée, sauf à la lui restituer s'il reparaissait ou donnait de ses nouvelles, car cette prolongation de l'absence donne lieu de croire que l'article 136 était applicable ; et ce n'est que dans une supposition qui ne s'est point réalisée, que l'absent a été admis au partage. Au surplus, les cohéritiers agiraient prudemment en faisant la réserve du droit de réclamer les biens dans ce cas, et le tribunal ne devrait point la repousser. Ainsi, la dévolution n'étant que conditionnelle de part et d'autres, les droits de tous sont conservés autant qu'il est possible, et l'article 136 est appliqué dans un sens conforme à l'équité.

537. Il n'est pas inutile de rappeler les cas ordinaires auxquels s'appliquent ces art. 135 et 136.

1° Un legs est fait à un absent : ses héritiers doivent prouver que leur auteur existait à l'époque de la mort du testateur, si le legs est pur et simple ; et de plus qu'il existait au jour de l'accomplissement de la condition, si le legs est conditionnel : jusque-là ils seront déclarés non-recevables dans leur demande. (Art. 1039, 1040 et 135, analysés et combinés.)

Comme ce n'est que par fin de non - recevoir *quant à présent* qu'ils seront repoussés, ils pourront, lorsqu'ils auront acquis leurs preuves, renouveler leurs demandes, sans craindre l'exception de la chose jugée.

538. 2º Un donateur a stipulé le droit de retour, et il s'absente; le donataire meurt, les héritiers du premier devront prouver qu'il a survécu au second.

539. 3º Le créancier d'une rente viagère disparaît; les administrateurs de ses biens devront, pour pouvoir réclamer les arrérages de la rente à partir de telle époque, prouver l'existence de l'absent à cette époque (art. 1983). Si la rente, sans appartenir à l'absent, était néanmoins constituée sur sa tête (art. 1971), le créancier devrait aussi faire la même preuve.

540. 4º Un appelé à une substitution permise disparaît; le grevé meurt : les héritiers de l'appelé devront prouver qu'il a survécu au grevé.

541. 5º Un époux a stipulé un préciput pour le cas où il survivrait à son conjoint, et il disparaît; ses héritiers ne pourront réclamer le préciput qu'en prouvant sa survie.

Il en serait de même si cet époux avait stipulé que la totalité de la communauté ou une part plus forte que la moitié lui appartiendrait en cas de survie, cas prévu par l'article 1520 : à défaut de cette preuve, on resterait dans les termes du droit commun, et la communauté se partagerait provisoirement par portions égales.

542. Si elle avait été stipulée au profit du survivant indistinctement, et que l'époux présent vînt à mourir avant la déclaration d'absence, la communauté se partagerait aussi provisoirement par portions égales, puisque les héritiers ni de l'un ni de l'autre ne pourraient, on le suppose, prouver la survie de leur auteur pour réclamer le bénéfice de la clause. Mais après la déclaration d'absence, ceux de l'époux présent exerceraient le droit qu'aurait eu leur auteur s'il eût vécu jusqu'à cette époque : en conséquence, ils pourraient demander contre les héritiers de l'absent l'envoi en possession provisoire de la part qu'ils ont eue dans la communauté, à la charge de leur donner caution. Nous n'admettons point, dans ce cas (lorsqu'il y a déclaration d'absence), la prétendue règle en sens inverse de l'article 135 (1) : nous ne pensons pas qu'il y ait obligation pour les héritiers de l'époux présent, de *prouver* que l'absent était *décédé* à l'époque où leur auteur est venu à décéder lui-même. Cet article 135 ni aucun autre n'établissent cette prétendue règle, quand l'absence est déclarée; au contraire, dans ce cas, tous ceux qui ont des droits subordonnés à la condition du décès de l'absent, et le conjoint était de ce nombre, peuvent les exercer provisoire-

---

(1) Voir ce que nous avons dit à ce sujet au n° 455.

ment, à la charge de donner caution (art. 123).
La présomption de la loi tient lieu de preuve du
prédécès.

543. 6° Si une donation de biens à venir a été
faite à un époux par un tiers qui a disparu et
dont l'existence n'est pas reconnue au moment du
décès du donataire, il n'y a aucune difficulté si
celui-ci a laissé des enfans ou descendans du mariage en faveur duquel la donation a eu lieu,
parce qu'elle est censée faite aussi à leur profit
(art. 1082). S'il n'a pas laissé d'enfans ou de descendans de ce mariage, les biens donnés resteront,
jusqu'à la déclaration d'absence ou jusqu'à la
preuve du prédécès du donateur, entre les mains
de ses héritiers; mais après la déclaration d'absence,
ceux du donataire pourront obtenir l'envoi en possession provisoire, à la charge de donner caution,
comme il est dit sur le cas précédent.

544. Si c'est le donataire qui est absent, il n'y a
pas non plus de difficulté, s'il a laissé des enfans
issus du mariage et existans lors du décès du donateur. Dans le cas contraire, ses héritiers, à quelque époque qu'ils réclament les biens donnés, devront prouver que leur auteur existait au moment
de ce décès, car la donation de biens à venir devient
caduque si le donataire (ou sa postérité du mariage) n'existe pas à la mort du donateur (art. 1089);
et comme ce n'est qu'à cette époque qu'il devait
être saisi avec effet irrésoluble, ses héritiers doi-

vent prouver qu'il existait à ce moment. Il ne s'agit pas, en effet, comme dans l'autre cas, d'exercer, après la déclaration d'absence, un droit subordonné à la condition du décès de l'absent; il s'agit, au contraire, de savoir si l'absent lui-même a recueilli un droit subordonné à la condition du décès d'une autre personne. C'est donc positivement le cas prévu et régi par l'article 135.

545. 7° Mais c'est surtout en matière de succession que le principe reçoit le plus fréquemment son application. Pour l'intelligence de l'article 136, il faut savoir de combien de manières on peut arriver à une succession.

On peut y venir seul, parce qu'on est le plus proche parent du défunt : comme un fils unique qui vient à la succession de son père.

On y vient avec d'autres, soit de son chef, soit par le bénéfice de la représentation : *de son chef*, lorsqu'on est au même degré de parenté que d'autres qui sont aussi appelés; comme deux frères, deux cousins-germains, relativement à la succession de leur père ou d'un oncle : *par représentation*, lorsqu'on prend la place d'une personne qui, si elle vivait, aurait exclu celui qui se présente, et aurait été au moins à un degré égal à celui des autres héritiers; comme un petit-fils qui vient avec ses oncles à la succession de son aïeul (1). Enfin,

---

(1) *Voy.*, relativement aux cas dans lesquels la représentation est admise, les articles 740 et 742.

on peut venir à une succession par droit *de trans-mission*, comme ayant succédé à une personne qui a recueilli le droit et qui est morte sans l'avoir accepté ni répudié. (Art. 781.)

Cela posé, nous aurons à voir si l'article 136 s'applique indistinctement, comme on l'a prétendu, aussi bien au cas où la personne que l'on veut exclure peut venir par représentation, qu'à celui où elle ne pourrait invoquer que le droit de transmission.

546. Auparavant, nous ferons observer que, dans les cas des articles 720, 721 et 722, la présomption de survie résultant des diverses circonstances énoncées à ces articles tient lieu de preuve, et établit suffisamment que l'individu, dont l'existence à l'époque de l'ouverture d'une succession à laquelle il était appelé, n'est pas reconnue, existait en effet; qu'il a recueilli le droit et l'a transmis à ses héritiers : « La présomption légale dispense de « toute preuve celui au profit duquel elle existe. » (Art. 1352.)

547. Quant à la question ci-dessus, elle est fort controversée : elle peut se présenter dans deux cas; mais elle réclame la même solution dans l'un et l'autre.

1° Sempronius meurt : il a deux fils, Titius, présent, et Claudius, absent, mais qui a laissé un fils, Caïus.

2° Sempronius meurt : ses plus proches héritiers

I. 29

sont Titius, son frère, et Claudius, autre frère, absent, mais qui a laissé un fils, Caïus.

Suivant les principes, la représentation est admise dans les deux cas (art. 740 et 742); mais on ne représente pas les personnes vivantes, on ne représente que celles qui sont mortes naturellement ou civilement. (Art. 744.)

Pour empêcher Caïus de venir, concurremment avec Titius, à la succession de Sempronius, l'aïeul ou l'oncle, on a prêté à Titius à-peu-près l'argumentation suivante :

« On ne vient à une succession du chef d'une autre personne que de deux manières : ou par droit de transmission, ou par droit de représentation; et quant à vous, Caïus, vous ne pouvez venir de votre chef, puisque vous êtes à un degré plus éloigné que moi. Vous ne pouvez pas davantage venir du chef de l'absent, et par droit de transmission, puisque ce serait supposer qu'il a survécu à Sempronius, ce que je nie et ce que vous ne prouvez pas; aussi l'article 136 accorde-t-il la succession exclusivement à ceux avec lesquels l'absent aurait eu le droit de concourir. Or, il n'aurait concouru qu'avec moi et non avec vous. D'ailleurs, en supposant même son existence lors de l'ouverture de la succession, comme rien n'atteste qu'il aurait accepté, que peut-être il eût renoncé, vous ne pouvez réclamer de son chef un droit qui n'est pas prouvé lui avoir été acquis. Enfin, vous ne pouvez venir par représentation, parce qu'on ne représente pas

les personnes vivantes, mais seulement celles qui
sont mortes naturellement ou civilement. Ainsi,
c'est à vous de déclarer de quelle manière vous
voulez venir à l'hérédité, et à prouver, par conséquent, que vous êtes dans le cas d'y être admis
d'après le mode que vous choisirez. Quant à moi,
je fais ma preuve. »

Comme on le voit, ce langage de Titius revient
à dire : « Je regarde Claudius, mon frère, comme
mort avant le décès de Sempronius, à l'effet de
vous empêcher, vous Caïus, de venir à la succession de son chef par droit de *transmission*; mais je
le tiens pour vivant, en tant que vous voudriez le
représenter. » Voici la réponse que nous prêtons à
Caïus :

Au décès de Sempronius, Claudius était mort
ou vivant; s'il était vivant, moi son fils, j'exerce
ses droits comme administrateur de ses biens dans
le cas où il vivrait encore, et comme son héritier
s'il est mort depuis. S'il était décédé lors de la mort
de Sempronius, je le représente. Ainsi, de quelque
manière que vous vouliez me considérer, ma position doit être la même par rapport à vous, parce
que la vôtre doit être la même par rapport à moi :
la corrélation est intime. Vous ne devez toujours
avoir que la moitié de la succession; et quand vous
me dites : Choisissez la manière dont vous voulez
venir à cette succession, et prouvez que vous êtes
dans le cas prévu par la loi; je vous réponds à mon
tour : Choisissez la manière dont vous voudrez me

considérer, puisque vous ne pouvez avoir que le choix du mode, et non l'exclusion de tous les deux. Vous voulez me réduire au rôle de demandeur et à l'obligation de prouver l'existence ou la mort de mon père; mais d'abord votre prétention est un cercle vicieux; elle suppose que vous êtes saisi de toute la succession, et que je ne le suis nullement; or c'est ce qu'il vous faut prouver vousmême, et vous n'en viendrez à bout qu'en établissant qu'un homme qui a plusieurs enfans ou descendans, ne laisse néanmoins sa succession qu'à l'un d'eux, quand bien même les autres ne sont point déclarés indignes; mais l'article 731 fera la preuve contraire, en disant « que les suc- « cessions sont déférées aux enfans *et* descendans « du défunt; » donc il vous faut prouver que vous êtes le seul enfant ou descendant, ou prouver que mon père a renoncé ou qu'il est indigne. Si la raison voulait qu'un fils prît la place de son père décédé; si, pour cela, l'on a imaginé la fiction de la représentation, on ne l'a fait qu'en faveur de ce fils, et vous voulez tourner contre lui cette même faveur en le plaçant dans un état impossible à concevoir, celui de fils d'un homme qui n'est ni mort ni vivant, ou, pour mieux dire, vous voulez que par rapport à vous Claudius soit mort, mais qu'il ne le soit pas par rapport à moi. Cependant s'il l'est par rapport à l'un, il doit l'être nécessairement par rapport à l'autre. Votre prétention prouve d'ailleurs qu'il est décédé, puisque vous ne voulez

pas que je recueille par droit de transmission sa part
dans la succession ; et elle prouve aussi qu'il est
vivant, puisque vous ne voulez pas que je le représente. Quant à l'argument tiré de ce que, en supposant l'absent vivant lors de l'ouverture de la succession, celui-ci aurait pu renoncer, il est sans
force, parce que la renonciation ne se présume pas
(art. 784); raison pour laquelle l'article 781 donne
aux héritiers de celui qui est mort sans avoir accepté ni répudié, le droit d'accepter de son chef.

On pourrait encore dire à Titius qu'il transforme
une question de droit en un point de métaphysique, et qu'il s'écarte de la règle qui prescrit
d'entendre les lois dans un sens raisonnable et
conforme à la pensée du législateur. Que veut l'article 136? Qu'une succession qui ne pourrait appartenir en tout ou partie à telle personne que
parce qu'elle *aurait été recueillie* par un individu
dont l'existence n'est pas reconnue au moment où
elle s'ouvre, appartienne à ceux qui l'auraient eue,
si cet individu eût été décédé à cette époque, parce
qu'en effet l'incertitude de son existence le fait,
en quelque sorte, présumer mort : voilà tout ce
qu'a voulu l'article. Mais, dans l'espèce, il n'était
pas nécessaire, pour que Caïus eût droit à la succession de Sempronius, que Claudius l'eût recueillie : au contraire, on ne lui éleverait aucune difficulté s'il était prouvé que son père a prédécédé
Sempronius. Et si ces mots de l'article : *Elle sera
dévolue exclusivement à ceux avec lesquels l'absent*

aurait eu le droit de concourir, paraissent appuyer la prétention de Titius, ceux qui suivent : *ou à ceux qui l'auraient recueillie à son défaut,* la combattent avec force ; car on ne peut nier qu'à défaut de Claudius, Caïus, son fils, ne fût venu à la succession. Nous convenons toutefois qu'ils présentent aussi un autre sens, celui, par exemple, de déférer à Titius, supposé cousin-germain de Sempronius, la succession de celui-ci, à l'exclusion de Caïus, fils de Claudius absent et aussi cousin-germain du même côté. La rédaction est donc ambiguë ; mais si, dans les contrats, l'on doit entendre une clause qui présente deux sens, dans celui qui convient le plus à la matière du contrat, on doit aussi entendre les lois dans le sens qui est le plus en rapport avec la matière pour laquelle elles ont été portées ; par conséquent on doit entendre l'article 136 de manière à ce qu'il soit en harmonie avec les principes sur les successions ; et vouloir qu'il s'applique aussi bien au cas où la représentation a lieu qu'à celui où le réclamant ne pourrait invoquer que le droit de transmission, c'est l'entendre dans un sens contraire à ces mêmes principes. Appliquée à ce dernier cas, la disposition est fort juste, d'autant plus que ses effets peuvent n'être que provisoires, au moyen de l'action en pétition d'hérédité, réservée par l'article suivant ; mais étendue à l'autre, elle serait une véritable anomalie, une dérogation faite sans aucun motif au système des successions, et une violation manifeste des principes

de la justice et de l'humanité. L'enfant est déjà assez malheureux par l'absence de son père pour
qu'on ne doive point le priver, par l'effet de cette
circonstance, de sa part dans une succession à laquelle il était appelé médiatement ou immédiatement par la nature et par la loi. La question a été
jugée absolument en ce sens par la Cour de Paris,
le 27 janvier 1812. (Sirey, 1812, 2, 292.) «Attendu,
« porte l'arrêt, que ladite d'Aigremont, pouvant ve-
« nir et se présentant en ce moment à la succes-
« sion de son chef, n'a pas besoin ni de se faire
« envoyer en possession des biens de l'absent, ni
« d'établir son décès à l'effet de le représenter ;
« mais que c'est à ses adversaires, s'ils prétendent
« le degré rempli par l'absent, à prouver eux-
« mêmes son existence; que l'article 136 du Code
« civil, sainement entendu, autorise la demande
« de ladite d'Aigremont, bien loin de lui être con-
« traire, lorsqu'il déclare que, s'il s'ouvre une suc-
« cession à laquelle soit appelé un individu dont
« l'existence n'est pas reconnue, elle sera dévolue
« non seulement à ceux avec lesquels il aurait eu
« le droit de concourir, mais à ceux *qui l'auraient*
« *recueillie à son défaut*, conséquemment *à une pe-*
« *tite fille venant au défaut de l'enfant du premier*
« *degré*; met l'appellation et ce dont est appel au
« néant. »

548. Comme Caïus a intérêt à accepter la succession plutôt par droit de représentation que par

droit de transmission, parce que sous le premier mode il n'est point obligé au paiement des dettes de l'absent, il pourra le choisir. Les créanciers n'ont pas le droit de s'y opposer, tant qu'ils ne prouveront pas que leur débiteur a survécu à celui de la succession duquel il s'agit. Les articles 120 et 123 supposent en effet que l'absent dont on n'a plus de nouvelles est mort du jour de sa disparition : on ne pourrait assigner une autre époque au décès sans le faire arbitrairement.

549. Nous croyons que l'oncle pourrait contraindre le neveu au rapport de ce qu'il a reçu du défunt, parce que, dans l'esprit de l'article 136, il y a présomption que l'absent était mort à l'époque de l'ouverture de la succession ; par conséquent, si son fils est admis, il doit rapporter (art. 843), sauf la restitution dans le cas où l'absent reparaîtrait ou donnerait de ses nouvelles (art. 847). Le rapport serait dû aussi de ce que l'absent lui-même avait reçu, car, ainsi qu'il est dit par l'arrêt ci-dessus, l'absent n'est pas présumé avoir rempli le degré : dès-lors il est présumé mort avant l'ouverture de la succession ; son fils vient donc par représentation. Or, d'après l'article 848, le rapport est dû dans ce cas.

550. Nous avons dit que l'article 137 réserve la pétition d'hérédité ; voici ce qu'il porte : « Les dis-«positions des deux articles précédens auront lieu « sans préjudice des actions en pétition d'hérédité

« et d'autres droits, lesquels compéteront à l'ab-
« sent ou à ses représentans ou ayant cause, et ne
« s'éteindront que par le laps de temps établi pour
« la prescription,» c'est-à-dire, d'après l'article 2262,
par trente ans.

551. Comme c'est ordinairement dans le cas où
le parent le plus proche d'un défunt est absent,
que ceux du degré plus éloigné appréhendent la
succession, ce qui donne lieu ensuite à l'action
en pétition d'hérédité s'il reparaît, le Code civil
a dû s'occuper de cette action au titre *des Absens.*
Il est vrai que les développemens que comporte la
matière se rattachent plus spécialement soit au titre
des *Successions,* soit à celui des *Testamens ;* mais il
nous était cependant impossible en traitant des
absens, de passer sous silence les dispositions des
articles 137 et 138, et nous avons cru devoir expliquer ici, d'une manière générale et complète, les
règles de la pétition d'hérédité, sauf à y renvoyer
lorsque nous traiterons des successions et des testamens.

552. En accordant à l'absent la pétition d'hérédité, le Code part de la supposition que les règles
de cette action sont déjà connues; cependant elles
méritaient d'être clairement posées; et surtout la
question de savoir si l'héritier apparent a pu conférer irrévocablement à des tiers la propriété des
biens de l'hérédité, tellement que la prescription
ne soit pas nécessaire aux acquéreurs, était digne

de toute l'attention des rédacteurs du Code; car cette question, qui a fait naître dans l'ancienne jurisprudence une si vive controverse, partage encore les auteurs en deux écoles.

Comme les arrêts rendus dans l'ancienne jurisprudence, et qui l'ont jugée affirmativement, l'ont fait par suite d'une fausse interprétation des lois romaines, nous croyons utile de rectifier, autant qu'il est en nous, les inductions erronées que l'on a tirées de ces lois, et de démontrer au contraire que dans leur véritable esprit la question devait être décidée différemment; par là nous saperons dans leurs bases ces divers arrêts, et nous aurons aussi démontré que celui rendu par la Cour de Caen, confirmé par la Cour de cassation, mais pour ainsi dire sans aucun motif exprimé, et dont nous parlerons ultérieurement, n'a été rendu que par application d'une jurisprudence fautive et contraire aux principes sur lesquels repose le droit de propriété.

553. Pour cela nous devons d'abord clairement exposer ceux qui régissent l'action en pétition d'hérédité dans ses effets.

L'action en pétition d'hérédité est une action *réelle*, à titre universel, par laquelle un individu demande contre son adversaire d'être reconnu héritier d'une personne, et demande aussi en conséquence les choses de l'hérédité possédées par le défendeur. Voët, AD PANDECT., tit. *de Heredit. petit.*

554. La loi 25, §. 18, ff. *de Heredit. petit.*, dit

que cette action est réelle et non pas personnelle, ou du moins *mixte*, ainsi que plusieurs jurisconsultes le prétendent : *Petitio hereditatis, etsi* IN REM *sit actio, habet tamen præstationes quasdam personales, ut putà eorum, quæ à debitoribus sunt exacta; item pretiorum.* Donc cette action est réelle, quoiqu'elle ait pour objet certaines prestations personnelles de la part du défendeur; car si elle était personnelle, ou même mixte, il n'y aurait rien d'étonnant qu'elle eût pour objet des prestations personnelles, et par conséquent la particule adversative ETSI *in rem sit actio,* suivie du modificatif TAMEN *præstationes quasdam personales,* n'aurait aucun sens. D'ailleurs le caractère des actions réelles est de suivre la chose qui en est l'objet en quelques mains qu'elle se trouve, comme celui des actions personnelles est de donner le droit de poursuivre la personne obligée, encore qu'elle ait cessé de posséder la chose qui est l'objet de la demande; or, l'action en pétition d'hérédité s'intente contre quiconque possède la succession, ou contre celui qui, par dol, a cessé de la posséder, léquel en droit est considéré comme possesseur, d'après la règle *qui dolo desüt possidere, pro possessore habetur.* L. 25, §. 8, *hoc tit.*

Enfin l'abdication ou l'abandon que fait de l'hérédité celui qui la possédait au moment de la demande l'affranchit de suite de l'action, et il s'en affranchit encore mieux par l'abandon qu'il fait avant la demande; L. 13, §. 14, ff. *hoc tit.;* second caractère auquel on peut reconnaître avec certitude que l'action est réelle.

Peu importe que la loi 7, au Code *de petit. Hered.*, qui fixe la durée de cette action à trente ans, se fonde sur ce motif, *cum mixtæ personalis actionis ratio hoc respondere compellat;* car le rescrit entend par les mots *personalis actionis*, les prestations personnelles qui forment le troisième chef de l'action en pétition d'hérédité (1).

De ce que l'action est réelle, la demande doit être portée au tribunal de la situation morale de l'hérédité, c'est-à-dire au tribunal du domicile du défunt, lieu où elle s'est ouverte. (Art. 110.)

555. Cette action n'a pas lieu seulement en matière de succession légitime ou *ab intestat;* elle a lieu aussi au profit du légataire universel ou à titre universel, qui remplace chez nous l'héritier testamentaire des Romains, institué pour toute la succession, ou seulement pour une partie aliquote. L. 3, ff. *hoc tit* (2).

Elle appartiendrait aussi au donataire par contrat de mariage, de tout ou partie des biens que le do-

---

(1) Vinnius, *selectæ Quæst.*, lib. I, cap. 23; et les professeurs de Louvain, *Recitationes in Pandectas*, tit. *De Hered. pet.*, décident en effet que l'action est réelle.

(2) Mais comme le légataire à titre universel n'est pas saisi, qu'il doit former sa demande en délivrance contre les héritiers *ab intestat* (art. 1011), cette demande se confond avec la pétition d'hérédité. Il en est de même du cas du légataire universel, lorsqu'il y a des héritiers ayant droit à une réserve. (Art. 1004.)

nateur laissera à son décès, et qu'on appelle *héritier contractuel.*

L'appelé à une substitution faite à titre universel aurait aussi cette action (1).

Enfin l'enfant naturel, le conjoint survivant et l'État pourraient également l'exercer dans l'ordre établi par la loi.

L'article 137 s'appliquerait à tous ces cas, si, en vertu de l'article 136, la succession testamentaire ou *ab intestat,* les biens donnés avec ou sans charge de substitution, avaient été recueillis par d'autres au défaut de l'absent.

556. Dans cette action, le demandeur doit prouver deux choses : 1° qu'il est héritier, *ab intestat,* ou testamentaire, ou contractuel, ou qu'il est appelé à la substitution; 2° que celui contre qui il dirige son action possède l'hérédité. L. 9, ff. *hoc tit.*

557. Mais l'action a lieu non seulement contre celui qui possède toute l'hérédité ou une part aliquote, mais aussi contre celui qui en possède quelque chose à titre particulier en *qualité d'héritier.* LL. 9 et 10, ff. *hoc tit.*

A cet égard il n'y a aucune différence à faire entre le possesseur de bonne foi et celui qui possède de mauvaise foi; la différence qui existe entre eux n'est relative, dans notre droit, qu'aux fruits dont nous parlerons bientôt.

---

(1) *Nam quicumque in universum jus succedit loco heredis habetur.* L. 128, ff. *de Reg. juris. Voy.* au surplus la loi 54, *princip.* ff. *de Heredit. petit.*

558. Suivant le droit romain, on distingue éga=
lement deux classes de possesseurs d'une hérédité :

Le possesseur *pro herede*, c'est-à-dire celui qui se
croit héritier, et qui cependant ne l'est pas. Toute
la faveur des lois romaines s'est attachée à ce possesseur, tellement qu'il n'est obligé de restituer de
l'hérédité que ce dont il s'est enrichi par elle. .

Le possesseur qui détient l'hérédité *pro possessore*, et qui est qualifié *prædo*, lorsqu'il ne peut
attribuer à sa possession aucune autre cause que
celle-ci : *Possideo quia possideo*; LL. 10, §. 1, *et
seq.*, ff. *hoc tit.*; ou qui allègue, à la vérité, une
cause de possession, mais qui n'a aucun fondement
avoué par les lois. Et l'on considère aussi, non pas
il est vrai comme *prædo*, mais comme possesseur
de mauvaise foi, celui qui a acheté l'hérédité d'un
individu qu'il savait n'être pas héritier. L. 2, Cod.
hoc tit.

559. Suivant les principes de la même législation, la pétition d'hérédité peut incontestablement
s'exercer contre ceux qui ont acquis du possesseur
l'hérédité dont il s'agit. C'est ce qu'il importe de
démontrer jusqu'à la dernière évidence, afin que,
si l'on juge encore que l'héritier apparent a pu
vendre, avec effet irrévocable, les biens de l'hérédité aux tiers de bonne foi, de manière que ceux-ci
n'aient pas besoin de la prescription, et si l'on continue à se fonder, à cet égard, sur les lois romaines,
cette dissertation soit du moins la preuve que ces

mêmes lois repoussent, au contraire, une jurisprudence qui blesse les principes sur lesquels repose le droit inviolable de la propriété.

Supposons d'abord que l'héritier apparent ait vendu le droit d'hérédité : le véritable héritier a contre l'acquéreur la pétition d'hérédité *utilis ;* c'est ce que porte formellement la loi 13, §. 4. ff. *hoc tit.* : *Quid, si quis hereditatem emerit : an utilis in eum petitio hereditatis deberet dari, ne singulis judiciis vexaretur? Venditorem enim teneri certum est. Sed finge non exstare venditorem, vel modico vendidisse, et bonæ fidei possessorem fuisse, an porrigi manus ad emptorem debeant ? Et putat Caïus Cassius dandam utilem actionem.*

Ainsi, encore que l'acheteur ne détienne point les biens comme héritier apparent, mais seulement à titre d'achat, ce qui n'est qu'un titre particulier, quoiqu'il ait pour objet une universalité de choses, il est néanmoins passible de l'action en pétition d'hérédité; non pas, il est vrai, de celle qu'on appelait *actio directa*, mais de celle qu'on appelait *actio utilis*, et qui était donnée à cause de la grande analogie du cas avec celui pour lequel la loi donnait l'action directe; car l'acquéreur de l'hérédité est au lieu et place de l'héritier apparent, son vendeur : *vicem hereditatem gerentis sustinet*, comme le dit Voët.

M. Merlin, dans sa Dissertation sur la question de savoir si l'héritier apparent a pu vendre avec effet aux tiers de bonne foi les biens de l'hérédité, et que l'on trouve dans ses *Questions de Droit*, au mot *Héritier*, §. III, rapporte ces mots *ne singulis judiciis vexaretur*, au véritable héritier, tandis que tout le contexte de ce paragraphe veut évidemment qu'ils se réfèrent à l'acheteur. Ce n'est point une erreur indifférente; car le jurisconsulte n'hésiterait pas à donner contre lui la *revendication* pour chaque chose de l'hérédité, si cette multiplicité d'actions ne lui était pas plus préjudiciable que la pétition d'hérédité *utilis*. D'où il faut conclure qu'en principe la revendication a lieu contre lui. Et comme M. Merlin convient que l'acheteur de l'hérédité, ou d'une quote-part, est soumis à l'action du véritable héritier, tandis qu'il prétend que l'acheteur de choses particulières dépendantes de la succession n'y est pas soumis, lorsqu'il aurait son recours en garantie contre l'héritier apparent de bonne foi, qui ne se trouve pas plus riche par l'effet de l'hérédité, notre observation a son importance, parce qu'elle démontre que M. Merlin part d'une fausse interprétation de la loi, et par suite d'un faux principe, puisque, dans l'espèce, on suppose que l'héritier apparent ne s'est pas enrichi, ou ne s'est enrichi que de fort peu de chose (*vel modico vendidisse*), et cependant que la revendication serait donnée contre l'acheteur, si ce n'était l'inconvénient résultant de la multiplicité des actions.

560. Poursuivons. Malgré la faveur et la protection qui couvraient les aliénations faites par le fisc ,

tellement que, d'après l'édit de l'empereur Marc-
Antonin, l'individu qui en avait acquis le bien
d'autrui ne pouvait, après cinq ans, être inquiété
par le propriétaire (1); celui qui avait acheté du
fisc une hérédité comme vacante, était passible de
la pétition d'hérédité *utilis : Si quis à fisco hereditatem , quasi vacantem, emerit, æquissimum erit
utilem actionem adversùs eum dari.* Même loi, §. 9.

Ainsi, quoique le recours en garantie contre le
fisc ne fût pas toujours assuré du succès, l'acquéreur n'en était pas moins soumis à l'action en pétition d'hérédité; et cela, dit le jurisconsulte, était
très-juste : *æquissimum erit.*

561. Dans l'un et l'autre cas, l'héritier de l'acquéreur est également passible de l'action, quoiqu'on puisse raisonnablement supposer qu'il n'aurait peut-être pas accepté la succession de son
auteur, s'il n'y avait vu celle dont ce dernier n'était
que possesseur : son erreur à cet égard ne le protége
pas, encore qu'elle puisse lui causer un grave préjudice, puisqu'il est soumis à l'obligation de payer
toutes les dettes du défunt, qui excèdent peut-être
de beaucoup l'actif : *Heredem autem etiam earum
rerum nomine quas defunctus pro emptore possedit ,
hereditatis petitione teneri constat , quasi pro he-*

---

(1) Et même, depuis, la constitution de Zénon a rendu inattaquable
toute aliénation faite par le fisc de la chose d'autrui, sauf au propriétaire son recours contre lui pendant quatre ans. *Voy.* le §. 9, Inst. *de
Usucap.*

*rede possideat : quamvis etiam earum rerum nomine,
quas pro herede, vel pro possessore defunctus possidet, utique teneatur.* Ibid., §. 11.

562. Voilà pour l'acquisition de l'hérédité, du
nomen hereditatis, du *jus hereditarium*, en totalité
ou pour une quote-part. Nous pourrions rapporter
plusieurs autres textes, qui décident également que
l'acheteur est soumis à l'action en pétition d'hérédité ; mais cela serait superflu. Nous allons démontrer que les détenteurs qui ont acquis les choses
particulières de l'hérédité, sont également passibles
de l'action du véritable héritier, et nous expliquerons ensuite le §. 17 de la loi 25, *ff. hoc tit.*, qui
sert de base à l'opinion contraire, et dont l'interprétation divinatoire, fautive, et qui serait d'ailleurs
fondée sur une raison qui n'aurait aucune force
dans la législation française, a cependant motivé
plusieurs décisions dans l'ancienne jurisprudence,
lesquelles à leur tour ont dicté celle de la Cour
de Caen, confirmée par la Cour de cassation.

Trois lois, claires, précises, ne laissent aucun
doute à cet égard ; et, nous le dirons, ce n'est pas
sans étonnement que, dans les procès nés à ce sujet, nous ne les avons pas vues invoquées en faveur
de notre opinion, quoique nous y ayons toujours
vu figurer ce §. 17 de la loi 25, véritable énigme,
même pour ceux qui l'ont constamment cité à
l'appui de leur sentiment.

L'une de ces lois est la seconde au Code, *de Peti-*

tione hereditatis, ainsi conçue : *Si post motam con-
troversiam Menecratis bonorum partem dimidiam
Musæus ab herede scripto quæstionis illatæ non
ignarus comparavit : tàm ipse quasi malæ fidei possessor, quàm heredes ejus, fructus restituere cogun-
tur. Si verò venditionem lite antiquiorem esse, li-
quidò probetur, ex eo die fructus restituantur; ex
quo lis in judicium deducta est. Fructibus enim augetur hereditas, cùm ab eo possidetur à quo peti
potest.*

Emptor autem, qui proprio titulo possessionis
munitus est, etiam singularum rerum jure convenitur.

Suivant cette loi, dont voici la paraphrase, Musœus
avait acquis d'un héritier testamentaire, dont l'institution a été attaquée avec succès (soit parce que le
testament était nul, soit parce que l'institué n'avait
pas les qualités requises), une partie de l'hérédité
de Ménécrate, sachant qu'une action était formée
contre l'institué : on décide que, possesseur de
mauvaise foi, il sera tenu, ainsi que ses héritiers,
à la restitution des fruits; mais que s'il était démontré que la vente qui lui a été faite est antérieure
à la demande formée contre l'institué (par les héritiers du sang), il devrait encore les fruits par lui
perçus depuis le jour de cette demande; car les fruits
accroissent à l'hérédité, lorsqu'elle est possédée par
celui dont on peut en exiger la restitution; or
l'acquéreur est dans ce cas. Enfin l'acquéreur qui a
acquis à titre particulier est passible de l'action

(en revendication) à l'égard des choses dont il est détenteur.

Et que l'on ne dise pas qu'il s'agit ici d'un acheteur qui a acquis d'un autre que l'héritier apparent soit avant l'ouverture de la succession, soit depuis : la teneur de la loi ne permet pas de douter, au contraire, qu'il n'ait acquis de cet héritier institué ; et cependant il peut être actionné pour toutes les choses qu'il a acquises : *etiam singularum rerum jure convenitur.*

La seconde de ces lois est la septième au Code, au même titre : *Hereditatis petitionem, quæ adversùs pro herede vel pro possessore possidentes exerceri potest, præscriptione longi temporis non submoveri, nemini incognitum est : cum mixtæ personalis ratio hoc respondere compellat. A cæteris autem tantùm specialibus in rem actionibus, vindicare posse manifestum est, si non agentis intentio per usucapionem, vel longum tempus, explosa sit.*

Il résulte de cette loi trois choses bien manifestes : 1° que ceux qui sont passibles de la pétition d'hérédité, soit qu'ils possèdent de bonne foi, soit qu'ils possèdent de mauvaise foi, ne s'affranchissent de cette action que par la prescription de trente ans, parce qu'elle participe sous quelque rapport des actions personnelles : *cum mixtæ personalis actionis ratio hoc respondere compellat;* 2° que ceux qui sont tenus de l'action réelle s'affranchissent de la revendication par l'usucapion ou par la prescription de dix ans entre présens ou de vingt ans entre absens; *si non agentis intentio per usucapionem, vel longum tempus, explosa sit*; 3° mais que tant qu'ils n'ont pas prescrit, ils sont soumis à l'action en revendication du véritable héritier.

Le troisième texte est aussi positif que les deux précédens; c'est la loi 4, au Code, *in Quibus causis cessat longi temporis præscriptio*, dont voici la disposition : *Hereditatem quidem petentibus longi temporis præscriptio nocere non potest : verùm his, qui nec pro herede, nec pro possessore, sed pro empto, vel donato, seu alio titulo res, quæ ex hereditate sunt, vel fuerunt, possident : cum ab his successio vindicari non possit, nihil hæc juris definitio nocet.*

On voit donc encore que celui qui détient l'hérédité *vel pro herede, vel pro possessore*, ne peut se libérer de la pétition d'hérédité que par la prescription de trente ans; que ceux qui ont acquis les choses de l'hérédité (*quæ ex hereditate sunt, vel fuerunt*) à titre particulier, comme l'achat, la donation, ou toute autre, sont soumis à l'action en revendication du véritable héritier; que, n'étant point passibles de la pétition d'hérédité, ce n'est point par la prescription de trente ans qu'ils se libèrent, mais par celle appelée *longi temporis*, c'est-à-dire, de dix ans entre présens et de vingt ans entre absens, pour les immeubles.

563. Le sens que nous attribuons à ces lois est aussi celui dans lequel Voët les a entendues : ce

qu'il dit à cet égard est trop clair, trop formel, pour n'être pas cité dans cette discussion. Il s'exprime ainsi au n° 10 de son commentaire du titre de *Hereditatis petitione* :

Licet autem nihil intersit, utrùm quis totam hereditatem possideat, possideritve, secundùm antè dicta ; aut partem ejus, aut etiam rem singularem licet minimam (LL. 9 et 10, ff. *hoc tit.*) ; *tamen, si particulari donationis, emptionisve, aut alio scilicet titulo valido, rerum singularium hereditariarum possessor sit, singulare quoque in rem judicium potiùs quàm hoc in universale in eum dandum foret, etiamsi ab eo emisset qui pro herede vel pro possessore possidebat, et ità poterat hereditatis petitione conveniri ; cùm emptor rei singularis non sit heredis loco, aut vicem ejus subeat.* (L. 4, Cod. *in quib. causis cessat longi temp. præscript.*; L. 7, Cod. *hoc tit.*) *Planè, si quis emptionis titulo, non res hereditarias, sed jus hereditarium sibi comparaverit, aut dotis titulo, jus illud ei ab uxore aut pro uxore collatum sit : adversùs eum, tanquàm vice heredis gerentem, aut saltem non longè ab eo diversum, vel utilis hereditatis petitio, vel specialis rei vindicatio datur, actoris arbitrio.* (L. 13, §§. 4, 9 et 10, ff. *hoc tit.*; L. 2, Cod. *hoc tit.*; *Cujac.*, *lib.* 9, *observat.* 25.)

Vinnius (1) ne s'exprime pas en termes moins clairs : *Quod si quis à justo aliquo titulo rem here-*

---

(1) *Select. Quæst.*, lib. I, cap. 23.

ditariam possideat, veluti pro empto, vel donato,
res vindicanda est speciali in rem actione, quæ sim-
pliciter adversùs quemcumque possessorem datur :
et il se fonde aussi sur les lois 7 et 4 précitées. Que
l'on ne croie pas au surplus que Vinnius entend
peut-être parler de l'acquéreur de l'hérédité ou
d'une quote-part, et non de celui qui a acquis des
choses particulières, *res singulas :* car pour ce cas,
qu'il résout plus loin, il dit qu'il y a lieu à l'action
en pétition d'hérédité *utile : utili petitione tenentur*
bonorum possessor non verus : fideicommissarius,
qui hereditatem à falso herede accepit; item EMPTOR,
qui hereditatem aut partem universi juris emit à
non vero herede.

564. Il nous serait facile de citer beaucoup d'autres autorités, également imposantes, pour justifier
notre opinion que, suivant le droit romain, dont
on a si souvent et mal à propos invoqué l'appui en
faveur du système que nous combattons, le véritable héritier a l'action en pétition d'hérédité directe contre celui qui possède l'hérédité de bonne
ou de mauvaise foi, *pro herede vel pro possessore;*
qu'il a la pétition d'hérédité *utilis* contre celui qui
a acquis de l'héritier apparent l'hérédité, le *jus he-*
reditarium, en tout ou partie; et enfin qu'il a la
revendication contre ceux qui ont acquis de lui des
choses particulières de l'hérédité : sans que ni les
lois ni les interprètes distinguent entre le cas où
le vendeur était de bonne foi et le cas contraire,

entre ceux où l'acheteur connaissait, ou non, le vice de la possession de son auteur, ni enfin entre ceux où il a ou n'a pas un recours en garantie à exercer contre lui. Toutes ces lois sont absolues ; elles ne sont d'ailleurs que l'application de ces deux principes, qu'on ne peut conférer à un tiers la propriété que l'on n'a pas, et que personne ne peut, sans son fait, être valablement dépouillé de la sienne. Or l'héritier est propriétaire des biens de la succession ; donc l'héritier apparent n'a pu l'en dépouiller sans sa participation.

565. Cependant M. Merlin (1) entreprend la défense de l'arrêt de la Cour de cassation, confirmatif de celui de la Cour de Caen, que M. Toullier avait critiqué dans une dissertation insérée au Recueil de Sirey (1815, part. 2, p. 276), laquelle, tout en laissant beaucoup à désirer, ainsi que l'addition qu'il a faite au tome 9 de son ouvrage sur ce point, est néanmoins plus conforme aux principes que celle de M. Merlin ; car celle-ci n'est appuyée que sur une interprétation divinatoire du §. 17 de la loi 25, ff. *de Hered. petit.*, que nous allons citer textuellement. Voici ce que dit à ce sujet M. Merlin :

« Nous lisons, continue M. Toullier, dans le « *Traité des Successions* de Lebrun, liv. 3, ch. 4, « n° 57, que *l'héritier plus éloigné ne pourrait* « *aliéner pendant sa jouissance, au préjudice du* « *plus proche héritier, et que cela est certain.*

---

(1) *Questions de Droit* au mot *Héritier*, §. 3.

« Oui, répond M. Merlin, cela est *certain* dans
« certains cas, mais *faux* dans les circonstances sur
« lesquelles sont intervenus les arrêts cités du Par-
« lement de Rouen, de la Cour d'appel de Paris,
« de la Cour royale de Caen et de la Cour de cassa-
« tion; et, après tout, la seule autorité de Lebrun
« ne prouve pas que ces arrêts soient contraires à
« l'*ancienne jurisprudence.* »

Un peu plus haut, M. Merlin dit aussi que
« M. Toullier prétend que le Parlement de Rouen
« était le seul qui jugeât ainsi, et que, dans les
« autres, *on enseignait une doctrine contraire;*
« mais qu'il a vainement cherché la preuve de ce
« qu'a avancé M. Toullier à cet égard. » Sur ce
point, M. Merlin a du moins l'avantage de l'exactitude sur M. Toullier, car dans l'affaire plaidée
par Cochin (1), et dont M. Merlin lui-même ne
parle pas, le Parlement de Paris, ainsi que nous
l'avons vérifié, a jugé que l'acquéreur devait
être maintenu, quoiqu'il n'eût pas encore prescrit.

« En second lieu, continue M. Merlin, le dernier
« de ces arrêts, celui de la Cour de cassation,
« a-t-il erré, comme le prétend M. Toullier, en
« avançant que *la doctrine qu'il a suivie est con-
« forme au droit romain;* que celle qui a prévalu
« n'est appuyée par la citation d'aucunes lois, d'au-
« cun auteur, et qu'après les recherches les plus

---

(1) Tome VII de ses OEuvres, édition in-8°. Paris, 1788, 139° plaidoyer.

« exactes il n'a trouvé dans la législation romaine
« que des décisions contraires ?

 « Quelles sont donc ces décisions ? M. Toullier
« en allègue de deux sortes : les unes qui établis-
« sent que, lorsqu'avant la demande en délivrance
« d'un legs, l'héritier a vendu la chose léguée, le
« légataire peut la révendiquer contre le tiers ac-
« quéreur ; les autres qui obligent celui qui a
« vendu une hérédité qu'il croyait lui appartenir
« à garantir l'acquéreur en cas d'éviction, ce qui
« suppose clairement que l'acquéreur peut être
« évincé par l'héritier véritable.

 « Je conviens avec lui que l'acquéreur d'une
« hérédité vendue par l'héritier putatif pouvait,
« dans le droit romain, *comme il le peut encore dans*
« *nos mœurs, être évincé, malgré sa bonne foi et*
« *celle de son vendeur, par un véritable héritier* (1) ;
« et j'ajoute même que cette doctrine n'est pas seu-
« lement fondée sur l'induction qui sort des lois
« relatives à la garantie due par le vendeur d'une
« hérédité, en cas d'éviction, mais que cela est écrit
« textuellement dans la loi 13, ff. *de Hered. petit.* »

 Ici M. Merlin prenant ses avantages sur M. Toullier, qui ne décide la question, en droit romain,
que par des inductions, quand elle est tranchée,
du moins dans son sens et dans le nôtre, par une
foule de textes les plus formels, rapporte, en en
faisant une paraphrase plus ou moins exacte, les

_____

(1) Nous notons cette importante concession.

paragraphes 4, 9 et 10 de la loi 13, que nous avons précédemment expliqués, mais sans parler lui-même des lois 2 et 7 au Code, à ce titre, ni de la loi 4, aussi au Code, *in quibus causis longi temporis cessat præscriptio*, qui sont encore plus spécialement applicables, puisqu'il y est question de l'acheteur qui a acquis, de l'héritier apparent, des choses particulières de l'hérédité, seul cas dans lequel, si nous avons bien saisi sa doctrine, M. Merlin diffère d'opinion avec M. Toullier, lorsque l'acquéreur a son recours en garantie contre le vendeur.

Mais dans sa dissertation, M. Merlin s'attache avec force au §. 17 de la loi 25, précité, et après avoir, sans grande utilité et sans beaucoup de peine, réfuté la traduction de ce passage par Hullot, il établit son système qui, nous le répétons, ne repose que sur une fausse interprétation de ce paragraphe, ainsi que nous allons le démontrer. En voici le texte : *Item si rem distraxit bonæ fidei possessor, nec pretio factus sit locupletior, an singulas res, si nondùm res usucaptæ sint, vindicare petitor ab emptore poterit? et, si vindicet, an exceptione non repellatur,* QUOD PRÆJUDICIUM HEREDITATI NON FIAT INTER ACTOREM ET EUM QUI VENUMDEDIT; *quia non videtur venire in petitione hereditatis pretium earum, quamquàm victi emptores reversuri sint ad eum qui distraxit? et puto posse res vindicari, nisi emptores regressum ad bonæ fidei possessorem habent. Quid tamen, si is qui vendidit, paratus sit ità defendere hereditatem, ut perindè atque si possideret, conve-*

niatur? incipit exceptio locum habere ex personâ emptorum : certè, si minori pretio res venierint, et pretium quodcumque illud actor sit consecutus, multò magis potuit dici eum summoveri.

C'est en se fondant sur ce texte que M. Merlin dit : « Il y a donc une distinction essentielle à faire ; « et si la conséquence que M. Toullier tire d'un cas « à l'autre est vraie lorsque, dans la vente *de biens* « *particuliers* dépendans d'une succession, il n'y a « eu de bonne foi que de la part de l'acquéreur, « elle est fausse, ou du moins elle doit être singu- « lièrement restreinte, lorsque l'héritier putatif qui « a vendu se croyait de bonne foi héritier véritable.

« Ce texte, comme on le voit, est assez obscur : « *difficilis est*, dit Barthole, dans une note qu'il y « a mise.

« Cependant il s'y trouve une décision sur la- « quelle il n'y a aucun nuage ; c'est celle qui porte « que, DANS LE CAS OÙ LES ACQUÉREURS ONT UN RE- « COURS EN GARANTIE CONTRE LE POSSESSEUR DE BONNE « FOI DE L'HÉRÉDITÉ (1), QUI LEUR A VENDU LES BIENS « DONT LE VÉRITABLE HÉRITIER PRÉTEND LES ÉVINCER, « LA DEMANDE EN REVENDICATION DE CELUI-CI DOIT « ÊTRE REJETÉE : *et puto posse res vindicari, nisi*

---

(1) Nous notons encore cette décision de M. Merlin, parce qu'il dénie la revendication pour cette seule cause. Nous demanderons plus loin pourquoi la pétition d'hérédité *utilis* est donnée contre l'acquéreur de l'hérédité, du *jus hereditarium*, encore qu'il ait son recours en ga- rantie contre son vendeur, l'héritier apparent, et pourquoi M. Merlin paraît-il adhérer à cette opinion en ne faisant exception que pour le cas unique maintenant en question ?

« *emptores regressum ad bonæ fidei possessorem*
« *habent*; et nous ne devons pas oublier la grande
« règle de Descartes, *non sunt neganda clara prop-*
« *ter quædam obscura.* La décision que je viens de
« signaler ne perd donc rien de son autorité, par
« cela seul qu'elle est précédée et accompagnée d'ac-
« cessoires plus ou moins obscurs.

  « Mais d'ailleurs s'il est, comme le dit Barthole,
« difficile de bien entendre le paragraphe entier,
« cela n'est du moins pas impossible : il y a plus;
« Paul de Castre, dans son commentaire sur le
« texte même, le trouve très-clair (1); et quoique
« l'explication qu'il en donne ne soit pas absolu-
« ment satisfaisante, je crois que nous parvien-
« drons *facilement* à l'éclaircir tout-à-fait, en le di-
« visant et en méditant séparément chacune des
« parties dont il se compose. »

566. Nous allons développer l'explication que
M. Merlin donne de ce paragraphe, et puis nous
l'interpréterons à notre tour. Quoique ce travail
de glossateur ne soit nullement dans notre goût,
l'autorité de M. Merlin, dans les matières du droit
civil, est assez imposante pour nous faire surmon-
ter notre répugnance à l'entreprendre, et nous
porter à faire tous nos efforts pour empêcher de se

---

(1) *Iste paragraphus*, dit-il, *reputatur valdè difficilis, secundùm
Bartholum. Mihi tamen videtur quod difficultas procedit ex confusione
verborum tàm glossarum quàm ipsius, in positione casûs ; sed reverà, de
se videtur clarus.*

consolider une jurisprudence contraire aux principes, et qui trouverait un appui dans l'opinion
d'un jurisconsulte si versé dans la science du droit.

M. Merlin dit que le paragraphe se compose d'a-
bord de deux questions :

« La première, dit-il, porte sur le cas où le
« possesseur de bonne foi de l'hérédité a vendu ce
« qu'Ulpien appelle *rem;* et nous devons avant
« tout nous fixer sur le sens de ce mot. Ne dé-
« signe-t-il qu'un effet de la succession ? plusieurs
« interprètes l'entendent ainsi; mais deux raisons
« également tranchantes me portent à croire qu'en
« disant, *rem distraxit*, Ulpien est censé dire, a
« vendu tous les biens de l'hérédité (1). 1° Immé-
« diatement après avoir employé ces expressions,
« *rem distraxit*, Ulpien parle des objets particu-
« liers, *res singulas*, qui, par l'effet de la vente, de
« ce qu'il a d'abord appelé *rem*, se trouvent entre
« les mains des tiers acquéreurs. Bien sûrement,
« si le possesseur de bonne foi de l'hérédité n'avait
« vendu qu'un seul objet, les tiers acquéreurs n'en
« posséderaient qu'un seul; et dès qu'ils en pos
« sèdent plusieurs, il faut de toute nécessité en-
« tendre les mots *rem distraxit* de manière à

---

(1) Mais comment l'entend M. Merlin ? Est-ce en détail, ou en
masse, que tous les biens ont été vendus ? La question n'est pas indifférente relativement à l'usucapion qu'Ulpien suppose possible dans ce
cas; et l'on est porté à penser que, dans l'opinion de M. Merlin, les
biens ont été vendus en masse; que c'est le *jus hereditarium* qui a été
aliéné. La suite de son argumentation laisse peu de doute à cet égard;
mais cette interprétation est fautive, ainsi qu'on va le voir.

« leur faire signifier la vente de l'hérédité entière.

« 2° Dans la suite du paragraphe, Ulpien prévoit
« le cas où le vendeur se présente volontairement
« pour défendre à la demande en délaissement de
« l'hérédité, comme s'il la possédait encore : *quid*
« *tamen si is qui vendidit paratus sit defendere he-*
« *reditatem, ut perindè atque si possideret, conve-*
« *niatur?* ce qui suppose clairement que le juris-
« consulte parle du cas où le vendeur ne possède
« plus l'hérédité, où par conséquent il a vendu
« tous les biens, et où par suite il serait, *s'il le vou-*
« *lait* (1), à l'abri de la pétition d'hérédité, qui ne
« peut être intentée que contre celui qui possède
« ou n'a cessé de posséder que par dol. »

Et voici la conclusion que M. Merlin tire de l'interprétation qu'il donne aux mots *rem distraxit* :
« Si, suivant Ulpien, le possesseur de bonne foi a
« vendu tous les biens de la succession, et que le
« prix qu'il en a reçu ne l'ait pas rendu plus riche,
« soit qu'on le lui ait volé, soit qu'il en ait fait un
« emploi dont il ne lui reste plus rien (2), le de-

---

(1) Ces mots ne reposent que sur une erreur de principe : la loi 16,
§. 5. ff. *hoc tit.*, nous en offre la preuve irrécusable : *Idem Julianus ait,*
si quis possidens, sive non, rem vendiderit, petitione hereditatis cum
teneri; sive jam pretium recipit, sive petere possit, ut et hic actionibus
cedat. Ainsi M. Merlin a évidemment tort de dire que l'héritier apparent, qui a *vendu* les biens de l'hérédité, serait, *s'il le voulait*, à l'abri
de la pétition d'hérédité. Mais ce point sera mieux démontré par la
suite.

(2) D'après un sénatus-consulte, dont la teneur se trouve dans la
loi 20, §. 6, au même titre, et l'application dans la loi 23, le possesseur
de bonne foi de l'hérédité n'était en effet, tenu à la restitution que

« mandeur en délaissement d'hérédité, c'est-à-dire
« le véritable héritier, peut-il, en cas que les ac-
« quéreurs n'en aient pas encore prescrit la pro-
« priété, en faire la revendication sur eux ? « *Item,*
« *si rem distraxit bonæ fidei possessor, nec pretio*
« *factus sit locupletior, an singulas res, si nondùm*
« *usucaptæ sint, vindicare petitor ab emptore pote-*
« *rit ?...* Non, il n'y a pas lieu à la revendication. »

567. Mais la supposition que fait le jurisconsulte, que l'acquéreur n'a point encore acquis la
propriété par l'usucapion, entraînant avec elle la
supposition que le contraire eût été possible, détruit complétement l'interprétation que M. Merlin
donne des mots *si rem distraxit*, qui signifient,
selon lui, la vente de toute l'hérédité. En effet, si
le possesseur a vendu toute l'hérédité, le *jus hereditarium*, l'acheteur est soumis à la pétition d'hérédité *utilis*, suivant la loi 13, §§. 4, 9 et 10, ff.
hoc tit., précités, et suivant M. Merlin lui-même,
parce que, dit Voët, *vicem hereditatem gerentis
sustinet, et non longè ab eo diversus est.* Or l'héritier apparent, comme possesseur d'une universalité, ne prescrivait pas *per usucapionem* les biens
de l'hérédité ; il ne se libérait pas même de la pétition d'hérédité par la prescription de trente ans,
puisqu'elle était inconnue dans le droit du Digeste ;

---

jusqu'à concurrence de ce dont il se trouvait, par l'effet de sa possession, plus riche au moment du jugement : *finge*, dit cette loi 23, *pretium acceptum vel perdidisse, vel consumpsisse, vel donâsse.*

par conséquent Ulpien, qui, dans cette loi 13,
assimile l'acheteur de l'hérédité à l'héritier apparent, si ce n'est qu'il accorde contre l'un l'action
directe, et contre l'autre l'action *utile*, Ulpien ne
peut pas supposer que cet acquéreur eût pu avoir
acquis les biens par l'usucapion. Et que l'on ne
dise pas, pour justifier l'interprétation de M. Merlin, que celui qui avait acquis l'hérédité en a re-
vendu les biens en détail, et que c'est un sous-
acheteur qui est poursuivi, lequel possède *res singulas*, car le contexte de la loi ne permet pas de
supposer qu'il y ait eu plusieurs transmissions
successives.

568. Quelle conséquence au surplus y aurait-il
à tirer de ce qu'il s'agirait, dans cette première
partie du paragraphe, de la vente de l'hérédité, au
lieu de celle de choses particulières? quelle influence cela peut-il avoir sur la décision de la question? Nous sentons bien que cela importe beaucoup
au système de M. Merlin, afin d'éluder l'application du §. 4 de la loi 13; mais il n'y aurait rien à
inférer, dans notre droit, de cette circonstance,
si ce n'est en ce qui touche la prescription, et
dont nous parlerons ultérieurement.

Et si, dans la vente de choses particulières, le
recours en garantie que l'acheteur aurait contre
l'héritier putatif, vendeur de bonne foi, et qui ne
se trouve pas plus riche par l'effet de l'hérédité,
doit, selon M. Merlin, soustraire l'acheteur à la

I. 31

revendication, pourquoi, dans les mêmes cas, ce recours n'y soustrairait-il pas également l'acheteur de l'hérédité ou d'une quote-part?

Enfin si, d'après la manière dont ce savant jurisconsulte entend ces mots, *et, si vindicet, an exceptione repellatur,* QUOD PRÆJUDICIUM HEREDITATI NON FIAT INTER ACTOREM ET EUM QUI VENUMDEDIT, l'acquéreur de choses particulières, qui aurait son recours en garantie, peut tirer une exception *ex personâ venditoris,* pour repousser la revendication, pourquoi donc l'acheteur de l'hérédité ne pourrait-il pas aussi user de la même exception? Cependant la loi 13, §. 4, ff. *hoc tit.,* dit formellement, et et M. Merlin en convient, qu'il est passible de l'action *utile :* et dans quel cas? précisément dans celui que, suivant M. Merlin, Ulpien a eu en vue, c'est-à-dire le cas où l'héritier apparent n'est pas plus riche par l'effet de l'aliénation, parce qu'elle a été faite à titre gratuit ou à très-vil prix (1). S'il y a une raison particulière de différence, M. Merlin aurait donc dû au moins nous l'indiquer; mais nous l'avons vainement cherchée dans sa dissertation, qui ne repose que sur une interprétation divinatoire du paragraphe en question et sur des citations morcelées de différens auteurs, qui n'ont même pas tous en-

---

(1) *Sed finge non extare venditorem vel modico vendidisse, et bonæ fidei possessorem fuisse : an porrigi manus ad emptorem debeant? et putat Cassius dandam utilem actionem.* Dans le cas de donation, il n'y a pas lieu, de droit commun, à la garantie; mais dans celui de vente, la garantie est due, de droit commun, quoique la vente ait été faite à vil prix.

tendu ce paragraphe dans le même sens : témoin
la fin du passage du président Favre, que M. Merlin
cite cependant pour étayer d'un côté le système
qu'il a édifié, et qui au contraire finit, après avoir
expliqué les raisons de douter, par reconnaître dans
l'héritier le droit de poursuivre l'acquéreur par
voie de revendication. Voici ce qu'il dit à cet égard :
Sed tamen nihil habet ea res commune cum peti-
tione hereditatis, quæ scilicet cùm in rem sit, licet
mixtas habeat præstationes personales, non adver-
sùs alium dari potest, quàm adversùs eum qui vel
adhuc possidet aliquid hereditarium, vel dolo malo
desierit possidere, quorum neutrum in propositâ
specie de bonæ fidei possessore dici potest. Con-
sequens igitur est ut non possit hic petitor repelli
exceptione illâ, QUOD PRÆJUDICIUM HEREDITATI NON
FIAT, *si velit res singulas ab emptoribus vindicare,*
ac proindè ut non sit ei vindicatio deneganda. Voilà
qui est formel. D'ailleurs, lors même que, nonobstant les lois 2 et 7, au Code, à ce titre, et la loi 4,
in quibus causis longi temporis cessat præscriptio,
dont M. Merlin ne parle pas, quoique Voët et
Vinnius en aient fait la base de leurs décisions, on
pourrait prétendre que le droit romain admettait
cette distinction, elle n'aurait chez nous aucun fondement; dès-lors il faudrait n'appliquer du droit
romain que ce qui est incontestable en principe,
et rejeter ce qui pouvait faire exception à la règle,
comme n'étant fondé que sur des raisons particulières qui n'ont aucune force dans notre législation.

569. Nous terminerons cette polémique, dans laquelle nous avons été forcé d'entrer, par un résumé de la doctrine de M. Merlin sur ce paragraphe.

Après avoir établi que ces mots, qu'Ulpien n'emploie que par forme d'objection, *et, si vindicet, an exceptione non repellatur* QUOD PRÆJUDICIUM HÉREDITATI NON FIAT, ne veulent pas dire, comme l'a entendu Hullot, *que la succession ne doit point souffrir de préjudice entre le demandeur et le vendeur*, ce qui en effet ne présente aucun sens, M. Merlin les traduit ainsi : « Si le véritable héritier « revendique ces biens, et que les acquéreurs lui « opposent l'exception, *qu'il ne doit être rien pré-« jugé par rapport à l'hérédité entre le demandeur « et le vendeur*, ne pourrait-il pas répliquer que le « prix de ces biens ne peut pas entrer dans la pé-« tition d'hérédité, et que dès-lors il importe peu « que les acquéreurs aient, en cas d'éviction, un « recours contre leurs vendeurs ?

« Enfin voici, en forme de paraphrase, toute la « pensée d'Ulpien :

« Une demande en revendication est formée par « une personne qui se qualifie de véritable héritier, « contre les acquéreurs de biens dépendans de la « succession, que leur a vendus une autre per-« sonne qui la possédait de bonne foi, et à qui il « ne reste rien du prix qu'ils lui ont payé. Les ac-« quéreurs opposent au prétendu héritier revendi-« quant l'exception *quòd præjudicium hereditati* « *non fiat*, ou, en d'autres termes, ils lui disent :

« Avant de vous en prendre à nous, pourvoyez-
« vous contre notre vendeur; faites préalablement
« juger votre qualité contradictoirement avec lui. »

« Le demandeur en revendication leur réplique:
« Comment pourrais-je, avant de vous actionner,
« me pourvoir contre votre vendeur? il ne possède
« plus rien de l'hérédité, pas même le prix qu'il a
« reçu de vous; et il est de principe que la pétition
« d'hérédité ne peut être intentée que contre celui
« qui possède, ou qui n'a cessé que par dol de pos-
« séder soit l'hérédité entière, soit un droit qui
« en dépend, soit un objet qui en provient. D'après
« cela, comment pouvez-vous sérieusement m'op-
« poser cette exception, *quòd præjudicium heredi-*
« *tati non fiat?* Exception qui par sa nature n'est
« *que dilatoire*; et cependant, dans la position où
« je me trouve par rapport à votre vendeur, elle
« deviendrait péremptoire par le fait; car si, sous
« le prétexte que je n'ai pas encore fait juger ma
« qualité d'héritier contradictoirement avec votre
« vendeur, je n'étais pas admis en ce moment à re-
« vendiquer, je ne pourrais jamais l'être, puisque
« votre vendeur, ne possédant rien de la succession
« et n'ayant plus entre les mains le prix qu'il a tiré
« des biens que je réclame, *n'est plus passible de*
« *la pétition d'hérédité.* Ainsi me déclarer non-rece-
« vable, quant à présent, par suite de l'exception
« *quòd præjudicium hereditati non fiat*, ce serait
« réellement me déclarer non-recevable pour tou-
« jours, puisque n'ayant point de contradicteur

« légitime contre qui je puisse intenter là pétition
« d'hérédité, et par là faire reconnaître ma qualité
« d'héritier par un jugement, je ne pourrais jamais
« revenir contre vous, qui cependant avez acheté
« *à non domino.*

  « A cette réplique les acquéreurs répondent :
« Mais si nous succombons, nous avons un recours
« à exercer contre notre vendeur. Il faudra donc
« toujours tôt ou tard juger si notre vendeur est
« héritier ou non ; et on ne le pourra juger que
« contradictoirement avec vous, qui lui disputez
« cette qualité. Ce serait donc préjuger à l'avance
« cette question entre vous et notre vendeur, que
« d'admettre en ce moment votre demande en re-
« vendication.

  « Le demandeur réplique de nouveau : Eh ! que
« m'importe que vous ayez ou non un recours
« contre votre vendeur ? En est-il moins vrai que,
« votre vendeur ne possédant plus rien de la suc-
« cession, il ne me reste aucun moyen de l'attraire
« au tribunal des centumvirs, seul compétent pour
« connaître de la pétition d'hérédité. Votre excep-
« tion *quòd præjudicium hereditati non fiat* ne peut
« donc pas être accueillie, à moins qu'on ne veuille
« lui donner un effet perpétuel, et en faire résulter
« contre moi une fin de non-recevoir absolue ; ce
« qui serait d'une iniquité monstrueuse.

  « Ulpien, poursuit M. Merlin, n'admet donc
« cependant la revendication du véritable héritier
« contre les tiers acquéreurs que dans le cas où

« ceux-ci n'ont pas de recours à exercer contre
« l'héritier putatif, qui, possédant l'hérédité de
« bonne foi, leur en a vendu les biens et en a con-
« sumé le prix, etc. »

570. Arrêtons-nous là dans nos citations de la
doctrine de M. Merlin, et disons qu'en admettant
que *la forme de procéder* en matière de pétition
d'hérédité au temps d'Ulpien eût pu faire écarter
la demande en revendication du véritable héritier
contre les tiers, cet obstacle avait cessé par la loi
dernière, au Code, *de petitione Hereditatis*, qui a
supprimé, comme M. Merlin lui-même le reconnaît, cette exception *quòd præjudicium hereditati
non fiat*, quoique l'exception préjudicielle entre
le véritable héritier et le possesseur n'ait pas moins
continué d'avoir lieu, comme elle a lieu aujour-
d'hui, dans les cas où la qualité du demandeur
était contestée ; par conséquent ce n'est point
dans notre législation que l'on peut, pour écarter
l'exercice du droit de propriété, tirer argument
d'une forme de procédure abrogée depuis treize
siècles, quand il y a d'ailleurs des textes formels
qui tranchent la question en principe pour quiconque veut se donner la peine de les lire.

571. Mais comment M. Merlin peut-il d'ailleurs
faire dire au véritable héritier : « Puis-je, avant de
« vous actionner, me pourvoir contre votre ven-
« deur ; il ne possède plus rien de l'hérédité ; pas
« même le prix qu'il a reçu de vous ; *et il est de*

« *principe que la pétition d'hérédité ne peut être inten-*
« *tée que contre celui qui possède, ou contre celui qui*
« *n'a cessé que par dol de posséder, soit l'hérédité*
« *entière, soit un droit qui en dépend, soit un objet*
« *qui en provient...., et votre vendeur n'ayant plus*
« *rien entre les mains n'est plus passible de la péti-*
« *tion d'hérédité?* » M. Merlin fait ici une fausse application du sénatus-consulte dont nous avons
parlé. En effet, en nous plaçant avec lui, par la
pensée, dans l'hypothèse extraordinaire où l'héritier ne possède plus rien de l'hérédité, où il n'a
aucune action à céder à cet égard, et où il ne se
trouve pas plus riche d'un sol par le maniement
des biens de cette hérédité, hypothèse hors de laquelle le système de M. Merlin ne peut plus faire
un seul pas, il ne nous sera pas difficile de démontrer que, même réduit à ce cas, pour ainsi dire
de pure abstraction, le sénatus-consulte ne lui
fournira encore aucun appui, parce qu'en effet il
n'a point dit, ni ne pouvait dire que la pétition
d'hérédité serait éteinte par la circonstance que
l'héritier putatif ne posséderait plus rien de l'hérédité dont il a vendu les biens : il a seulement introduit une exception en sa faveur : or, qui dit *ex-*
ception suppose par cela même l'*existence d'une*
action, car l'une ne peut être opposée qu'à l'autre.
Il faut donc juger s'il y a lieu à cette exception ;
pour cela il faut une discussion des faits, afin de
savoir si l'héritier apparent s'est ou non enrichi, et
de combien, par le maniement des choses hérédi-

taires; si ce sont les biens de l'hérédité ou les siens propres qui ont péri dans ses mains, etc. Et comment pourra-t-on s'assurer de tous ces faits, s'il n'y a pas d'action en pétition d'hérédité? Tout héritier apparent, dans ce système, s'affranchirait donc de l'obligation de rendre compte par une simple allégation extrajudiciaire? l'action se trouverait donc éteinte avant que l'exception du sénatus-consulte fût vérifiée? Cela ne mérite réellement pas une plus longue réfutation. M. Merlin confond ici l'*action* avec les *effets de l'action*, et c'est cependant ce qu'il importe de bien distinguer, puisque ce que nous cherchons en ce moment n'est pas de savoir à quoi l'héritier apparent pourra être condamné envers le véritable héritier, mais le moyen qu'a celui-ci de faire reconnaître sa qualité, soit devant le tribunal extraordinaire des centumvirs, soit, depuis sa suppression, devant tout autre. Or il a toujours eu ce droit depuis comme avant le sénatus-consulte : la partie de sa demande, renfermant ce qu'on appelait *adjudicationes*, c'est-à-dire la reconnaissance de la qualité, aurait toujours été bien fondée; seulement celle qui contenait ce qu'on nommait *condamnationes* aurait été repoussée par l'exception tirée du sénatus-consulte, si en effet l'héritier apparent n'eût plus rien eu entre mains. Il en était de ce cas comme de celui où un individu qui s'était mis en possession de l'hérédité en avait été expulsé par violence par un tiers, ou avait restitué l'hérédité en vertu d'un fidéicommis, ou avait payé des legs ou une prétendue dette de la succession, cas dans lesquels il n'était pas moins passible de la pétition d'hérédité, à l'effet de céder du moins ses actions au véritable héritier (1), et où il se libérait par le moyen de cette cession, comme l'héritier apparent, dans l'espèce, se serait libéré par l'exception tirée du sénatus-consulte, après discussion du mérite de cette exception, c'est-à-dire après vérification des faits sur lesquels elle était fondée. Nous le répétons, M. Merlin confond ici mal-à-propos les effets de l'action, son résultat quant aux *condamnations,* avec l'action elle-même, dont le principe réside dans le fait de prise de possession de l'hérédité.

Où est donc alors cette prétendue impossibilité, dans l'héritier, de faire reconnaître sa qualité contradictoirement avec le vendeur? Où était-elle surtout depuis la suppression du tribunal des centumvirs, et, dans la suite, qu'est-elle devenue par l'abrogation de l'exception *quòd præjudicium hereditati non fiat?* enfin de quelle influence pourrait être, dans notre législation, cette *difficulté de procédure,* si jamais elle a existé, comme le prétend M. Merlin, quand le principe sur le *fond* du droit de revendication est attesté par tous les textes cités précédemment? Dès-lors, à quoi bon s'attacher à une loi que l'on n'entend pas, pour s'en faire un motif d'exclusion de l'application du principe, qui

---

(1) L. 13 ; §. 10; L. 16, §§. 4, 5 et 7 ; L. 35, ff. *hoc tit.;* Voët, n° 9.

est incontestable? Enfin, pourquoi prendre comme des décisions ce qu'Ulpien, très-probablement, ne jette en avant que comme des objections plus ou moins fortes contre l'action en revendication?

De plus, si, par son action contre les tiers acquéreurs, le véritable héritier avait préjugé la question d'hérédité entre lui et l'héritier apparent, nous soutenons que la circonstance que ces tiers avaient ou non un recours en garantie contre leur vendeur était indifférente, puisque, dans l'une comme dans l'autre hypothèse, si les biens lui avaient été rendus, c'est qu'on aurait préjugé qu'il était héritier. Mais comme le jugement aurait été, à l'égard de l'héritier apparent, *res inter alios judicata*, en réalité il n'aurait encore rien *préjugé* contre lui (1). Nous disons, en outre, qu'il aurait dû en être de même dans le cas où c'eût été l'hérédité, le *jus hereditarium*, qui aurait été vendu; qu'on aurait donc dû aussi dans ce cas distinguer si l'acheteur avait ou non un recours en garantie : cependant la loi 13, §. 4, ff. *hoc tit.*, dit positivement, sans aucune distinction, que cet acheteur est passible de la pétition d'hérédité *utilis*; la loi 2, au Code, porte formellement aussi, sans distinguer entre l'aliénation de l'hérédité et celle de certaines

---

(1) M. Merlin ne pense pas ainsi; il dit qu'il fallait que l'action en pétition d'hérédité arrivât vierge devant le tribunal des centumvirs, et que, pour cela, il n'aurait pas fallu accueillir la revendication formée contre les tiers acquéreurs par le véritable héritier. Nous répondons qu'elle y serait venue vierge tout de même, par la raison qu'alors, comme plus tard, la chose jugée ne faisait loi qu'entre les parties.

choses particulières, sans distinguer non plus si l'acquéreur a, ou non, un recours en garantie contre son vendeur, qu'il est soumis à la revendication ; et, comme nous l'avons dit, les lois 7, au Code, au même titre, et 4, *in quib. caus. cessat long. temp. præscript.*, déterminent la durée de l'action en revendication à dix ans entre présens et vingt ans entre absens pour les immeubles.

572. Enfin, pour invoquer dans notre législation le §. 17 de cette loi 25, M. Merlin doit nécessairement partir de la supposition que l'exception introduite par le sénatus-consulte en faveur de l'héritier apparent de bonne foi, de ne pouvoir être condamné qu'à restituer ce qu'il a entre mains au moment du jugement, subsiste aussi dans notre droit; car, sans cela, sa doctrine n'a plus de base ; on n'est plus dans le cas prévu par Ulpien; l'acquéreur ne se défend plus par cette exception *ex personâ venditoris*, qui est le nœud de ce système. Mais cette supposition n'est fondée sur aucune loi. Rien, en effet, dans le Code, n'autorise cette dérogation aux principes du droit commun pour le cas dont il s'agit. Si nous l'avons admise nous-mêmes en traitant de l'article 132 (1), c'est parce que l'absent qui ne revient qu'après l'envoi en possession définitive ne reprend ses biens que *dans l'état où ils se trouvent;* au lieu que l'article 137 ne dit rien de semblable : par conséquent le véritable

_____

(1) *Voy.* le n° 509.

héritier doit reprendre ceux de l'hérédité *dans l'é-
tat où ils devraient être*, sauf les pertes arrivées par
force majeure. Mais les augmentations de dépenses
que l'héritier apparent aurait cru devoir faire dans
sa maison, les libéralités qu'il aurait faites à des
tiers avec les biens de l'hérédité, et qui motivaient
aussi l'exception du sénatus-consulte (1), ne le
dispenseraient point de restituer ce qu'il a réellement recueilli.

573. Au reste, nous serions assez porté à croire
que c'est cette même faveur, accordée par le sénatus-consulte à l'héritier apparent, qu'a en vue
Ulpien dans la loi 25, §. 17, lorsqu'il dit : *Et
puto res vindicari, nisi emptores regressum ad bonæ
fidei possessorem habent;* voulant empêcher, autant
que possible, lorsque les acquéreurs ont le recours
en garantie contre leur vendeur, que celui-ci n'é-
prouve un dommage auquel le sénatus-consulte a
voulu le soustraire. Pour cela, Ulpien entend probablement que la pétition d'hérédité doit être *préalablement* vidée avec lui; que, s'il est reliquataire,
il devra être discuté dans ses biens, et que ce ne
serait qu'en cas d'insuffisance que le véritable héritier retournerait aux acquéreurs. Cette interprétation paraît confirmée par la loi 13, §. 4, qui est
aussi d'Ulpien, où, après avoir supposé que le possesseur a vendu les biens à vil prix, *modico vendidisse* (ce qui, de droit commun, ne l'affranchissait

---

(1) *Voy.* la loi 25, ff. §. 8, 11; et 16, ff. *hoc tit.*

point de l'obligation de garantir), ce jurisconsulte se demande si l'héritier pourra s'adresser aux
acquéreurs : *an porrigi manus ad emptorem debeant?* Et il ajoute : *Et putat Caïus Cassius dandam utilem actionem.* Il nous semble donc que ces
mots, *an porrigi manus ad emptorem*, indiquent
une action subsidiaire, en cas d'insuffisance du résultat de la pétition d'hérédité. Cette interprétation
est aussi celle que donne Vinnius, qui s'exprime
ainsi dans sa vingt-troisième *Question choisie*,
Livre Ier : *Utili petitione tenetur fideicommissarius, qui hereditatem à falso herede accepit, item
emptor, qui hereditatem aut partem universi juris
emit à non vero herede : sed ità demùm emptorem
conveniri placet, si aliter res petitori salva esse non
potest, aut si non expediat petitori hereditatem à
venditore peti, quem directâ petitione teneri certum
est.* Et Vinnius cite à l'appui de sa doctrine ce
même §. 4.

574. Si le §. 17 en question était entendu en ce sens,
la difficulté qu'il a fait naître ne serait plus, dans
notre droit, que de savoir si, en admettant en principe
que le véritable héritier a l'action en revendication
contre les tiers de bonne foi, il ne peut néanmoins
l'exercer que discussion préalablement faite des
biens de l'héritier apparent. Cette opinion serait
assez raisonnable, elle rentrerait parfaitement dans
l'esprit général du Code ; mais malheureusement
elle ne trouverait d'appui dans aucune loi précise.

575. Avant de discuter la question principale dans les principes du Code, nous devons expliquer trois lois romaines dont on a quelquefois, quoique mal-à-propos, argumenté contre le véritable héritier.

L'une est la loi 17, ff. *de Pactis*, suivant laquelle l'héritier fidéicommissaire est obligé d'exécuter la transaction faite par l'héritier institué avec le débiteur, qui ignorait que celui-ci fût chargé de rendre l'hérédité. Or, dira-t-on, vous voyez bien que dans le droit romain lui-même, les actes de celui à qui l'hérédité n'appartenait pas en propre, puisqu'il était obligé de la rendre à une autre personne, étaient cependant respectés, lorsque les tiers avaient traité de bonne foi : dans l'espèce de la question, les tiers, on le suppose, ont aussi acquis de bonne foi de l'héritier apparent; donc ses actes doivent être pareillement maintenus.

La seconde est la loi 104, ff. *de Solutionib*. D'après cette loi, les paiemens faits à l'héritier, les décharges par lui données, avant la restitution de l'hérédité à un fidéicommissaire, doivent être ratifiés par celui-ci. Cette loi est le type de notre article 1240, qui porte : « Les paiemens faits de bonne « foi à celui qui est en possession de la créance, « sont valables, encore que le possesseur en soit « par la suite évincé; » article dont on invoque la disposition en faveur des tiers qui ont acquis de bonne foi de l'héritier apparent.

Enfin, la loi 70, §. 1er, ff. *ad Senatus Trebell.*, suppose même que l'héritier chargé de restituer l'hérédité en a aliéné des biens ou a donné la liberté aux esclaves avant d'avoir remis la succession au fidéicommissaire, et néanmoins elle ne réserve pas à celui-ci l'action en revendication contre les tiers.

Les deux premières de ces lois sont fondées sur deux raisons : 1° l'héritier, quoique chargé de restituer l'hérédité, n'en est pas moins le maître tant que la restitution n'a pas été effectuée, par conséquent ses actes doivent avoir effet si les tiers ne sont pas complices de sa mauvaise foi : au lieu que l'héritier apparent est sans titre. 2° La bonne foi des tiers qui ont transigé ou payé doit les protéger contre les effets de la résolution du droit de celui avec lequel ils ont traité, ou à qui ils ont payé. Il y avait, en quelque sorte, nécessité pour eux de transiger pour terminer le procès ou le prévenir, ou de payer pour éviter des poursuites; mais il n'y a pas nécessité d'acheter des biens; et voilà pourquoi les lois, tout en favorisant les acquéreurs de bonne foi, en leur donnant le droit de prescrire la propriété par un temps bien moins long que celui qui leur serait nécessaire, s'ils n'avaient pas de titre ou de bonne foi, et en leur faisant gagner les fruits, ne les affranchissent néanmoins pas sur-le-champ de toute réclamation de la part du propriétaire. Il est vrai que, dans le cas prévu à la loi 70, précitée, où l'héritier a vendu des biens de l'hérédité, cette dernière raison est inapplicable; mais la première a paru suffisante, au moyen de l'action en indemnité que le fidéicommissaire a contre lui:

576. Maintenant voyons si, dans la législation actuelle, les aliénations faites par l'héritier apparent sont inattaquables, comme l'a jugé la Cour de Caen, par l'arrêt dont nous avons parlé en commençant cette discussion, et dont voici l'espèce, que nous puisons, par extrait, dans le recueil de Sirey. (1815, 1, 286.)

Le 8 germinal an XIII, décès du sieur Famesson, dont la succession s'est trouvée dévolue, par la loi, moitié aux parens les plus proches dans la ligne paternelle, moitié à ceux de la ligne maternelle.

Le sieur d'Ormond, qui n'était pas le plus proche dans la ligne maternelle, se présenta cependant, et reçut la part contingente à cette ligne, au préjudice des sieurs Duguay et de Prépetil, qui se présentèrent plus tard.

Il fit faire l'inventaire dans les délais de la loi, avec l'héritier de la ligne paternelle, et, par acte en bonne forme, partagea avec lui les biens de la succession. Il jouit publiquement de la portion qui lui était attribuée, fit toutes sortes d'actes de propriétaire, et notamment vendit une pièce de terre qui en dépendait. Trente mois après l'ouverture de la succession, les sieurs de Prépetil et Duguay se présentèrent pour la recueillir.

Ils formèrent d'abord, contre le sieur d'Ormont, une action en pétition d'hérédité, qui fut accueillie par le tribunal d'Argentan; ensuite le sieur de Prépetil, cessionnaire (quoique notaire) de son cohéritier, intenta contre les acquéreurs de la pièce de terre une action en revendication.

Les acquéreurs repoussaient cette demande, en alléguant qu'ils avaient acquis de bonne foi, d'un individu qui passait pour le véritable héritier et possédait publiquement en cette qualité; que, de tous les temps, les actes faits avec l'héritier apparent avaient été reconnus irrévocables, dans l'intérêt des tiers, soit par la loi, soit par la jurisprudence.

Le sieur de Prépetit répondait ce que nous avons déjà dit, que l'héritier apparent n'étant point propriétaire, la vente par lui faite était nulle, comme vente de la chose d'autrui; que la bonne foi des acquéreurs ne pouvait devenir une fin de non-recevoir, qu'autant qu'elle serait accompagnée d'une possession suffisante pour prescrire : et le tribunal d'Argentan reçut la demande en revendication ; mais sa décision a été infirmée par arrêt de la Cour d'appel de Caen, en date du 21 février 1814, dont voici les motifs :

« Considérant *en droit* qu'il est constant que « suivant l'ancienne jurisprudence attestée par les « auteurs normands, et puisée dans l'arrêt *Ma-* « *laudin*, du 19 juin 1739 (1), celui qui a acquis « d'un héritier apparent tout ou partie des biens

---

(1) On a le droit de s'étonner que, sous l'empire d'une loi qui a abrogé celles qui l'ont précédée, une Cour royale *motive* sa décision sur une jurisprudence ancienne, plus ou moins constante, *attestée* par des auteurs, et puisée dans *un arrêt*, dont on ne rapporte pas même l'espèce ni le dispositif.

« d'une succession, de laquelle ensuite un autre
« parent plus proche a été envoyé en possession,
« a été maintenu dans son acquisition toutes les
« fois qu'il a été reconnu qu'il l'avait faite de bonne
« foi (1), parce qu'en pareil cas le nouvel héritier
« a dû s'imputer la faute de ne s'être pas présenté
« plus tôt (2), raison qui a fait penser qu'il devait
« au respect de l'acquéreur prendre les choses dans
« l'état où il les trouvait.

« Considérant que le tribunal dont est appel,
« en reconnaissant la vérité de ce *principe* (3), a dé-
« cidé que, d'après le Code civil, cette ancienne
« jurisprudence ne devait plus être maintenue ;
« qu'ainsi il s'agit d'approfondir ce dernier point.

« Considérant que l'intimé, pour soutenir les
« jugemens qu'il a obtenus, fait valoir deux prin-
« cipaux moyens, tirés, le premier des articles 724,
« 729, 789, 790 et 2265 du Code civil, et le se-
« cond de l'article 1599 ; qu'en les examinant *on*
« *reconnaît des principes généraux* (4) posés par le

---

(1) Ce n'est pas ce que considère M. Merlin; il ne voit que la bonne foi du vendeur et le recours en garantie de l'acheteur. D'abord il ne parle que de l'acheteur *de choses particulières* (voy. le n° 565) ; ensuite il semble étendre sa décision à l'acheteur *de l'hérédité* (voy. le n° 566); mais le §. 4 de la loi 13 repousse évidemment cette décision, qui ne serait d'ailleurs point en harmonie avec la première.

(2) Mais dira-t-on cela d'un absent ? Et la loi ne parle de la pétition d'hérédité qu'au titre des *Absens*, parce qu'en effet le plus souvent c'est lorsque le plus proche parent est absent que l'hérédité est appré-hendée par d'autres.

(3) Un principe fondé sur quelques arrêts combattus par d'autres !

(4) Et où sont donc les exceptions ? Il n'y a pas une disposition

« législateur pour les cas ordinaires, mais qui ne
« sont nullement capables de porter atteinte à la
« jurisprudence ci-devant rapportée; si les héri-
« tiers plus proches, représentés aujourd'hui par
« l'intimé, se fussent présentés plus tôt (1), *il est*
« *hors de doute qu'ils pourraient, à bon droit i ré-*
« *clamer avec avantage les articles du Code civil qu'ils*
« *invoquent* (2).

« Le répertoire a été fait dans le délai de trois
« mois accordé par la loi (3); les quarante jours
« pour délibérer se sont écoulés; d'Ormond, qui
« comme parent, s'était présenté en qualité d'hé-

---

dans le Code civil qu'on ne puisse rendre illusoire avec de pareils rai-
sonnemens.

(1) Ils se sont présentés trente mois après l'ouverture de la succession. Dans le système de cet arrêt, où est, on le demande, la garantie
qu'a un absent, quand on songe que ceux qui recueillent la succession à son défaut ne doivent pas caution?

(2) C'est un grande concession que fait ici l'arrêt; il abandonne le
principe constant de l'ancienne jurisprudence pour juger en *fait;* mais
du moins il aurait dû préciser à quelle époque le sieur Prépetil devait
se présenter, pour que le Code civil l'emportât sur *le principe* de l'ancienne jurisprudence, et passé laquelle c'était l'ancienne jurisprudence qui l'emportait sur le Code; par exemple, il devait fixer trois
mois, ou six mois juste, et établir ainsi, à côté de la prescription légale, une prescription particulière et toute parlementaire. La Cour de
Paris aurait pu fixer un an, celle de Bordeaux quinze mois, et ainsi
de suite : de manière que, pour ce cas du moins, nous aurions encore
eu un droit coutumier.

(3) Mais ce *répertoire* a-t-il rendu d'Ormond propriétaire? J'ai trente
ans pour accepter une succession, dont je suis *saisi* par la loi aussitôt
son ouverture; et il n'y avait pas plus de raison de débouter le sieur
de Prépetil de sa demande en revendication des biens de la succession, ouverte seulement depuis trente mois, qu'il n'y en aurait eu de
le repousser d'une demande en revendication de ses biens particuliers, attendu que les premiers étaient devenus aussi ses biens propres.

« ritier, et a fait tous les actes, d'abord en par-
« tageant les biens avec l'héritier de la ligne pa-
« ternelle, en acquittant les droits de mutation (1),
« en jouissant des biens de la ligne maternelle, en
« faisant des abatis de bois, en vendant aux ap-
« pelans partie desdits biens; et tout cela s'est
« passé publiquement, sans que les héritiers plus
« proches soient venus réclamer l'hérédité (2), et
« sans même qu'ils eussent manifesté par des op-
« positions ou autres actes (3), l'intention de se
« présenter, de réclamer et faire valoir leurs droits
« dans la suite; que de ces faits il résulte que
« d'Ormond qui a pris la *saisine légale* (4) de la
« succession, *est présumé, aux yeux de la loi*, avoir
« été véritable héritier, avoir administré pour lui
« et disposé comme propriétaire.

« Qu'on ne peut pas dire dans la circonstance

---

(1) Les envoyés en possession provisoire des biens d'un absent font
aussi inventaire, et acquittent les droits de mutation : cependant les
aliénations qu'ils se permettraient de faire seraient nulles et de nul
effet, comme aliénation de la chose d'autrui. (Art. 128 et 1599.)

(2) Pourquoi d'Ormond a-t-il appréhendé cette hérédité avant que
les plus proches parens y eussent renoncé? de quoi se mêlait-il? était-
il de bonne foi? Non, certes, s'il connaissait l'existence de ceux qui
le précédaient en degré : dès-lors, même dans le système de M. Merlin, ses acquéreurs, quoique de bonne foi, étaient passibles de l'éviction : ils n'auraient pu opposer, *ex personâ venditoris*, l'exception *quòd
hereditati præjudicium non fiat inter heredem et eum qui venumdedit.*

(3) Où est la loi qui les obligeait d'en faire?

(4) Voilà qui est par trop fort : *prendre la saisine légale !* la possession de fait, de bonne ou de mauvaise foi, à la bonne heure; mais la
saisine *légale* ne se *prend* pas, on en reçoit l'impression de la loi elle-
même, et voilà tout.

« qu'il a vendu la chose d'autrui, *parce qu'il a*
« *vendu un bien dont il se regardait comme proprié-*
« *taire ;* et ceux qui l'ont trouvé investi de la qua-
« lité d'*héritier*, ayant traité avec lui de bonne foi
« avant aucune revendication ni opposition, sont
« fondés à réclamer comme tiers acquéreurs les
« droits qui leur ont été cédés. Et, enfin, il serait
« déraisonnable de soutenir que, dans l'incertitude
« où il pourrait exister un parent plus proche qui
« se serait *abstenu* (1), ou qui aurait négligé ou
« différé de se faire reconnaître pour l'héritier,
« l'héritier apparent n'aurait pu disposer de tout
« ou partie de la succession, qu'après l'expiration
« des longs délais pour la prescription : de tout
« quoi il résulte que les jugemens dont est appel
« ont été mal rendus, et que l'*intimé, qui a traité*
« *de droits litigieux* (2) *en perdant de vue ses fonc-*
« *tions de notaire,* ne peut être écouté à venir trou-
« bler de légitimes acquéreurs. »

Le sieur de Prépetil s'est pourvu en cassation, et

---

(1) Nous sommes encore obligé de faire une remarque : Personne
n'a dit et ne dira que, lorsque le plus proche s'est *abstenu*, dans le sens
que l'arrêt attache à ce mot, sens qui n'est pas douteux d'après ce qui
suit, celui qui a accepté à son défaut, en degré utile, n'ait pas pu
vendre, puisque la part du renonçant accroît à ses cohéritiers, et,
s'il est seul, que la succession est dévolue au degré subséquent.
(Art. 786.)

(2) Nous sommes satisfait de voir cette circonstance prise en considération par la Cour. Ne pourrait-on pas supposer qu'elle a beaucoup
aidé à faire prévaloir le *principe constant* de l'ancienne jurisprudence?
Nous le pensons; en sorte qu'il y a tout lieu de croire que cet arrêt est
au moins autant rendu en *fait* qu'en *droit*.

sur son pourvoi est intervenu le très-succinct arrêt que voici :

« Attendu que l'arrêt dénoncé est fondé sur « une ancienne jurisprudence, conforme au droit « romain (1), et soutenu par les motifs les plus « puissans d'ordre et d'intérêt public ; qu'elle se « concilie avec les articles prétendus violés 549, 724, « 1599 et 2265, Code civil, qui n'ont statué qu'en « principe et rèle générale, la Cour rejette (2). »

Au surplus, la Cour de Douai a jugé dans un sens contraire. L'arrêt, qui est du 17 août 1822, et dont nous avons la copie sous les yeux, n'était, lors de la publication de la première édition de cet ouvrage, encore inséré dans aucun recueil. Voici dans quelle espèce il est intervenu.

Par suite d'une fausse interprétation de la loi du 17 nivôse an 11, sur *les Successions*, le partage d'une hérédité avait eu lieu, pour la part attribuée à la ligne maternelle, entre un cousin-germain du défunt et des enfans d'un cousin au même degré, d'après le système de la *refente*. Plus tard, lorsque la jurisprudence de la Cour de cassation n'a plus permis de donner ce sens à la loi de l'an 11, le parent qui était appelé seul dans sa ligne a demandé la nullité du partage, et, contre des cessionnaires de la part attribuée au copartageant, héritier putatif, la restitution des biens que ceux-ci possédaient depuis plus de dix ans entre présens. La

(1) Nous pensons fermement avoir démontré le contraire.
(2) Du 3 août 1815. Sirey, 1815, 1, 286.

Cour a jugé, 1° que l'erreur (et cependant elle était de droit) viciait le partage ; 2° que le cessionnaire du copartageant était passible de la revendication; 3° qu'il ne pouvait pas invoquer la prescription de dix et vingt ans, parce qu'il ne défendait pas à une action *en revendication d'immeubles déterminés.*

En effet, il était *loco possessoris hereditatis.*

577. Ainsi, malgré la juste déférence que nous avons pour les décisions de la Cour de cassation, il nous semble que celle rapportée plus haut ne s'accorde point avec celles qu'elle rend journellement en faveur du maintien des principes.

D'abord, elle paraît en opposition avec l'article 1599, invoqué dans la cause, et suivant lequel la vente de la chose d'autrui est nulle, tant que l'acquéreur n'a pas acquis la propriété par le moyen de la prescription. (Art. 2265.)

Elle paraît aussi blesser le principe consacré par l'art. 2182, qui porte que le vendeur ne transmet à l'acquéreur que les droits qu'il avait sur la chose vendue (1), principe si juste, et dont l'observation est si essentielle au maintien du droit de propriété, qu'il a même été appliqué aux ventes judiciaires par l'art. 731 du Code de procédure, bien que toutes les formalités prescrites pour ces sortes de ventes, la publicité qui leur est donnée, eussent dû, peut-être, comme dans l'ancien droit, proté-

---

(1) *Nemo plus juris in alium transferre potest quàm ipse habet.*

ger l'adjudicataire contre toute demande en revendication, formée par le véritable propriétaire (1).
Même règle dans l'art. 2115, relativement à l'hypothèque, et pas une seule disposition dans les différens Codes qui puisse fournir un appui à la prétention des tiers acquéreurs.

Serait-ce en effet l'art. 132? Mais l'exception
que la loi a cru devoir faire au principe général,
dans ce cas extraordinaire, ne saurait tirer à conséquence.

Serait-ce l'art. 790, qui maintient les actes faits
avec le curateur à la succession vacante? Mais ce
curateur *représente l'héritier :* il défend ses droits et
ne les détruit pas, comme l'héritier apparent; le
produit des biens n'est pas touché par lui, il est
employé à l'acquittement des dettes et charges de
la succession, et le reliquat, s'il y en a un, reste
en dépôt dans la caisse publique, tandis que l'héritier apparent qui vend les biens et en touche le
produit peut le dévorer promptement. Il n'y a donc
pas parité de raison dans les deux cas : d'ailleurs
la loi s'est formellement expliquée sur l'un, et a
laissé l'autre soumis à l'empire du droit commun.

Invoquerait-on aussi l'art. 1240? Nous y avons
répondu.

578. Il faut donc renoncer, et les motifs des deux
arrêts ne le prouvent que trop, à l'espérance de pou-

(1) C'était, en effet, dans ces sortes de ventes qu'il pouvait y avoir
lieu, ou jamais, à faire fléchir le principe.

voir soutenir ce système par l'appui d'une loi quelconque ; il faut aussi, comme nous croyons l'avoir
prouvé, désespérer de lui trouver un soutien dans
les lois romaines, bien interprétées ; et il ne res-
tera plus en sa faveur que quelques considérations,
aussi puissantes dans d'autres cas, sans que cependant la loi y ait eu égard. C'est en les passant rapidement en revue que nous terminerons cette
longue, peut-être trop longue discussion.

On dit : mais la bonne foi des tiers doit les protéger. Eh ! sans doute ; aussi la loi y a-t-elle attaché
de puissans effets : elle a établi en faveur de ceux
qui peuvent l'invoquer un moyen d'acquérir la propriété par une possession infiniment plus courte
que celle qu'il aurait fallu en l'absence de cette
bonne foi, et de plus elle leur fait gagner les
fruits par eux perçus tant que dure cette bonne foi :
elle est même, à cet égard, plus libérale que la loi
romaine ; car, dans cette législation, d'après le
principe *fructibus augetur hereditas*, les fruits non
consommés étaient restitués avec la chose, même
par le possesseur de bonne foi. Mais sa faveur s'est
arrêtée là, parce qu'en effet la sagesse des lois
réside dans une juste appréciation des droits de
chacun, par conséquent dans la protection que
mérite celui de propriété, et que *inter errantem
et patientem nulla est dubitatio.*

A quoi servirait en effet à celui qui, ayant
acquis des biens compris dans une donation révoquée pour survenance d'enfans, d'alléguer sa bonne

foi, l'ignorance, pour ainsi dire, invincible, dans laquelle il était relativement aux causes qui pouvaient entraîner la résolution du droit de son vendeur? On lui répondrait, avec l'art. 966, que sa bonne foi est insuffisante. En vain même se retrancherait-il dans la prescription de dix et vingt ans, que, du moins, peut invoquer celui qui a acquis de l'héritier apparent : cette ressource lui échapperait encore. Cependant, lorsqu'il a acheté, son vendeur était *encore* propriétaire; il a continué de l'être depuis la vente, pendant plus de temps qu'il n'en fallait peut-être pour la prescription ordinaire au profit du tiers; tandis que l'héritier apparent était sans droit, sans titre. Toutes ces considérations sont néanmoins insuffisantes; cet acquéreur ne pourra invoquer que la prescription de trente ans, qui ne commenceront à courir que du jour de la naissance du dernier enfant survenu au donateur, et ce sans préjudice des interruptions pour minorité ou autre cause. Et remarquez que cela n'est pas particulier au premier acquéreur, qui a traité avec le donataire; cela s'applique aussi aux sous-acheteurs à l'infini; en un mot, *à tout détenteur* des choses données.

Mais, dira-t-on, quand je traite avec un donataire, je vois sa qualité dans son titre, que je dois me faire représenter, et si je ne le fais pas, je dois me l'imputer. J'y vois donc par conséquent les chances de résolution de son droit, ou du moins je puis les concevoir; mais quand je traite avec le

possesseur paisible et public d'une hérédité, les
seuls moyens que je puis avoir de m'assurer de sa
qualité, lors même que je pourrais concevoir des
doutes à cet égard, c'est de me faire représenter
ou un acte de notoriété, ou l'intitulé de l'inventaire : achetant de lui sur la foi de sa qualité au-
thentiquement constatée, mon erreur est invincible; je n'ai pu éviter d'y tomber. Je dois donc être
protégé dans mon acquisition. Nous répondons :
1° Quand vous achetez d'un sous-acheteur, vous ne
voyez pas nécessairement, dans son titre, que les
biens provenaient originairement d'une donation,
et l'on ne peut vous reprocher raisonnablement de
ne pas vous être fait représenter les titres des précédens propriétaires jusqu'au donataire inclusivement; vous n'en êtes cependant pas moins soumis
à la disposition de l'art. 966. De même, lorsque
vous achetez en justice, pouvez-vous raisonnablement craindre, d'après la publicité donnée à la
vente, que ce peut être l'immeuble d'un tiers. Vous
achetez sur la foi d'un jugement, après l'accomplissement de formalités sans nombre et des délais
bien suffisans pour avertir le propriétaire; néanmoins vous serez évincé, et vous n'aurez même de
recours que contre un individu, qui, en pareil
cas, est ordinairement insolvable. 2° L'inventaire,
ou un acte de notoriété, vous dit bien qu'un tel se
donne pour plus proche parent du défunt; mais
cet acte est fait à sa requête : le notaire n'a pas
sous les yeux l'arbre généalogique de la famille,

et, l'eût-il, cela ne dirait encore pas grand'chose.
Vous n'avez donc pas dû faire un grand fond sur
cet acte; l'événement lui-même prouve bien qu'il
ne méritait pas en effet votre confiance; et comme
cette erreur est assez fréquente dans le cas dont il
s'agit, averti par l'expérience, vous auriez pu aussi,
comme celui qui achète en justice ou qui traite
avec le sous-acheteur de biens donnés depuis long-
temps, prendre de plus sûres précautions, ou du
moins vous ne devez pas, si vous les avez négligées,
vous plaindre d'être soumis à la même loi qu'eux.
3° Votre bonne foi d'ailleurs produira ses effets,
tels qu'ils sont déterminés par les lois. 4° Enfin,
si les absens (même présumés), que l'art. 136 repousse de la succession en la déférant à d'autres,
et sans que ceux-ci soient assujétis à donner caution, doivent être non-recevables dans leur action
en revendication contre les tiers acquéreurs, on
doit le dire, cet article n'offre qu'une disposition
pleine de dangers pour les absens, et il faut s'em-
presser de la modifier. Mais précisément parce que
la loi n'a pas exigé de caution dans ce cas, et que
dans l'article suivant elle réserve à l'absent et à ses
héritiers les actions en pétition d'hérédité et d'*autres
droits*, nous sommes fondés à en conclure qu'elle
a pensé que leurs intérêts étaient suffisamment garantis, et par conséquent qu'elle n'a point entendu les priver de la protection du droit commun.

Ce qu'il y aurait de mieux fondé, non pas en
principe, mais en équité, ce serait de n'admettre

l'action de l'absent contre les tiers acquéreurs que discussion préalablement faite des biens de l'héritier apparent; mais, nous le disons avec regret, cette exception, que les tribunaux accueilleront peut-être avec la faveur qu'elle mérite, n'a son principe dans aucune loi précise; c'est une lacune qui se comblera probablement par la jurisprudence.

579. Lorsqu'au partage d'une succession échue à plusieurs, l'un des héritiers n'a eu aucune part, parce qu'il était absent; que l'un des copartageans devient ensuite insolvable, et que l'absent intente la pétition d'hérédité, par qui est supportée la perte résultant de l'insolvabilité? Par exemple, une succession d'une valeur de 60,000 francs, composée d'objets mobiliers ou immobiliers, échue à quatre enfans, a été partagée seulement entre trois, et l'un d'eux est ensuite tombé en déconfiture : celui qui n'a eu aucune part peut-il obliger les deux autres à lui relâcher un quart franc de l'hérédité?

Ou ceux-ci ne lui doivent-ils restituer chacun que 5000 francs de valeurs, c'est-à-dire les deux tiers de ce qui lui revenait?

Ou enfin doit-il s'opérer, au moins fictivement, entre eux trois, un partage par égales portions des deux parts qui ont été conservées?

La première opinion ne nous paraît pas admissible, puisque chacun des deux autres copartageans ne se trouverait plus avoir que 12,500 fr. En vain l'absent prétendrait-il que c'est par leur fait, d'avoir provoqué le partage ou d'y avoir consenti, qu'il souffrirait un préjudice si sa part ne lui était pas intégralement restituée, et en vain argumenterait-il aussi de la garantie légale due à un copartageant par les autres. On lui répondrait avec raison que le partage est un acte en quelque sorte nécessaire, lors même qu'on le provoque (1), parce qu'en effet on ne peut toujours rester dans l'indivision; la demande que l'on forme à cet égard ne fait bien souvent d'ailleurs que prévenir celle qui serait formée par un cohéritier. Quant à l'argument tiré de la garantie des lots, il est sans force, attendu qu'elle n'est pas due dans ce cas : un héritier ne garantit point personnellement la solvabilité de son cohéritier, mais bien les faits du défunt.

La seconde opinion, qui aurait pour résultat de faire donner à l'absent, par chacun des deux copartageans solvables, le tiers du quart qui lui revenait, c'est-à-dire 10,000 fr. en tout, comme s'ils étaient devenus, par le partage, ses débiteurs personnels de 5000 fr. chacun, ne nous paraît pas non plus devoir être suivie. L'absent n'a point donné son consentement à la transformation de son droit d'hérédité en une simple créance; et sans sa participation, une novation de cette nature ne pouvait s'opérer.

---

(1) Nous ne méconnaissons toutefois pas, pour cela, les différences qu'il peut y avoir en droit entre le cas où le partage est provoqué contre un des intéressés ou son tuteur, et le cas où c'est lui qui le provoque; mais, dans l'espèce, il ne doit y en avoir aucune.

Il faudrait le décider ainsi, lors même que les 60,000 fr. partagés auraient consisté en argent comptant (1). Son droit sur les choses de la succession a été conservé comme s'il n'y avait pas eu de partage, sauf à lui à contribuer à la perte résultant de la déconfiture du cohéritier. Il ne serait pas juste, en effet, qu'il n'eût que pour 10,000 fr. des corps héréditaires, quand les deux autres en auraient chacun pour 15,000 fr.

Cette décision, que nous avons vue contestée, est confirmée par la loi 17. Cod. *Familiæ erciscundæ*, qui porte que, dans le cas où le partage a eu lieu sans la participation de l'un des intéressés, ce partage ne peut faire aucun préjudice à ses droits, et qui décide aussi formellement qu'il conserve sa part *pro indiviso* dans les objets communs, comme s'il n'y avait pas eu de partage : *Coheredibus divisionem inter se facientibus, juri absentis et ignorantis minimè derogari,* AC PRO INDIVISO *portionem eam quæ initio ipsius fuit,* IN OMNIBUS COMMUNIBUS REBUS *eum retinere, certissimum est.* Ainsi, en principe, il a conservé sa part *pro indiviso* dans les choses primitivement communes ; et ce partage qui a eu lieu, au moins par erreur en ce qui le concernait, ne pouvant lui être opposé, il doit avoir sa part

---

(1) Mais non en créances ; car chacun aurait eu de plein droit son quart dans chaque créance (art. 1220) ; et par conséquent chacun d'eux ayant reçu 20,000 fr. au lieu de 15,000 fr., que la loi lui attribuait, serait devenu débiteur personnel, mais sans solidarité, envers l'absent, de la somme de 5000 fr.

dans ce qui n'a point péri. En vain dirait-on que c'est par sa faute, de s'être absenté, que les deux copartageans supporteront une perte par l'effet de l'insolvabilité du cohéritier; il était le maître de s'absenter; que n'a-t-on mis sa part en réserve? On a voulu partager entre trois, on a gagné par là les fruits; et puisque l'on a voulu avoir les avantages, la perte au moins doit être commune. Écartez ce partage qui ne repose pas moins sur une erreur, bien que la loi l'autorisât; que reste-t-il? des choses communes dans lesquelles l'absent a par conséquent sa part. Ce serait d'ailleurs, comme nous l'avons dit, transformer l'action en pétition d'hérédité qui est réelle, en une simple action personnelle, ayant pour objet une créance qui n'a pu se former sans sa participation ou son aveu. *Voy.* Brunnemann, sur cette loi qui le décide ainsi, lors même que le partage aurait eu lieu en justice.

Il faut donc s'en tenir au troisième parti, et partager les 40,000 fr. conservés, en trois parts égales, sauf à chacun son action en répétition contre l'insolvable pour 1666 fr. 66 c. L'absent en effet retrouve 40,000 fr. des biens de l'hérédité, et il y a son tiers, abstraction faite de la perte arrivée par l'insolvabilité de celui qui a absorbé sa part; il doit donc avoir son tiers sur ce qu'il retrouve. Cette perte est un fait qui lui est étranger; et si nous ne l'admettons pas à prétendre que ses deux cohéritiers doivent pleinement l'en indemniser, d'autre part, ceux-ci ne peuvent s'en affranchir entièrement.

580. L'action en pétition d'hérédité ne s'éteint que par la préscription ordinaire de trente ans. (Art. 137, 789 et 2262, combinés et analysés; et L. 7, Cod. *de petit. Hered.*; et L. 4, Cod. *in quib. causis cess. long. temp. præscript.*)

Par conséquent la prescription ne court pas contre les mineurs, même venant du chef d'un majeur, ni contre les interdits. (Art. 2252.)

Elle est aussi suspendue dans les autres cas déterminés par la loi.

581. Comme le cessionnaire en tout ou partie du *droit d'hérédité* est au lieu et place de son vendeur (*vicem hereditatem gerentis sustinet*), il ne prescrit pas les immeubles individuellement par dix ans entre présens et vingt ans entre absens ; il ne peut invoquer pareillement que la prescription de trente ans. Il n'est pas dans le cas de l'article 2265, qui ne s'applique, comme l'a très-bien dit la Cour de Douai (1), *qu'à des immeubles déterminés.* S'il en était autrement, il faudrait dire qu'à l'égard des choses mobilières, le cessionnaire se trouve affranchi de toute action, même de celle de trois ans, mentionnée à l'article 2280; car les meubles n'ayant été perdus ni volés dans le sens de

_____

(1) Par l'arrêt que nous avons cité au n° 576.

cet article, la seule exception *en fait de meubles
possession vaut titre*, suffirait, contre les véritables
principes, pour libérer le cessionnaire. Les lois 7
et 4 précitées ne laissent d'ailleurs aucun doute
sur ce point, en les rapprochant de celles qui
donnent contre l'acheteur du *jus hereditarium*,
c'est-à-dire du cessionnaire, la pétition d'hérédité
utilis (1).

Cette décision s'appliquerait même au cas où
tels ou tels immeubles auraient été désignés dans
la cession à titre universel, s'ils ne formaient par
eux-mêmes l'objet d'une vente spéciale, ayant leur
prix distinct et particulier, ou si la garantie, pour
le cas d'éviction, n'avait été convenue; sans cela
ce serait toujours une cession proprement dite, et
l'indication de ces immeubles serait seulement considérée comme faite *demonstrationis causâ*.

582. A l'égard des arrérages, fermages et intérêts échus au moment où l'héritier putatif ou son
cessionnaire s'est mis en possession de l'hérédité,
et qui par conséquent ne leur sont point acquis,
ces objets se prescrivent bien, il est vrai, de la part
des débiteurs, par cinq ans depuis les diverses
échéances (art. 2277), mais si l'héritier putatif ou
son cessionnaire les a perçus, ils ne se prescriront,
comme le surplus de l'hérédité à laquelle ils ont
accru, que par trente ans (2).

---

(1) *Voy.* aussi Pothier, *ad Pandectas*, tit. *de Heredit. petit.*, n°s 16
et 62 combinés.

(2) Il existe à ce sujet une décision du ministre des finances, en

583. Enfin, porte l'article 138, « tant que l'ab-
« sent ne se représentera pas, ou que les actions
« ne seront pas exercées de son chef, ceux qui au-
« ront recueilli la succession gagneront les fruits
« par eux perçus de bonne foi. »

Comme nous l'avons dit en passant, le droit
français s'est écarté du droit romain relativement
aux fruits, comme il s'en est écarté à l'égard de la
faveur que le sénatus-consulte accordait d'une manière générale au possesseur de bonne foi, d'être
seulement tenu à la restitution des choses de l'hérédité *quatenùs locupletior factus erat.* Car, suivant
cette législation, les fruits accroissaient à l'hérédité : *Etenim fructibus augetur hereditas* ; L. 2, Cod.
de petit. Hered. En sorte que, si le possesseur de
bonne foi était plus favorisé sous un rapport, il
l'était moins sous l'autre.

584. Le possesseur est présumé de bonne foi
jusqu'à ce qu'on lui ait prouvé le contraire.
(Art. 2268.)

585. Et il cesse d'être de bonne foi, dit l'article 550, du moment que les vices de son titre lui
sont connus.

Mais quand ces vices lui seront-ils connus ? Sera-
ce du moment qu'il aura connaissance, par des

date du 14 décembre 1810 (Sirey, 1812, 2, 143), suivant laquelle la
prescription de cinq ans, établie par l'article 2277, ne l'a été qu'en
faveur des débiteurs directs, et non au profit de ceux qui ont touché
à la place du créancier et qui sont comptables envers lui. Dans l'espèce, c'était la régie des domaines.

lettres ou des rapports, de l'existence de l'absent
(ou de tout autre à qui appartiendrait l'hérédité),
ou qu'il connaîtra le retour de cet individu? L'article 138 dit : « Tant que l'absent ne se représentera pas, ou que les actions ne seront pas exercées de son chef, le possesseur gagnera les fruits. »
C'est donc, à ce qu'il paraît, l'exercice du droit qui
constitue l'héritier apparent en mauvaise foi; ou
du moins on pourrait croire qu'il faut pour cela
un acte qui le mette en demeure, comme une notification ou sommation de délaisser l'hérédité
(art. 1139), ou une citation en conciliation, suivie
dans le mois d'une demande en justice (par arg. de
l'article 57, Code de Procéd.); car, quoiqu'en droit
la renonciation à une succession ne se présume
point, néanmoins, en fait, le possesseur ne sait
pas s'il conviendra au véritable héritier d'accepter
l'hérédité : son silence l'autorise à continuer de se
croire légitime possesseur; cela est surtout généralement vrai à l'égard d'un cessionnaire, qui ne peut
savoir si l'héritier attaquera son vendeur pour lui
disputer sa qualité. Cependant il n'en est pas ainsi,
et cette opinion est repoussée par le droit romain,
dont les principes à cet égard ne paraissent point
avoir été rejetés par le Code, puisqu'il ne s'explique pas sur le cas dont il s'agit, quoiqu'il l'ait
fait en matière de donation révoquée pour survenance d'enfans (art. 962). Ainsi, après avoir dit,
dans les §§. 6 et 11 de la loi 25, ff. *hoc tit.*, que le
possesseur est censé avoir connu que l'hérédité ne

lui appartient pas lorsqu'elle lui a été demandée
(petitam) par une dénonciation ou par des lettres
d'avis ou un décret, le jurisconsulte, dans le dernier de ces paragraphes, poursuit et se fait cette
question : *Quid ergo, si scit quidem, nemo autem
ei denuntiavit? An incipiat usuras debere pecuniæ
redactæ? Et puto debere :* COEPIT ENIM MALÆ FIDEI
POSSESSOR ESSE. Donc il cesse de ce moment de
faire les fruits siens; mais comme c'est là une
question de fait, sa décision pourrait dépendre
beaucoup des circonstances.

586. Le possesseur de mauvaise foi restitue tous
les fruits par lui perçus (art. 549) et tous ceux
qu'il a négligé de percevoir; *L.* 25, §. 4, ff. *hoc tit.,*
qui serait certainement applicable dans notre droit.

587. La restitution des fruits ne se fait que sous
la déduction des frais de semences et de labour.
(Art. 548.)

FIN DU TOME PREMIER.

TABLE

DES MATIÈRES.

SECTION PREMIÈRE.

SECTION II.

CHAPITRE III.

SECTION PREMIÈRE.

SECTION II.

TITRE II.

Des Actes de l'état civil.

CHAPITRE PREMIER.

SECTION PREMIÈRE.

Des Dispositions générales concernant les Registres et les

CHAPITRE IV.

CHAPITRE V.

SECTION PREMIÈRE.

SECTION II.

SECTION III.

SECTION IV.

FIN DE LA TABLE.